区域课程改革实践探索丛书

# 课改智慧背囊

周华松 王斌 ◎编著

KEGAI ZHIHUI
BEINANG

ZHEJIANG UNIVERSITY PRESS
浙江大学出版社

图书在版编目(CIP)数据

课改智慧背囊 / 周华松，王斌编著. —杭州：浙江大学出版社，2017.11
ISBN 978-7-308-17591-3

Ⅰ.①课… Ⅱ.①周… ②王… Ⅲ.①义务教育—课程改革—研究—中国 Ⅳ.①G522.3

中国版本图书馆 CIP 数据核字(2017)第 265065 号

课改智慧背囊
周华松 王斌 编著

责任编辑 杨利军
文字编辑 孙 鹂
责任校对 丁沛岚
封面设计 春天书装
出版发行 浙江大学出版社
(杭州市天目山路 148 号 邮政编码 310007)
(网址:http://www.zjupress.com)
排 版 浙江时代出版服务有限公司
印 刷 杭州钱江彩色印务有限公司
开 本 710mm×1000mm 1/16
印 张 30.5
字 数 531 千
版 印 次 2017 年 11 月第 1 版 2017 年 11 月第 1 次印刷
书 号 ISBN 978-7-308-17591-3
定 价 88.00 元


浙江大学出版社发行中心联系方式 (0571)88925591;http://zjdxcbs.tmall.com

# 丛书序

教育要发展，根本道路就是改革。我们必须把深化课堂教学改革作为教育发展的强大动力，为每所学校、每位教师、每个学生都提供发展的舞台。转变育人模式、改变课堂教学是实现教育发展的重要途径。西湖区教育局以办人民满意的教育为目标，以深化基础教育课程改革为载体，大力开展制度创新，着力创造适合每个孩子成长的教育。在此基础上，西湖区坚持“以人为本、以学定教、以评促优、共同发展”的思路，全面推进区域课改工作。自 2012 年起，在西湖区教育局的行政助推下，一场惠及区域中小学生学习生活的课堂教学改革拉开了序幕。之后，为了让课改真正落地，西湖区确立了 15 所中小学为课堂教学改革实验学校和 16 所中小学为“高效阅读”实验学校，一场指向观念和课堂的自上而下的变革在西湖区所有中小学铺开，并逐步呈现出具有西湖区特色的课改面貌：以区域推进为统筹，以实验学校为突破，以高效阅读为特色，以多课型研究为载体的“学为中心”的课改氛围。我们认为，课堂教学改革是一场教育思想、教育理念、教育方式和教育行为的深刻变革，对学校工作提出了新的挑战，也为学校的发展提供了难得的机遇。

六年过去了，我们欣喜地看到，课堂教学改革研究项目终于破茧成蝶，硕果累累，产生了较大的影响，如十三中教育集团、省府路小学、学军小学、绿城育华小学等学校承担的课改研究课题先后荣获浙江省教育科研成果一等奖，还有一些科研成果获得浙江省基础教育成果和浙江省科研成果二、三等奖。自 2012 年以来，全区教师参与课堂教学改革的研究意识和热情也得到积极提升，形成了良好的学术研究氛围。近几年，西湖区共有课堂教学改革专项课题415项，其中，课改研究获奖成果有204项，课改研究获奖论文183项，总计获奖387项。这充分说明，加强教育科研工作、深化课堂教学改革是基础教育的首要任务这一点，已成为基层学校的领导和教师的共识。

为使这批研究成果能发挥更大的作用，具有更大的辐射面，我们决心将其推广到更多学校，由此萌发了选择其中优秀的课改研究成果和案例集结出版，作为西湖区深化课堂教学改革研究成果。笔者认为，西湖区深化义务教育课程改革研究成果系列丛书，至少可为我们提供如下启示。

一是丛书的研究选题表明，西湖区教育者已达成“变”的共识。转变学校的育人模式、教师的教学方式、学生的学习方式，把课堂还给学生，赋予课堂每个环节“教育”的功能，赋予每个教学过程“育成人”“完善人”的成长责任，已经逐渐成为西湖区教育者的共识。促进学生有效学习主要体现在学生独立学习习惯的养成与独立学习能力的提高；体现在学生处于健康的学习状态，不再是片面的、无成本意识的学习管理；体现在学生学会学习，实现可持续的进步。

二是丛书的研究内容表明，把握核心技术是课改成功的关键。“导学案、小组合作、展示点评等，是我们课堂教学改革的核心技术。”该丛书内容涵盖学案导学、小组合作、课堂管理、课程建设、高效阅读等主题，是对西湖区一段时期以来开展课程改革的系统总结和梳理，而且对推动义务教育课程改革深入开展有着积极而有益的作用。该丛书结构体系注重科学性、实证性和创新性，以义务教育课程改革为主线，实现了质性研究、实证研究的结合。

三是丛书的研究结果表明，课改研究成果具有五大亮点：①一支“课改精英团队”已经集结，以学科教研员为引领，近百位优秀课改展示课教师在学科课改研究中突显出来；②一处“专业亮丽风景”已经形成，以专业技术介入学科课改，是推进学科课改的动力源泉，多课型研究为课改的深入推进奠定了基础；③一项“学科课改成果”已经显现，区域课改彰显学科特质，各学科各有模型，自主、合作、探究落实到课堂中成为学科教学的主流；④一批“课改经验学校”已经出现，课改学校各具亮点，某一领域的课改成果可圈可点；⑤一张“课改评价量表”已经出炉，课改课堂评价标准更加全面、客观、科学。

丛书的出版，凝聚了不少人的心血。在这里，我们首先要感谢在幕后指导我们课改工作的省市教科院所和高等院校的专家教授，正是由于他们的科学指导、技术支持，才使得我们的课题研究得以顺利进行；其次要感谢西湖区课改实验学校的领导和教师，正是由于他们那种促进教育教学改革的责任感、开展教育研究的投入度，才使得课堂研究扎实进行，取得成果，产生影响；最后要感谢书稿的撰写人员，正是由于他们的辛勤付出和智慧共享，课堂教学改革的成果才能以丛书的形式得以推广。当然，也得感谢浙江大学出版社，由于他们的支持，才使我们梦想成真。

总之，这是一套既不同于严谨的学术理论，又不同于散漫的教育随笔的教育丛书。它介于理论话语与实践话语之间，既追求日常教育叙事的丰富性、完整性与个体性，又追求教育思想的深度、特性和新意。它不是在云端欢快跳跃的教育梦想，也不是在地底混沌一片的琐碎叙述，它从大地深部涌出，却向着理想的天空升腾。该丛书以西湖区教育的重大现实问题为导向，立足为每位学生实现全面而有个性发展服务的思想，积极完善课程体系，加强课程建设，创新教学方法，改进教育评价，致力于为学生提供更多的选择性教育，积极推进差异化、个性化教育，促进学生全面而有个性地发展，进而推进义务教育高位均衡发展。丛书的出版是一种新的尝试，将其结集出版，其实就是把课改研究的精华呈现在读者面前，当然其中难免存在瑕疵，真诚希望读者品鉴和指正，从而使我们的研究更加深入、更有意义。我们有理由相信，本丛书的出版可以为西湖区教育的跨越式发展提供新经验、新举措。

是为序。

# 序

沐浴着阵阵暖风，饱含着殷殷希望，课堂教学改革材料汇编《课改智慧背囊》出版了。本书记录了杭州市西湖区全体教育工作者披荆斩棘、穷思皓首、弥志如坚的改革历程，诠释了编制导学提纲、抓好小组建设、再造教学流程的具体做法，破解了课堂教学改革工作中的诸多难题，具有较强的针对性和实用性。

千淘万漉，始见真金。杭州市西湖区教育局自实施课堂教学改革以来，坚持与中国教育改革同行，与千万教师同行，以助力中国教育改革为己任，致力于高效课堂模式的探索与应用。区域所构建的“高效课堂教学模式”是以先学后教为导向，以导学提纲为载体，以自主、合作、探究为主要学习方式，以改变课堂教学结构为突破口，以优化学生学习过程为重点，变学生被动接受为主动参与的教学模式。这一模式体现了以人为本的教育观、以生为主的教学观、以尊重为核心的育人观、以过程为重点的评价观。依此模式教学能构建起开放的、充满活力的生命课堂，能释放学生思维的灵性和生命的张力。

如果说，区域推进的“高效导学课堂”的行动研究是每所学校投身课堂教学改革的“必修课程”，那么，各校基于自身校情、生情开展的各类学术节、课堂节、公开课展示、主题教学研讨等活动，就是每一所学校异彩纷呈的“选修课程”，它们使得西湖区的课堂教学改革呈现出一片百花齐放的态势。杭州市十三中教育集团发挥先行教师的“草根智慧”，最终促进学校形成了适应新课改的学习范式，包括合作学习小组的非常“5＋1”和问题单导学；杭州市袁浦中学激活了学生学习的内驱力，完成了从“要我学”到“我要学”的转变，让学生从“你应该”的被动状态走向“我能够”的主动状态；杭州市三墩中学为构建“自主”课堂，创新制定了学生自主学习计划书，狠抓学生自主学习目标定位的实现，强化导学问题自主生成意识；杭州市翠苑中学积极利用录播教室，促进教师投身课改；杭州市上泗中学形成“三环”（指“预学过关环—合作研讨环—展示探究环”课堂三大环节）“六学”（指“自学—导学—合学—展学—固学—探学”六大学习方式）课改模式，把舞台还给学生；杭州市周浦中学依托课改五大元素，建立三步三查、问题单和“巡导团”同步推进模式；杭州市袁浦中学以“五行”评价推动班级文化建设……每一所学校的探索扎实、有效，为区域推进新课改提供了样本，更凝聚了底气。

几度春花烂漫，几度瑞雪纷飞。回顾几年的课改工作，可谓心路坎坷。我们虽经历了“昨夜西风凋碧树”的惨状，亦在徘徊中“望尽天涯路”，也曾遭遇过“春风难度玉门关”的出师不利，但西湖区教育者凭借“为伊消得人憔悴”的执着、“山登绝顶我为峰”的气魄、“乱云飞渡仍从容”的淡定，稳中求变，变中思进，在中国教育改革这条快速跳动的脉搏上，迅速找到稳压器，于“山穷水尽”中看到“柳暗花明”的希望，从而凭借令人瞩目的教育成果，得到社会各界的好评。

沧海横流，岁月如歌；栉风沐雨，春华秋实。今天，我们将课堂教学改革材料汇编成《课改智慧背囊》，以此作为西湖区教育者共同奋斗的履历，也算是为这段激情燃烧的岁月留下一串凿实的印记吧！

“路漫漫其修远兮，吾将上下而求索。”胸怀教育理想，肩负课改使命，我们任重道远。在新课改的征程中，我们会奋然前行，因为我们依然在路上……

# 目　　录

## 【课程建设】



## 【小组合作】

## 【学案导学】



## 【教学策略】



## 【作业设计】

## 【学生评价】



## 【教学范式】

## 【高效阅读】

【课程建设】

# 社会资源课程化：构建“实践活动类”拓展性课程群的行动研究

杭州市保俶塔实验学校

陈竹根　陈萍萍　王理　金洁　杨曙　张红霞

**摘　要：**学生核心素养，是指学生应具备的、能够适应终身发展和社会发展需要的必备品格和关键能力。核心素养与整体课程设计的一体化是一个必然趋势。本课题建构了社会教育资源利用、开发的运行机制，依托社会教育资源，以学生发展“核心素养”为目标，架构了具有实践性、探究性、体验性等教育价值的学校拓展性课程群。课程内容包含“自然・环境”实践考察、“历史・文化”课题研究、“社会・职业”服务体验、“科技・创新”实验探究等领域，有效促进了国家课程校本化、地方课程精品化、校本课程个性化实施，同时也提高了杭州青少年“第二场馆”资源的利用率，以及浙江大学、浙江工商大学等高校教育资源的开放率和其他社会行业教育资源的开发率。

学校拓展性课程的开发与实施，深化了义务教育课程改革，有效促进了我校学生的“社会责任”“人文底蕴”“科学精神”和“实践创新”等核心素养的发展提升，尤其是最核心的创造性思维能力和复杂交往能力的发展。

**关键词：**社会教育资源　拓展性课程　核心素养

## 一、研究缘起：学校拓展性课程开发之现实问题

有选择的教育才是真正的教育。拓展性课程是致力于个性发展的课程，是基础教育课程结构的重大改革，是促进新形势下人才培养模式转变的重要措施。作为拓展性课程开发的主体，学校面临一个现实问题：如何保证开发的质量和实施成效？

### （一）瓶颈如何突破：学校拓展性课程怎么开发与实施？

浙江省教育厅于2015年出台的《浙江省教育厅关于深化义务教育课程改革的指导意见》指出，根据课改要求，小学每学年拓展性课程课时要占总课时的15%左右，中学每学年拓展性课程课时要占总课时的20%左右。那么，学校拓展性课程体系如何架构？课程内容从何而来？

1.如何把10多门“国家、地方课程”开发为拓展性课程？

义务教育阶段的国家、地方课程加起来有15门。如何根据学科核心素养和关键能力，把国家课程和地方课程中的一部分适合开发为拓展性课程的内容挖掘、提炼出来？如何架构体现国家意志、学校特色和学生个性的课程体系？如何有效地实施拓展性课程？这些都是学校、教师面临的现实问题。

2.如何把100多门“校本社团课程”开发为拓展性课程？

杭州市保俶塔实验学校三年前就开展了“走出校门，走进第二课堂”的综合实践课程，该成果被评为“杭州市西湖区首届精品德育工程”。学校开发了100多门社团课程，包含科技类、艺术类、体育类、人文类课程。其中，“电子百拼”“陶艺”“游泳”“软陶”“英语课本剧”“网球”“少年邮局”“Scratch编程”等8项校本课程被评为杭州市小学“精品校本课程”。

但仔细审视分析学校所开发的校本课程，发现在人才培养目标和内容的设置上还是比较单一、零散的。要把大部分的校本课程开发为能促进学生全面而有个性发展的拓展性课程，需要学校依据培养学生思想品格、核心素养的目标要求和学生的个性爱好，对校本课程进行顶层统筹，加以选择，重新开发。

### （二）资源如何挖掘：社会优质教育资源怎么开发利用？

促进社会资源的教育功能开发，充分、有效利用社会资源使其为教育服

务，是目前许多国家关注的社会问题。校内外教育资源的高度整合与高效利用已成为美国教育的一大亮点。社会教育资源也已经在我国普遍受到重视。北京、上海、杭州等地都建有学生社会实践活动场所，地方教委也要求各校建立课程改革利用社会教育资源的机制，促进学校教育资源与社会教育资源有机整合。在学校拓展性课程开发实施的过程中，思考社会资源课程化的问题就显得尤为重要。

1. 如何梳理优化“第二课堂”场馆资源？

2007 年，杭州市政府印发了《杭州市青少年学生第二课堂行动计划》，提出学校要把组织学生参加第二课堂活动纳入学校工作计划。杭州青少年“第二课堂”场馆分文博类、名人纪念馆（故居）类、革命烈士纪念类、文化科普类等 71 个场馆。如何把社会大课堂开发成学生拓展性课程的学习场所？

2. 如何充分利用高校优质教育资源？

高校教育资源是一个具有特定内涵的范畴，是高校各项事业得以高效运行的各类资源，既包括人力、物力、财力等有形资源（或硬件资源），也包括思想、办学理念、管理思路、校园文化等无形资源。浙大资源是指能适合小学生开展以观察、体验、探索为主的科学实验探究学习的重要资源，包括人力、课程、文化、场馆、环境等资源。如何有效利用丰富的高校师资和物质资源？

3. 如何积极开发其他行业资源？

所有能发挥教育职能的社会机构都应参与课程改革，对学生的发展负责。社会各行各业是学生社会责任培养、职业理想启蒙的重要体验场所。西湖“少年邮局”是我校学生社会服务体验的基地，“西湖交警支队”是我校的结对单位。社会上还有很多适合学生开展社会考察、增加实践体验的场所，需要学校去开发。学校应当同其他社会企业机构建立起伙伴关系，进行整体性的课程改革。

社会教育资源是重要的课程资源，它注重课程内容与现代社会科技发展和学生生活之间的联系，能满足新课程倡导的学生动手实践、主动参与、探究发现以及交流合作等能力培养的要求，丰富基础教育的内容和形式。依托“学校—社会”资源联盟，可有效提升社会教育机构的素质教育功能，有利于学校和社会有计划地把广大青少年吸引到社会大课堂中进行学习探究，体验社会生活和科学文化艺术的魅力。

义务教育课程必须增加灵活性和选择性，才能满足学生个性化学习和多样化成才需求。如何让一门门高质量的拓展性课程超越孤立的学科课程，让学生在实践活动中把所学知识和实际生活联系起来，从而提高学生的学习兴趣和综合素质，是本课题研究的缘起与价值所在。

## 二、理论架构：学校拓展性课程开发之理性认识

本课题研究是基于教育部提出中国学生发展核心素养和浙江省教育厅发文要深化义务教育课程改革的背景而开展的。学校需要深度思考“培养什么样的人才”和“怎么培养适应时代发展的人才”等问题，开发和实施拓展性课程。

### （一）概念界定

#### 1. 拓展性课程群

拓展性课程是浙江省基础教育课程改革所倡导的一种重要课程类型。它以培育学生的主体意识、完善学生的认知结构、提高学生的自主选择能力为宗旨，着眼于激发学生的兴趣爱好，开发学生的潜能，促进学生的个性发展和学校办学特色的形成，是一种体现不同基础要求，具有一定开放性的课程。

课程群是为实现某一培养目标而以某门课程为基础，由3～6门性质相关或相近的子课程整合而成的课程体系。

本课题开发的拓展性课程群涉及基础性课程的部分学科和学习领域。依据培养学生思想品格、核心素养的目标要求以及各学科课程标准，把国家课程、地方课程和校本课程的部分内容整合开发为“实践活动”和“知识拓展”两种类型的课程。

#### 2. 社会教育资源

从学校教育角度看，社会教育资源是指学校教育活动的一切物质资源和精神资源的总和。社会教育资源分五类：设施资源、人力资源、财力资源、文献资源和组织资源。

本课题主要是基于学校开发的拓展性课程有效实施的需要，梳理、优化已有的社会教育资源，如青少年“第二课堂”场馆、与学校结对的高校及学生社会实践服务基地（“少年邮局”）等，开发基于学生实践能力和创新精神培养的社会其他教育资源，将课程资源建设纳入学校发展计划，建构学校与社会的“资源联盟”运行机制。

3.学生核心素养

核心素养是指学生应具备的、能够适应终身发展和社会发展所需要的必备品格和关键能力,综合表现为九大素养:社会责任、国家认同、国际理解;人文底蕴、科学精神、审美情趣;身心健康、学会学习、实践创新。学生核心素养的提出具有重要的意义:彰显育人价值;引领课程教学;转变教师观念;促进学科整合;完善质量标准。

本课题研究要培养的学生核心素养是社会责任、人文底蕴、科学精神、实践创新等素养。

**(二)设计理念**

1.学生核心素养:课程深化改革的关键

核心素养是所有学生应具有的最关键、最必要的基础素养。学生的核心素养涉及学生知识,技能,情感、态度、价值观等多方面能力的要求,是个体能够适应未来社会、促进终身学习、实现全面发展的基本保障。核心素养本质上是解决复杂问题的能力。未来的学校是一种“超越学校的学校”,从根本上来说,承担起学生的学习与发展是整所学校、整个社会的责任。在新一轮基础教育课程改革中,核心素养与整体课程设计的一体化是一个必然趋势。

因此,学校要创设资源让学生置身于真实问题情境,培养学生把知识加以综合化、解决问题的能力。教育部提出的中国学生发展核心素养的理念为学校提供了“应该教会学生什么样的能力”的依据。

2.教育资源融合:拓展性课程开发的关键

学校拓展性课程的开设离不开校外社会教育资源的融合介入,有效利用校外社会教育资源成为中小学深入开发与建设拓展性课程的一个关键点。在深化义务教育课程改革中,拓展性课程开发、建设面临着师资缺乏、场地不足等困难,有效的解决办法是充分利用社会教育资源,支持鼓励社会各界与学校合作,以核心素养与课程的关联一致性作为整合标准,共同开发课程。

在学校拓展性课程开发中,要统筹课堂、校园、社团、家庭、社会等阵地,发挥学校的主渠道作用,加强课堂教学和社团组织活动的密切联系,广泛利用社会资源,科学设计和安排课内外、校内外活动,构建学校、社会联盟的教育机制。

## 三、研究设计:学校拓展性课程开发之构想

本课题以发展学生核心素养为宗旨,设计了优化社会教育资源、架构学校拓展性课程群、发展学生核心素养的研究路径。

### (一)研究目标

1.优化社会教育资源

社会教育资源是社会教育活动或社会教育实践所需的一切资源的总称。社会教育资源作为一种重要的课程资源在新一轮课程改革深化中显得尤其重要,学校课程的创造性实施需要丰富的社会教育资源的支持。本课题研究将课程资源的建设纳入学校发展计划,以社会教育资源“课程化”建设为载体,提高社会“第二课堂”场馆的利用率、高校优质教育资源的开放率、社会企事业单位教育功能的开发率。

2.架构学校拓展性课程群

学校拓展性课程开发必须结合本土资源,联系学生的生活世界和科学世界,提升学生的科学精神和人文精神,满足课堂教学的预设性和生成性。本课题遵循拓展性课程开发原则,整合国家课程,梳理地方课程,精选校本课程,架构具有多样性、层次性、综合性、实践性等特征的学校拓展性课程体系,促进国家课程校本化、地方课程本土化、校本课程个性化实施。

3.发展学生核心素养

拓展性课程的核心价值在于培养学生的创新精神和实践能力。学校拓展性课程的开发注重学生的亲身体验和积极实践,促进学习方式的变革(探究、体验、交往)。本课题以发展学生核心素养为目标,利用丰富的社会教育资源,开展研究性学习、社会实践、科学探究等,促进学生发现与解决问题能力的提升及社会责任的培养。

### (二)操作思路

本课题研究旨在促进社会教育资源和学校拓展性课程实施实现最佳结合,建构起学校、社会“资源联盟”运行机制,创建学校拓展性课程开发和实施的新的资源支持系统。具体操作路径:整合精选—梳理优化—综合架构。

## 四、研究过程:学校拓展性课程开发之实践路径

学校拓展性课程的开发与实施需要统筹各类教育资源,不但要基于学生核心素养培养,选择、整合基础性课程内容资源,而且要充分利用社会机构等校外教育资源,借助博物馆、高校、综合实践活动基地等教育场所的作用。要积极联合社会各界参与学校拓展性课程建设。

### (一)课程分类从管理权走向教育功能:基础性课程资源整合拓展策略

学生是学习的主体,学校拓展性课程内容的选择以学生的发展和需求为出发点。遵循适切性原则,选择内容时要考虑学生已有知识和生活经验,利用校内外课程资源优势,以领域、模块化结构重组基础性课程内容。强调知识和实践的有机结合,有利于学生在参加一系列实践活动中,关心现实、体验人生、完善人格,形成关注社会、服务社会的意识和能力,增强社会责任感和社会实践能力。学校拓展性课程内容的开发要针对学生的身心发展特点,全面梳理国家课程、地方课程、校本课程中重复交叉的内容,提炼整合主题,增强课程实施的综合性。

1. 国家课程校本化挖掘

语文、品德与社会、科学、美术、劳动与技术、综合实践活动、历史与社会等国家课程蕴含着丰富的拓展性课程内容。但这些课程往往有同样的主题,在同一学科零散出现,或者在不同学科重复出现。课程群的特征之一就是必须以某门课程为基础,在这个基础上开设若干门子课程。因此,我们可以先梳理相关的国家课程内容,以单一学科整合、提炼、拓展,也可以两三门学科整合、提炼、拓展,然后重组构建成“知识拓展类”“实践活动类”拓展性课程,如以“杭州名人”“运河文化”“茶文化”“环境考察”等为主题的拓展性课程。

**案例一　中学语文·综合实践活动课程:“孤山人文研究”拓展性课程内容架构**

开发路径:“孤山人文研究”拓展性课程内容设计是综合实践活动课程与语文课程相结合,包含“孤山名人”“孤山文字”与“孤山自然风光”

三个主题。由语文教师根据语文古诗教学目标和内容对学生进行前期的指导,包括选题、研究方案、研究方法等内容。其中,"孤山名人"主要研究名人的生平、事迹及其与杭州(或孤山)的渊源等;"孤山文字"主要研究孤山亭台楼阁、博物馆等地的对联、名字来源或与之相关的诗歌等;"孤山自然风光"主要研究梅花、桂花、银杏、枫叶等,要引导学生从文学的角度欣赏孤山自然风光的独特魅力。

社会资源:西泠印社(中国印学博物馆)、孤山一带

2. 地方课程本土化提炼

综合性、活动性是地方课程的特点,培养学生的综合素质、学习能力和问题解决意识是地方课程的目标。由浙江省和杭州市教研室组织设计的"人·自然·社会"和"我与杭州"等地方课程具有鲜明的地域性文化特色。课程群是指从属于某个学科,相互之间有着合理分工的系统化的有机整体。我们可以跨年段和学科领域,统整、提炼主题内容,并根据场馆资源,整合开发"实践活动类"拓展性课程,如以"百年老店考察""西溪湿地考察""印学研究"等为主题的拓展性课程。

**案例二　地方课程·劳动与技术:"印学研究"拓展性课程内容架构**

开发路径:"走进印学博物馆"社会实践类拓展性课程是以中学七年级"劳动与技术"省编教材"印章与雕刻"为基础,结合八年级美术第11课"印学话西泠"及六年级地方课程"人·自然·社会"第11课"西泠印社话百年"、"我与杭州"第9课"西泠印社"和第10课"吴昌硕与西泠印社"等整合而成。课程内容分四个主题:走进印章艺术、我与西泠印社、篆刻技术实践、印学研究成果交流。课程内容更具系统性和完整性,教学成效较明显。

社会资源:西泠印社孤山社址及中国印学博物馆

3. 校本课程精品化选择

杭州市保俶塔实验学校是全国科学探究学习与创新人才培养实验基地学校、中国少科院科普教育基地学校、全国DI项目模范学校。"走出校门·走进第二课堂"综合实践活动课程以及"CCTSS关怀与创造"综合课程已成

为学校改变人才培养模式的重要实践成果。课程群的特点之一是所有课程彼此独立而又相互密切联系。因此,我们要把机器人、DI、少年邮局、少年科学院等多门适合开发成“实践活动类”拓展性课程的校本课程精选出来,使其成为培养学生科学素养和实践创新素养的重要资源。

**案例三　少年科学院:“走进浙大·科学实验”拓展性课程内容架构**

开发路径:少年科学院是学校爱好科技的学生的“家”。“走进浙大·科学实验”拓展性课程以研究性学习方式,学生借助“浙大”各类场馆仪器,在“双师”指导下研究并解决实际生活中的科学问题。课程内容丰富:从浙江大学紫金港校区地面水域的水质对比考察到斑马鱼的生长检测,从电的阻、流、压特性实验到流体力学实验,有假设,有试验,有实验。学生把科考过程当中产生的数据作为检验的依据,把制作的表格或折线图作为实验手段,定期开展活动,定期反馈交流。

社会资源:浙江大学紫金港校区

### (二)社会资源功能从单一走向教育融合:社会教育资源课程化建设路径

社会教育资源种类有历史文化类、人文文化类、社会问题类、地理环境类、自然资源类、科技发展类、生活环境类等,在开发、利用社会教育资源时要有整合视野。学校拓展性课程建设要通过多途径开发课程资源,为课程整合的全面实施提供条件保障。依托本土化、校本化的课程资源,加强与高校、社会团体、行业企业、社会实践基地的联系,统筹利用校内外课程资源,科学设计和安排课内外、校内外活动,营造协调一致的良好育人环境。

1. 场馆资源:学校拓展性课程普及实施的主阵地

为广泛利用各部门的社会资源,建立更多面向中小学生、推动中小学生社会实践的活动基地,构建中小学生社会实践大课堂。目前,杭州市将实施“一场馆一课程”计划,鼓励支持第二课堂基地与学校合作设计、开发拓展性课程,促进第二课堂教育资源课程化、体系化。“第二课堂”有丰富的场馆资源可促进学生精神、意志、品德、知识、能力、体质和审美的全面发展,也是开展学校“实践活动类”拓展性课程的最佳社会资源。但需结合学校拓展性课程内容进行梳理,精选优化结盟。

(1)依托“第二课堂”资源,构建小学“实践活动类”拓展性课程群

小学依托“第二课堂”构建的“实践活动类”拓展性课程群,主要是以综

合实践活动、品德与社会、美术等国家课程，以及“我与杭州”“人·自然·社会”等地方课程为核心内容而重构的社会实践活动。其主要包含“自然·环境”实践考察学习领域和“历史·文化”课题研究学习领域，是每个学生的必修课程，每个学期设置一个主题。

学校还出台了《“走出校门·走进第二课堂”拓展性课程指导纲要》，从课程性质、基本理念、设计思路、课程目标、课程内容、课时安排、实施建议等方面提出规范的指导建议。每一个年级每学期开展一个主题，主题启动与选题指导 2 课时，小组方案指导 2 课时，走出校园开展实践 6 课时（两个半天），成果整理交流与总结评价 2 课时，累计 12 课时。

（2）依托“第二课堂”资源，构建中学“实践活动类”拓展性课程群

中学依托“第二课堂”构建的“实践活动类”拓展性课程群，主要是以综合实践活动、劳动与技术、科学、语文、美术、思想品德、社会与历史等国家课程，以及“人·自然·社会”“我与杭州”等地方课程为核心内容而重构的社会实践活动。其主要包含“自然·环境”实践考察学习领域和“历史·文化”课题研究学习领域，是每个学生的必修课程，七、八年级每个学期设置一个主题。

课程构建方式多样，有的以劳动与技术学科为主，整合相关学科的相同内容建构一个新主题；有的以科学学科的培养目标和内容为基础，整合相关学科的目标而建构一个综合的新主题；有的则是几门学科的目标和内容整合。中学教导处负责课程实施。“实践活动类”拓展性课程的实施，应该引导学生探究自然、体验生活、了解社会。学生可以借助杭州青少年“第二课堂”场馆资源或其他社会资源，在教师指导下，对自己感兴趣的问题进行专题研究。

2. 院校资源：学校拓展性课程提升实施的试验场

学校拓展性课程开发思路中很重要的一条就是对当地社会资源的发掘与利用。杭州市保俶塔实验学校申花校区地处浙江大学紫金港校区附近，本部初中距离浙江工商大学较近。目前学校已经与浙江大学、浙江工商大学所属的多个学院合作共建了学生社会实践和学校少科院的实践基地，为学生提供优质教育资源，培养学生的创新精神、探究意识与批判性思维。本课题主要依托浙江大学和浙江工商大学两所省内优质高校的资源，构建了中小学“科学实验”拓展性课程群。

（1）依托浙江大学紫金港校区资源，构建小学“实践活动类”拓展性课程群

杭州市保俶塔实验学校申花校区依托浙江大学紫金港校区资源，构建了“实践活动类”拓展性课程群，分必修和选修两个模块。

①“棒伢儿·实践活动类”拓展性课程群。课题组走进浙江大学紫金港校区，对可以向学生开放的场馆和能为学生活动提供服务的资源进行调查和尝试，选择了符合学生年级段特点的活动项目。对前期已经开展的学生进浙江大学海洋系实验室、生物实验室、校史馆，浙江大学老师来学校开展生命科学、海洋生物科普教育等一系列活动情况进行分析思考，整合了科学课程、思想品德与社会课程、综合实践课程等，构建了依托浙江大学资源，每个学生都能参与的“棒伢儿·实践活动类”拓展性课程群。

②“小院士·科学实验探究”拓展性课程群。在必修实践活动类课程群的基础上，学校也关注学生的差异发展，小院士自身具备较强的沟通组织能力，有很强的好奇心和探究能力，适合在普及基础上的更具个性化、创新性、综合性的探究和学习课程。基于学生发展的需求，也针对浙江大学优质资源的深入挖掘，我们以“少年科学院”为社团组织形式，设计了项目式、主题式、探究式的研究性学习活动，开发了“小院士·科学实验探究”拓展性课程群。

学校“实践活动类”拓展性课程的实施，应当引导学生经历多样化实践学习方式，体验问题探究、问题解决的基本过程和方法，学生可以借助与学校结盟的高校教育资源，对浙江大学生物、环境、物理、生命、热工程等科学领域开展实验体验、探究学习，提升实践能力，特别是培养探索精神和创新能力。

(2)依托浙江工商大学食品与生物工程学院，构建中学“实践活动类”拓展性课程群

浙江工商大学食品与生物工程学院拥有浙江省食品安全重点实验室、食品科学与工程学科。学校依托浙江工商大学食品与生物工程学院资源，结合八年级科学学科的课程目标和内容，开发了“食品安全实验”“食品制作实践”等主题活动，构建了中学“实践活动类”拓展性课程群，其属于必修模块。学校于每年的11月—12月安排一个下午带领学生去浙江工商大学实验基地。

3.行业资源:学校拓展性课程个性实施的孵化器

社会各行各业是学生发展个性特长最好的学习活动场地。杭州西湖少年邮局是学校学生社会服务体验的基地，西湖交警支队是学校的结对单位。

学校还与浙江大学中控公司、杭州速泽电子科技有限公司等企业联盟，借助企业专业技术研发团队和网络资源，开发有利于科技创新领域的拓展性课程实施的网络平台和教育技术装备，丰富了学生的学习经历。

**案例四 “少年邮局”：学生社会服务体验的基地**

杭州西湖少年邮局是全国第一所少年邮局，工作人员全由学生担任，于1997年2月20日创立。

活动目标：杭州西湖少年邮局社团活动的开展以社会实践活动为主要依托，是以培养学生社会综合实践能力，发现问题、解决问题的能力，与人合作交际的能力和严谨的工作作风为目标的由学校、家庭和社会共同开发的一门拓展性课程。

活动方式：杭州西湖少年邮局开展的活动形式包括：设计邮戳，手绘封设计，与集邮的朋友交邮友，每年两次的夏令营和冬令营“票中游”，参加邮展及邮票首发活动等。学生多次参加了由国家、省、市组织的现场集邮服务活动，展现出当代少年的风采，由学校及少年邮局组织承担的新邮发行成功举行了三次。

活动成效：杭州西湖少年邮局成了邮政服务社会实践、学生集邮兴趣培养的基地。学生设计的邮票、明信片已经出版发行，学校集邮队伍在不断壮大。2012年，学校参加全国集邮联的会员超过了200人，这个数字已达到了全国邮协人数的万分之一。

## 五、研究成效：学校拓展性课程开发之校本样式

本课题积极开发社会教育资源，探索地方、学校课程资源的开发与管理，构建了学校课程新体系，增强了学校课程结构的均衡性、综合性和选择性。本课题研究有效提升了“第二课堂”场馆资源的素质教育功能，同时也开发、利用了更多的高等院校资源和其他社会教育资源，架构了具有学校特色的拓展性课程群，提升了学生的核心素养。

### （一）形成了学校拓展性课程群开发样式

本课题研究的“实践活动类”拓展性课程群，主要以综合实践活动、劳动

与技术、科学、美术、品德与生活、品德与社会、思想品德、社会与历史、“我与杭州”“人·自然·社会”等学科为核心基础课程。学校经过两年多的实践研究,联合社会教育资源,开发了“实践活动类”拓展性课程群。

1. 学生核心素养发展:学校拓展性课程目标设定的核心理念

学生的核心素养是可培养、可塑造、可维持的,并且可以通过学校教育获得的。学校拓展性课程开发的理念就是以学生的核心素养发展为取向,重在与基础性课程衔接融合,对课程实施进行拓展优化。学校结合办学理念,从学生年龄特点出发,分不同阶段制定课程目标,让不同层次的学生都能找到适合自己的课程。

2. 资源整合拓展:学校拓展性课程内容架构的实践途径

通过联合社会教育资源,整合基础性课程资源,学校开发了“实践活动类”和“知识拓展类”两类拓展性课程,包括四大学习领域,即“自然·环境”实践考察、“历史·文化”课题研究、“社会·职业”服务体验、“科技·创新”实验探究,体现了拓展性课程的多样性、层次性、综合性和实践性特征。拓展性课程群中的单门课程具有关联性、整体性和独立性特征。课程群中的各门课程处于整个课程体系及整个教学体系之中,每一个领域、每一个模块主题都是从整体的需要出发的。

### (二)促进了学生“责任、人文、科学、创新”核心素养的发展提升

核心素养是知识社会中,每个人发展自我、融入社会及胜任工作所必需的一系列知识、技能和态度的集合。学校经过两年多的拓展性课程的实践,有效促进了学生核心素养的发展提升。

1. 学生的“社会责任”素养、“人文底蕴”素养得到提升

学生在拓展性课程的积极参与中培养了社会责任和人文底蕴。如八年级学生从天子岭生态公园考察归来后均表示要从自己做起,保护环境,可见学生对人与自然的理解更为深刻了。调查数据同样证明学生对“社会责任”核心素养的认知更加全面了。

在“孤山人文研究”拓展性课程中,课题组抽取参与课程的学生为样本(100人),在课程前后分别对学生的孤山人文知识进行检测,对比数据可知,拓展性课程后,学生的人文知识得到提升,即“人文底蕴”核心素养显著提升。

2. 学生的“科学精神”素养、“实践创新”素养得到提升

“实践活动类”拓展性课程从深度、广度等方面拓宽学生的知识面,拓展

适合学生创新精神和实践能力培养的途径。小院士学生借助浙江大学实验室的仪器，通过小组分工的方式，有计划、有目的地对所研究的点进行定点数据采集、整理和分析，并通过对数据的研究，得出客观结果，从而提出相应的策略。其中，“科学精神”核心素养的提升尤为显著。

在“少年邮局”职业体验中，学生在设计活动中锻炼了动手能力，在公益服务中解决真实问题，“实践创新”核心素养得到切实提升。

## 参考文献

[1] 陈欢庆. 创造力开发教程[M]. 杭州：浙江文艺出版社，1999.

[2] 焦炜，徐继存. 课程行动研究模式探析[J]. 外国教育研究，2010，37(8)：35-41.

[3] 凯米斯. 行动研究法(上)[J]. 张先怡，译. 教育科学研究，1994(4)：32-36.

[4] 刘良华. 校本行动研究[M]. 成都：四川教育出版社，2002.

[5] 柳夕浪. 从“素质”到“核心素养”——关于“培养什么样的人”的进一步追问[J]. 教育科学研究，2014(3)：5-11.

[6] 麦克南. 课程行动研究[M]. 朱细文，苏贵民，赵南，译. 北京：北京师范大学出版社，2004.

[7] 石伟平，周加仙. 斯坦豪斯课程理论概述[J]. 外国教育资料，1999(2)：41-47.

[8] 田慧生. 综合实践活动课程的理论探索与实践反思[M]. 北京：教育科学出版社，2007.

[9] 汪霞. 课程行动研究：理念、基础和需要[J]. 教育科学，2001，17(3)：9-12.

[10] 王斌华. 校本课程论[M]. 上海：上海教育出版社，2000.

[11] 王烨晖，辛涛. 国际学生核心素养构建模式的启示[J]. 中小学管理，2015(9)：22-25.

[12] 徐巧玲. 校本课程开发的策略、方式和种类[J]. 辽宁教育，2004(3)：12-14.

[13] 徐玉珍. 校本课程开发与校本化实施行动研究[M]. 北京：首都师范大学出版社，2006.

[14] 张万波. 教师：校本课程开发的参与者与支持者[J]. 教育科学，2002，18(4)：59-61.

[15] 钟启泉. 核心素养的“核心”在哪里[N]. 中国教育报，2015-04-01(2).

[16] 钟启泉. 课程与教学概论[M]. 上海：华东师范大学出版社，2004.

# 需求·实践·成长

## ——基于选择性的 We Show 课程的实践与探索

杭州市育才外国语学校

张军林　倪勤　刘理明　樊香萍

**摘　要**:本研究基于潜能理论、多元智能理论,提出了通过拓展课程设置内容、探寻课程开发途径、创新课程实施路径、研究课程实施策略、优化课程评价方式,以使儿童满足多元需求、促进主动发展、增强交往实践、开发多种潜能、感受成长与成功。研究基于儿童需求形成了 We Show 课程特色,构建了课程体系,发展了教师特长,引进了各方资源。研究在实践中创新了课程管理网,研发了课程管理软件并在区域内推广,使得报名操作更便捷、课程管理更高效、评价舞台更宽广。本研究在师生的成长中提升了 We Show 课程的品位,使多个"精品课程"提升了课程执行力;成为杭州市"美丽课堂"项目,加强了课程领导力;在《杭州日报》上推出成全"个性发展"专版,提升了学校的知名度。

**关键词**:选择性课程　We Show

### 一、研究背景:选择性课程的构建意义

#### (一)民办教育应该提供"选择性教育"

杭州市育才外国语学校是一所民办外国语学校,学校的学生及其家长对民办教育充满期待,家长渴望孩子得到个性化学习和选择性教育。与此

同时,国家对民办教育的指导意见和课程改革都指向选择性教育。

**(二)校本课程急需增加"内在的动力"**

调研发现,师生对原有的选择性课程的满意率很低,师生提出课程需要增加趣味、合理整合、拓展项目,需要打破年级、班级的限制,根据学生、教师的需求双向选择课程。

**(三)儿童发展要给他们"选择的权利"**

教育的过程本应该是个选择的过程,孩子的兴趣、潜质以及相关的能力需要自身及他人的不断选择才可能出现、形成和发展。

因此,依照教育规律,把握学校实际,遵循学生需求,开展选择性课程研究十分有意义。

## 二、研究设计:We Show 课程的框架与构想

**(一)核心概念界说**

We Show(微秀)是选择性课程在学校的校本化名称,名称中、英文的内含组成选择性课程的理念。"We"突出了每一个儿童,"微"体现了组织形式特点,"秀"展现了评价方式,即课程内容趋向"可活动、可体验、可展示",课程组织采用"微课、微班、微任务",课程评价崇尚"秀手艺、秀才艺、秀创意"。

**(二)研究目标**

研究旨在通过拓展课程设置内容、探寻课程开发途径、创新课程实施路径、研究课程实施策略、优化课程评价方式,以使儿童满足多元需求、促进主动发展、增强交往实践、开发多元潜能、感受成长与成功的快乐;让儿童在选择性课程中增强自信,发现并发展自己有价值的潜能,促进儿童幸福成长。

**(三)研究框架**

本课题的研究框架如图 1 所示。

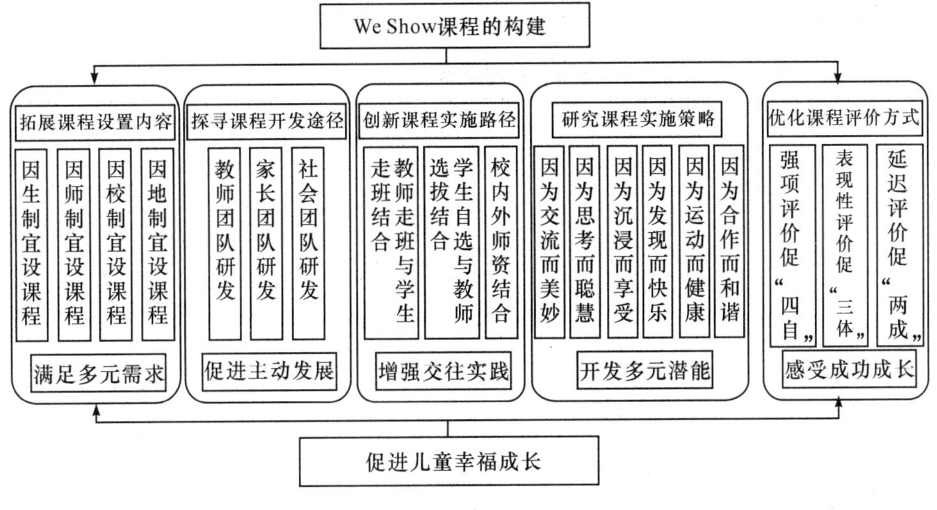


图1　课题研究框架

## 三、实践探索：We Show 课程的研究与实践

### (一)拓展课程内容设置满足多元需求

1. 遵循四大原则设置课程

为了设置具有学校特点、贴近儿童需求的课程，我们提出了因“生”制宜、因“师”制宜、因“校”制宜、因“地”制宜四大原则，将学生和教师的需求、学校和地域的特点融入课程。

2. 依照科学规律设置课程

We Show 课程借鉴多元智能理论和上海实验学校的经验构建了科学的课程体系。

(1)课程板块科学分布

首先，依据多元智能理论和儿童需求，设置语言人文、数字思维、自然科技、艺术欣赏、运动健康、自我成长六大板块。其次，依据儿童特点，构建板块分支。以语言人文类板块为例，该板块之下有儿童文学、语言实践、国际语言三个分支。

(2)课程体系阶梯上升

在此基础上，分支下的具体课程阶梯上升，如语言人文类的国际语言课程下有若干课程，分别呈阶梯状面向一至六年级的学生(见表1)。

表1 课程阶梯上升示意

| 板块 | 项目 | 课程名称 | 年级 | 课程主要内容 |
| --- | --- | --- | --- | --- |
| 语言人文类 | 国际语言 | A6 英语游戏与趣味直拼 | 一、二 | 在各种好玩的英语游戏中学习英语直拼法 |
| | | A7 外语歌曲 | 三、四 | 学习多语种歌曲若干，以英语为主 |
| | | A8 生活与外语 | 三、四 | 外教、中教合作，在情境中学英语、用英语 |
| | | A9 各国语言表演与交际 | 五、六 | 浙江大学学生授课，接触各国语言，进行简单的表演 |
| | | A10 科技与英语 | 五、六 | 在学科学、用科学的过程中学习英语 |

3.课程设置满足学生需求

我们对全校812名同学进行了调研，每个孩子从60门课程中选择喜爱的3门课程。发放问卷812份，回收812份。调查数据显示了学生需求的两方面特征。

(1)多样性的内容需求

语言人文类177票，数字思维类376票，自然科技类376票，艺术欣赏类478票，运动健康类605票，自我成长类372票。

(2)实践性的形式诉求

学生对实践性、动手操作的课程非常感兴趣，热衷度均超过思维类、文学类的课程。

4.课程设置聆听教师诉求

我们通过教师问卷调查，聆听教师心声。全体教师100%参与课程开发和建设，全体教师100%根据自己志愿上课。首先，发挥教师专业特长。其次，鼓励跨越领域发展。有数学教师上摄影课、健美操课，有语文教师上英语歌曲课，有图书教师上街舞课等。最后，特色课程外聘教师。

### (二)探寻课程开发途径促进主动发展

1.教师团队研发：培养科研型教师团队

各板块形成新的教研团队。顶层设计，进一步思考课程规范与建设方案；研发纲要，制定课程体系与指导纲要；推出精品课程，凸显课程灵活性与学生实践性。通过这样的研究路线,由学校教师承担的课程开发得到了充分的保障,在开始选择新课程之前,大部分的课程已经有了雏形。

2. 家长团队研发:聘请专业者打造课程

“幸福与健康”课程分为幸福心理课和健康成长课两个部分。通过家校合作,科学制定总体目标,具体细化模块内容,合理配备活动建议。像这样的课程还有很多,均受到好评。

3. 社会团队研发:引进多方面课程资源

引进大学生团队、社会人士共同开发 We Show 课程。这类课程有课程内容目录、每一次授课简案、配套课件和材料包,如趣味实验、魔术魔方、美食工坊、杭州工艺等课程。

### (三)创新课程实施路径增强交往实践

1. 教师走班与学生走班相结合

学校尝试有层次地开放 We Show 课程。

(1)教师走班六大课程“觅知音、促交往”

我们从六大板块的课程中挑选出 7 种作为一、二年级走班课程:语言人文类中的“折纸与童话”“英语直拼”,数字思维类中的“玩转数学”,自然科技类中的“有趣的动植物”,艺术欣赏类中的“动感广场舞”,运动健康类中的“多样的运动”,自我成长类中的“小小营养师”。学生在原班,教师走班上课。

(2)学生走班六大课程“激潜能、促实践”

学生在可选的所有课程中自选,家长、同伴、教师共同商议,完成选课,帮助儿童发现和发展他们的才能或智力强项,开发多种智能。走班的新班级人数全部在 20 人以内,学生在教师的指导下,制定班级公约,竞选班级干部,设立共同愿景,拍摄全家福。新班级给每一个孩子一个全新的体验。

2. 学生自选与教师选拔相结合

充分做好每门课程的“招生广告”和电脑端、手机端的选课 app 软件。

(1)学生自选课程 PPT、app 齐上阵

课程负责人精心制作“招生广告”,让每一个学生明确课程的目标、内容、需要的能力和趣味点等。同时,学校与阿里巴巴合作,开发了阿里师生电脑端和手机端报名软件。以往需要手动操作的一切事宜均以信息化的方式进行,大大提高了 We Show 课程的吸引力和执行力。App 使自选课程、

网上排班、手机端点名、网络展示、互动评价等功能得以实现。

(2)教师招收精英多种智能共发展

为了让儿童在丰富的课程中发展强势智能，在实施过程中，我们还开设了以学生申请、教师选拔为主的 We Show 高阶课程，以弥补完全由学生自选课程带来的不足。

3. 校内师资与校外师资相结合

充分发挥民办学校优势，以家长、社会资源等补足的方式引进人才。聘请民乐、体育、科技、外教方面的专家以及大学志愿者、家长，共同承担学校18个课程的开发、实施与评价。

**(四)研究课程实施策略开发多元潜能**

在研究课程实施的过程中，我们致力于研究每个板块课程的特色和实施策略，推动每一类课程向着开发儿童潜能、促进儿童思考、增强儿童体验感悟的目标迈进。语言人文类课程在“交流”中引导儿童体会“美妙”；数字思维类课程在“思考”中引导儿童向往“聪慧”；自然科技类课程在“发现”中引导儿童感受“快乐”；艺术欣赏类课程在“实践”中引导儿童感悟“艺术”；运动健康类课程在“运动”中引导儿童变得“健康”；自我成长类课程在“合作”中引导儿童享受“和谐”。

(1)语言人文类课程：学唱外语歌曲，感受语言的魅力；表演吟诵经典，感受文本的精妙。

(2)数字思维类课程：共研逻辑关系，挖掘思维的潜能；奇遇数字拼组，培育创新的意识。

(3)自然科技类课程：课程内容开放，创造快乐的源泉；课堂氛围自主，呼吸快乐的空气。

(4)艺术欣赏类课程：聆听音乐，用声音和身体表现艺术；触摸美术，用画笔和双手展现艺术。

(5)运动健康类课程：球类运动，体验竞争与和谐；身心健康，发现身体与内心的阳光。

(6)自我成长类课程：美食茶艺，同做佳肴，共下厨房；旅游课程，开拓眼界，享受生活。

**(五)优化课程评价方式感受成功成长**

研究运用多种评价方式，让儿童在选择性课程中感受成长与成功。

1. 强项评价促“四自”

通过强项评价，增强自主意识，发展自律能力，培养自立精神，增强自信心，让孩子发现最好的自己。如“金话筒播报台”系列课程围绕这一目标设立课程宗旨，开展各类活动，取得了很好的效果。

2. 表现性评价促“三体”

在学生生活和学习的情境里，我们通过对学生完成实际作业表现的观察，依靠教师的专业判断，对学生的成果和成就进行整体判断。表现性评价改变了以往单一评价的方式，关注学生参与过程的表现，引导教师和学生关注：体验人际交往的快乐，体会动手动脑的乐趣，体悟积极向上的力量。

3. 延迟评价促“两成”

我们运用延迟评价促进儿童浅尝成功，体会成长的快乐。例如，魔方课程深受孩子们的喜爱，但是当孩子们深入学习时，却分化明显。经过研究，凡出现这样情况的课程均采用了延迟评价，让每个孩子都能体验成功。

## 四、研究成效：We Show 课程的成果与成长

### （一）需求：根据需求形成了 We Show 课程特色

1. 基于儿童需求，构建了课程体系

本研究在科学理论的指导下构建了课程体系，课程的筛选全部由学生自己做主。经过一年的努力，我们逐步形成了 We Show 普及课程 54 门、高阶课程 25 门，共 79 门课程。

其中 A、B、C、D、E、F 六大类为 We Show 普及课程，完全由学生自主选课，每周五下午一个半小时活动时间，每学期 14 次。其他为 We Show 高阶课程，以教师选择为主，每周一至周四下午不同的时间进行活动，每学期 14 次。We Show 普及课程参与率为 100%，We Show 高阶课程参与率为 30%～40%。

从 2014 年 12 月的课程满意度调研中我们看到，80%的学生的第一志愿报名成功，17%的学生的第二或第三志愿报名成功，但也有 3%的学生表示不喜欢该学年挑选的课程。学校开设的所有课程得到了不同程度的好评。

2.聆听教师诉求,发展了教师特长

我们充分聆听教师的诉求,请每位教师自己申报、填写志愿。学校充分信任教师,以教师申报为准。全校80位教师人人申报,其中42位教师申请主要承担一门课程,28位教师申请与同行或外聘教师合作开发一门课程,还有10位教师选择辅助(学习)外聘教师开发课程。2015年年初,我们评选了第一批优秀课程,其中扎染、定格动画、追风轮滑、金话筒播报台等30门课程被评为优秀课程,约占总课程数的38%。许多教师在We Show课程中发现、发挥了自己的专长。例如,郑老师是摄影发烧友,摄影课程是他的最爱;程老师是生活技能高手,做菜、家务一流,自从开设生活技能课以来,喜欢她的学生越来越多。通过课题研究,我们发现教师的素养有了很大的提升。

3.尊重家长要求,引进了各方资源

在课程的开发过程中,我们充分尊重家长的需求,通过调研、访谈与家长达成共识。我们引进了多种资源,浙江大学和中国美术学院精心为学校打造了诸多课程,如浙江大学编辑了11门课程的手册和资料包,中国美术学院编辑了5门课程的微课视频和收集了大量学生精品照片,"第二课堂"场馆开发了5门课程。

### (二)实践:在实践中创新了We Show课程管理

我们研发了专为学校We Show课程量身打造的管理软件,实现了网上浏览介绍、手机报名;网上组成班级,报名信息立现"云端";网络展示评价,作品照片可秀"好友圈"。实践证明,该软件的设计和开发创新了课程管理的网络。报名从电脑到手机,操作变得更便捷;组班从手动到自动,管理变得更高效;评价从封闭到开放,师生的舞台变得更宽广。

### (三)成长:在研究中提升了We Show课程品位

1.成就"精品课程",提升了课程执行力

我们制定了We Show课程章程和课程评价标准,有力地提升了课程执行力。一年来,我们汇编了诸多精品课程,正待出版,如国际象棋、足球、健康与幸福等精品课程。

2.成为"美丽课堂",加强了课程领导力

2014年,杭州市开展美丽学校评比,我校We Show"美丽课堂"经过西湖区的推选,报送到杭州市参评。《杭州教育》专题刊登了学校美丽课堂的特色。

3. 成全“个性教育”，提升了学校知名度

学校一直致力于“为成全每一位孩子的幸福人生奠基”，We Show 课程是成全“个性教育”的一个缩影，已经成为学校不可替代的特色。2015 年年初，学校在 20 年校庆之际，联手《杭州日报》、西湖区教育局刊登了《成全每一位孩子的个性化成长》专版，进一步提升了学校知名度。

## 五、研究结论

本课题研究两年来成果丰富，形成了课程特色，创新了课程管理，提升了课程的整体品位。与此同时，本课题研究还有三大亮点、两大创新点和一个展望。

（1）三大亮点：与课程改革并肩；携美丽课堂之手；走个性化教育之路。以课程研究为轴，带动了课堂研究，提升了师生的素养。

（2）两大创新点：一是教育与互联网的一次完美结合，二是师生教与学方式的一次华丽转身。App 选课、评价、展示软件是一个匹配选择性教育的原创软件，为学校开展选择性课程提供了保障。课程“微”与“秀”的理念促进师生教与学的方式发生了可喜的转变。

（3）一个展望：攻克选择性课程评价之堡垒。本课题研究已经成功申报市级课题，专题研究 We Show 课程的评价，课题研究将进入第二个阶段。

### 参考文献

[1] 冯晨. 基于国际视野的学校课程建设与实践[M]. 长春：东北师范大学出版社，2013.

[2] 李来和. 您的孩子幸福了吗　　儿童幸福成长理论研究[M]. 北京：光明日报出版社，2012.

[3] 石鸥. 选择一种课程就是选择一种未来——关于高中多样化、选择性课程结构的几点认识[J]. 中国教育学刊，2003(2)：1-5.

[4] 谢佛勒. 人类的潜能——一项教育哲学的研究[M]. 石中英，涂元玲，译. 上海：华东师范大学出版社，2006.

# 五院一梦:儿童发展适宜性课程建设的实践研究

杭州市转塘小学

陈天镇　汪培新

**摘　要:**五院一梦是儿童发展适宜性课程建设、学校选择性特色课程建设的一个策略。基于学校在幸福课程建设的两个背景——让每一位学生平等地享受优质的教育,满足每一位学生拥有发展幸福的机会,四个困惑——社团量大质次乏设计、课程建设乏价值追求、课程开发同质乏个性、课程实践乏真境,学校以五院一梦的精品课程的建设为中心,从四个方面推进儿童发展适宜性课程的建设:通过建立一心二轴的管理结构与三项制度、一个计划来强化发展适宜性课程实施的领导力;通过搭建课程能力的生长平台,组建课程辅导共同体,提升教师发展适宜性课程实践的教学力;用双轨思路完成普适性课程的通用设计与五院一梦课程的精致设计,实现普适课程的简要开发与五院一梦课程的精细开发,课程资源做到普适标配、五院五优配突出科技,增强发展适宜性课程的规划力;通过开展五院课程合作社与首席课程负责人工作室活动加强课程活动的研究力,真境多道丰富五院课程的活动内容,并以金太阳梦想评价为中心开展课程建设三维评价,提升课程建设的质量,最终实现学生在发展适宜性课程中享受发展的快乐,教师在发展适宜性课程教学中发展课程实践力与影响力,学校完成选择性五院课程的系列化、规范化建设,初步塑就新城市学校的品牌特色。

**关键词:**幸福课程　发展适宜性　五院一梦　课程力

## 一、课题提出的背景及意义

2014年是杭州市转塘小学入住象山新校区的第二年,也是打造紧密型教育共同体的第三年,还是紧密型教育共同体实践第一阶段的收官之年。这是一个学校发展的关键之年,是一个承上启下的奠基之年,是学校在新文化建设基础上,实现学校发展的高位设计、高质实施,全面推进新城市学校建设的开局之年。学校课程能力建设是一个时代的命题,是教育改革推动学校体制和组织的变革基础,也是学校品牌特色建设与学校教育理念具体化的一个有效的实践策略。五院一梦课程建设是学校课程能力提升的有效力量,是基于学校幸福教育的基本理念,为让每一个孩子都拥有平等、公平的发展机会而构建的一种正向的教育发展生态。

### (一)选择性课程建设的困惑

近年来,随着教育改革的深入,社团建设成为学校课程改革的重要内容。当下我们在这方面的实践还存在着一些乱象与困惑,需要厘清。

1. 社团建设量大质低:缺乏设计

"百团建设"虽然热闹,却因为缺乏学校的顶层设计,导致社团的质量比较低,学校的特色不能有效展示,学生的个性需要常常不能得到较好的满足。

2. 课程建设徒具形式:缺乏价值

校本课程是一种追求质量的课程,我们的课程建设是兴趣小组活动的另一种形式,缺乏社团建设的价值体现。许多学生参加社团活动只是因为好玩,活动的效能指向于活动本身,学生缺失对课程建设的价值思考。

3. 课程开发普遍同质:缺乏个性

现阶段学校的校本课程建设大多为浅层次、低成本的模仿,是一种没有独立思考、没有自我判断的抄袭。学校的"百团建设"有近70%的校本课程与学科相关,与别校雷同,缺乏个性,是一种同质化课程开发。

4. 课程实践问题解决:缺乏真境

实践是课程的语言。校本课程应是对学校及周边区域中的事实或事件以问题形式存在于学校的日常教育教学实践中。在课程实践中,我们的实践活动要么被淡化,要么以预设的虚拟教学,实践性常常被知识传授替代,问题解决常常被课堂演示替代。

### (二)五院一梦课程的意义

发展适宜性课程的核心理念是年龄适宜性、个体适宜性、文化适宜性、教师教学适宜性。幸福课程是学校以课程建设为载体,实践学校核心价值——“成为最好的自己,成就幸福的人生”的重要策略,从培育科技素养的科技环保课程、适宜儿童个性的选择性社团课程、文明习惯养成性课程、校园节日活动特色课程等几方面形成校本课程的实施指南。学校通过少年科学院、少年文学院、少年艺术院、少年健康院、少年礼仪院“五院”的建设推进选择性课程建设,与“金太阳梦想评价”体系相结合,构建起“五院一梦”学校幸福课程项目,以此项目的实施发展学生的兴趣特长,实现更好的课时整合利用,形成转塘特色的学校课程体系(见图1、图2)。

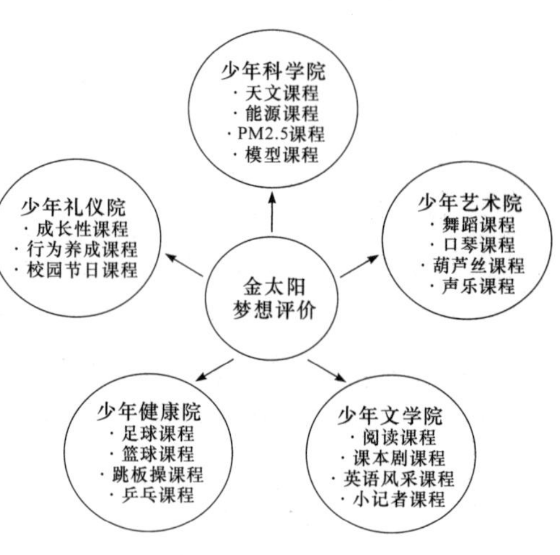


图1 五院一梦课程结构模型

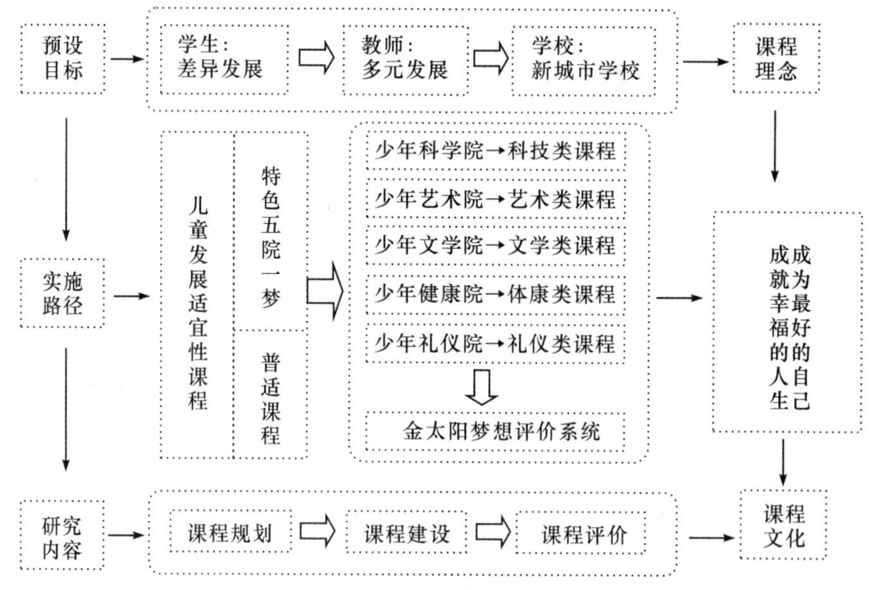


图2 五院一梦课程实施结构

1. 新城市学校建设背景下建设适宜儿童发展的校本课程

学校的发展一定是一个特色发展的过程。杭州市转塘小学是以科技体验为特色的学校，这一特色是学校多年经营的成果。随着之江新城的建设，科技教育之江也有了新的内涵。新城市学校的建设可以为本地儿童提供最具适宜性的教育，让儿童的个性得到发展。

2. 基于学校幸福教育理念建设适宜儿童发展的校本课程

“成为最好的自己，成就幸福的人生”的核心理念就是“幸福教育观”，新课改的一个突出思想是以学生为本。满足不同学生个性化发展的需要，满足学生发展兴趣爱好的需要是幸福课程下的儿童发展适宜性课程——五院一梦课程的目标，该课程能推进学校课程建设的高质化、个性化、特色化发展，让学校的每一个学生平等、公平享有最大的成功机会，并享受最大的成功快乐。

## 二、课题研究的设计

### (一)概念界定

1. 幸福课程

幸福教育是我们学校“成为最好的自己，成就幸福的人生”理念下的幸福教育观，让每一个学生、每一位教师得到最好的发展，在发展中享受成功、享受快乐，实现自己的价值，为学生一生的幸福奠基。幸福课程是教学“幸福教育观”在课程开发与实践中的休现。

2. 五院一梦

学校通过少年科学院、少年文学院、少年艺术院、少年健康院、少年礼仪院“五院”的建设推进选择性课程建设，与“金太阳梦想评价”体系相结合，构建起“五院一梦”学校幸福课程项目，以此项目的实施发展学生的兴趣特长，实现更好的课时整合利用，形成转塘特色的学校课程体系。

### (二)研究目标

1. 建立儿童发展适宜性课程的幸福价值观

形成具有转塘特色的“幸福教育”理念，在“成为最好的自己，成就幸福的人生”的理念下，让幸福教育成为全体师生共同的价值取向和行为准则。

2. 构建学校五院发展适宜性校本课程体系

完成基于学校特色的校本课程设计，编写有特色的校本教材，并使其成为学生快乐学习、幸福成长的营养品，创建宜学、宜居、宜玩的享受幸福成长的校本课程体系。

3. 架构发展儿童适宜性课程梦想评价系统

探索基于儿童发展适宜性的幸福课程建设的管理机制、课程体系、活动模式、教材开发、评价手段等。

4. 增强教师儿童适宜性课程主体实践能力

幸福课程是深化教育改革的实践，是提升学校品质、发展儿童个性的实践。教师是课程建设的主体，教师的课程实践能力要在实践中提升，在提升中实践，课程建设的过程也是教师专业能力发展与拓展的过程。

5. 发展儿童个性化、有特色的核心学习素养

课程建设，尤其是幸福课程的建设是以培养学生个性特长、形成学校发展特色为目的的，它聚焦于学生的核心学习素养的形成。

## 三、实施的策略

课程领导力是旨在促进每个学生有效发展，校长及管理团队统领课程创造性实施和积极主动建设的行为力量。它是以“让每个学生获得最有效发展”为核心的现代课程观，是一种战略性的创新课程实践，是一种不断增强学校旺盛生命活力，凸显育人特色的先进学校文化。学校从教学力、规划力、实践力、牵引力四个维度推进儿童适宜性课程的建设。

### （一）教学力：建立儿童发展适宜性课程的辅导共同体

基于儿童发展适宜性课程的建设，要让我们每一位教师成为学科教学与技术辅导一体化的“双师型”教师（既能教学又能技术实践），做到一专多能（“1＋$X$”），学校要建设科学的教师课程成长平台，对现有教师进行培训并建立社会、家长、社区、学校的师资共同体，通过多通道构建起适宜课程实践的辅导共同体。

1. 构建成长平台:发展课程三力

学校精心搭建了教师专业能力成长的三个平台——“三长课程风暴”“象山科研论坛”“之江大学堂”。三个不同层面的课程能力成长平台的建设与运用实现了学校三长和教师的课程领导力、课程研究力、课程学习力的三力并进。

2. 长聘品质专家:提升学校品质

学校根据新城市学校建设的设计,长聘的品质专家主要有国跳课程的专家,使其担任学校国跳课程的辅导,在他的辅导下,学校取得了许多国家及国际大奖,成为国家级国跳基础学校。

除国跳课程外,学校也为口琴社团、街舞社团等外聘了专家,英语口语社团还聘外教对学生进行长期的教学辅导,培养了一大批爱好音乐与英语的学生,同时也提高了学校教师的“$X$”项能力。

3. 临聘特型专家:巧升课程水平

学校常常会根据社团辅导教师申请临时外聘特型专家。学校曾临时聘请舞蹈专家孙美华来校指导集体舞、广场舞,聘请学军小学的专家来校指导踏板操,聘请中国美术学院的教师来校指导书法与泥塑等。这些临时聘请的专家的点拨促使学生的水平有了快速的提升,学生在各类比赛中获得荣誉。如学校广场舞获得杭州市一等奖,牛皮筋操、跳板操首次参赛就进入前三名。

### (二)规划力:编制以五院一梦为中心的适宜性课程规划

建设儿童发展适宜性课程是塑造新城市学校的品牌特色的一个重要路径。所以,课程的设立与社团活动的开展都要进行精心的设计,做到既体现学校品牌特色,又满足每一个学生的发展需求,同时又能有效地开展活动。

1. 精心设计五院一梦课程结构

学校课程规划直接影响学校发展的整体水平,直接影响学校课程发展的方向和基本特色。精心研制学校课程规划,可以全面提升学校课程决策、设计和开展的能力与水平,是学校课程能力的核心与关键。基于儿童发展适宜性的幸福课程体系的规划与建构,是学校推进课程建设的基础与质量保证。学校基于原有的特色与资源,提出了“五院一梦”的课程建设项目,这一项目的实践分两步走:首先在学校全面推进,另外两个校区先进行课程建设;一年后,在总结象山经验的基础上再推向回龙与方家路校区。

“五院一梦”是学校课程建设与学校评价系统的融合，是学校课程与社团活动的融合。“五院”是双线管理：一线是以少先队大队部下的五大少年院，少年科学院的院长与院士的产生融入少先队组织，把梦想奖的评比融入少先队的荣誉体系；另一线是课程建设系统，是学校校长室与教导处统一管理下的课程体系，五院的19门课程的建设，以项目的形成推进，每一院都有指导教师负责学院的学习活动。“五院一梦”项目推进学校课程建设走向了规范化、校本化、系统化，学校的课程能力因此有了很大的提升。

在五院课程的建设中，特别要强化科技，科技体验是学校的重要特色，也是学校课程建设中最基础的。少年科学院四大课程的建设，可以为其他四院的课程建设提供范例，也可以凸显学校的品质点。这四大课程使学校有了重大设施建设，学校建成了能源馆、PM2.5监测站、三模馆、天文台，学校在此基础上还进行了科技衍展，如DI创意小队的建设等。科技教育还切入基础课程中去，学校将这四大课程的一些内容有计划地融入科学课堂，融入综合实践课，使其成为国家课程校本化的一个重要方面。

2. 特色开发五院课程范式

课程开发(curriculum development)是指通过需求分析确定课程目标，再根据这一目标选择某一个学科(或多个学科)的教学内容和对相关教学活动进行计划、组织、实施、评价、修订，以最终达到课程目标的整个工作过程。

五院的19门课程是新城市学校建设提出的学校特色课程，是在“科技体验型”学校的少年科学院四大课程的基础上提出的，是学校特色课程的升级版。所以，我们在课程开发的策略上有了新的思路——一院为标、四院同步，就是先做好少年科学院四大课程的开发，然后其他四院同步跟进，一起发展。

五院一梦课程的开发要做到系统规划、目标科学、开发过程精细。因此，要从课程开发的组织建设到内容安排与目标构建形成一个系列。

(1)少年科学院课程的范式开发

五院19门课程的开发以少年科学院四大课程的开发为样式，都应设计课程的时间表，对课程开展进行合理的时间安排。对目标的系统化与学校整合要做好规划，对教材的编辑及内容的安排要有作业样式，做到科学、统一。

(2)科技课程开发的时间轴

在完成年度课程发展时间安排的同时，项目组还要做好年度的行事历，做好子项目的目标体系,只有这样才能实现项目推进的系统性、可测性。

(3)少年科学院课标制定与教材安排

以科学素养基点开发、实施科技校本课程,首先建立科技课程的校本课程标准,再通过学校科技社团将“生态科技”校本课程大致分成3个区块,分散到一个学期的4个月中,内容大致分成环保生态、科学课外探究、模型制作与创新等主题。每月月初公布相关内容的要求,月中班级、学生自行组织开展活动,月末开展评比。

3.普标配置五院一梦课程资源

学校的墙廓及专业教室等的配置都是普适性的,是为完成国家课程而配置的,学校课程是学校品牌特色的体现,有强烈的地方性、学校性,课程是以学生的发展需要而设计的,以学校的特色为基础。这就要求我们为特色化进行相应的硬件配置,其中有场所的配置,更有设施、设备的配置。

在场馆建设方面,学校根据发展战略,投重金建设天文台、能源馆、电视台、演播厅、体育馆、实验室等,让各类社团有空间开展活动。

除了场馆的配置,学校也进行设施、设备的配置,包括多通路的数字音响系统、录播系统、校园影视系统等,有效促进了学科课程的特色化建设,促进了学生的个性化学习。

在设施、设备的配置方面,学校不仅配置标准化设备,更重要的是还基于特殊项目购置装备,项目组申报的设施、设备经审核就可以获得学校的资金支持,以确保社团活动与教材的开发。

特色课程教师在课程规划与课程设计的过程中,要思考课程资源的开发与运用,还要从两个方面进行思考:一是物化设施、设备与学校环境建设;二是指导教师的人力资源。要让教师学会在资源开发设计中关注以下几个方面。

(1)经济性与便捷性

解决特色课程中器材的配置与开发,注重开发器材的性价比。

(2)创造性与系统性

场馆与设备的建设与配置、装修都要将课程开展与课程规划结合起来,增强资源运用的系统性。

(3)兼容性与功能性

器材的选择、外观的设计、内部的结构、使用的方法、使用的过程等都要实现一物多用、物尽其用,做好场馆的建设,营造良好的课程氛围,增强课程的文化气息。

(4)外援性与自主性

对于人力资源的运用,要从学校特色课程建设的要求出发,有选择地引入外部人力资源。但在聘请校外教师时,要处理好必要与学习的关系、有偿与无偿的关系、短期与长期的关系,突出经济性与有效性、可学性与借鉴性。

**(三)实践力:开展以五院一梦为中心的适宜性课程活动**

我们为了践行“成为最好的自己,成就幸福的人生”的理念,在五院中建立了五个课程活动中心——课程合作社,在每一个社团(课程)中设立了首席课程负责人工作室,这“一社一室”的研究团队统一管理五院课程的教学探究与实践活动。

1. 一社一室:增强五院课程活动的能力

课程合作社是学校为了推进课程建设与改革而建立的一个自助且自主的教师互动合作的交流平台。这个课程合作社是一个跨学科、跨年级段的服务于教师进行课程建设与改革的活动机制。学校专门设立了两个课程合作社活动馆,各特质化活动社可以自主安排时间进入活动馆开展活动。

学校建立首席课程负责人工作室制度,以首席课程负责人为抓手,推进课程建设。对于五院的19门课程中的每一门课程,学校都安排一名首席课程负责人,由他负责3～5人的相关课程的教学与活动的指导。19个课程工作室会辐射到56门普适性课程,贯穿到四校区的社团负责人。

2. 真境多道:丰富五院课程活动的内容

五院的19门课程是基于社团开展活动的,学校建立了19个精品社团,一般为每个院安排一位教师作为学院负责人,其负责合作社的活动,负责管理社团的活动与教学研究。学院负责人接受学校五院一梦领导小组的管理,日常的学校教学与活动一般独自开展,遵循自主、有效、安全原则开展活动,通过活动丰富学生的学习生活,提升学校的美誉度,激发学生的学习兴趣,发展学生的多元能力。

(1)用好场馆——发挥装备的课程功能

学校建设了许多体现学校特色的场馆,为国跳建造了四个活动馆,学生可以随时入室活动。学校还为美术学科提供了泥塑馆、书画馆,专门为语文学科开辟了多功能阅览室、影视实验剧场、演播室,为科技学科提供了天文馆、星象厅、能源室、开放实验室、情境体验室、科学长廊等。学校课程活动要充分利用这些场馆,真正发挥这些场馆的课程功能。

(2)巧用节日——营造课程活动的真情

学校课程活动的有效性就在于真情的投入,要巧妙利用校园内的各种资源,只有学生进入真实的情景中,其学习的热情才能达到最高,活动的有效性才能达到最强。学校节日是各学院、各社团开展活动最好的时机。学校节日与传统节日都可以成为课程活动的资源。学校节日主要有体育节、科技节、艺术节、阅读节四节,分别对应少年健康院、少年科学院、少年艺术院、少年文学院,利用这四大节日,课程活动就可以有效地开展。传统的清明节、端午节、儿童节、国庆节、元旦等也可以成为少年礼仪院、少年文学院、少年艺术院活动的主题。

(3)转化情景——构建课程活动的真境

其实校园内课程资源与课程活动的主题无处不在,当我们有了强烈的课程意识时,就会发现这些资源可以为我们的课程活动提供真实的环境。

①园景转化。校园内不仅有许多景观,还有四季花、草、果树,把它们转化为课程资源,不仅增添了内容与活动,也使许多教育变得生动、有效。比如,可以利用秋天校园的果园,把它转化为校园采摘节,这一节日与少年礼仪院的文明礼仪课程结合,通过活动培养学生爱护校园瓜果、与人分享的品质。

②常规转化。学生学习常规的养成是少年礼仪院行为课程的一个重要内容,我们日常的行为习惯的说教可以转化为课程进行,把学生行为的问题与榜样转化为课程的资源进行主题化教学,我们会发现本来的说教可以成为学生喜欢的课程实践活动。

③成长转化。小学生从入学的第一天起到六年后毕业,在六年中要经历许多人生的节点。对于这些节点,如果我们认真地进行课程化思考,会发现许多内容可以成为小学生成长性课程的内容。新生入学的礼仪、入队的礼仪、开学第一课、校门口的礼仪、毕业典礼等都可成为礼仪课程的活动内容与主题。这些内容具有真境、真情,课程的生命力很强。

### (四)牵引力:课程三维评价系统规范五院一梦课程活动

五院一梦课程是为了创建儿童发展最适宜的教育生态。五院一梦课程建设中,一梦是指金太阳成长梦想奖,这一奖项是基于学生在五院课程学习中获得的不同等次的奖,是少先队大队部对学生的评价。课程评价其实还有两方面:一是基于教师的教学评价,二是基于课程项目本身的项目评价。

1.学生:金太阳成长梦想奖

这是学生维度的评价。我们提出“金太阳梦想评价”就是对学生选择性课程的学习过程进行过程与终结评价。把学习评价与“金太阳成长梦想奖”结合，把评价与次级晋升结合，增加了学生学习的趣味性、竞赛性，有利于激发学生学习的热情。所以，学校构建“金太阳梦想评价系统”，把课程三级评价系统纳入学校的统一评价体系之中，建立起完善、系统的荣誉系统。

这个评价是教师对学生课程学习水平的评价，教师通过学生一个阶段的学习，对学生课程学习水平进行检测，这种检测主要通过学习成果展示、各级比赛及实验操作或实践探究成果等方面进行综合评定，把评定的水平成绩单发给学生。每个学生把多种或多张成绩单交到少先队大队部的各少年院的少年院长处，院长依据章程发给学生对应的多项奖章。

2. 教师：幸福课程教学评价

另一个维度是教师的幸福课程教学评价(见表 1)。这是对教师课程实践能力与教学成效的评价，这种评价可以是学生对教师教学的满意度，也可以是学校对教师的教学绩效考核。我们常常通过成果展示来进行评价，评出相应的等级，对教师进行奖励。更多的选择性课程评价与学校赛事相关，课程通过社团参加各类比赛来检验课程效能。例如，舞蹈课程的街舞社团以《阳光 DOU DOU 踏》代表西湖区参加了杭州市中小学生艺术节集体舞比赛，最终以 9.667 分获得小学组最高分；创意课程的创意社团获得“DI 创意思维”国际邀请赛——DI 达芬奇奖和全国二等奖。这些就是赛事评价。

幸福课程教学评价还有过程性的幸福课程的活动或课堂的评价，这种评价由各少年院的责任教师进行或由课程领导小组进行，用教学量表对教师的教学活动进行评估。

**表 1 幸福课程教学评价**

| 评价项目 | 得分(每项分值分为 1～5 分，5 分为最高，表示“非常好”；4 分表示“良好”；3 分表示“一般”；2 分表示“凑合”；1 分为最低，表示“待达标”) |
| --- | --- |
| 授课的实用性 | |
| 授课的逻辑和条理性 | |
| 授课的生动性 | |
| 总分 | |

3. 课程：幸福课程项目评价

幸福课程的第三维度的评价就是课程本身的评价(见表 2)。项目化管理是课程评价的一个重要手段,通过课程项目申报、论证、鉴定三个阶段对课程建设进行评价,这种评价是对教师的课程规划与课程实践的科学性与规范性的评价,是对教师编制的校本教材的可用性、合理性的评价,其目的在于改进课程建设,并对优质项目进行奖励。

**表 2 幸福课程项目评价**

| 评价项目 | 得分(每项分值分为 1～5 分,5 分为最高,表示“非常好”;4 分表示“良好”;3 分表示“一般”;2 分表示“凑合”;1 分为最低,表示“待达标”) | 建议 |
| --- | --- | --- |
| 课程组织管理 | | |
| 课程内容设计 | | |
| 课程日程编排 | | |
| 总分 | | |

## 四、研究的成效

儿童发展适宜性课程不断实施的过程中,首先受益的是学生,受益最多的是学生,受益感受最深的也是学生,受益反应最明显的当然还是学生。在这一过程中,教师、学校也分享了发展的成果。

### (一)学生:享受发展适宜性课程差异发展的快乐

基于“成为最好的自己,成就幸福的人生”的理念,学校科学设置了 56 个普适型课程的 72 个社团,19 个五院课程的 28 个社团,共 100 个社团,使每一个学生都找到适宜自己成长的课程。每一个课程都有精细的规划、完善的装备设施保障,还有优质的师资,再加上有效、科学的课程目标与教材系列,确保了每一个学生都能享受优质的课程教育。

1. 发展适宜课程提高了孩子的学习自信

教育不仅要启发学生的心智,而且要培养学生健全的人格,其中自信心是人格的重要方面。调查发现,发展适宜性课程提升了学生的自信心。

2. 发展适宜课程成就了孩子的学习成功

自学校进行发展适宜性课程建设以来,尤其是五院一梦课程建设的推进,学生获奖数逐年增多,学生获奖的学科数也逐年增多,学校的品牌特色从这里也能体现出来。例如,舞蹈课程的街舞社团在杭州市中小学生艺术节集体舞比赛中获得最高分;创意课程的创意社团获得"DI 创意思维"国际邀请赛——DI 达芬奇奖和全国二等奖。

### (二)教师:提升发展适宜性课程的主体课程能力

随着幸福课程建设的推进,教师的"1+X"能力得到了快速成长,特别是"X"技能的成长,教师的课程教学能力有了很大的提升,教学自信心增强。

#### 1. 关注学生成长的核心素养与教育价值

学生的全面发展,就其内容而言,是德、智、体、美、劳、技等多方面综合素质的养成,尤其是学习能力与发展能力等核心素养;在深层次上,学生的全面发展应进一步理解为学生身心、学业、人格的和谐发展。

#### 2. 提高了专业水平与素养

在课程的建设过程中,教学的思想与理念经历了洗礼,课程教学的艺术发生了根本的变化,特别是在五院一梦课程的推进中,教师在一系列的变化中提高了专业水平与素养。

### (三)课程:五院一梦课程体系彰显学校课程特色

本课题主要研究双轨课程的适宜性课程的建设思路的形成,有效实现有层次、有计划、有设计的课程规划。

#### 1. 课程开发实现规范化、系统化

五院一梦特色课程的开发做到了系统化、规范化,对每一个课程都制定了三级目标系统,编辑了校本教材,还进行了课程教学的研究。少年院的课程合作社与首席课程负责人工作室有效地推进了课程开发与实践活动。

#### 2. 五院一梦课程实践亮化学校课程特色

五院一梦课程也为教师提供了成功的基础,外部专家的入校、装备的配置都为教师发展提供了条件。学生在区、市、省获奖,并走向全国,走向世界,学校的特色也随之彰显,学校成为杭州市新优质学校。

### (四)学校:发展适宜性课程塑就新城市学校品质

五院一梦课程的重点推进让新城市学校的品牌变得立体而生动。学校被评为"国家级绿色学校""省文明学校""省模型基地学校"等。更值得一提的是,DI 创意梦小队在国家级比赛中获奖,并参加 2015 年在美国举办的国际比赛;国跳课程的队员也在国际上多次参加比赛并获奖。学校的高品位

来自于细节的高品位，学校教育从激发学生成长意识着手，以教师和学生的终身发展为本，形成了自己的特色与内涵，赢得了较高的社会美誉度。

总之，在新城市学校建设的背景下，杭州市转塘小学依托有利的地域资源，打造有特色的校园文化，让孩子们在学校里享受最适的教育，让孩子的学习生活充满阳光，充满自信，为他们未来的幸福人生奠定坚实的基础。

**参考文献**

[1] 埃利斯. 课程理论及其实践范例[M]. 张文军，译. 北京：教育科学出版社，2005.
[2] 杜威. 学校与社会·明日之学校[M]. 赵祥麟，任钟印，吴志宏，译. 北京：人民教育出版社，2008.
[3] 刘晓东. 儿童文化与儿童教育[M]. 北京：教育科学出版社，2006.

# 基于国际视野的学校环境课程开发与实施的实践研究

杭州市求是教育集团浙大附小

尹伟　葛宝根　余建军　朱宏　沈君

**摘　要:**校园环境是一种重要的课程资源,但由于校园环境缺少显性课程载体,缺乏有效的课程实施,加之校园环境统整意识不强,校园环境不能发挥更大的育人功能。本课题通过开发基于国际视野的环境课程,以强化环境持续的育人作用。本课题从多元架构国际化环境课程的内容体系、联动体验推进环境课程实施、双向交互完善环境课程评价等三个方面进行研究,挖掘学校环境课程资源,开发基于国际视野的环境课程校本教材,形成有效的课程实施和评价策略,提升学校的国际化水平,为学生的可持续发展奠定基础。

**关键词:**环境课程　国际视野　开发　实施

## 一、基于国际视野的学校环境课程开发与实施的研究缘起

校园环境是一种重要的课程资源,但由于校园环境缺少显性课程载体,缺乏有效的课程实施,加之校园环境统整意识不强,校园环境不能发挥更大的育人功能。

### (一)校园环境因缺乏显性载体而无法发挥持续的育人功能

2014年10月,笔者带队到美国半岛国际学校交流,在欢迎仪式上,10名学生结合PPT轮流向大家介绍学校:"我们的学校坐落于美国加州旧金山Palo Alto市。""我们的校园里有一幢教学楼;我们的校园里有一颗雪松高15米,象征着我们能茁壮成长。""我们的口号(理念)是'one world, many cultures'。""Philippe,他是法国人,是我们的校长……"在这个简短的欢迎仪式上,这10名学生就是在实施他们的校园环境课程。学校的校园环境、校园文化已经深深地扎根在每个孩子的心中。

目前,校园环境在隐性育人、美化校园方面已有较多的研究,但由于校园环境、文化没有显性的实施和评价载体,持续、系统、显性地发挥它的教育价值尚存欠缺,尤其在推进教育国际化的进程中,在国家课程和基础课程尚没有更多的变革下,要更好地发挥校园环境、校园文化的育人功能还显不足。因此,要通过构建系统的、具有国际视野的校园环境文化课程,将学校环境物化为课程教材,把学校特有的文化镌刻在每个孩子的心中。

### (二)环境课程因缺乏有效实施而无法实现育人价值最大化

现象一:我们去名校参观、考察时,学校总会提供很多介绍学校文化的资料。但我们发现这些资料仅提供给外来参观者,学校师生却没有。

现象二:学校领导在介绍办学情况时,会讲校园精神是什么,理念有哪些,学子有何种特质。然而我们会发现,这些精神、理念、特质仅仅是校长的"私有财产"。

学校重视校园环境、文化建设已经成为办学"新常态",体现课程个性化也是课程改革的发展方向。但由于缺乏有效的实施,课程只停留在看而到不了用的阶段。因此,有了环境课程的教材,还必须通过有效实施,环境课程的育人价值才能达到最大化。

### (三)校园环境因缺乏统整性而无法达到现代化学校的品位

由于集团化办学体制的变革,有两所学校设立独立法人。之后,这两所学校并没有延续多年来的学校文化,从变更学校的教育理想、教育理念到更换学校的校园环境。此现象映射出,同一所学校,换个校长就像换种校园文化,没有传统的延续性,缺乏规划性。

在现代化学校的建设中,大多数学校重视校园文化建设,营造良好的育人氛围。但由于校园环境、校园文化缺乏系统的规划和设计,缺乏计划性的实施,校园环境文化因缺乏统整性而表现得"零散""苍白""生硬",缺乏大气、开放、包容的国际化、现代化特色。因此，以开发具有国际视野的校园环境文化课程为契机，使校园文化更具统整性、规划性和可持续性，形成具有国际化特质的校园环境，是进一步推进学校教育国际化、现代化的前提。

## 二、基于国际视野的学校环境课程开发与实施的研究意义

### （一）环境课程的开发与实施是推进教育国际化的重要载体

教育的国际化是指教育理念、教师队伍具有国际视野，开设的课程有利于培养适应未来国际生活的人。教师或学校的理念最终是通过课程得以实施和体现的，因此，环境课程的开发与实施是推进教育国际化的重要载体。

### （二）环境课程的开发与实施是构建阳光课程体系的重要元素

“阳光课程”能够提高课程的适切性，提高课程的质量。环境课程是我们开发的“阳光课程”的重要组成部分，是“阳光课程”体系的重要元素。

### （三）环境课程的开发与实施是形成校园文化特质的重要保障

校园文化的形成是通过环境、人文、教育成果等长期积淀而成的。校园环境是构成环境课程的主要载体，因此，环境课程的开发与实施是形成校园文化特质的重要保障。

## 三、基于国际视野的学校环境课程开发与实施的研究体系

环境课程就是利用校园环境所提供的各种信息、材料、机会、经验、情景等资源，根据学生的年龄特征构建的教育内容体系和方法体系。内容体系包括校园环境和学校文化，方法体系包括课程的实施与评价，课程实施的载体包括环境课程校本教材和学校环境实体。

### （一）基于国际视野的环境课程释义

基于国际视野的环境课程是指以培养具有国际视野和国际意识的公民为目标，学校环境课程建设基于学校传统文化并融入世界多元文化，丰富学生的亲身经历，既要体现民族文化，又要具有包容多元文化的气质。

### (二)基于国际视野的学校环境课程开发与实施的理论支撑

1. 环境教育思想的具体化和规范化

美国教育家杜威曾说过,学生在学校同时受到两种教育,获得两种知识,一种是有意识学到的知识,一种是无意识学到的知识;有意识学到的是通过专门学习而获得的,无意识学到的是受到人文环境、人际交往的影响而吸取的。环境课程的开发与实施将无意识学习转化为有意识学习,是环境教育思想的具体化和规范化,是环境教育的创新。

2. 环境教育内容的程序化和逻辑化

蒙台梭利环境创设教育理论认为,儿童的童年之秘隐藏在儿童的环境中,唯有通过开放的环境,才能将真正内在的潜能发展出来;环境是教育的工具,预备一个适合儿童开展其禀赋的环境,成为其新教育的目的。要开发学校环境课程,形成环境教育内容序列,使环境教育内容程序化、逻辑化,为学生提供适合的"有准备的环境"。

### (三)研究框架

本课题的研究框架如图 1 所示。

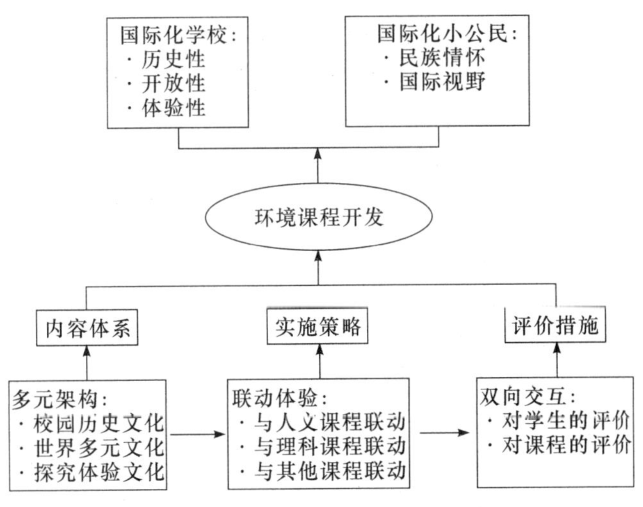


图 1 课题研究框架

## 四、基于国际视野的学校环境课程开发与实施的研究实践

### （一）多元架构：开发国际化校园环境课程内容

学校的环境课程建设是展示学校个性魅力与办学特色的重要指标。学校根据国际化校园环境课程具有的历史性、开放性、体验性特征，从校园文化、世界文化和探究文化三方面规划设计基于国际视野的环境课程内容体系，并将其物化为校园环境课程教材，为培育有自信、爱探究、乐健体、善交流的求是阳光学子搭建课程平台。

1. 校园文化——课程内容体系之根本

每一所学校都有自己独特的历史渊源、办学思想体系和教育理念，有长期积累的校园精神，它们共同构成了学校文化，体现了学校个性的教育价值取向，这对学校中的每一个个体都产生深远的影响，使每一个人身上都具备学校特有的气质。学校的校园文化在环境课程内容体系中起到立本溯源的作用。通过对学校历史、学校理念和校园精神等学校文化体系进行系统梳理，将其编入课程教材中，明晰其内涵与教育意义，并且通过进一步挖掘课程内容隐藏的资源，使课程内容价值最大化，让环境课程为培养阳光学子持续发挥作用。

(1)积聚课程底蕴的学校历史

学校历史的积淀是学校环境文化课程的主要内容之一，其彰显了整个课程的底蕴。俗话说，每一段历史都有一个故事，每一个变迁都有一段叙事，每一个故事都激励着一代又一代的人。把每一个故事转化成课程教材中的一个重要内容，是环境文化课程建设的一个主要方面。

我们学校由浙江大学创办于1957年，学校原名为“求是村小学”。1958年2月，学校更名为“××大学附属小学”。1972年，学校随区划调整回归西湖区管辖，更名为“杭州市××小学”。2001年学校恢复“××大学附属小学”的校名，校名由时任浙江大学党委书记张浚生先生题写。接着通过人物链接介绍张俊生先生的不平凡的事迹。

通过校名这一载体，使师生、家长了解学校的历史变迁，再对校名题写人物的背景进行挖掘，产生更深远的教育意义，这种教育价值不局限于爱校，更可上升至爱国。学校的历史变迁、教改实验、名师名家等都能帮助师

生更深入地了解学校，激发师生爱校的热情。

(2)洋溢课程内涵的学校理念

凝练学校办学思想体系是学校内涵发展的前提。学校的办学理念和育人理念只有扎根到教师、家长的教育理念中，才能转化为教师、家长的个人教育行为，形成共同的教育价值取向。学生只有明确自己在什么样的育人理念中成长，才能努力朝着预定的目标发展。校园环境课程将学校的各种理念在环境文化课程校本教材中显性化，不断激励着师生将学校的办学愿景外化到教育教学的细节中，让课程始终洋溢着学校办学理念的内涵。

这个内容的载体就是，1987 年 4 月 13 日下午，求是小学首届体育节隆重开幕。著名书画家、84 岁高龄的敦煌文物研究院院长常书鸿先生应邀参加开幕式，并向师生赠送了他特地为祝贺学校体育节所创造的书画——《敦煌体育壁画》，鼓励学生“从小坚持锻炼，长大报效祖国”。学校在教材中详细阐述了实现“把健康放首位”的具体措施。

这个环境课程校本教材内容通过《敦煌体育壁画》这一环境课程的载体，引出为什么学校提出“把健康放首位”的理念，学校如何把理念落实在教育教学活动之中，明确告诉师生、家长学校如何育人、育什么样的人。

(3)诠释课程精髓的学校精神

学校精神的外延包括校园精神、教师精神、学子特质、校风、教风、学风等，学校的精神是经过长期的历史积淀形成的，它代表学校的精、气、神，更体现学校培养人的目标与方向。学校精神诠释了教师、学生的特质，而课程落实的价值就是培养具有学校特质的人，因此，学校精神在环境课程内容体系中具有指向、引领的作用。

“阳光学子特质”是学校环境课程教材的校园精神内容之一，它把学校要培养的人概括为 12 个字，对其含义进行解释，使隐性内涵显性化，使每个学生明确“我”将成为一个什么样的人。在环境课程内容体系开发中，将学校的校园精神、教师精神、学子特质等进行提炼，对其内涵进行阐述，使学校的校园精神、教师精神、学子特质、校风、教风、学风等内容的隐性教育载体显性、持续、系统地发挥教育功能，使之持续地影响学校中的每一个人。

2. 世界文化——课程内容体系之特色

教育国际化程度最终体现在其所培养的人的国际视野、国际交往能力以及对不同文化的包容能力上。这些能力的培养除了通过组织学生到不同国家进行亲身体验以外，就是通过学校的国际理解教育培养学生的国际视野和国际交往能力。学校环境课程建设要创设和发现学校中有助于开展国际理解教育的课程载体，通过具有国际元素的学校建筑、校园景观、班级文化布置、学校内国际通用标识等内容，增加学生的国际理解。

(1)融合世界多元风格的校园建筑

目前，越来越多的学校都非常注重校园环境的建设，从学校建筑设计开始就融入学校的办学思想。在学校建筑设计与建造过程中，融入国际化的元素有很多成功的案例，包括国际先进的设计理念、国际著名学校的育人理念等。校园建筑的国际元素可以成为国际理解教育的重要载体，是环境课程建设的主要内容。

例如，学校仿英国伊顿公学的建筑，其教育价值在于伊顿公学在全世界产生的很有影响力的办学历史及办学成就所带来的教育意义。这样的环境课程内容开发，是对学校建筑的国际化元素的充分挖掘，在此基础上用足、用好课程资源开展国际理解教育，培养学生的国际视野和国际化情怀。

(2)渗透国际理解教育的人文景观

景观文化是学校环境建设的主要部分，对于育人而言，这些景观一直发挥着隐性的作用。学校环境课程内容的开发，将学校景观文化的内涵显性化，并且充分挖掘景观文化的国际化元素，以此推进国际理解教育，培养学生的国际视野。

在环境课程开发中，要充分发现学校中融有国际化元素的人文景观，挖掘校园景观的国际理解教育内容，形成有序列的课程体系，将原来隐性的教育资源显性化，使其持续地发挥育人功能。例如，学校中日友谊树、万国旗、世界文化长廊、世界地图等都是国际化环境课程的载体，包含着国际理解教育内容。

(3)彰显世界各国文化的班级环境

班级环境是校园环境的重要组成部分，在学校推进教育国际化的进程中，班级橱窗中的世界文化介绍、少先队英语角、节日活动的班级环境营造等许多班级环境的创设融入了国际化的元素，增加了国际理解教育的内容，要充分发挥班级环境的灵活性，对学校环境课程内容进行有机补充。因此，将班级环境内容纳入学校环境课程体系具有重要的现实意义。

3.探究文化——课程内容体系之创新

传统的校园环境以静态景观为主，隐性地发挥育人作用。现代学校环境课程的体验性，是培养学生“爱探究”品质的重要方法，是基于国际视野的环境课程的重要特质。学校环境课程内容体系中的探究领域可以结合数学、科学、体育、艺术、信息技术等领域进行开发,满足学生探究体验的需求。学校环境课程探究领域的内容分为科技创新体验和自然生态探究两部分。

(1)缘起于自然探旅的生态长廊

生态长廊或生态园是校内自然探旅的主体。生态长廊主要由小学阶段科学学习所需要的动、植物构成。在科学课堂上,学生可以在教师的组织下到生态园进行观察、研究;课后,学生也可以根据自己的学习兴趣选择研究。生态园的内容可以涵盖农耕、养殖等生产劳动内容。此外,随着社会的发展,新能源的应用越来越广泛。在学校的生态长廊中,建设真实的太阳能、风能发电机,设立核能、潮汐能的应用模型,普及新能源的基本知识,培养学生对开发新能源的探究兴趣,牢固树立环境保护的意识,这是学生具有国际视野的重要标志。

(2)致力于情境体验的智慧作坊

科学、技术、程序创新将是今后学校环境课程探究领域的主要内容,它们是传统课程的内容和实践体验的延续,探究实践的环境空间被称为智慧作坊。电子厨房通过多媒体教学让学生学习烹饪,学生制作食物的过程和成果被多媒体记录下来,既是学生学习的过程,又成为学习的成果;“小工程师”车间的 DIY 机床、创意模、百拼电子启蒙学生科技创新的意识,培养学生科技创新的兴趣;机器人工作室是以计算机应用、程序设计和机械技术为核心的探究工作室,学生学习简单的程序设计,并应用于简单的机器人,通过探究实践,学会简单的程序设计,具备简单的计算机应用能力,形成计算机编程的思想。

### (二)联动体验:推进国际化校园环境课程的实施

环境课程只有基于内容体系进行有效实施,才能发挥最大的教育价值。目前国家课程中没有设置专门的环境教育课程。在课时有限的情况下,将环境课程与各门学科相结合,进行联动体验,是实施环境课程的有效方法。

1.环境课程与人文课程的联动

小学阶段的人文课程主要有语文课程、品德课程与英语课程。环境课程与人文课程的联动主要体现为环境课程内容为人文课程提供文本资料,环境课程在人文课程中显性化,体现其历史性、人文性,开展国际理解教育体现课程的开放性。

(1)与语文学科联动,渗透学校传统文化

环境课程内容的教学落实在语文学科教学中,主要体现在认识民族文化、明晰校园文化等上,主要是体现基于国际视野的环境课程实施的历史性。

例如,学生初入学校,第一课便是"入学教育",需要让学生认识学校。如何才能深入、系统地认识校园?学生在这一课中通过阅读环境课程教材中的学校的历史、学校的活动、学校的理念等内容,对自己的学校有一个初步的认识,知道这是一所什么样的学校,在这所学校中应该怎样做。

环境课程与语文学科可以联动体验的内容有很多,关键在于教师在落实教学中要善于发现、善于运用。校园环境中隐性的语文元素通过环境课程显性化,让语文课程变得更加开放而有活力,有效拓宽了语文学习和运用的领域,并注重学生初步获得现代社会所需要的语文素养。

(2)与品德学科联动,开展国际理解教育

基于国际视野的环境课程实施要体现课程的开放性。品德学科有很多世界文化的教学内容,环境课程与品德学科的联动实施是开展国际理解教育行之有效的方法。

例如,某教师在执教浙教版品德与社会六年级下册《放飞和平之鸽》一文时,在课的最后请学生说说生活中对维护"和平"的具体行动时,就有意识地引导孩子们联想学校的"万国旗"景观,介绍"万国旗"的由来,最后总结世界各国人民友好、和谐相处。国际理解教育的目的就是帮助学生客观地认识世界、理解世界。

国际理解教育的内容在品德与社会课堂中屡见不鲜,而将环境课程与品德学科进行联动,能更快地拉近国际理解与学生生活的距离,增强学生的意识——国际理解就在我们身边。

(3)与英语学科联动,训练国际交往技能

基于国际视野的环境课程与英语学科的联动体验,重在通过环境课程内容创设英语交际的情境,培养学生的国际意识,训练学生的国际交往技能,为学生今后开展国际交流奠定基础。例如,在学校首届国际课堂节上,英语教师利用环境课程中的"中外交流雕塑"导入,以学生熟悉的镜头为主题,调动学生的积极性,又向国内外教师展示了学校的办学理念,也告诉学生国际交往能力在这所学校的重要性。

2.环境课程与理科课程的联动

小学阶段的理科课程以数学学科和科学学科为主。环境课程与理科课程的联动主要是为理科课程的教学提供探究体验的空间和器材，主要体现了环境课程的探究体验性。

(1)与数学学科联动，开启实践探究思维

校园环境课程为学生学习数学提供了鲜活的动手实践、自主探索与合作交流的学习材料。同时，在数学课中对环境课程内容的运用亦是实施环境课程的教学。

例如，某节数学课上，教师通过环境课程教材中的“康莱特”教学楼创设了面积计算的情境，让学生计算教学楼的面积。教师借机对“康莱特”教学楼的建造背景、某教师艰苦创业的历程向学生做了介绍，充分用足、用好学校环境课程资源，引领现代教育的价值取向。

此案例不仅体现了数学计算的情境学习，更渗透了学校文化的传承，这样的联动体验使学习材料具有真实性，将学习结果应用于实际生活，实现知识型课堂向能力型课堂的转变，激发学生的学习积极性，帮助他们在自主探索和合作交流的过程中真正理解和掌握基本的数学知识与技能、思想与方法。

(2)与科学学科联动，进行合作创新体验

小学科学课程是一门以培养学生的科学素质为宗旨的基础课程，环境课程为科学课程提供合作创新体验。对科学课程中的植物、动物、模型、宇宙、星空等，学生都能在环境课程中的生态长廊、生态园、智慧作坊等开展探究实践。

3. 环境课程与其他课程的联动

环境课程除了与上述课程进行联动教学之外，还可以与音乐、美术、体育及校本课程相结合，得以有效实施，培养学生的综合素养。

(1)与艺体课程联动，促进综合素养发展

艺体类课程关注学生审美能力的培养和身体素质的提升。环境课程内容中的校园建筑、景观设置、设施设备等有效地与艺体课程相结合，不仅可以提高艺体课程的教学效率，也可以为环境课程的实施提供更多的载体。

例如，学生在某节美术课上学习世界各国的建筑，教师在介绍世界各国的建筑时，介绍了中式古典建筑、欧式建筑的英伦风格、法式风格等。在介绍时，教师出示了学校环境课程中的英伦风格建筑图片和法式风格建筑图片。这些内容是真正来源于学生的生活实际的，学生的兴趣马上被激发。

看似简单、普通的环节，却使环境课程的内容得以有效落实，不仅让学生更深入地认识了自己的学校，而且还通过介绍世界名校的办学历史和成就，潜移默化地对学生进行价值取向的教育。学校环境课程与艺体课程实现联动，自觉地把艺术学习与人类生活、人类情感、人类文化和人类科学的发展联系起来，使学生加深对艺术的理解。

(2)与校本课程联动，促进实践能力提升

随着课程改革的不断深入，学校的校本课程体系越来越完善，活动课程、社团课程及环境课程组成校本课程体系。环境课程与其他校本课程的结合与相互渗透、联动教学是其他课程全面提升学生能力的补充。

例如，小课题研究是学校的特色课程。某小课题研究课上，五年级学生的研究主题是某一水系的水质状况。第一节课制定研究计划，有的学生选择研究西溪湿地的水质，有的学生选择研究西湖的水质，有的学生选择研究校内“生态池”的水质。

学校的环境课程内容和小课题研究内容相结合，让学生在学校里就可以有效开展小课题研究，同时使环境课程有效落实。

### (三)双向交互：完善国际化校园环境课程的评价

校园环境课程经过内容体系开发，进行联动实施，最后课程产生的教育效果必须通过有效的课程评价进行反馈。基于国际视野的环境课程的评价包括与其他课程一样的评价，即对学生的评价，不同之处在于有学生对课程的评价，这种评价方式称为双向交互式评价。

1. 对学生的评价

环境课程对学生的评价的内容主要是依据课程建设中的学校传统文化、世界多元文化和探究体验实践等三个板块的内容确立的。经过课题研究初步的探索，分别从人文精神、国际视野和探究能力三方面进行评价。

(1)人文精神“我”来述

环境课程中的学校传统文化对学生的影响，就是把学生培养成具有学校精神特质的人，最终从学生身上散发出来的就是学校的校园精神、教师精神或学生精神。因此，环境课程实施后，学生的变化或者说学生对校园精神的理解，将能较好地反映出课程实施的效果。评价可以结合文学课、少先队活动、班队活动、读书节等，让学生或写或述校园精神。

(2)国际视野“我”来绘

基于国际视野的环境课程内容的世界文化主要借助学校环境资源对学生进行国际理解教育。学生的国际视野体现为对整个世界的认知，对世界文化的了解，最终形成世界民族、人民和谐相处，世界多元文化和谐共存的意识。在课题研究中，我们尝试让学生描绘出他们的国际视野，在学校的环境布置中展示。学生描绘的国际视野主要体现在对世界各国典型传统文化的认识上，如埃及金字塔、法国埃菲尔铁塔、英国伦敦大本钟、新加坡鱼尾狮等，有的学生绘制世界地图，并在地图上寻找国际友好学校，标注友好学校的特色活动。

(3)探究能力“我”来展

基于国际视野的环境课程内容的探究实践体验主要是学生借助学校环境资源开展探究实践体验，丰富学生的亲身经历，培养学生的探究与创新能力，使其成为一个爱探究、会创新的国际化小公民。学生的探究能力可以结合科学课、科技节、社团活动课进行展示与考评，在科学课、科技节等活动中现场展示创新实验、程序设计、机器人竞赛、模型制作等。在课题进行过程中，我们对学生环境课程学习的过程和结果进行了多次评价，评价也进一步激励学生参与环境课程体验的兴趣，从而进一步发挥了环境课程的价值。

2. 对课程的评价

学生对环境课程的评价可以进一步使学校了解学生对课程的需求，从而完善课程建设。学生对课程的评价主要是对课程实施的总体评价和对课程内容的建议。课程评价的载体就是学校开发的网上选课系统。

(1)课程喜好“我”来评

学生通过网上选课系统对环境课程的总体实施情况进行评价，分非常满意、满意、比较满意、一般和不满意五个等级。

(2)课程内容“我”来选

学生通过选课系统除了对环境课程的实施进行评价以外，还可以借助系统提示提出对课程建设的建议。系统提示包括：你喜欢现在的环境课程教材吗？你认为里面还可以增加什么内容？你最喜欢的环境课程项目是什么？

## 五、基于国际视野的学校环境课程开发与实施的研究成效

本课题通过一年多的探索与实践，明晰了基于国际视野的环境课程的特质，在此基础上开发了环境课程教材，探索了环境课程的实施与评价策

略，研究取得了一定的成效。

### (一)强化环境育人功能，形成环境课程开发新路径

课题研究经过一年多的探索，在理论与实践的不断尝试中，强化了环境的育人功能，学校环境课程建设探索出了一条新路径。

1. 形成环境课程开发新路径

“多元架构”构建了环境课程的内容体系，学校课程建设形成新的思路，对完善学校校本课程体系发挥了应有的价值，为达成学校育人目标搭建了较好的课程平台，提升了学校的课程领导力。

2. 丰富学校校本课程体系

学校环境课程的开发与实施完善了校本课程体系。通过一年多的实践与探索，从学校文化、世界文化、探究文化等三方面开发了涵盖“我们的学校”“我们的精神““我们的理想”“我们的理念”“我们的校园”“我们的国际友好学校”等内容的具有国际视野的学校环境课程教材，使学校环境课程具有显性载体，为学校环境课程有计划、有依据、有效益地实施打下良好的基础。

3. 强化环境育人的持续性

通过校园环境课程的开发，将隐性的资源物化为文本，学生具备了学习的工具，使原来校园中发挥隐性作用的育人环境、文化载体显性化、系统化，从而使校园环境发挥持续性的育人作用，强化了校园环境育人的功能。

### (二)搭建多元课程平台，实现学生的可持续发展

实现学生的可持续发展是课程的最大价值，基于国际视野的环境课程成为学生可持续发展的精神动力。

1. 激发学生的民族情怀

学校推进教育国际化、现代化，培养的人首先是充满民族情怀的人。学校以环境课程为载体，激发了学生爱校、爱国的热情。例如，一位学生参加学校国际友好交流后写的感受让我们看到了课程的价值:“今年国庆，我很荣幸地参加了学校组织的美国游学活动，从登上去往美国的飞机开始，我心中便有了一种责任感，我觉得我不只是代表自己，也不仅仅是代表学校，而是代表中国。带着这种责任，我无论是在景区、商场还是马路上，都举止文明，礼貌友善。虽然美国科学发达、技术先进，友好家庭也条件优越、环境舒适，中国还没有像美国那样先进，但我相信，经过我们这一代人的努力，在不

久的将来，中国必然会研究出更先进的技术，更加繁荣富强！”

2. 开阔学生的国际视野

课题实施一年多来，在环境课程实施过程中，基于世界文化内容开展国际理解教育，其目的是培养学生的“地球村公民意识”及“全球视野”。通过对学生在全球地理、气候变化及热点国际话题的交流中发现，学生对这些话题的关注度有所增加，分析问题更有深度和广度。

3. 增强学生的爱校情感

通过学校环境课程的实施，学生有了更多的探究体验机会，能根据环境课程内容主动地开展学校自然环境的自然探旅和学校校园文化的人文探旅，进一步增加对学校的了解，正所谓因深知而深爱。学校每学期都对学生的喜欢上学情况进行一次调查。课题组随机抽取了70份调查问卷，对比了课程实施前后的两个学期的学生喜欢上学率，发现存在一定的差异，如表1所示。

**表1　2013学年第二学期和2014学年第一学期学生喜欢上学程度 $X^2$ 检验表**

单位：人

| 学年 | 非常喜欢 | 喜欢 | 一般 | 不喜欢 | 讨厌 | 总数 |
|---|---|---|---|---|---|---|
| 2014 | 60 | 7 | 3 | 0 | 0 | 70 |
| 2013 | 35 | 25 | 8 | 1 | 1 | 70 |
| $X^2$ | $X^2=24.04$ | | | | | |

从问卷结果来看，环境课程的实施对学生喜欢上学率产生了较大的影响，课程实施后学生喜欢上学程度高于实施前。

### (三)打造课程开发平台，提升教师的课程研发能力

环境课程的开发与实施的主体是教师，课程开发过程中要充分发挥教师在学校课程改革中的主体性，进一步提升教师的课程资源的开发与整合能力。

1. 提升教师的课程资源开发能力

环境课程的开发需要教师充分挖掘学校的环境文化资源，在这个过程中，教师要对课程资源进行甄选、编辑，要制定课程目标，落实课程实施与评价方案，使每一位参与课程开发的教师对学校课程建设形成新的认识，有助于提升课程在学校建设中的领导力。

2. 提升教师的课程资源整合能力

环境课程的实施是与学校基础课程、校本课程的联动教学，这对教师提

出了新的要求，需要教师在课堂教学设计中有效整合课程资源，在不断的实施过程中，教师的课程资源整合能力得到了锻炼和提升。

**（四）彰显国际化校园特质，推进教育国际化、现代化**

1. 统整的环境显雅致

通过学校环境课程的开发，学校对校园环境进行了进一步的规划与设计，提升了统整性，更显精致与雅致。原本零散、陈旧的环境布置经过整体设计，体现了校园文化的历史性，融入了世界文化的开放性，凸显了学校的国际化、现代化特色。

2. 物化的文本道内涵

学校在进行环境课程开发中，秉承着“让每一面墙都说话，让每一处景都有故事”的理念，让学校环境更富内涵。例如，常书鸿先生赠予学校的《敦煌体育壁画》彰显了学校“把健康放首位”的理念；校园的中外交流雕塑刻画了学校“以交流拓视野”的特色，凸显了学校的国际化气息；校园的竺可桢校长与稚子交谈的雕塑述说着“求是精神”对学校产生的深远影响。

## 六、总结与思考

经过一年多的探索，学校环境课程建设形成了一条新路径，学校课程建设形成了新思路，对完善学校校本课程体系发挥了应有的价值，为达成学校育人目标搭建了较好的课程平台。

当然就本课题而言，还有很多研究的新空间，在今后的研究中还应继续在以下三个方面进行探索。

**（一）环境课程内容体系再扩充**

目前，环境课程体系的内容包含了学校文化、世界文化和探究文化等。随着学校国际化、现代化的推进，新的课程内容将不断产生，课题组在今后的研究中将进一步对课程内容进行甄别、梳理，为环境课程赋予时代气息。

**（二）环境课程实施路径再探索**

目前，环境课程与其他学科的教学进行联动体验实施所需的教师的课程应用能力和课程资源整合能力对环境课程的实施形成了一定的局限。因此，对环境课程实施路径的再创新是课题研究的主要任务之一，要进一步发挥环境课程的资源机制和育人功能。

### (三)环境课程评价形式再创新

环境课程实施后,对学生的评价主要依据课程三方面的内容从人文精神、国际视野和探究能力进行评价,形式较少。在今后的研究中,课题组将继续创新评价形式,既有共性评价又有个性评价,有效促进学生的发展。

### 参考文献

[1] 顾明远. 教育现代化与教师教育[N]. 文汇报,2004-07-09.

[2] 派纳,雷诺兹,斯莱特里,等. 理解课程[M]. 张华,等译. 北京:教育科学出版社,2003.

[3] 张建伟,陈琦. 从认知主义到建构主义[J]. 北京师范大学学报(社会科学版),1996(4):75-82.

【小组合作】

# 物竞天择　不优则劣

## ——小组合作学习模式下提高小组学习竞争力的对策研究

杭州市上泗中学
郑小青　宋江伟

**摘　要:**改变学习方式是新一轮基础教育课程改革的核心,而导学课堂模式中的合作学习、有效评价、组间竞争等像一股新鲜血液被注入这场课改大流之中。通过培养孩子的合作学习,建立一种精神态度和能力修养,而在这之中又以提高团队竞争力为原动力,让孩子在学习中找到自信、找到快乐。本课题结合班级实际,从探索竞争现状及原因、探究小组构建的依据、重整小组构建的策略、提高学生组内竞争力、提升组间竞争力、提高班级凝聚力等六方面进行实践研究,构造拥有和谐的班风、浓厚的学风的班集体。

**关键词:**导学合作模式　小组建设　组内竞争力　组间竞争力

## 一、研究背景及意义

### (一)研究背景

小组合作学习是当下最热门的教育形式,越来越多的学校都从曾经的观望状态不断地加入这个行列,愿意去尝试这种教育形式,也希望通过这一新的教育形式使安静的课堂转化为活跃的课堂。但与此同时,很多一线教师也对这样一种崭新的教育形式感到担忧,主要体现在以下几个方面。

1.组内缺乏实质性的合作

每一次的小组合作学习，看似组内所有的学生都围在一起，但学生还是过分表达个人观点，较多地停留在独立学习的层次上，缺少实质性的讨论和合作，小组合作的优势也不能体现出来，最终小组也不能通过交流统一思想，往往出现展示的结果只代表了个别同学的思想的情况。

2.组间缺乏实质性的竞争

由于小组成员分配的局限性，在学习中很多小组不再具有前期的学习积极性，竞争欲望大不如前，而随着学习难度的增大，学生的学习积极性也一度受到重创。如何提高小组的竞争力也是一线教师要不断思考的。

3.教师过分追求集体评价

我们一直认为，以小组团体的成绩作为评价标准毫无疑问是正确的，但作为教师，我们也发现，有的学生为了能让小组的分数更高，忽略了自身个体的发展。小组合作学习只是一种教学方式，最终的目的还是让每个学生的个性得到全面发展，如果只是让这个组整体上升，而个性的发展却受到抑制，那么这样的小组合作也是失败的。

4.小组合作学习过于被动

小组合作学习虽然大大地增加了学生参与的机会，但是还是出现了一面倒的状况。优秀学生在交流过程中占据了主导地位，往往会扮演一种小老师的角色，而学习困难的学生只是听众，往往得不到足够的时间去思考，那么他们在小组合作学习过程中虽然有比常规教学模式更多的自由空间，但其实真正能够获益的还是很少。

**(二)研究意义**

1.提高小组竞争力有助于提升课堂的有效性

课改实施下来，有些老问题依然会暴露出来，如错题再错。现在从学生展示后，以课后由学生展示过的问题进行以小组为单位的检测，小组之间进行竞争，个人的得分关乎全组的考核，必然会使每位同学都珍惜课上同学、教师在讲题的听课时间，从提高本组分数的角度，利用这一心理来促进课堂的有效性，这就是一种“心力”的体现。

2.提高小组竞争力有助于激活学习动力

在教师教学过程中，部分学生的学习习惯不好，上课的内容不懂得也不会及时消化,也没非常大的自身动力主动去学习,就像未加汽油的汽车,外力怎么推也开不远,导致学习效率比较低。一旦以小组为单位,提高本小组在集体中的竞争力,利用每个孩子想在班集体中想要表现出色的心态来对待自己于小组、小组于班级的重要性。

3. 提高小组竞争力有助于促进学生发展

陶行知先生曾倡导儿童“六大解放”。它是培育创新素质的要旨,也是高度教育民主的体现。“六大解放”即解放眼睛、解放大脑、解放双手、解放嘴、解放空间、解放时间,而在提高小组竞争力的过程中,正是做到了六大解放。所以,提高小组竞争力将促进孩子的全面发展。

## 二、研究综述

本课题主要通过对学生个性的调查研究,进行合理的小组构建,并在相应的基础上进行微调;通过各种方法进行小组成员“心力”的培养,进而提升小组成员内部竞争力,通过组内“对学”刺激学生学习的动力。与此同时,通过组长互换机制——“援组小组长”的引入,其理念类似于当下的“紧密型共同体”,利用优良资源来提高各组的整体水平和各成员的学习积极性,那么组间竞争力也将随着每位小组成员的学习动力的增加不断提升。本课题想通过实时的调查研究和合理的对策方案,进而在小组合作学习这种新的课堂教学改革背景下,提升小组学习竞争力。

## 三、概念阐释

### (一)导学合作模式

导学合作是同伴间的互助合作活动,是以小组活动为主体而进行的一种教学活动,以小组成绩为奖励或者认可的依据,以小组目标的设置来保证和促进课堂教学中互助、合作的氛围。导学合作是以教学目标为导向的,以组内异质、组间同质为基本组织形式,以教学各动态因素的互动合作为动力资源,以团体成绩为奖励依据的一种教学活动和策略体系。

### (二)小组建设

通过构建小组合作学习课堂教学模式，让学生成为课堂的主体，那么小组的构建和建设就显得尤为重要。在合作中成长、学会与人沟通、领会团队的概念、学会倾听，都基于良好的小组模式。它能让个体有归属感，有团队荣誉感并为之努力奋斗，这不仅有助于整个班集体的发展，还有利于学生个体的成长，在这之中让学生既会独立解决问题，也会通过合作来面对挑战共同克服困难，对学生的身心发展是非常有利的。马斯洛需求理论中的高层次——归属感、尊重和自我实现在小组合作中体现得淋漓尽致。

### (三)竞争力

竞争力是参与者双方或多方的一种角逐或比较而体现出来的综合能力。它需要通过竞争才能表现出来，笼统地说，竞争力有大有小、或强或弱。学习竞争力是学生在学习竞争中显示的能力。因此它是一种随着竞争变化着的又通过竞争而体现的能力。就目前对于正处于小组合作学习模式下的学生而言，小组内部及小组之间的竞争必然同时存在；而对于学生而言，学习竞争力的培养和提高主要体现为心力的培养和学习能力的培养。

## 四、研究设计

### (一)研究目标

(1)通过此课题的研究，形成健康、向上的班级文化。

(2)通过此课题的研究，促进小组学习的竞争力。

(3)通过此课题的研究，提供小组合作学习的后续力量。

### (二)研究内容

(1)学生学习竞争力的现状调查。

(2)学生性格特点的调查研究。

(3)小组构建的对策研究。

(4)提高学生组内竞争力的对策研究。

(5)提高学生组间竞争力的对策研究。

(6)学生竞争力的成效分析。

(7)研究小组文化建设、班级文化建设。

### (三)研究方法

1. 观察研究法

通过此方法了解课堂中学习竞争力较低的学生数量、学习环境以及在整个研究前后的变化。

2. 调查研究法

通过此方法调查小组丧失竞争力的原因,不同学生的性格特征、家庭背景,小组人员的团队合作能力变化情况。

3. 案例研究法

通过对班级中性格不同的学生进行跟踪了解,不断深入学生内心,从身边案例入手,制定不同方案,探索其中的规律。

4. 行动研究法

针对学生竞争力的差异,制定不同计划,在实施过程中仔细观察,坚持反思,从反思中不断得出相应策略,从而达到提高小组学习竞争力的目的。

### (四)研究依据

1. 荣格人格结构理论

荣格的分析心理学和性格分析理论也是一种整体人格结构理论。它由三个层次组成:自我意识、个体潜意识、集体潜意识。这为我们研究过程中研究学生性格提供了一个理论基础和参考方向。

2. 人类气质类型理论

盖伦提出的关于人类气质类型的理论,继承和发展了古希腊名医希波克拉底的体液说,认为人类有四种气质:多血质表现为热心、活泼;粘液质表现为冷静,善于思考和计算;抑郁质有毅力,但表现出悲壮;胆汁质易发怒,动作激烈。采用气质类型测定量表,将学生的气质类型进行分类,使性格划分更科学也更有依据。

3. 马斯洛需求层次理论

马斯洛需求层次理论把需求分成生理需求、安全需求、爱和归属感、尊重和自我实现五类。学生在学校环境中,通过不断学习、与人接触、面对挑战等,为将来进入社会做好充分的准备,并拥有归属感,懂得互相尊重,有目标、有信心去进行自我价值的实现。

### (五)研究过程

(1)成立课题研究组并进行分工;

(2)起草立项报告;

(3)根据课题研究方案的设计程序,开展理论学习;

(4)学生个性调查与小组构建;

(5)班级文化建设和小组文化建设;

(6)研究提高小组竞争力的对策;

(7)课题中期监测与修正;

(8)课题组讨论总结研究课题,着手撰写课题研究报告;

(9)完成结题报告。

## 五、实践操作

笔者在实践操作中围绕六个方面来提高小组竞争力。在合作学习模式中发现问题,并针对问题追寻原因,通过教师的直接反馈和科学的问卷调查来分析;分析原因后在小组构建中遵循以人为本的原则,为小组构建提供科学依据;经前期的小组合作模式的磨练,进行矛盾归因,后重新修正小组构建的策略,并以提高组内、组间竞争力为目标,采取有效措施来提高学生学习的积极性,最后以创意活动来使班级的凝聚力得到提高。实践之后新问题产生,再反思、再寻因、再解决,但始终以提高小组竞争力为核心,以学生全面发展为宗旨。

### (一)探竞争现状——追寻合作滞销的原因

1.教师反馈,直面问题

(1)各组间存在差距,活动落实存在困难

在课堂上一些小组在组长带领下,合作流程非常顺畅,但一些小组不愿主动展示自己的成果,活动落实也比较困难。在每次的测评和课外评价中,在每个小组中三个层次的学生差异仍比较明显。

(2)课堂的活跃氛围流于表面,课后没有持续性的学习动力

在讨论过程中,许多学生变成了“陪读生”,很少有学生问为什么,很少有问题生成,交流流于表面。课后讨论的氛围和研究问题的热情度只停留在少部分学生中,没有持续性的学习动力。

2.问卷调查,科学直观

(1)调查样本的选取

调研主要以问卷的形式进行。选取的班级为初一年级共260名学生,并在本班具体分析并采取措施来研究。

(2)抽样调查问卷的设计及结果

由于本次研究是针对初中学生在课改中形成的小组竞争力,所以涉及每个方面的能力的题都与课改模式、学生个体的能力有关,问卷以图1中的九个维度为基础来设计问题。

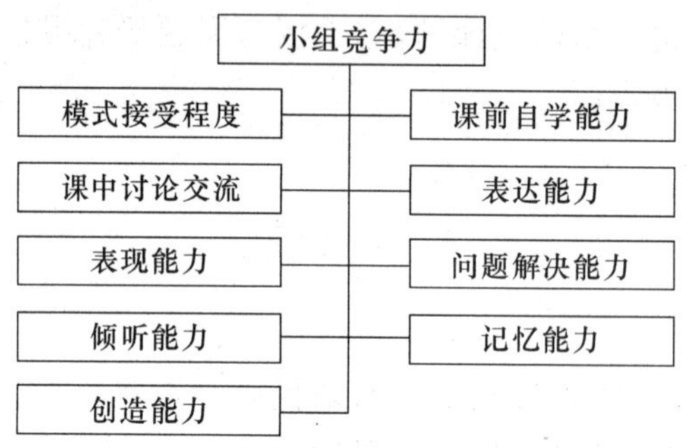


图1 小组竞争力九维度

通过研究,让教师对目前小组合作学习的课堂教学模式有更深层次的理解,认识到学生的赞成、反驳、评价等学习行为还停留在表层,很多学生的竞争力正在不断丧失。优秀学生的竞争力并没有因为教学模式改变而有较大程度的提高。

### (二)寻个性差异——遵循小组构建的原则

以本班学生为调查对象,缩小范围,有利于根据性格调查快速调整小组。

1.心理调查,气质分析

制定相关问卷调查表,并不定期对学生进行深入了解。心理学家们普遍认为,人的气质类型可分为胆汁质、多血质、粘液质和抑郁质四种。

根据调查发现,混合气质和多血质的学生占了多数,这也和社会调查的结果比较相符,抑郁质、胆汁质的学生各占了13.8%。抑郁质的学生人数有点多,或是家庭、环境原因等,平时表现较内向、表达能力欠弱、不太愿意进入群体活动,而且这样的学生还会在一定程度上影响同组学生的状态。基于这个原因,我们所采取的分组策略是:抑郁质、粘液质的同学与胆汁质、多血质的同学搭档成组。对粘液质和抑郁质的学生需特别留意，因为这部分学生的心理较脆弱又较敏感。

2. 侧面了解，重点跟踪

经气质测试后，并没有立即调整小组，而是再以任课教师的课堂观察和课后交流以及学生间互相评价作为参考依据，通过对学生的跟踪调查和侧面了解，和最初的测试结果的吻合度也比较高。在分组过程中充分考虑到性格的组内异质。

### （三）调整中实施——修正小组构建的策略

1. 回顾经历，静心反思——进行矛盾归因，整理思路重新起航

（1）合作机制的不成熟

目前小组分配之后，学习小组的组长一般就是教师指定，不仅没有使组长明确自己的职责，组员的分工及其职责也不规范。缺乏实时对组长、组员的培训。

（2）分组方案的不合理

在班级调查中发现，很多分组随意性较大，目的性不够明确。大部分还是一味按照学生成绩进行分组，导致竞争能力的天平始终不能平衡，很多学生也因此被冷落，成为小组合作学习课堂模式中的“陪读生”。

（3）评价体系的不成熟

我们往往是在没有较为成熟的评价体系的基础上就开始分组和合作学习，此时的学生虽然接触了新的课堂模式，表面“繁华”的背后却是知识的“宁静”。“热热闹闹”一堂课结束，但缺少学生自我的知识沉淀。

2. 科学建组，规范制度——构建有效小组，将特色化进行到底

为构建有效的小组，课题实施过程中从以下几个方面去研究施行。

（1）合理分组，灵活调整

在对学生基本情况的了解后，进行初步分组，小组建立后通过投票选出本班综合实力，包括人际关系、表达协调能力、问题解决能力、各科学习能力等比较优秀的六位学生来担任组长，并请他们综合考虑成组的原则自行挑选组员。根据自己组的特色，建立班中的“特色小组”和“特色之星”，极大程度地鼓舞了更多的孩子走健康、全面发展的道路，这也是我们的教育之本。

(2)健全机制,分工明确

组内成员的各项职责都由组长进行布置分工,并制定小组分工细则。定期开展组长、小组会议,实时了解小组动态,总结每周表现并对组长进行定期培训。

(3)掌握方法,提高技能

小组的构建和分工到这一阶段已基本到位,接下来就是不断渗透合作学习的方法,让每个学生在交流过程中有序,不产生"菜市场效应"。在指导过程中,针对学生学习如何讨论、如何使自己在组内具有发言权对学生进行指导。这既提高了课堂的效率,也提高了学生在课堂中的参与度。

**(四)挑战新问题——提高学生组内竞争力**

在合理进行小组构建后,经过一段时间的磨练,各组长的能力也是不同的,每个组的磨合程度也是不同的,所以就有了一个最大的挑战,那就是如何让每个人都有竞争的动力。经研究后我们制定了一系列培养和提高竞争力的方案(见图 2)。

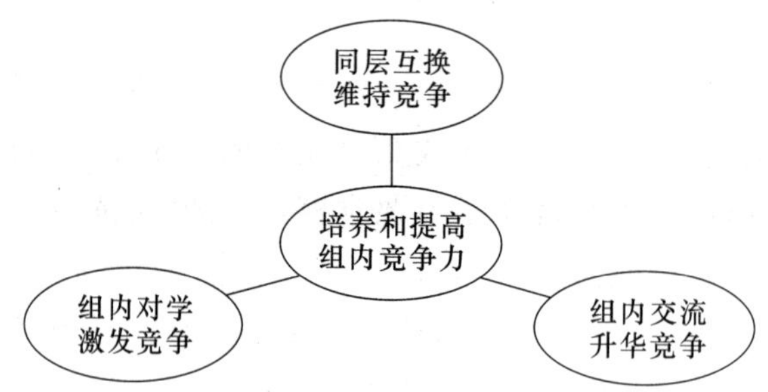


图 2 培养和提高组内竞争力三方向

1. 组内对学,激发竞争

(1)制定对学小组,明确对学目的

小组构建完成后,每组都有同一层次的学生两人。A—A、B—B、C—C两人的学习状况相当,成为对学搭档。这不仅是之前意义上简单的在课中对学,而是持续地课上、课外组成对学小组,目的是在同层次上有学习同伴,在同层次上的竞争更有助于增加自信心,使进步明显与否更直观。我们通过制作对学评价表来将对学透明化(见表 1)。

表1 对学评价表

| | 上课参与率 | 课文背诵、听写 | 课外实践 | 好人好事 |
|---|---|---|---|---|
| 周一 | | | | |
| 周二 | | | | |
| 周三 | | | | |
| 周四 | | | | |
| 周五 | | | | |

将对学成效量化如表1所示，有效地利用学生竞争的心态，让他们迅速结成对学对子参与到学习的竞争中。发言的同学多了，课间拿着书本在教师身旁背书的人多了，运动会上为了班级荣誉、个人荣誉奋力奔跑的人多了。

(2)对学小组捆绑，成立“黄金搭档”

将每次班级的测试和期中、期末测评，以及对学评价表中的每周分数总结，以对学小组两两捆绑考核，评价过程中设置“黄金搭档”组，表彰对学效果明显的小组，进行班级内表扬，并将结果由校讯通发至家长，将表彰延伸。

(3)激发组内竞争，促进学习动力

对学小组的成立可以大大刺激组内同层次的竞争力，并且对每对对学小组提出目标与要求，若后一层次的学生由于自身努力跻身于前一层次，将加大表彰范围。这样，学生就会有很大的动力去学习，把“要我学”变成“我要学”。

2. 同层互换，维持竞争

互换对学组，取长又补短。心理学研究表明，学生的学习效率、学习成绩在很大程度上取决于所采用的学习方法是否科学，年级越高就越是如此。当对学组成立一段时间后，有些对学组效果明显，各方面能力得到提升，将这个两人对学组换到其他小组，分享优秀经验以及带动其他小组的竞争氛围。

3. 组内交流，升华竞争

通过对学的形成、强化，组长定期进行小组交流会议，进行相互学习，从而升华组内竞争，为组间竞争做铺垫。经过一段时间的小组对学和同层互换后，竞争也越来越激烈，但也带来了一系列的问题。这就要小组成员静下来一起思考存在的问题和解决的方法。

## (五)“紧密共同体”——提升学生组间竞争力

组间竞争力是小组学习合作模式得以长远发展的原动力，学生组内竞争力的形成为小组间产生有效竞争奠定基础。主要通过三个方面来培养和提高组间竞争力(见图3)。

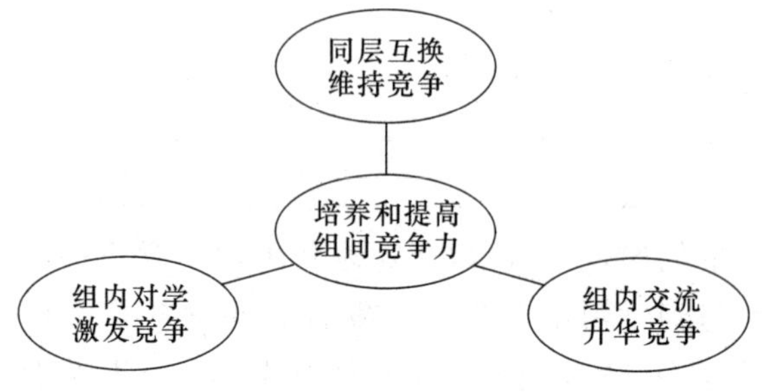


图3 培养和提高组间竞争力三方向

1. 互换机制，深入指导

为提高各组长的能力，以及合理应用班内优秀学生的资源，通过组长互换原则，让各个小组不断接受新的指导。但组长的互换只是为了加强组间的交流，而并非真正的组长互换，称之为“援组小组长”。通过这个组长的互换，各个组长都能发现他组的优点和缺点，使小组间的竞争更加透明，目标也更加明确。

(1)利用优秀资源，共同提高实力

小组之间的学科差异性还是比较大的，这就导致了在导学课堂中经常出现“一边倒”的局势。合理的评价机制已经让我们改善了这种现象，但是仍然不能治本。在实践研究过程中，各小组对新调来的组长格外尊重，也很愿意聆听新组长的意见和建议。组长互换机制使课堂一边倒的现象有所缓解，唇枪舌战的场面也不断出现在课堂中。

(2)明确互换目的，措施落到实处

所谓没有明确目的的活动是毫无意义的，在小组长互换的过程中，我们必须给予一定的指向性，这样就可以使各组长有目的地在新的小组中进行各项学习活动。

在实践过程中，互换的目的主要包含三个方面。

第一，提高新小组的学习积极性，促进自主学习。每个小组的成员都会因为之前组长的各种管理而显得较为被动，学习情况由原先的教师监督转化为学生监督，这样也未能达到我们课堂改革自主学习的目的。通过人员调整,新组长首先会了解之前小组学习自主性不高的原因,制定新的方案。

第二,改善新小组的整体学习状态,清除消极学习。课堂改革已持续一段时间,已经基本让所有的学生进入了“高原期”,此时其他小组长的有效介入对小组的消极面进行整顿有着重要意义。

第三,强化新小组组内合作意识,升华综合能力。原来的小组很多都成了个别人的舞台,一小部分学生已不再一如既往地完成组内布置的各项任务。但是合作交流本身就是为了升华知识点,提升学生的综合能力。为了改善这一现状,通过组长的互换,让组长与新小组成员分享经验教训。

(3)及时沟通交流,反馈快速准确

互换其实就是为其他小组进行一段时间的诊断。新组长通过对其他小组的深入了解,在帮助对方解决现有问题的基础上,不断地找寻组内的新问题。在组长间的沟通交流过程中,主要遵循以下原则:及时性原则、高效性原则、服务性原则。

2. 互评机制,实时监督

小组的评价由各个组内某个成员进行登记,通过组间相互监督、评价,不断发现他组问题的同时,查找本组成员的问题,做到查漏补缺。根据公正、公开的互评基本原则,由组长来登记他组的分数,体现公正原则,而个人的评价则由值周班长来登记,体现公平原则,并且将每天的分数上墙至每日一评中,并在每周的班会课上由值周班长进行总结分析,评出星级小组、星级学生、“黄金搭档”对学组。

3. 表彰机制,扩大力度

竞争的最终目的是获得自己所需要的,而在小组合作学习模式下,对于学生而言,精神奖励尤为重要。对小组学习竞争力较强的组进行大范围的大力表彰,让学生在学习、思想等多方面产生竞争动力。以争促学习,以争促发展,以争显活力,提倡处处争先,以此在全校范围内形成不甘落后的动态。当然,表彰也要落到细处。例如,对值周的小组卫生工具摆放非常整齐给予加分等,从细小处着眼,往往会在无形中以榜样的形式为其他组做示范,而其他组也会不甘示弱,在这些班级常规工作上做好甚至做得更出色。

**(六)办创意活动——提高班级凝聚力**

团队的强大凝聚力使团队的每一个成员都能强烈地感受到自己是雄伟

建筑中的一块砖，不可缺少。它能真正把个人和团队目标联系在一起，使个人对团队表现出一种忠诚，对团队的业绩表现出一种荣誉感，对团队的成功表现出一种骄傲，对团队的困境表现出一种忧虑。竞争激发了学生的积极性，但学生也容易因为竞争而没有集体思想，所以为了避免这个弊端的产生，多举行全班性的活动，让学生在学习之余有了更多的彼此了解和交流的机会，也可以让他们在轻松、愉悦的环境中诉说自己的兴趣与爱好，让孩子们感受到，在这个大家庭中，自己是被人关注的，从而来提高整个班集体的凝聚力。

1. 果蔬造型，千姿百态

在果蔬造型活动课中，学生获得创作的灵感和快乐，在动手操作中提高造型的技能，通过亲自动手，体会劳动果实来之不易。这也让孩子们在紧张学习之余，感受生活情趣，关注生活的点滴，发现生活中的美。

2. 义卖活动，播种爱心

在义卖活动中，孩子们费力吆喝、详细介绍、分工明确，小组间合作又竞争、竞争又合作，其乐融融。

3. 浓浓情意，尽在美食

因为班里有来自北方的同学，米饭吃多了对面食甚是想念，所以班委决定每学期做两次面食类的实物。

4. 主题班会，畅所欲言

每次的主题班会都由学生自己策划、主持、报道、整理。其中有：我们该如何认识自己；青春期该如何处理与父母的关系；关注我们的心理；谈谈我的小组；谈谈我对班级的建议；老师，我想对你说……从他们的交流中，重新认识他们，发现原来在他们小小的心灵中，已经有那么多成熟的想法。这让全班同学有更多的机会彼此了解、进行沟通。

## 六、实践反思

在研究过程中，笔者从以下六个方面进行了实践研究，为其他研究者提供一个参考方向。

教师反馈，问卷调查。研究竞争的现状，为小组竞争研究提供基础和指明问题。通过问卷调查形式，看清目前小组合作的现状。

以人为本，科学分析。寻找学生间的个性差异，为合理分组提供科学依据。看清现状后，合理、科学地分析每位学生，为合理分组找到正确的方向。

矛盾归因，理清思路。总结前因后果，为后续的研究指明方向。之前的小组合作为何停滞不前？在这一环节中主要解决此问题才能继续前行。

借力机制，组间竞争。制定良性竞争机制，形成班级竞争文化。竞争过度会有负面效果，所以需要建立良性的竞争机制才能让它成为班级中助学、助人的武器。

创意活动，情感交流。增强团体荣誉感，形成个性化班级，这其实是我们教师、学生所向往的，笔者列举了自己在实践过程中的一些方式、方法。

不断反思，坚持研究。在实践中不断发现问题、寻找方法、解决问题。做中学、做中思、做中改，这其实就是目前我们课改一直在做的，而这运用在班级管理中同样适合。

大量的实践活动给班级带来了全新的改变，在合作模式的基础上加以完善，不断发现问题、研究问题、解决问题，形成浓厚的学习氛围和健康向上的班级氛围。主要有以下几点体现。

### （一）形成了富有特色的班级文化

1. 合作、竞争——小组文化

学生在合作中学会分享、学会沟通、学会相信，在竞争中学会迎难而上、学会你追我赶，这就是我们要的小组文化，它是一股力量，它是一种信念。

2. 和谐、共进——班级文化

为营造良好的环境文化，各个班级围绕阳光课堂主题进行教室布置，内容包括个性班牌、激励标语、学生作品、日行一善、班训班规、评价汇总、图书角等，班级布置突出对班级个性发展、美的展示、即时评价，营造一个舒适、温馨的学习环境。

### （二）促进了师生自主管理的提升

1. 教师反思

仍有部分学生不愿参与到展示评价环节中，这就需要教师在课堂中多设置基础展示环节。在小组构建中，对组长的培养非常重要，组规实现了学生的自我管理，在教学中发现组内因为矛盾、摩擦变得不够团结时就该多开展以组为单位的竞争活动。

2. 学生感悟

六人成组，六组成班，只要每位同学团结向上、每个组积极进取，那么整个班级就是团结、融洽的。组员相处要注意方式、方法，有问题及时解决、有意见及时提等都是学生对班级管理的建议和反馈。

### （三）促进了班级学生的全面发展

1. 集体荣誉

两年中，班级先后两次获得了“区先进班集体”的荣誉称号，校运动会获得团体总分第二名，拔河比赛第一名，广播操比赛第二名等，在四项红旗评比中表现优秀。

2. 个人荣誉

每位班级成员都各有优势，无论在学科竞赛、区运动会、区小报评比中，都有比较出色的成绩，国际跳棋比赛中有国家、省、市级的获奖。

### 参考文献

[1] 唐全腾. 教师不可不知的心理学[M]. 上海：华东师范大学出版社，2008.
[2] 王丹卉. 把小组合作式学习落到实处[J]. 湖北教育，2006(1)：52-54.
[3] 佐藤学. 静悄悄的革命[M]. 李季湄，译. 长春：长春出版社，2012.

# XSH递进式小组文化建设与实践研究

杭州市十三中教育集团(总校)

曹敏仙　种宁　陈苍鹏　邹逸　翁骞

**摘　要:**小组文化建设的重要性在于它是班级文化建设的生命,是班级文化建设的结晶,是班级文化建设的灵魂。课改背景下班级文化建设的重点是合作学习小组的文化建设。本课题研究的指向是根据初中三年学生的年龄特征、心理特点分三个阶段进行小组文化建设。初一重在X:有"形"(xíng),注重小组框架的搭建,初具规模。初二重在S:有"神"(shén),让小组精神通过各类活动蓬勃发展。初三重在H:有"魂"(hún),在前两年小组健康成长的基础之上,通过组建成熟的团队进行互助,共同提高。团队合作的关键不仅是人在一起,更重要的是心在一起。

**关键词:**小组合作　班级文化

## 一、研究缘起

### (一)研究背景

1. 班级管理方式封闭性

初中学生的社会实践、阅历等是零散的、尚未形成体系的,这就要求教师提供展示窗口,仔细说明,加以引导。因此,笔者认为要改变以往应试教育那种生硬刻板的灌输教育,改班级管理为小组文化建设,而班主任只有用高尚的人格、思想和情感去影响、熏陶、教化学生才会取得实效，只有通过人人参与、平等对话、共同合作、一起探究等多项生命交互活动，才能真正促进学生身心健康、自由地发展。小组合作的规范管理不仅能使班主任从低效的繁重劳动中解脱出来，还能激发学生的创造力，促进学生自主发展，使班级欣欣向上。

2. 小组建设模式局限性

在传统教育的班级管理模式中，小组主要是为收交作业、安排值日等事务性工作而设立的。这样的小组缺乏团队意识，像一盘散沙，这样的小组的组员缺乏对小组的归属感和荣誉感。班级就像一个个体，小组就是个体的一个细胞，正如打造特色校园文化先要从打造班级文化开始一样，班级文化建设也应从小组文化建设开始。当前，如何建设小组文化还没有形成既定模式，还需要不断探索。

3. 小组文化建设重要性

课堂教学改革在我校全面展开，小组文化是校园文化的组成部分，优秀的小组文化对班集体有凝聚功能、激励功能、创新功能、协调功能。

首先，小组文化是班级文化的生命。它是一种个性文化，代表着小组的形象，体现了班级的生命。

其次，小组文化是班级文化的结晶。它是全体师生共同创造的财富，是全体师生共同劳动的结晶。

再次，小组文化是班级文化的灵魂。小组文化是一个动态的、发展的系统工程，它的主体是学生。小组文化是一个小组的灵魂，是每个小组所特有的。它具有自我调节、自我约束的功能。小组文化涉及与小组有关的各类人群，既包括我们以往比较关注的学生与学生之间的关系、师生之间的关系，也包括我们容易忽略的教师与教师之间以及教师与家长之间的关系。而教师与教师之间是合力的关系，教师与家长之间是互补的关系。由于教育培养的对象是有血有肉的人，是有思想、有感情、有个性的生动活泼的人，因此，他们参与班级建设的过程经历、体验感悟将在生命发展的历程中留下鲜明的痕迹。

### （二）研究意义

1. 人人参与，团队合作

小组长竞选，践行的是给每个学生至少一次管理小组的机会。在组织形式上，教师确定并公布竞选岗位：行政组长一名，语文、数学、科学、英语、社会组长各一名。每个学生经过自己的定位，结合竞选岗位申请和组建竞选团队。其重点体现了学生的自我反思和自我管理交流的能力，因为每个学生都要参与这个活动，要思考“我”能胜任哪个岗位，“我”最大的优势是什么。如果“我”要成为组长，还要进行游说最合适的伙伴参与自己的小组。教师根据学生的申请人数或竞争对手情况，进行适当的调整。调整原则：竞争对手实力相当，搭配基本合理；游说学生能真心认同教师的调整，为后面的竞选活动和管理铺平道路。公布竞选团队，用五天时间进行竞选准备，重点体现团队合作。竞选时，一篇篇饱含责任感的演讲稿打动着每个学生的心。在比较中，每个学生投下了自己的一票。整个过程，学生都全身心投入，令人感动。虽然这是一次普通的竞选活动，但对于学生来说，却是一次机会与挑战。

2. 公平自主，和谐相处

队会是班主任向学生进行思想品德教育的一种有效形式和重要阵地。有计划地组织与开展队会活动是班主任的一项重要任务。显然这就是传统意义上的队会课，我校课改进行到现阶段，学生们无论是理念上还是能力上都已经具备了承办主题队会的条件，初中三年的主题队会基本由学生以小组的形式承办，各小组提出申请，在规定时间内上交承办方案，由班主任和主要班干部组成审核小组讨论通过。

3. 角色转换，焕发风采

传统教育的显著特征之一是以教师为中心。班主任在班级管理中拥有绝对权威，学生对班主任必须绝对服从。权威型班主任培养出来的学生固然守纪、顺从，但他们亦步亦趋，依赖性强，独立性差，缺乏主动性、创造性，更谈不上具备时代所要求的创新精神。小组的组建不是由班主任指定，而是实行双向选择，体现了小组文化建设中学生是小组主体的理念。初中三年，学生们日趋成熟，从最初的小组搭配一时兴起、遇到组内矛盾不知所措，而到了初三，只要教师公布了组建小组的时间，那么组长竞选、组员调整、任务分配几乎都在事前就落实了，小组组建的班队课成了各小组的展示课。

4. 才华横溢，神采飞扬

在学校组织的各项活动中，包括值周、英语节、科技节、艺体节、学农、运动会、家长会等，学生是主体，而班主任在活动前帮助学生策划，在活动中担当配角，在活动后引导学生进行自我总结、自我反思，不断提高。

5.搭建桥梁,促进沟通

(1)生生互动,合作学习

小组学习合作主要是通过生生互动来完成的。这有利于学生学会用他人的眼光看待问题和提高社交能力。作为一个社会成员,特别是未来的社会成员,学生必须学会用他人的眼光看待问题,学会与同伴密切交往,热心互助,真诚相待。再如,当组内能力较强的同学对较难理解的问题阐述自己的观点时,组内成员可以学习这个同学理解问题、解决问题的方法,从而改善自己的思维方式。学生不再是传统班级中单纯的旁观者,而转变成为活动的参与者,每个学生都能从那些与自己不同的观点与方法中得到启迪,有利于学习的广泛迁移。

(2)师生互动,共同提高

在小组合作过程中,除了学生之间的人际交往以外,还包括师生之间的交往。它包括学生个体与教师的交往及学生群体与教师的交往。教师与学生的互动除了知识信息方面,还有情感方面,互动成果形成的和谐师生关系是学生身心健康成长的一针强有力的助推剂。师生互动使学生在教师和组员面前设法把自己的见解通过语言和动作表述出来,达到与别人沟通的目的,消除惧怕与别人交往的心理,从而得到语言、思维以及社交意识和社交能力的培养,促进社会性的发展。

## 二、研究设计

### (一)概念界定

1.学校文化

学校文化是以师生价值观为核心,包括承载这些价值观的活动形式和物质形态。它包括教育目标、校园环境、校风学风以及校园文化生活、教育设施、学校制度规范和学校传统习惯等。

2.班级文化

班级文化是社会文化的亚文化,是在社会主流文化、学校教育文化、教师文化的影响下,由班集体中全体成员自己创造出来的独特的班级生活方式。

3. 小组文化

小组文化建设一般包括物质、精神、制度和行为等方面的文化建设，它是一种显性文化，例如小组组名、小组座右铭、小组规章制度、小组假日活动、小组内的合作学习以及以小组为单位参与班级和学校的各类活动等。给学生创造一个美的环境，使学生在平时的学习生活中感受和享受美，从而培养美的情操。

## （二）研究目标

1. 转变班主任观念

改变以往应试教育那种生硬刻板的灌输教育，班主任的角色由管理者变为引导者，由操作者变成乐队指挥。

2. 建设和谐小组

学生真正成为班级的主人，学会自我管理、自我控制、自我约束，初步形成正确的人生观和价值观。建设小组文化主要通过让学生共当小组“设计师”来营造良好的小组物质环境和精神环境，引领小组文化；并让学生亲手创建自己的“家”，当好“家”的服务员，以形成“小组归属感”，让学生真正恋上这个“家”。

3. 张扬学生个性

随着现代社会发展和课程改革的深入进行，小组文化建设要十分重视发展和完善学生的个性，“千生一面”的现象正逐步得到改变，造就一大批富有鲜明的个性特点，能适应社会发展需要的人才，已成为班级文化建设的主旋律。

4. 立足长远发展

在拥有知识的同时能懂得与人合作是现在社会必需的，因为无论学生学到哪个程度，最终必定要进入社会这个大熔炉。从小学到初中、到高中、到大学，是一个学习和成长的过程，我们需要关注孩子的现在，但更需要关注他们的将来，我们要注重的是知识的学习、能力的培养、健康的身心综合发展。

## （三）研究内容

1. 小组物质文化建设

（1）教室四周墙面布置

（2）绿色植物美化教室环境

(3)班级中队角布置

(4)教室外走廊布置

(5)保持教室卫生

2. 小组制度文化建设

(1)让学生自己制定小组公约

“纪律是学习的保证。”为了营造一个良好的学习环境,为了促进每个学生的身心健康地成长,争创优秀班集体,特制定小组公约。

(2)完善奖励制度,激励学生竞争

对于每位学生的点滴进步,小组都加以肯定,利用表扬卡进行奖励。

(3)引进处罚制度,培养学生的社会责任

我们在奖励的同时,应采取一些处罚措施,加以强制性纠正,即当学生犯了不同程度的错误时,可以用不同方法来解决。

(4)竞争上岗

在班级建设过程中引入竞争机制,班干部上任采取竞争上岗制度,通过自荐、推荐、民主评议产生,让学生民主推选出他们心目中的榜样,并设置多种岗位。

3. 小组行为文化建设

(1)开展主题队会活动

尽可能地挖掘身边的教育资源,充分发挥学生的主动性和积极性,让每个学生在活动中受到思想上的教育,行为上得到改进。

(2)开展小组活动

开展军训、运动会、艺术周、学农、班会、辩论会、演讲会、节假日小组活动等。这些活动内容广泛,形式多样,能对学生的思想、观念起到潜移默化的作用。

4. 小组精神文化建设

(1)小组精神的培养

一个小组要有组魂,也就是小组精神。这种精神要在小组成立之初有意识地培养,逐步让学生理解、接受,根植在全体学生的心里。

(2)小组凝聚力的培养

小组凝聚力是在多种因素共同作用下形成的。

5. 创设和谐人际关系

(1)生生关系

教育学生处理好同学之间的关系，培养幽默感，要有团队意识和合作精神。

(2)师生关系

“亲其师，则信其道。”教师只有赢得了学生的心，才能进而打动学生的情，真正走入学生的内心世界。这样的师生关系必然会激发学生积极向上的动力。

(3)家校互通

充分发挥家校通的作用，使之成为家长和教师之间沟通的桥梁。

### (四)研究路径

研究路径如图1所示。

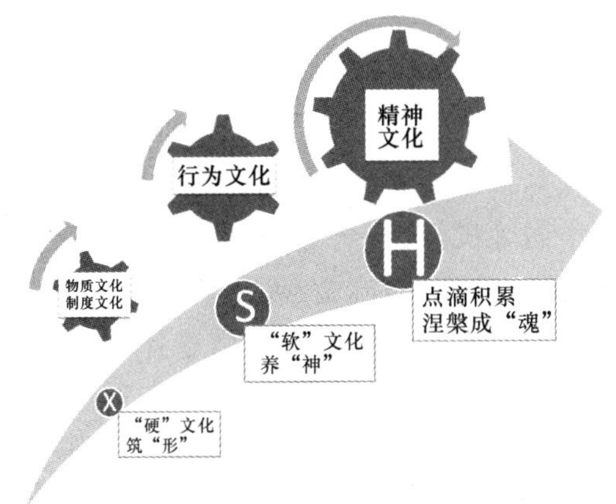


图1 课题研究路径

## 三、实践研究

### (一)初一 X:有“形”

1. 小组框架搭建

本班共有40多名学生，成立了8个小组，每个小组都拥有体现自身特点、积极向上、富有新意且响亮的名字。每组由6人组成，6张课桌围在一起，并在中间放置一块写有本组名字的桌牌。接着根据各小组的组名，分别设计属于各组的独特的、漂亮的组徽。每一个6人小组紧密地团结在一起，同忧喜，共进退，从而学会小组合作，提高团队意识，增加团队凝聚力。小组框架搭建思路如图 2 所示。

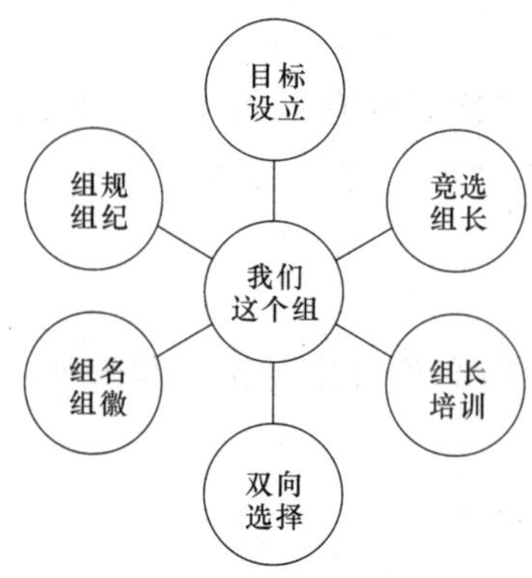


图 2 小组框架搭建思路

(1)组长竞选

一个好组长必须具备学习力、决策力、组织力、教导力、感召力等能力，担任组长就有了一个锻炼机会、一个平台。组长的组织活动基本分为三类：一是分工、约束、督促；二是协调、疏通、解决争端；三是组织讨论、分析、汇总小组意见。前两类行为保障小组各种活动能够有序、持续地开展，后一类行为促进组员们完成各项合作。

小组文化建设的第一步工作是选定 8 位责任心强、有一定工作能力的学生担任组长，由学生自荐，全班同学投票产生，本着自愿和有一定的学生基础相结合的原则。组长竞选要求如图 3 所示。

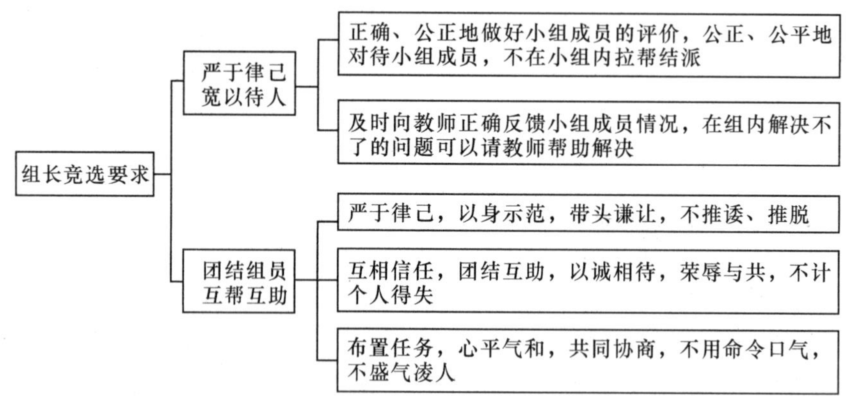


图 3 组长竞选要求

(2)双向选择

班级中每个学生各方面的能力都会有差异,采用双向选择的原则顺利组建 8 个小组。双向选择克服了统一分配的弊端,最大程度减少了组员和组员、组员和组长之间的摩擦,降低了组与组之间的不平衡,使小组从建立之初就是温暖、和谐的。

双向选择充分尊重了学生的意愿,使得小组建立在自愿、和谐的基础上,需要避免的是因此导致的组内异质、组间同质无法实现的问题。所以,在双向选择前,要做好小组长的思想工作,使其把握选择组员的原则。

(3)成员分工

小组组建后,要对小组长和学科小组长分别进行培训,要让每个小组长明白小组长的工作意义、工作职责、工作方法、带头作用、团结协作精神以及担任小组长在哪些方面促进了个体成长等。组长培训思路如图 4 所示。

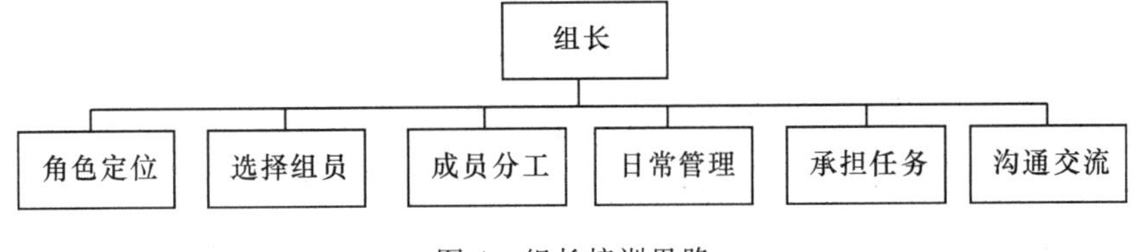


图 4　组长培训思路

合作小组各分管组长的分工进一步明确细化。行政小组长负责本组管理工作,主抓学习和安全管理。各科学习组长负责本组的学习、各学科作业和资料的收交和分发管理工作。纪律组长负责本组课堂纪律、课间纪律和安全、穿着打扮的管理工作。生活组长负责本组的午餐考勤、卫生打扫和维护、个人卫生等生活方面的管理工作。明确小组分工,避免出现有些学生包揽大多数事务而有些学生无所事事的现象,分工尽量用人所长、兼顾公平,没人愿做的,最烦、最难的事组长自己完成,一段时间后可以互换角色。

(4)日常管理

管理就是服务,小组长就是服务者,我们能为组员提供多少帮助,我们就能获得组员多少支持。小组长要带领组员讨论并制定小组目标、组规组纪、加分扣分细则,严于律己,以身示范,以诚相待,荣辱与共,不计较个人的利益得失,在组内形成互帮互助的氛围。

①设立组规

“国有国法,家有家规”,每组的小组成员共同制定小组组规,要求小组成员共同遵守。

②形象设计

各小组参与班徽、班旗、班歌等的设计。在众多的设计中，经过大家讨论和投票，图 5 所示的设计脱颖而出。通过这一活动让全体学生以最快的速度融入集体，强化了团队精神，增强了小组合作意识，为更多的学生搭建了自我展示的平台。

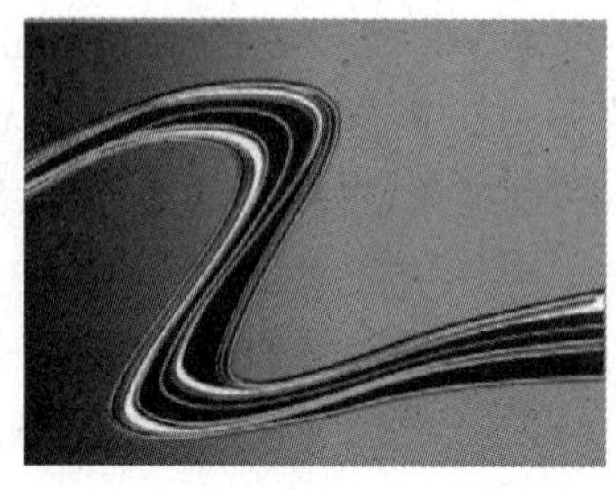

图 5　班旗：团结一心，共创佳绩

如图 5 所示，班旗中有“2”的图案，上面有 13 种颜色、47 条彩线。47 条彩线代表班级的 46 名同学和班主任曹老师。丰富的颜色预示了初中生活多姿多彩，弯曲而有力的线条表达出了学生充满活力的个性，又代表了 47 个人团结一心，通过努力，共创佳绩。而把“2”竖过来又是一个“v”，祝福班级在未来三年里取得累累硕果。

班徽由三条明快又简洁的线条组成，象征了即将迎来的三年初中生活；由三个不同线条和形状的几何图形组成，象征了将要迎来的初中生活丰富多彩，形态各异；由几个几何图形组成了风帆，象征了初中生活即将扬帆启航，无所畏惧。而蓝色是深邃的大海之色，象征着这一代人勇于探索，搏击风浪，永不停歇（见图 6）。

图 6　班徽：搏击风浪，不屈不挠

2. 活动助力有“形”

以小组为单位参加校运动会，小组承办家长会，开展丰富多彩的班级文化活动，如诗歌朗诵比赛、读书报告会、艺体节等，增加小组凝聚力，为更好地打造小组文化建设框架助力。

(1)家长合作,身临其境

①家长会导学案

新课改背景下的家长会不再是传统意义上的情况通报会或告状会,而是家校之间、家长之间的情况沟通会、经验交流会、学生成长展示会、家长学习会。家长会导学案把家长会的自主权交给了家长,让家长、学生、教师在自主、合作、探究式的学习、交流和讨论中充分展示各自的观点,交流教育经验,互相理解,互相鼓励。下面摘录的是家长会导学案中的节选。

### 案例一　初一家长会导学案

在初中阶段,要特别注意培养认真学习、善于思考、勤于动脑动手动口的习惯,培养独立学习、主动探索、积极进取的习惯。要养成良好的习惯,从以下几个阶段抓起。

一、高效预习

二、认真听课

三、及时复习

四、作业要“思、问、集”

1. 做作业前有一个思考的过程很重要。

2. 仔细审题,一定不要把题目看错了。

3. 正确解题,争取一次做对。

思考:

1. 对照上述材料,您的孩子在哪些方面做得较好?在哪些方面还不够?

2. 在本学期中如何改进落实?

3. 请您进言献策:如小组合作、导学课堂、学生社团、学生评价、班级管理。学校希望家长们给出金点子。

②小组合作式的家长会

家长会有一个重要环节,就是家长的小组讨论。班主任首先抛出由各小组设计提出的题目进行热身:请你猜猜哪个理想是您的孩子的?哪个细节是您的孩子最能感受到家长的爱的?家长们面带微笑地举起了手,教室中时时爆发出快乐的笑声,曹老师还给每个小组打了分。家长们在这个环节中体验到了快乐。然后，曹老师转向主题，请家长谈谈体会。家长们积极发言，畅所欲言，有的家长直言，在这次家长会上体验到了小组合作的快乐。

③家长会后的家长感言

### 案例二　家长会后的家长感言

崔思瞻家长：走进七(2)班教室，教室布置得很温馨、整洁，教室课桌的摆放与传统形式不同，更强调小组合作。原来我很担心这样会影响学习，担心课堂纪律不如原来那样好。当家长在孩子的位置上坐下后，聊孩子，聊课改，马上熟悉了起来。现在家长们体验到了这种以小组为形式的学习方法强调合作、互动，并给孩子一个展现自己的平台，取长补短，强调团队精神，这是他们融入社会必须学会的本领，我觉得我的孩子有这个能力在团队中学到更多课堂外的东西。

王子伊家长：我觉得学校打造团队的理念非常好，因为当今社会，只有战无不胜的团队，没有绝对的个人英雄主义。小时候看到柏杨《丑陋的中国人》中的一句话“三个中国人是一头猪，三个日本人是一条龙”时很受刺激。团队精神的培养会令孩子终身受用。点评环节可以培养孩子的胆识，以及思考问题、回答问题的周密性。

潘知津家长：谢谢我们的班主任曹老师为我们设计安排了这么快乐的一次家长会。昨天我们家长也都做了一份回家作业，我记得第一题就是“你对孩子的未来有什么规划”，依稀是这样。当时我心里跳出的第一个念头就是丫头会有一个幸福的人生。这个幸福的人生又是什么呢？仔细想下来，我发现其实我们对于教育的一些心愿和想法是和这一轮新课程改革的目标非常吻合的……目前十三中率先进行这样的改革，是需要很多勇气和担当的，也是需要底气的，因为这样的探索对老师提出了更高的要求，需要老师有较高的教学激情、丰富的教学经验以及对课堂有很好的掌控能力，通过今天的家长会，我对于我们班改革中的课堂的效果和效率还是很有信心的。

(2)亲子活动，群策群力

小组长在工作过程中常常会遇到一些问题，所以让组长们学会沟通、学会交流在整个小组工作中显得非常重要。可以组织各式各样的假期亲子活动，亲子群体间的活动交流不仅能增进家长和孩子间的感情，而且还能增强组员之间的透明度、信任度，更好地发展学生的社会交往能力，加深小组成员之间的感情，从而有利于各项活动的开展。

(3)主题班会，突显合作

由各小组组织选择一些适合学生的班队课，每次班队课的主题对小组文化的形成起着一定的作用，要尽可能地挖掘身边的教育资源，充分发挥学生的主动性和积极性，让每个学生在活动中思想上受到教育、行为上得到改进。

①班队课的导学案

采用导学案的目的就是把主题班队课的自主权还给学生，让他们在自主、合作、探究式的学习和讨论中获得灵魂的自由和解放。“我的班会我做主，我的命运我把握”正是班队课导学案的真谛所在。导学案的内容往往与德育教育的长期与近期目标相关，同时与班级最近的思想动态紧密结合，如初一年级学生刚进入中学阶段，需要对他们进行理想教育、人生观教育。下面是一份班会课导学案案例，由白云小组提供。

**案例三 《迈好中学第一步》班队课导学案**

2012年10月16日

1.长大后你想做什么工作？

2.你的人生座右铭或欣赏的人生格言是什么？

3.在你的记忆中，你的父母最让你感受到爱的细节是什么？你有没有做过什么让父母感动的事呢？

4.请写下你喜欢或者擅长的事，能说出你父母喜欢做的事吗？

5.能谈谈学习成绩和行为规范之间的关系吗？

6.进初中以后你的收获有哪些？让你感到开心的事有哪些？

学生们各自思考后做好导学案，在小组内交流，既明确了自己的奋斗目标，又加深了互相的了解，促进了师生互动，加深了教师对学生的全方位了解，也为后续主题班队课“梦想点亮人生”打好基础。

②主题班队课与学科结合

主题班队课与学科结合，使主题班队课不再那么枯燥乏味，通过学科渗透，使学生领悟到新课改形势下的小组合作精神。

## 案例四 “由草履虫想到的——”主题班队课

在学完科学七年级上第二章第六节《物种的多样性》后进行了“由草履虫想到的——”主题班认课，以小组为单位讨论并写成文章在班级展示，班主任也写了一篇文章参与活动，以下是师生分别写出的文章。

### 草履虫的烦恼

——初一(2)班梦想组

我是一只小小的草履虫，是啊，大家不要笑，我知道我是最低等的动物。我好苦恼，我居然是最低等的动物！我认为我很能干嘛，那些比我高级的动物虽然由很多很多的细胞组成，可是它们有哪一个的细胞像我一样能干？我的身体里的细胞核啊、细胞质啊什么的都比它们强多了！不行，我一定要去观察一下那些比我高等的生物到底为什么比我高等了。过了一会儿，一只兔子跑了过来喝水，我知道它是属于最高等的哺乳动物的。兔子用有力的肌肉跳着，三瓣嘴一动一动地喝水，耳朵里的血管和神经灵敏地探听着周围的动静，一切都显得毫不混乱，井然有序。哎，看来多细胞生物也很牛啊！恩，许多细胞结合起来还真是所向披靡啊。我终于知道为什么我们低等了，因为我们虽然能干，但毕竟只有一个细胞，个人终究是能力有限的，只有大家一起，才能创造奇迹！

### 蚂蚁的合作精神

——初一(2)班班主任

开学军训中，教官一声令下休息啦，同学们呼啦啦哎哟喂坐在树荫下，吃着点心，喝着水，好不惬意，忽然有同学喊了声，看，蚂蚁！在我们坐的位置中间，不知何时出现了一队蚂蚁，搬着不知道哪个同学掉在地上的一根肉松，同学们纷纷围了过来，饶有兴趣地围观，我微笑着问大家，看蚂蚁的小组合作精神多么好，大家都笑了起来，接下来你一言我一语的，发表了各自的想象和感悟，有的说，蚂蚁真厉害，它可以搬动比自己体重大很多的物体；有的说，看来小组合作还是必需的，因为一只蚂蚁肯定是无法搬动这根肉松的；还有同学说，看它们的队列还真够整齐的，方向又是那么明确。就在此时，有一只小蚂蚁跑得惊慌失措、乱七八糟，拼命地赶来赶去，惹得大家更开心了，有同学说它一定找不到自己的小组了，看把它吓的；又有同学说，这是一只集体观念很强的蚂蚁。听着大家的议论，我不禁从心里笑了，看来同学们对课改精神已经深有体会了哦！

3.激励评价制度

(1)常规考核

由8个组长组成的考评小组在各分管干部每周量化考核的基础上，于每周五对各小组进行评价，对表现好或者为班集体增添荣誉的小组给予加分，然后进行排名，评价结果在每周一的中午时间由班长进行公布，同时公布各小组被扣分和加分的原因，并对本周班级各方面情况进行小结。对各合作小组的评价考核以月为单位进行，某一周做得不好的小组就有机会争取做好或者获得加分。

(2)成绩考核

学习成绩(包括单元考试的成绩)的评定以合作组为单位进行，对成绩进步的小组给予加分。这种考核办法要求小组成员之间必须互相帮助，互相合作，以此达到共同进步的目的，这有利于培养小组成员的集体荣誉感，增强学生的合作意识和竞争意识，也有利于小组确立下一步奋斗的目标。

(3)组长考核

小组长的工作成效由班主任、任课老师及学生代表组成的班级委员会负责考核。小组期末考核得分在8个小组中排名最后2名的小组长为不称职。对不称职的行政组长或分管组长期末一律不得评优，而且小组成员有权要求班级委员会罢免其组长职务。凡是被罢免的组长，一年内不得再担任组长及以上的干部工作。将班干部和小组长当前的行为与最终的评价结合起来，促使其为目标奋斗，正是抓住了学生的心理需求，恰当地调动了学生的主观能动性与自律自求性。

除以上三项基本考核外，每月还定期进行小结，由小组长通过电话将评价结果通知家长，让家长及时了解孩子的在校表现。学期末由小组进行初评，然后由各管理组进行复评，最后由班级考评小组进行终评，集体推选出进步最大、表现最好、对小组贡献最多的学生。

**(二)初二S:有“神”**

在初一的基础上，初二围绕着小组文化建设，教室布置、主题班队课及各项活动不仅有形，重在有神。初二一开学，学校为小组建设搭建了一个平台，开展紧密型“美丽小组”的评选，给小组文化建设注入新的活力，各小组围绕这一主题展开一站式比赛。基本思路如图7所示。

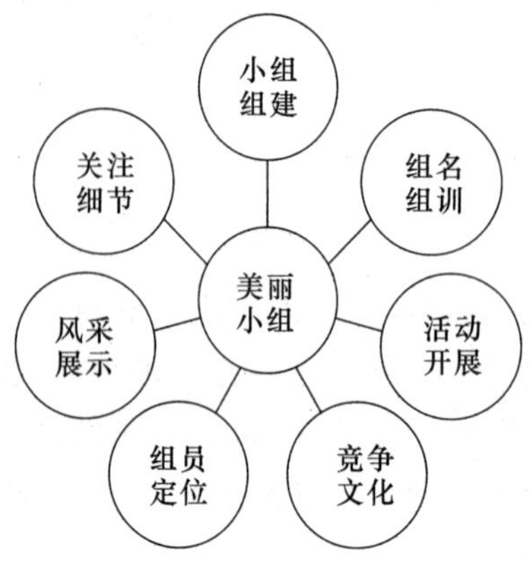


图7 “美丽小组”评选思路

在这一阶段的小组文化建设中，着眼于变“被动接受”为“主动参与”，通过“美丽小组”评选活动，在培养好8个小组长的基础上，让人人都来当组长，每个学生都亲力亲为，体会小组长的酸甜苦辣，并能做到自主管理、自觉学习，让小组文化真正融入个人常态，这不是约束，而是动力。

1.人人献计齐出力

(1)每个角落会说话

教室环境布置要给学生以家的温暖，营造小组——大家庭的氛围。初二的教室布置在初一的基础上更加重视小组精神。

开学后，学生精心布置的教室内外焕然一新、亮丽多姿，体现小组合作特色，突出团队精神内涵，外墙的小组展示栏是学生发表作品、展示成果的平台，是传递同学美好事迹、弘扬小组正能量的阵地，教室的每一面墙都在说话，关键是谁在说、说谁爱听的话，最好是让学生有机会用自己的方式说自己想说的话。虽然学生参与讨论、设计、动手布置费时费力，但学生们还是十分乐于参加这类活动。

(2)难过组名这一关

在普通班主任眼里，小组组名可能是一件很小的事情，小组一讨论、一表决，就能轻松决定了，但是站在学生的角度，每个人都参与到取组名这件事情中，在激烈的争辩、讨论中，肯定会有分歧，也肯定会碰撞出思维的火花，要把这件小事作为一个契机，让每个小组都来介绍自己的组名，并且挖掘这个名字背后的含义，既让小组合作探讨，又让每个小组思考自己小组的内涵和规划。每一个组名都凝聚了组员们的心血和智慧，寄托着组员们的希望。

### 案例五　三个鱼蛋小组

三个鱼蛋，就像三个“…”，它是一个缩写的省略号。这说明呢，我们组是一个拥有无限种可能的小组。我们可以永远永远被开发、挖掘。三个鱼蛋，串成一串。香港人叫“笃（dǔ）鱼蛋”，意思是打球时手指姿势不正确导致指关节肿胀，看上去就像一串鱼蛋。我们组都在一根手指上，连在一起，分不开。

鱼蛋嘛，又叫“鱼旦”，“旦”是早晨的意思。不管生活中发生什么事，我们这个组都要像微光初现一样神秘、美好。

关于吃的方面，鱼蛋：下锅膨胀力超级强，不易变质，富有弹性，脆而不腻。所以，我们很好吃哦，因为我们是一个有个性、有追求的小组，爆发力和耐力都超级棒！

一直希望有一个组，组里每一个人对每一天都充满了热情。可以不用吼就自己举手发言。不要推卸责任，不要期期艾艾。要有归属感和责任感。如果这需要一个很长的过程，那我们一起等。怕什么，鱼蛋都快熟了。

(3)假如我是小组长

经过一段时间的小组合作学习，各小组长有了很大的进步，我们希望更多的学生能够更快地成长，在各小组开展“假如我是小组长”的讨论活动，组员们通过预设自己是小组长学会换位思考。通过小组长的排序让每个学生增强责任心。培养学生的主人翁意识，学生通过自己的感悟，明白自己该为小组做些什么，站在组长的高度来思考小组的建设和发展，让组内每一位学生都找到归属感；明白个人对小组的作用，小组只要有一个人在，小组就在。

2.携手共度青春期

(1)开展思路

课改背景下，学校课堂教学采用小组合作学习模式，该模式有利于少先队活动课程的开展。让学生有更多的机会发表自己的看法，自主发挥的空间更为广阔，通过满足学生的各种内在需要激励他们的参与意识，并使他们在活动中得到愉悦的情感体验。

青春期小组合作式主题班会开展思路如图 8 所示。

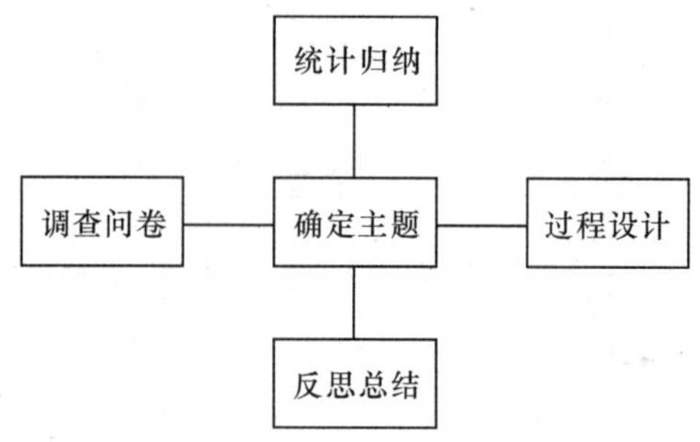


图 8 青春期小组合作式主题班会开展思路

(2)实践应用

初二学生正处于人生的青春期,青春期是人的一生中身体发育的关键时期,在这一时期,学生的身体变化势必引起心理的变化和反应,内心充满矛盾和疑虑。

针对上述学生实际情况,为了让学生们清楚地意识到在同学中讨论绯闻对自身以及他人的不良影响,以及异性之间的文明礼仪对人生现阶段以及未来发展的重要性,利用班队课时间,进行如下系列主题班队课,如图 9 所示。

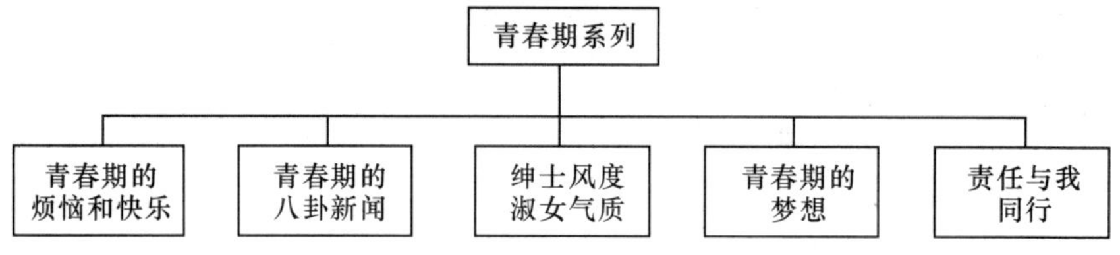


图 9 青春期系列班队课主题

在主题队会"青春期的八卦新闻"的设计上,采用了"《教室里的八卦新闻》情景剧""让真相说话""榜样的力量"和"游戏《青春字母》"四个有趣的环节,试图通过这些环节,让同学们层层深入体验,最终学会从不同角度去欣赏别人,领悟男女生交往的必然性,消除因身体发育对两性关系产生的不安、迷惘等消极心态,建立对异性交往的正确态度。最重要的是使学生能正确地驾驭自己的感情,理智地处理这种对他们来说还"为时过早"的问题,并让他们明白现阶段最重要的是管理好自身的言行举止,努力进取,为将来跨入更高层次的领域培养强烈的责任感,以绅士或淑女的面貌展现自己靓丽的青春。

3. 校内校外共添彩

(1)“三个鱼蛋”

梦想聚团队,团队铸梦想,在学校的小组合作进行得如火如荼之时,如何让优秀的小组得到更多展示的机会是教师们所关心的,也是同学们热切期盼的,学校为每一个优秀小组搭建了展示的舞台,开展了“美丽小组”的评选。在“美丽小组”评选活动中,各小组更是奋发向上,平常的小组规范自然不在话下,起立轻声讨论,鼓掌坐下,展示发言……在规范中,更多的小组凸显了自己的小组特色:有的小组发挥团结精神,合力重演了一个历史时刻;有的小组用优美的朗读赢得阵阵掌声;有的小组的成员则直接当起小老师,在讲台前头头是道地讲起了科学题。在上课的过程中,同学们全身心投入小组合作和展示,有补充,有评价,更有质疑,一个小组的展示引起了其他同学的思考,从中碰撞出的思维火花更是让听课、评课的教师为之点赞。

经过班级、年级的评比,“三个鱼蛋”小组走向集团,在学术节闭幕式上以一段视频《鱼蛋成长史诗》让现场观众为之一震:“我们的每一个鱼蛋,每一天都在不断地创造惊喜。我们在一起哭笑着、编织着每一天简单而无厘头的生活,让每一个鱼蛋都成为最好的自己……”最终“三个鱼蛋”小组以出色的表现获得集团“美丽小组”一等奖。

(2)我的家长会

8 位小组长站上讲台给家长们介绍了每个组员在校期间的各种表现。台下的家长们从未如此认真地竖起耳朵,期盼着听到小组长口中述说的关于自己孩子的在校情况。

在传统的家长会上,各科教师虽然对学生的成绩很了解,却不清楚每个学生在班级中的其他表现,所以无法挨个向家长介绍每个孩子在校期间的各方面表现。另外考虑到家长的心理感受,教师一般不愿意在家长会上指出孩子的不足及需要改进的地方。让学生代替教师主持家长会,不仅给了孩子们锻炼自我的机会,而且孩子们说话比较纯真,家长们也易于接受,这为学校、家长与学生之间搭建了一个沟通的新桥梁。

(3)各项活动

①校运动会提升小组凝聚力

小组凝聚力是在多种因素共同作用下形成的,其中最能调动一个小组学生情感的,最能体现小组凝聚力的莫过于一年一次的校运动会。在校运动会期间,一方面,要尽可能地动员每一位学生参加运动会,同时把没机会参加运动会的学生组成宣传组、后勤服务组、卫生清洁组、安全保卫组，让每位学生都参与到校运动会中去，让他们懂得每一个人都应为班集体出一份力。最后按每个小组在运动会期间的表现对每个小组评分、表彰。这样，学生们在运动会上既取得了良好的运动成绩，又增强了小组凝聚力。

②学农生活快乐中成长

为全面推进素质教育，拓宽初中学生的实践渠道，让学生在活动中实践，在实践中成长，在实践中品味人生，培养学生的创新精神和实践能力，学校组织了学农活动，以原有的学习小组为基础，组建学农小组开展整理内务、5000 米拉练运动、定向越野运动、除草、编草绳、野炊等活动。

③文化活动展示精神风貌

开展丰富多彩的小组文化活动：诗歌朗诵比赛、读书报告会。我们班在小组选拔基础上以一首《蜀道难》参加学校诗歌朗诵比赛，备受赞赏，荣获二等奖。举办元旦联欢活动，有个人的才艺展示，还有各小组的室内操比赛，通过这次比赛，全班的室内操无论是准确程度、乐感、美感，还是整齐程度均上了新的台阶。还有小组自己举办小组春晚，有模有样。

### （三）初三 H：有“魂”

两年的时间从指缝间悄悄溜走，不经意间已经到了初三，过去两年的小组合作学习带给学生许多不曾有过的体验，所以初三既要保持小组合作的“形”，提升小组合作的“神”，更要重视将小组合作精神上升到“魂”。到了初三，学习任务加重，中考在即，好在小组合作精神已经深入人心，课改模式及课堂的一些流程也已经熟悉，是时候充分发挥小组合作精神，发挥团队作用，大幅度提高学生的学习成绩，为实现最初的梦想拼搏。

1. 组间组内出新招

（1）组内同质，秀出实力

初三分为 A、B 两个教学班后，学习小组的组建有了组内同质、组间异质的基础，文化课基础接近、学习习惯相似、学习能力持平的学生组成的学习小组，有着更强的自信心，更有利于开展学习上的竞争，学生敢于质疑对方，在讨论、沟通交流中迸发出智慧的火花，避免组内异质的小组在学习中“学霸”一言堂的局面。

该项工作分两步完成，第一步是划分分数段，按分数段组建 7 个小组，每组 7～8 人。小组组建时还要注意男女生的比例以及学科上的优势互补。与之相对应的是开展组与组之间的交流和辅导。随即展开小组长的竞选和学习小组的组建，因为有原来组建小组的基础，这项工作迅速完成。第二步是在一个月后进行，按总分成绩从高到低组建小组，遇同分情况看社会、历史成绩，各小组第一名担任行政小组长，学科小组长由小组学科最高分学生担任。这既有激励作用，帮助学生树立明确的奋斗目标，又有利于学生之间的优势互补。

(2)组间异质，互帮互助

7个小组按照学习能力由强到弱编号为①—⑦号组，在课堂上进行学科辅导时，由①号"学霸"组内的7人按岗位分工负责"一对多"辅导余下的6个小组，在保证课堂纪律良好的情况下，高效便捷，最大程度地发挥帮教作用。而在课后，则以小组为单位开展辅导，如①号小组的7位同学负责"一对一"辅导②号小组的7位同学，以此类推，以"师徒结对"的形式，充分利用课余时间相互进行记背、订正纠错。

为了达成小组的总目标，课前组员之间相互督促预习，课堂上小组内积极讨论，解决问题，并在课堂大讨论中提出小组同学的疑问，踊跃解答其他小组的问题，在生教生的过程中实现学业上的共同提高。课后小组内监督订正作业，在自修、午休时，组内安静自习，相互提醒尽早完成作业，减少回家的作业量。小组内要有意识地共同进步，互帮互学，既可以提高基础较差同学的水平，也可以让优秀同学的知识更加稳固，能力进一步提升。人人为目标自觉努力，培养良好的目标意识，逐渐建立自己的管理体系。

组内同质、组间异质的小组组建原则是基于最大限度地激活学生内心深处的学习热情，迈好青春第一步，创设情境体验中考带来的快乐和痛苦，鼓励学生们全身心投入学习中去。

2. 成长路上有导师

(1)师生结对

2014年2月，学校为小组建设搭建了一个新的平台——聘请小组指导教师，师生合作让小组建设更完美，各小组同学开展了"紧密型小组建设——导师聘请活动"，同学们自行设计创意聘书，诚挚地邀请教师加入自己的小组。

当同学们得知每个小组可以聘请一位教师来帮助小组开展活动时，小组的同学便立即开始讨论聘请教师的事。经过一番激烈的讨论，每个小组都有了自己的意向，立即冲向办公室征求教师们的意见，教师们都很受欢迎，有许多小组争着要与一位教师合作，组长们向教师说出自己想邀请教师加入的理由，大家都说得头头是道，让教师们又幸福又为难，最后8个小组分别和5位主课任课教师合作。

在班队课上，每个小组的组长向与自己组合作的教师宣读聘书，并将花了组员们很多心血完成的聘书颁发给教师。有的组长庄重严肃，让接受聘请的教师直点头；有的组长创意多多，教师听了笑得合不拢嘴。最后，小组全体组员和聘请的教师合影留念。从教师和同学们的照片上的笑脸就不难看出，在之后的活动中我们的学生与教师相处友好，我们的小组建设更加坚固、完美。

(2)生生互助

小组合作可以让大家互相帮助，分享自己学习的好方法，可以更了解组内的每一个成员。师徒结对可以让对方了解自己薄弱的方面，既帮助自己，得到更好的改进方法，还可锻炼师傅的表达能力和对知识的接受程度。

(3)考核细则

经过初一、初二两年的学习，无论是各种行为规范、课堂小组合作学习的规范操作模式、如何组建小组、座位的安排和轮换，还是各项活动的设计和实施，学生们已经操作熟练，完全可以自行完成，令人欣喜的是，在这些方面已经不需要通过考核或用加扣分的措施来强化。所以初三的考核细则主要在小组长、学习成绩以及小组互助方面。

3.美丽小组齐争誉

(1)“三个鱼蛋”成熟时

“三个鱼蛋”小组继初二阶段“美丽小组”评选脱颖而出后，小组内合作学习、团结向上的氛围愈加融洽，组员们携手共度了近三年的时间，一步步快乐地学习、成长，品尝酸甜苦辣，收获了自信与合作带来的默契，最终成熟，小组的“魂”真正融入了组员的精神本质，成为无法分割的一部分。在某访谈栏目中，他们幸运地成为学校优秀小组代表。临近毕业，体会颇深，短短的几分钟视频，道不尽内心的千万分感动，“三个鱼蛋”小组将成为他们永远的骄傲。

(2)运动会上显合力

一年一度的校运动会如期举行，初三的学生是认真参加入场式，还是马马虎虎走个过场呢？决定权自然在学生们手上。初一和初二我们班分别获得入场式的三等奖和二等奖，获得一等奖是同学们的梦想，各小组讨论后决定把握机会，努力圆梦。这是学生们共同的愿望，所以学生们以小组为单位，每个人都很认真，无论是服装、口号、动作训练都尽量做到最好，因为认真，我们只集中排练了三次，每次大约一节课的时间，最后上场时达到了预想的结果，获得了学校运动会入场式一等奖，这是一次成功的体验、一次幸福的感悟。

## 四、研究效果

### （一）张扬学生个性

努力在小组文化生活中张扬学生的文化个性。在这种个性化的班级文化的熏陶下，使学生的创造性得到最大程度的释放，融德育于学生生活、学习和活动之中。

1.组长获成长

竞选小组长体现了学生的自我反思、自我管理和交流能力，体现了团队合作精神，对学生个体来说是一次飞跃。小组长的角色定位在三年中有了很大的变化，从最初的一种荣誉、一种管理，到后来的一种沟通、一种交流，到现在的一种激发、一种珍惜，学生们逐渐成长，渐趋成熟。

2.组员获进步

小组的组员们在三年间不仅自身得到了成长，更是从最初互相平行的关系变成互相融合、荣辱与共的关系，在小组合作中学会关心他人，换位思考，学会与人沟通交流。

3.打开我心扉

我们在提倡团队合作精神的同时，鼓励每一位学生最大程度地释放自己的创造性，对学生们的各种奇谈怪想、异想天开积极肯定、接纳并加以引导，让学生想自己所想，说自己所说，写自己所写。

### （二）建设和谐小组

1.巧妙处理人际关系

教育学生处理好同学之间的关系，包括以下内容：提倡助人为乐；心中有他人；看人要先看别人的优点和长处；正视自己的缺点和不足；培养幽默感；要有团队意识和合作精神。例如，王子伊同学参加少先队大队委竞选，全体同学给予她莫大的鼓励和支持，让她感受到了班集体的力量和温暖，她顺利当选后在校园网上发表了感想。

2. 寓学于乐体验课改

学生是学习的主人，课堂因学生而存在。我们完成由“灌输式”“接受式”的课堂教学模式到“自主、探究、合作”的课堂教学模式的转变，还学生创新课堂。现阶段我们已完成课堂模式的转变，学生们逐步适应了课改背景下的课堂新模式，体验着其中的快乐。

3. 美丽你我美美与共

2012 年 10 月，我班召开了一次题为“为了我们的共同目标——沟通理解交流”的家长会，校园网及《都市快报》和《钱江晚报》均对此进行了报道，其中《钱江晚报》用了整整一个版面做了详细报道。

初中三年，各小组形成了各自独有的小组文化特色，其中“三个鱼蛋”小组获得集团“美丽小组”称号，班级也在各小组基础上顺利开展各项工作，获得“集团课改优秀班级”“集团先进班集体”“优秀雏鹰中队”“美丽班级”的称号，被评为 2014 学年“西湖区先进班集体”“西湖区先进团支部”。小组的每一位同学因为对自己小组的热爱，积极、努力地去完成各项任务，主动、有创意地开展各种小组活动，视小组成员为家人，维护小组的荣誉。

### （三）收获累累硕果

初中三年小组合作背景下学生获得了许多奖项。

## 五、研究思考与展望

今后，随着对“X”“S”“H”小组文化建设研究的逐步深入，实践者的理解水平会再上一个新台阶。只有对基于合作的小组文化建设理论理解地更透彻，掌握合作的本质与精髓，才能更好地利用合作引导学生的三年成长。相信经过今后对“X”“S”“H”递进模式进一步的潜心研究和探索，小组合作的成效会更突出，会更有利于学生社会性的发展，学生的主动性、创造性会更好地发挥出来。

### 参考文献

[1] 安德森，卡特. 社会环境中的人类行为[M]. 王吉胜，等译. 北京：国际文化出版公司，1988.

[2] 陈向明. 小组合作学习的条件[J]. 清华大学教育研究，2003，24(4)：11-16.
[3] 李学农. 中学班级文化建设[M]. 南京：南京师范大学出版社，1999.
[4] 马兰. 合作学习：给教师的建议[J]. 人民教育，2004(z2)：22-24.
[5] 麦克米伦. 学生学习的社会心理学[M]. 何立婴，译. 北京：人民教育出版社，1989.
[6] 祁建敏. 班级社会学初探[J]. 教学与管理，1997(12)：19-20.
[7] 钱理群. 一项"和灾难赛跑的教育"工程[J]. 福建教育(中学版)，2012(12)：58-59.
[8] 陶行知. 陶行知教育名篇[M]. 北京：教育科学出版社，2013.
[9] 王敏勤. 和谐教学的课堂教学模式[J]. 教育研究，2006(1)：84-87.
[10] 王艳秋. 我国学校隐性德育课程研究述评[J]. 学校党建与思想教育，2007(4)：33-35.
[11] 魏书生. 班主任工作漫谈(修订本)[M]. 北京：文化艺术出版社，2011.
[12] 薛晓阳. 学校精神文化建设的新视野[J]. 教育研究，2003(3)：26-31.
[13] 阳谦. 对新课程认知与情感目标并重的思考[J]. 云南教育，2004(2)：17-19.
[14] 余文森. 新课程与学校文化重建[J]. 人民教育，2004(z1)：8-11.
[15] 周俊. 论小组合作学习与学生主体性发展[J]. 教育科学，1998(3)：35-38.
[16] 周勇. 我国班级文化建设研究现状及展望[J]. 徐特立研究：长沙师范专科学校学报，2005(3)：69-73.

# 学案导学背景下小组建设的实践与研究

杭州市翠苑中学
吴玲玲

**摘　要：**为接轨问题导学、主体探究的导学课堂，实现学生的有效合作、自主学习以及自我管理，在班级中建立一套适合导学课堂的小组组建机制成为当务之急。本文根据教师以班级小组为平台进行班级文化建设的实践，探索了小组建设的多种方式，如访、听、选、建新建小组，凝聚智慧蕴育文化，特色活动聚集能量，激励机制促进实效，捆绑评价助推导学等，旨在推动导学课堂高效落实，使小组的合作学习及时、有效，进而丰富班级文化建设，最终培养学生成为一个文化人，即"化知识为智慧，积文化为品格"，实现真正意义上的智慧教育。

**关键词：**导学课堂　小组建设形式　特色活动　激励机制　捆绑评价　班级文化

为接轨问题导学、主体探究的导学课堂，实现学生的有效合作、自主学习以及自我管理，在班级中建立一套适合导学课堂的小组组建机制成为当务之急，班级管理中加强小组合作，着力于小组文化建设，目的就是实现学生的一种自我约束、自我管理，最终培养学生成为一个文化人。

## 一、访、听、选、建，树立核心，四步一体建小组

接手这个新班级，我把小组建设作为一个首要任务。当时提供给我的

信息包括班级人数 48 人(男 27 人,女 21 人)、西湖区入学考试分数、学生家庭住址,这些都是我进行小组组建的第一手资料。而深入了解这 48 位同学不同的学业成绩、智力水平、个性特征、家庭教育背景等,则是我解决小组组建问题的主要途径。下面谈谈我的一些得意做法。

**(一)访:了解新生好途径**

拿到新名单之后,我开始了我的计划:家访。一方面,了解新生各方面的情况,如通过与他们的交谈,了解他们的个性特征、语言表达能力及逻辑思维能力;另一方面,综合各种信息,对学习、组织、协调能力较好的同学予以重点关注,为班级小组物色组长人选。

为了更准确地知道学生的能力,更好地物色有能力的组长,更有效地组建学习小组,我布置了一个作业:设计班徽。我开宗明义地宣布了班徽设计的目的、意义,即有我们的特色,有我们的交流,有我们的精神家园,并要求两三个互相熟悉的同学相互合作,推出班徽设计图。

当一个个班徽设计图出现在我面前的时候,我还让孩子们叙述了他们努力合作的过程,目的是考察在班徽设计、展示的一系列活动中,谁在起领导作用,哪个孩子做事更认真些,哪个孩子的意志品质更好些,大略明晓孩子们的组织能力、协调能力、责任心和威信等。必须明确的是,在活动中起着主导作用可是组长必备的能力。

当然,另一个"伟大的创造"——班级班徽也随之诞生了,这个寓意深刻、最契合我们班级文化理念的班徽,是孩子们第一次真正意义上实现同伴合作,共同参与班级文化创建。

**(二)听:个性差别辨分明**

家访中,我虽然了解了部分学生的情况,但对很多学生还是不熟悉,了解不细致、不全面,所以,与学生的第一次"会面",我充满期待,渴望有惊喜。

新生报到时,我就布置了一个口头作业,要求每个学生做自我介绍,让他们回去好好准备。第二天班会课,他们都一一做了自我介绍,孩子们有的腼腆,有的豪爽,有的含蓄,有的率性……热热闹闹,气氛活跃。再结合相关信息,对学生的"质"进行大概分类,明确小组内的成员既要"同质相连",又要"异质相间"。"同质相连"是因为同质的同学有相近的基础与共同语言,便于交流提高;"异质相间"便于异质交流,互通有无,互帮互助,达到相辅相成、相得益彰的目的。

### (三)选:远航舵手慎重定

小组长好比舵手,把好舵,方可迎风远航。组长的选择至关重要,关乎着日后班级工作的顺利开展。组长候选人必须要有健全的人格、刚正的品质,对真、善、美有一个最基本的认识,对于本小组成员不好的习惯,敢于站出来进行制止;组长侯选人须有鲜明的个性,敢于同本组的不正之风做斗争;组长候选人还要有一定的榜样作用,不但要有很好的学习能力,还要有很好的自我管理能力。

1. 酝酿:关注表现优秀的学生

家访时,我曾要求学生积极参加小组长的竞选,努力寻找机会锻炼自己,这是一种智慧的表现。在学生做自我介绍时,我与任课教师商量着,对一些表现优异的学生予以重点关注,并试着与成绩相结合,毕竟成绩优秀的学生必定有其优秀的理由,在初中生活里,这样的孩子在同学们心目中大都会有一定的威信。

2. 活动:观察学生的领导能力

开学第一周,我组织了一系列活动,大多以游戏为主,让学生快快乐乐地开始自己的初中生活。

我把学生临时分成几个小组,有意识地每组安排 6 个人左右。比如与体育教师合作,以小组为单位进行地滚球比赛,看看哪一小组配合默契、团结互助,哪个成员组织能力强;与劳技教师合作,集体完成一件劳技作品,看看哪个成员、哪个小组有创意;与音乐教师合作,以小组为单位试着为自己小组创作一首组歌,谱曲、作词,看看哪个小组更为积极、有创意(为拉歌比赛做一个小小的铺垫)。

3. 组长竞选大会

一段时间之后,我隆重推出“组长竞选大会”,让众多组长候选人参加竞选演讲,其他同学进行无记名投票。演讲中,除了必需的竞选宣言,我还要求他们作为代表展示班徽图案,并说说班徽的设计创意及这个创意产生的过程,说说在创造的过程中同学们的相互合作……通过他们的阐述,我能知道他们做事情的态度及做事情过程中的坚持,也能很好地了解孩子的能力,因为我坚信:做一件事情,唯有一直努力、坚持,才是成功的关键。

组长是每个组的核心,组长选得怎么样在很大程度上影响到导学课堂的成功与否,也关乎着这个小集体能否始终如一地成为“利益共同体”,团结、互助，最终求得群体的认同、理解。组长的遴选应该是民主的，要让每位组员都有机会当选组长，这样不仅可以提高学生的参与度，也可以为以后“高效导学课堂”的实施创设公平、公正的良好氛围。

**(四)建：优势互补求公平**

有了组长之后，接下来就是小组的组建了。

对于初一新生，最开始可能没有那么多时间充分了解每一个学生，但我们可以通过一些活动来深入认识他们，比如上文所讲的合力完成一件劳技作品、创建组歌，再比如模拟小组来组织游戏、跳绳比赛等。

组员的组成可以是多种多样的，第一次由我指定，接下来由他们自己自由组合(一个最基本的要求是 6 人一组，每组 3 男 3 女)。小组的组建过程中，不断变换小组，调配组长候选人，在多次的班级临时性活动中，学生们一起玩乐，一起做事情，相互间有了更深的了解，也增进了友谊。而作为班主任，我则在一边静静观察，通过对孩子组织管理、协调及领导等能力的细致关注，给组长选一个好帮手——副组长。

班主任再综合各方面的因素，辅之以自己的观察，最后确定将班级 48 人分成 8 个小组，让他们优势互补，在互助合作的基础上展开公平竞争。

## 二、培训强化、集体认同，凝聚智慧蕴文化

小组已建立，但小组不仅仅是 6 个人的简单组合，要让一个小组有效运作，真正地形成互帮互助，有共同目标、有凝聚力的一个小集体。我认为，小组的建设是一个重要的、复杂的、需要持续进行的工作，营造温暖的氛围，引导友好合作与竞争的理念，以及在课堂教学中注意使用小组合作的促进技术等，都是小组建设的有效策略。

**(一)累积赏识与肯定，强化小组意识**

当一个小组确定之后，成员之间经过一段时间的磨合，逐渐有了小组意识。

例如，在小组成立初期，我开设了一堂“夸夸我们的小组”的作文课，让孩子们畅所欲言，“知无不言、言无不尽”，说说自己小组的优点，夸夸组内的同学，谈谈自己的特点及“我”能为“我”的小组做点什么。这既能培养他们的集体意识与合作意识，同时，被夸的孩子有了付出后得到肯定的满足，无

形中对小组产生一定的认同感、归属感,增进了小组成员之间的感情。

### (二)凝聚集体智慧,培植小组文化

小组文化既是彰显学生个性及风气的标识,又是整个小组的组魂。小组文化拥有巨大的教育力量,它能使在其中生活、学习的学生拥有教育者与受教育者的双重身份,为小组内的每一个学生的成长和发展提供动力和压力。在新小组形成之后,学生也渐渐明白自己小组的特色,接下来就要培植各小组的小组文化。

1. 组名

给自己小组起一个响亮的名字,让小组成员都知道组名的缘由、寄寓的内涵,这是一张名片,更是一种精神理念。小组成员通过讨论选择名言、警句、格言或根据本组实际自编,形成自己的组名,以便激发学习小组的进取心、凝聚力。

2. 组歌

发挥小组成员的积极性与创造性,创造一首组歌,一首真正属于自己小组的励志性歌曲。要求组内成员人人会唱,可以自己编写歌词,自己谱曲,积极活泼的、深情满怀的、幽默诙谐的都可以。

3. 组徽

结合本小组的特色,发挥小组成员的特长,激发小组成员的创意,为小组设计一个组徽,要求寓意良好,能展现小组特色,并与小组的组名、组歌等创作理念相得益彰。

4. 组训

集合集体的智慧,给自己小组设置一个组训,最好是积极向上,对小组成员有警示意义的。把它作为一个标尺,体现本小组的学习原则与奋斗目标,激励和劝勉本组的成员们,同时,渐渐地让它成为本小组的文化核心、面向集体的精神标志,并起到一定的宣传作用。

5. 组规

俗话说“没有规矩,不成方圆”,严格的组规是小组规范建设最为有力的保障,犹如班规。但不同的是,大多数情况下,班规是由我们教师拟稿,再经班级同学商量讨论而定;而组规是小组成员积极参与,根据本小组实际状况与个体差异,自行拟定而成并力求行之有效。

## 三、内化于心、外化于行，特色活动聚能量

在日常的教育教学过程中，我们同样也可以通过一系列丰富而有文化品位的班级活动，不断使孩子的学习过程内化，让每个孩子都积极参与、丰富、创造自己的小组文化，由此我开展了一系列别具一格的班级活动。

**（一）活动之一：施展才华的"美好约定"**

拟定组名，设计组徽，谱写组歌，规范组训……小组同伴间集思广益，友好协作，悉心筹备，最终，一个个"小小创造"应运而生。自然地，我们来了个"美好约定"：班会课上，展示每个小组创造出来的别具一格的组名、组徽，展示过程可以结合本小组成员的才艺，可以借助视频、课件等，多方式、多角度诠释自己小组的创意。

**（二）活动之二：登山之拉歌比赛**

期末考试后，班级组织了亲子活动——爬山，我们的孩子与家人共同参与了这次集体活动，这为他们创设了一个亲近自然、亲近家人、愉悦身心的好机会，可谓是一举多得，他们受益匪浅。

这一天，天气甚好，行进在北高峰上，大有"路漫漫其修远兮，吾将上下而求索"的壮阔，第一次亲近自然，第一次参与班级活动的孩子们，甚是激动与欣喜，在大队伍行进的过程中，歌声不断，拉歌、传歌、对歌、赛歌……轮番上阵，应有尽有，却也多了几许轻松与惬意，当然，这也为即将"登台"的拉歌比赛蓄势。家长全程参与，积极投票，选出拉歌拉得最好的小组，家长委员会成员给拉歌比赛最佳小组颁发奖状、证书，并让有文采的家长进行精彩点评。

**（三）活动之三：家长会上组训展示**

校训是一种文化，最能体现学校的办学原则与目标，能为学校起到一定的宣传作用。有些校训还对本校的创建历史或文化背景有所反映，包含着较多的信息。

不言而喻，组训亦是一个小组的精神所在。小组集体讨论、制定出来的组训，应该对本小组的每位成员或多或少都有积极的影响，是一种正能量，正所谓文化是影响人的重要因素。

首先，向学生讲述国内外一些名校的校训及它们所培养出的人才。放眼世界之余，也观望眼下，我向学生介绍了杭州几所高中的校训，尤其重点介绍了我们学校的校训。这无疑开阔了孩子们的视野，在他们幼小的心灵中悄悄埋下了理想的种子，同时，孩子们也深深意识到了组训的意义之所在。这样，他们在制定自己小组的组训时，也有了方向，有了意义。

家长会上，我照例是向家长介绍各所大学、高中及我们学校的校训，“抛砖引玉”，为孩子们的组训展示做了个小小铺垫。

接着，组长们一一上台，逐一展示说明各个小组的组训，图文并茂，精彩纷呈。如“相信自己，永不言弃！每天进步一小步，日积月累跨大步！”的组训秉承了荀子那“不积跬步，无以至千里；不积小流，无以成江海”的学习理念。

这样做，一是让家长了解自己孩子所在的小组的文化及小组间的协作，感受着学校的同伴教育；二是让家长明晓自己孩子所在的小组的组训，充分了解他们的在校表现，使得教育孩子做到“有的放矢”，正所谓“知彼知己，百战不殆”；三是让我们能力出众的组长在家长会上有了展示的舞台，锻炼了他们的能力。

实践操作下来，家长对我们的活动很是欣赏，对我们的教育也是相当配合。收获最大的家长很是佩服我们教师的用心良苦，认为这对促进孩子各方面发展大有裨益，是一种得当而又智慧的教育方法。

## 四、乐在学中、辩在其中，捆绑评价助导学

“学案导学”是一种在教师的“导”与学生的“学”之间搭建桥梁的新型教学模式。这一模式突出学生的主体地位，强调教师的主导作用，对培养学生的自学能力、实现自我发展、提高教学效益有着重要作用。而这种教学模式的关键是以小组合作的形式落实教师的“导”，激励学生的“学”。

### （一）小组捆绑式的预学促使学生“导”向自主性的“独学”

对初一学生来说，学习目的性还没有那么强，这就需要教师在准备预学案时，在充分了解学生的基础之上，结合知识内容，把学生“导”入自主性学习。

每个任课教师都会对学生的预学打分，按学生的预学质量分 A、B、C 三

个层次，A 层次计 1 分，B 层次计 0.5 分，C 层次计 0 分，特别优秀的再加 0.5 分，小组内的分数总和即为预学的总分。

小组捆绑式的评价机制能驱动学生主动接触新知、自主预学、自我思考。这种独立获取知识的能力一旦形成，能极大地促进学习效率的提高，可以使学生养成终身学习的习惯，使其受益一生。

### (二)小组学习竞赛促使学生“导”向合作性的“群学”

现在有的孩子合作意识淡薄，“以自我为中心”，只表达自己的见解，缺乏合作方法、技能。小组建设形成的文化氛围能够培养学生形成“一个好汉三个帮”和“人人为我、我为人人”的观念，在小组合作学习中逐步养成良好的合作意识和合作技能。

导学课堂中的小组合作竞赛，即以小组为单位，组际进行友好竞赛，获胜小组可以骄傲地让胜利的锦旗飘扬在自己的小组里。竞赛能有效促使学生智慧互动，鼓励学生相互提问、辩论、评论，在质疑中争论，在讨论中获得知识，让他们的思维一直处于积极状态，形成一种智慧学习。

学生体验到教别人的快乐，体验到与同伴讨论时那种豁然开朗的快乐，让成绩好的孩子乐于“教”，成绩暂时落后的孩子乐于“学”，一点点累积小组荣誉感。无形中，小组学习竞赛把学生“导”向了合作性的“群学”。

### (三)质疑补充环节小组加分促使学生“导”向碰撞式的“辩学”

导学课堂倡导学生在课堂上积极、自信地展示，更鼓励学生在其他同学展示的时候进行大胆的质疑与补充。而对每一个点评、质疑与补充，教师都会给小组加分，促使学生认真倾听，因为唯有倾听才会有生成。

思维自惊奇和疑问开始。当学生在倾听台上同学的展示时，会产生这样、那样的疑问。这时，教师最智慧的做法就是营造出民主、自由、宽松的课堂气氛，让孩子把他们脑子里的疑问开怀畅说。

倡导学生大胆质疑，不满足于已有的结论，不满足于教师和书本所言，善于从不同角度，用不同方法观察、处理问题，并提出个人见解和主张。鼓励学生与教师、同学商榷、辩论，创设热烈而浓厚的课堂讨论氛围，让学生学在其中、辩在其中、乐在其中。

这种多向交流既能为学生提供充分表现自己的机会，又有利于使学生相互启发、弥补和借鉴，学生不断地追问、思索，最终把整个课堂“导”向碰撞式的“辩学”。

### (四)精彩课堂:环环相扣,评价跟随,思维碰撞

导学课堂,小组的捆绑式评价,每一节课算出总分,单节课分数较高的小组由任课教师发奖励卡,而一天的各节课的总分计入小组竞赛激励机制中。

评价推动着孩子在预学时,带着问题学习,带着思考学习,带着目标学习。向全班展示的成就感及教师打的展示分数驱动着孩子在合作环节展开讨论,生生互动,实现最大化的同伴教育,这是一种真正的智慧教育。而点评环节能让学生好好地学会倾听,带着求知、带着思考、带着质疑的精神去倾听。但是,导学课堂要有序开展,良好的纪律是保障。让学生在课堂上充分合作、讨论、探究与质疑,使他们在展现自我之余又成为略有自我约束的小主人。

## 五、团队协作、赏罚分明,激励机制促实效

麻雀虽小,五脏俱全。小小的班级,小小的组别,是孩子们展示自己的广阔天地,亦有着齐全而完备的制度作后盾。当一个小组建立起来之后,伴随着一系列活动的开展,小组内成员逐渐有了认同感。为了使我们的小组能够有效地运作起来,让孩子在小组生活中学习知识,提高能力,进而培养他们的团队合作精神,在班级中创造并构建一系列行之有效的与班级制度相配套的小组竞争激励机制就显得尤为重要了。

### (一)Group 部落

古人云:海阔凭鱼跃,天高任鸟飞。每个人都希冀着有一个展示自己的舞台,跃升高飞。我们的小组亦是如此。

在班级里,创设一个小组展示的地方,即给每个小组分配一块"自留地",以展示小组的组名、组训、组歌、组规。当然了,这也是以后的小组评优、星级小组张榜表彰的阵地,美其名曰"Group 部落",取义于英语"小组"(group),来展示每个小组的优秀文化。

### (二)创先争优赢锦旗

既然每个小组在班级里都拥有了属于自己的 Group 部落,那就让部落里"锦旗飘扬"吧。班级开展"创先争优赢锦旗"活动,旨在激励学生友好竞争,团结协作,落实素质教育,主要从以下三个方面展开。

1. 品德

一直以来，我们学校秉承着“做人第一”的理念，虽然这东西很难量化，但如果学生品德不优秀，那竞争也就没了意义。

在竞争中最怕的是功利，孩子们由于思想上还不够成熟，为了争夺第一，偶尔也会走些不该走的“捷径”，所以我认为应该把对孩子的思想品德要求放在第一位，希望他们一步步做到班级“八达岭”中所要求的“诚信、正直、坚持、勇敢、善良、豁达、负责、感恩”，感受到它们在塑造人、感化人上的魅力，并最终一步步渗透、内化为一种自觉、自我的要求。

2. 学习

学生在学校的主要任务是学习，小组之间的良性、友好竞争有利于增强小组的合作，使小组成员互帮互助，内部达成一致。

班级规定：7 个小组，每次单元测试，按小组的平均分排成一至七名，第一名得 7 分，第二名得 6 分……依此类推，最后一名得 1 分。这样的设置，有利于小组开展“兵教兵”活动，即按照“一帮一”“一帮二”等原则，让小组里成绩好的同学帮助成绩差的同学，毕竟这些孩子对平均分的影响还是较大的。

与此同时，班级的每个同学都设有对手，形成了个人竞争、个人对阵的格局。班级规定：小组每位同学赢对手一次加 1 分，输对手一次减 1 分，赢对手较多的小组给予“雪碧”奖励卡进行表彰。这样，个人的努力也与小组挂钩，使个人的努力有了意义。事实证明，赢了对手，学生感受到的不仅仅是加分的快乐，更多的是为自己小组争光的快乐，赢得小组同学喝彩的快乐，也许唯有这份快乐，才是激励每个成员更为积极努力的最大动力。

3. 纪律

没有规矩，不成方圆。现班级实行的是纪律扣分制。我们明确，扣分不是最终目的，它只是矫正孩子言行的一种手段，利用小组同学之间的同伴教育，约束或劝告一些在班级里老是违纪的孩子，自然地，教师也多了些小帮手，何乐而不为呢？

所谓的纪律扣分制，就是把本组同学扣的纪律分折算出平均分，再把每一小组的其他分数扣去本小组纪律的平均分，实践证明这样的扣分制很有成效，那些行为习惯不是很好的同学，犹如小组的“命脉”，定会受到小组的“倍加呵护”和“重点监测”。渐渐地，他们自然也会意识到自己所在的小组就是自己的“小家”，作为家中一员，应该为这个“家”努力一下，克己复礼，约束自制，争取做得更好些。这样一来，我们的目的不就达到了吗？

### （三）小组竞争的规则

上述三个方面的竞争能够积极、有效地促进小组内的生生合作。经过长时间、多方面的探索，我不断总结经验，逐渐形成易操作、较为成熟的方案：竞争得分＝小组内的学习竞争得分－评比周期小组成员纪律扣分的平均分＋小组内的卫生得分＋小组成员所获得的“八达岭”（我们班级最高级别的奖励卡）。按总分得出第一、二、三名及最后一名，而前三名给予星级小组的荣誉冠名，表彰头衔分别是五星级小组、四星级小组和三星级小组。一周小组评比表如表1所示。

**表1　一周小组评比**

| 小组 | 组长 | 品德 | 学习 | 纪律 | 卫生 | 总分 | 备注 |
|---|---|---|---|---|---|---|---|
| | | | | | | | |

### （四）展示小组竞争的结果

为了让学生奋力争先，友好竞争，对每个周期的竞争结果进行“大张旗鼓”的展示、奖励以及对小组最后一名的轻微处罚显得尤为必要。

1. Group部落锦旗飘扬

因为每一个小组都有展示小组文化的部落，那评出的第一、二、三名的锦旗就可以飘扬在各小组的Group部落。这些锦旗是对小组成员努力合作的一种肯定，本小组成员自然是自豪、欣喜无比，但也督促没获得锦旗的小组暗暗加把劲，以争得下一评比周期有丰厚的收获。

Group部落锦旗飘扬，振奋人心；教室里锦旗飘飘，风光无限，也为班级增添了一道亮丽的风景线。

2. 获胜小组“赚取”纪律分

平时，同学们随时有可能会违规，按班级的惩罚制度，就会扣纪律分，扣分累积到一定程度（超过20分），对学生施予一定程度的轻微惩罚：如让家长监督背诵《三字经》《弟子规》等，我们完全不必苦口婆心地说教，学生在背诵的时候自然会领悟其中的意思。

但对学生来说，一下子把《三字经》和《弟子规》背下来是比较困难的事情，当然了，纪律扣分本已是一件不太光彩的事情，易激起学生的羞愧感。此时，能通过各种形式的小组竞争，竞争获胜能获得纪律加分，这对于他们而言，是极具诱惑力与感召力的，尤其是常常违规扣分的孩子，更是千方百计地想着法子努力去赚取纪律分，如用心做值日获卫生加分，努力一点点赢过竞争对手……

3.“我们小组为什么最差”

有些小组可能因为懒散等原因，没办法获得第一名，但在每一次评比中，对这“最后小组”的“光荣称号”，尤其是这“最后小组”的小小“惩罚”，却是甚为在意。实践下来，我还意外地发现，这些举措对小组的再发展更是起着重大的促进作用。我给最后一名的小小“处罚”就是要求写出“我们小组为什么最差”，每个成员写200个字，在班级里公开反思。

操作经验表明，这种轻微的集体惩罚，看不出个体有什么压力，学生在班级公开反思时时而幽默，时而调侃，反倒是班级的开心事之一。但从学生的反思文字上看，他们还是很不愿意拿最后一名的，每一个学生上去反思的时候都立志下次一定要努力，要从自身做起，争取自己的进步，因为只有每个学生进步了，才有可能换取集体更大的进步。

不可否认，在新一轮课改的背景下，小组建设取得了很大的进展，小组凝聚力在增强，文化对孩子的浸润逐步显现。作为一个班主任，一个赞同新课改理念并为之付诸行动的推广者，我将在实践中且行且思，在班级小组文化建设中继续发挥创造性，进一步探索，以实现孩子快乐合作的梦想。

**参考文献**

[1] 程伟. 小组学习的实践误区及常态回归[J]. 中国教育学刊，2015(10)：59-62.

[2] 王鉴，李泽林. 如何让教师在合作学习活动中掌握合作学习方法[J]. 课程·教材·教法，2012(6)：102-107.

[3] 吴晓红，宋磊，张冬梅，等. 什么是有效的合作学习——基于“米的认识”的解读[J]. 课程·教材·教法，2012(8)：90-94.

[4] 杨二兵. 学生合作学习中存在的问题及改进对策[J]. 教育理论与实践，2012(20)：63-64.

# 基于小组建设构建导学课堂模式的实践研究

杭州市周浦中学

林久杏　卢红泽　庞中治　边小妹

**摘　要**:城乡学校教学质量的巨大差异为学校的发展带来了挑战,紧密型教育共同体的组建和昆铜中学成功的导学课堂改革为学校的发展带来了机遇,加涅学习理论、学习金字塔理论、友善用脑理论等为学校课改提供了理论基础。我校基于小组建设构建导学课堂的实践研究经过一年多的摸索,探索出了适合薄弱学校的课改模式、课改管理机制,培育了学习文化,提高了学生的学习能力,改变了教师的教学状态,提高了教师的教学、研究能力。"五三二"的课改模式为我校鲜明的课改特色。我校课改形成了以下基本经验:先建模,分步走,后出模;系统规划,整体推进,行政推动;且行且思,动态调整。

**关键词**:小组建设　导学课堂

## 一、问题的提出

### (一)研究背景

1. 我校的现状分析

杭州市周浦中学是西湖区教育局管属的一所初级中学。自 20 世纪 90 年代中期开始,随着城市化进程的不断推进,周边的乡镇得到了飞速的发展，而原周浦镇因为是国家级的良田保护区，其发展受到了很大的制约。大量人员进城，农村人口不断减少，学区内的优秀小学毕业生更是大量择校到城区各初中就读，造成了我校优秀学生人数连年大幅减少，学校素质考试排名明显靠后，学生学习基础薄弱，学习能力欠缺，学习信心不足。

由于周浦离杭州城区路途遥远、交通不便，教师研究、展示和锻炼的平台和机会都较少。在以中考为唯一评价指标的评价体系中，教师长期得不到成功的体验。我校的学生家长不是很重视孩子的教育，学生家庭教育尤其是学业辅导基本缺失，学生在家学习得不到家长的有效监督和帮助。

2. 紧密型教育共同体的组建为学校发展带来了机遇

为了推进城乡统筹发展，让城郊、农村的孩子能在家门口享受优质教育资源，实现教育的公平，西湖区教育局在 2011 年决定：杭州市周浦中学与杭州市十三中教育集团结成紧密型教育共同体。这一项工作得到了十三中教育集团总校长、紧密型教育共同体组长汪建红老师的高度重视，十三中教育集团派了 8 位骨干师资（3 位校级干部、3 位中层干部、2 位骨干教师）组成了一个强大的团队全面支援我校的整体工作。

3. 学校的发展急需重新定位

作为紧密型教育共同体的支教团队、受援学校，在面临新的发展机遇时，如何因地制宜把握办学方向和办学目标，需要重新定位。新的领导班子以“文化立校”为引领，以“常规力求精致，项目追求品牌，文化对接名校，学力持续发展”为工作思路，以提升师生课堂生命质量为宗旨，以“先学后教、以学定教”的理念为指导，以课堂改革为全面发展的突破口，积极酝酿、筹备、实施课堂模式改革。

### （二）研究意义

1. 有利于实现办周浦人民满意学校的目标

学校有利于孩子的发展以及优良的教学质量是家长、社会对一所学校认可的核心因素。要实现“办周浦人民满意学校”这一目标，最有效的切入口就是进行课堂教学改革，提升学校声誉。

2. 有利于提升师生的生命质量

长期以来迫于考试的压力，学校和教师往往忽视了学生的起点。教师课堂关注的是升学有望的学生，这使相当一部分学生丧失了学习的兴趣。可以说，我们的课堂是不断淘汰学生的课堂，是低效课堂。造成这一现象的主要原因是教师缺乏学情意识、研究能力。要改变这一现状，必须提高教师群体的专业水平，只有依据学情，合理选择教学方法，优化课堂教学，才能让学生学得轻松，充分发挥他们的主观能动性，提升师生的生命质量。

## 二、课题研究的理论基础

遵循教育规律，结合校情，我们将以下六个理论作为我们课改的理论基础。

**（一）加涅学习理论：为自主学习的必要性找到依据**

加涅提出了累积学习的模式，一般被称为学习的层次理论。他的基本论点是，学习任何一种新的知识技能，都是以已经习得的、从属于它们的知识技能为基础的。加涅的学习理论为自主学习的必要性找到了理论依据。

**（二）学习金字塔理论：合作、展示是最有效的学习方式**

美国学者埃德加·戴尔（Edgar Dale）于1946年提出了“学习金字塔”（Cone of Learning）理论。学习金字塔理论实验结果最有效的三种学习方式分别为：小组讨论——可以记住50%；做中学（实际演练）——可以记住75%；教别人（马上应用）——可以记住90%。这充分说明了小组合作、展示交流是最有效的学习方式。

**（三）友善用脑理论：解决了导学课堂的可行性**

友善用脑理论是由新西兰教育家克里斯蒂提出的。理论提出要把“以教师为中心，以课堂为中心，以书本为中心”的教育方式转变为“以学生学习为中心，以强化个体实践为中心，以信息交流为中心”，“变被动教育为主动教育，变应试教育为素质教育，变知识教育为智能教育”。

**（四）维果斯基的最近发展区理论：制定学习目标的基础**

学生的发展有两种水平：一种是学生的现有水平，指独立活动时所能达到的解决问题的水平；另一种是学生可能的发展水平，也就是通过教学所获得的潜力。两者之间的差异就是最近发展区。教学应着眼于学生的最近发展区，为学生提供带有难度的内容，调动学生的积极性，发挥其潜能，超越其最近发展区而达到下一发展阶段的水平，然后在此基础上进行下一个发展区的发展。

### (五)库尔特·卢因的群体动力学理论:对小组建设富有启发

群体的规模:小群体最有效的人数为2～7人。

### (六)马斯洛的需求层次理论

在马斯洛看来,生理需求是人类最基本的需求和欲望。人类不会安于底层的需求,较低层的需求被满足之后,就会往高处发展。满足生理需求之后就追求心理满足和社会认同,之后就想被爱、被尊重,希望人格与自身价值被承认。这是人类共同的特质。马斯洛的需求层次理论说明团队归属和个人价值实现的需求将极大地促进学生的发展需求。

## 三、研究目标

### (一)探索出适合薄弱学校的课改模式

通过研究,我们探索出了具有较强操作性的适合薄弱学校和农村学校的课改模式:以校为本,以学生"有效地学"为目标,构建文化(动力)、课堂(操作)两大系统。提高教与学的效率,提升师生的生命质量,落实"轻负高质"的目标。

### (二)探索课改管理机制

通过研究,课题组探索以校长室、教导处、教研组的研究进行纵向引领,以年级组、备课组、教育小组建设进行三个年级组横向落实的课改管理机制。

### (三)培育学习文化,提高学生学习能力

通过研究,所有的学生基本掌握导学课堂模式的学习方法,获得学习成功的体验,进而提高学习的兴趣,激发出学生自信、阳光的状态,使学生会自学、能合作、敢表达、善倾听、会总结,从而为自身健全的人格发展和终身学习奠基。

### (四)改变教师的教学状态,提高教师的教学、研究能力

通过研究,教师逐步认同、内化新的教育教学理念,比较熟练地掌握导学课堂的基本教学模式,并能根据自身的研究和学科的特点突破模式,使教学更符合学生的认知路径;同时,使教师学会与同事、学生在不同层面上合作,感悟到教育教学的奥妙与乐趣。

# 四、课题的实施过程

## (一)课题实施的框架

课题实施的框架分行政管理和实施路径两大块。

1.构建课改的管理机制

导学课堂的管理和运行需要从学术研究和行政推进两个领域同步进行。学术研究由科研办牵头，行政推进由专门成立的课改办落实。

(1)搭建“一室两办六组”的课改管理和运行机制

在校长室的领导下，需要新成立科研办公室(简称科研办)和课改办公室(简称课改办)两个新的机构，分别从学术方面和行政方面专门落实导学课堂的各项措施。课改管理机制如图1所示。

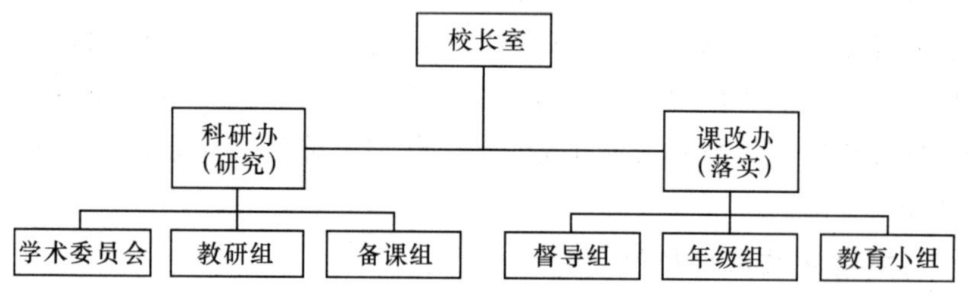


图1 课改管理机制

(2)各部门负责人及职责

①校长室：责任人是林久杏校长。负责课改方向、政策、制度的引领和把握、后勤保障，管理科研办和课改办。

②科研办：责任人是庞中治副校长、卢红泽(执行)。负责导学课堂理论方面的研究引领和教师的培养，管理学术委员会(品牌教师工作站)、教研组和备课组。

③课改办：责任人是边小妹副校长、金霞(执行)。负责导学课堂的落实和评估，管理督导组、年级组和教育小组。

2.构建课改的实施系统

导学课堂的推进需要构建小组建设和课堂操作两大系统，两大实施系统的构成如图2所示。

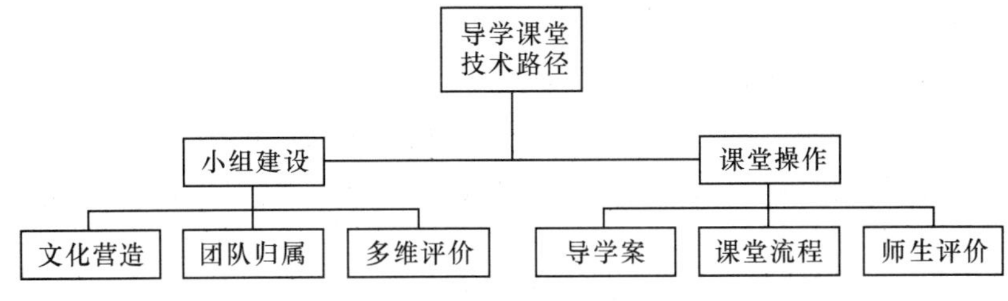


图2 导学课堂实施系统

在实施过程中，小组建设是基础，课堂操作是流程，二者相辅相成：小组建设不到位，学生的合作学习就容易扯皮甚至走样，课堂效率就会大打折扣；课堂操作不到位，教学内容就难以落实，教学任务就难以完成。

**（二）课题的具体实施**

从2011年11月开始，我校进行了导学课堂模式改革尝试。

我校的"导学课堂"是以导学案为载体，以"自主、合作、探究"为主要学习方式，以"三步三查"为课堂基本操作流程（三三流程即自习及一查、小组合作学习及二查、班级展示交流及三查），以小组建设为支撑，以有效评价为保障，充分体现课改"五大元素"的一种教学模式。

1. 构建以小组建设为核心的文化系统

（1）"四位一体"的文化建设

文化建设是导学课堂的核心，配合课改需要，营造与之相匹配的校园文化、班级文化、小组文化、个人文化，是课改成功的关键，也是促进学生可持续发展的保证。

①校园文化：每位学生都能找到自己

校园文化不应该仅仅在墙上，它体现的不仅仅是校长的意志，更应该满足学生的需求。校园文化不是设计师设计出来的，应该是师生共同营造出来的。让每一个角落都能说话，让每一个学生都能找到自己，是我校校园文化的理念追求。学校为此营造了六廊文化：一是四季长廊，让每位学生找到自己的风采，展现充满青春活力的莘莘学子的美丽风采；二是书画走廊，让每位学生找到自己的作品，精美的书画作品张扬学生们的艺术天赋；三是十步木廊，让每位学生找到自己喜欢的名家、名著，以及古今中外文学名家名作，影响孩子的心灵；四是哲理走廊，让每位学生找到自己的信仰，小故事蕴含深刻的人生哲理；五是感恩青廊，让每位学生找到自己的孝心，肺腑之言弥漫着感恩之情；六是德韵曲廊，让每位学生找到自己的品位，精彩瞬间彰显阳光学子的美好。

②班级文化:每天进步一点点

每个班级,学生自己做主,选择设计班徽、班训、班名、班规(公约、目标)、班牌、班星、班歌、班级凡人凡言、班级名人榜,实现班委轮换竞聘制、班级轮流值周制、学生社团活动制、卫生承包制、组长负责制(组长对组内6名学生的管理更有效,形成微型的学习型团队),每个小组承办名人墙、图书角、反思角、心语心愿、学习园地、评价等,兼顾不同年级的不同特点,也体现不同的特色,让整个教室群构成值得流动学习的"博物馆",让学生成为学习的主人。

③小组文化:助人助己,共融共存

要形成每个小组的组牌、组名、组号、组徽、组规(目标与约定)、小组行政分工(人人都是组干部,人人都是课代表)、小组承包制(承建文化墙、文化橱墙等)等,需要学生个体的多感官参与,具有互助的倾向并施展个性化的本领,在建设本组的文化过程中,学生各展所长,往往与学科成绩无关,与单一的传统评价无关。助人助己、共融共存是小组文化建设的核心。

④个人文化:阳光自信笑盈盈

会表达善沟通、能辅导擅组织、勤反思重思维是导学课堂的核心能力,让阳光、自信的学生在导学课堂中融入小组是个体文化建设的目标。

(2)"四同一异"的小组建设

小组建设目标:组内同质、组内异质、共融共存。

①形式("4+1")

一是组内异质、组间同质。

合作学习小组通常由5~6名学生组成,在构成上要求小组成员的性别、学业成绩、智力水平、个性特征、家庭背景等方面有着合理的差异,使每个小组成为全班的缩影或截面,这样构建的合作学习小组"组内异质、组间同质"。组内异质为互助合作奠定了基础,而组间同质又为全班各小组间的公平竞争创造了条件。

二是组内同质、组间异质。

最有利于合作探究的合作学习小组形式是"组内同质",但是"组内同质"势必产生了"组间异质",而"组间异质"不利于小组间的公平竞争。因此,在"二模"的操作中把5~6名成绩优秀、管理能力强的学生组成一组,称之为"巡导团",其他四组按"组内异质、组间同质"配置,构成了我校特有的"4+1"模式。

②操作方式

以 30 人的班级规模构建 6 人合作小组的操作程序为例，全班可以组成 5 个合作小组。

首先，从全班挑选出 6 名学习成绩好、管理能力强的学生组成“巡导团”，在剩下的学生中挑选出 4 名学习成绩好、组织能力强、威信较高的学生担任每组的组长。

然后，按学业成绩和能力水平从高到低分别选择编排每组的副组长（1 人）与组员（4 人），并从组长到组员依次编号为 A1、A2、B1、B2、C1、C2。

最后，由班主任与各科教师统一协调，根据每组成员的性别、性格、成绩、智力等方面的比例结构进行组间平行微调，使同编号的组员实力相当，组际各科水平和综合水平基本平衡。要特别注意为班上的优等生找到一个理想的位置。男女比例要适当，而且每组都要有女生。

③组长和小组成员的培训

真正好的组长不是选出来的，也不是天生的，而是班主任培养出来的。优秀的小组长是教师一步步培训出来的。

第一步：任课教师进行课前培训，其目的是更好地实现课堂学习目标，完成教学任务。

第二步：班主任进行定期培训，每周在固定时间，班主任与小组长交流，在进行思想教育的同时，进一步了解班级学生的动态、思想状况、学习状况及各小组存在的问题等，与大家商讨解决办法，帮助每一名学生进步，推动班集体共同提高。

第三步：任课教师进行不定期培训，由任课教师根据教学工作的需要，随时召集学科组长及学习班长开会，了解本学科教学中的问题，探讨解决办法。

(3)“三层五级”的评价体系

评价是激励，不是甄别，及时公正、团队归属、多维评价是导学课堂最持续的动力。我们的评价从班级、年级、学校三个层面进行。

①评价的五种形式

一是一课一评。由任课教师对各小组的表现进行打分，各小组课代表当堂进行记录。

二是一日一评。行政小组长把当天的各课总分相加得出该小组一日的评价分，再报给班长，班长把它记录在教室后面的黑板上。

三是一周一评。班长把各组一周五天的评价分相加得出一周的评价分，将结果写在教室门口的告示板上。根据分数，班级评出一周星级小组和五星学生，即勤奋之星、展示之星、参与之星、点评之星、希望之星。

四是一月一评。根据每周之星，再评出一月之中的月度星级小组和月度五星学生。月度星级小组和月度五星学生要在学校层面通过多种形式进行表彰。

五是一学期一评。根据月度星级小组和月度五星学生评价，学校评出校级星级班级、校级星级小组、校级五星学生，编进学报，报送家长和社会。学期星级评定结果是学生期末各种综合荣誉评比和等级确定的重要依据。

②评价的量化操作

星级学生、星级小组量化操作要领如下：

第一，班级评选出的每月星级学生每人加一颗星，希望之星获得者加两颗星；

第二，希望之星获得者兼得当月班级的优秀小组长；

第三，每月的星级小组的组内成员被评为“团队之星”，团队之星每人加一颗星，一学期被评为“校级星级小组”的组内成员每人加一颗星。

考试分数量化操作如下：

第一，年级考试总分名列年级前60名的同学，每人加一颗星，新进入前60名的同学加一颗星，其所在团队加一颗星；

第二，单科考试成绩在年级平均分以上者每人加一颗星，加分学生名单由任课教师提供；

第三，小组内若有同学总分处于班级后10名的，按照存在学生数团队每人扣一颗星，如果一个小组内有两名以上者，班主任有权根据实际情况考虑斟酌扣星学生数。

一学期末评选的星级学生列入初三保送生加分条例。

学校每学期按年级评选五星学生各一人，星级小组各一个。获得星级小组的班主任在班级评优评先方面优先考虑。

③星级学生评比结果使用

获得优秀小组长荣誉的同学有资格参加校级优秀学生干部的评选。校级优秀学生干部有资格评选区级、市级优秀学生干部。

进入班级获星数量前30%的学生有资格参选校级优秀学生。校级优秀学生有资格评选区级、市级优秀学生。

班级每月勤奋之星、参与之星、展示之星、点评之星的获得者在期末班级学生综合以及单项评比中优先考虑。学生获星数量的多少作为入团的重要参考依据。

(4)“五花八门”的校园活动

①主题活动系列化

活动是培养学生能力、丰富学习生活、提升团队归属和形成班级凝聚力的有效载体,也是课堂教学改革的重要阵地。我校德育活动以主题化、系列化的德育活动为目标,学校一年活动统筹安排为九月始业教育、运动会,十月语文阅读节,十一月心理辅导月,十二月艺术体育节暨元旦迎新,二月英语阅读节,三月学雷锋活动,四月感恩孝心展,五月红歌会,六月初三毕业典礼等学年十大活动。

②社团活动多样化

学校成立了综合活动中心,指导各社团开展活动。学校共有春江文学社、墨缘书法社、星期五素描社、第一乐章合唱团、浦悦鼓乐队、敏星篮球队、瞬间摄影社、乐陶陶陶艺社、指尖手工社团、小农夫社团等社团。每周五下午是社团活动时间,2/3 的学生找到了符合自己兴趣的社团。学校几乎做到了周周有活动,个个有归属。

③家校合作常态化

重视家校配合,有效监管家庭作业,争取认同,提升声誉,形成教育合力。班主任主动做好家访工作,深入了解学生家庭的具体情况,利用不同形式,沟通学生在校情况,提出学生在家、在校的学习常规要求,使学生在教师、家长的指导下,能够沿着正确的轨迹前行。

定期召开形式多样的家长会,每学期三次。举行形式多样的家长开放日,开展家校交流。

进一步增强家长委员会的作用,增强家校联系与沟通。学校组织的大型活动邀请家长参加,虚心听取家长的反馈意见。合理、高效地利用校讯通与家长进行沟通、联系。

2. 导学案形成、使用和管理的简要过程

导学案集中反映了教师对课堂教学内容和教学流程的设想,是学生在课堂学习的重要依据,是导学课堂的重要载体。在很大程度上,导学案的质量决定了导学课堂的实效。我校对导学案的形成、使用和管理都有自己独到的一面。

(1)导学案在集体备课中的“三步曲”

教导处统一安排，落实集体备课。星期一文科，星期二理科。集体备课时按照以下三步加强对导学案的研讨。

第一步：课时安排，明确导学案编写任务；从数量上保证新授课和章节的复习课必须使用导学案。

第二步：对下一周课时的导学案进行研讨交流，从编写的导学案是否符合学情、教学的设计是否合理等方面提出教师的建议，提倡分为学生使用和教师使用两种版本的导学案，将导学案修改后上传至教导处，由学科督导小组负责审核后打印。

第三步：对上一周课时的导学案进行反思交流，探讨教学中的问题和取得的效果，并将修改过的、有教学反思的导学案上传至课改办的学科审核人处。

(2)导学案在课堂教学中的“三三”流程

①自习——学情调查一

自习，又叫独学、课前学。学情调查一的方式是批改导学案。自习的动力源是教师批改的评价、对小组的打分评价和个体勤奋之星的评比。

②小展示——学情调查二

小展示，又叫对学、群学，在小组内进行，一般由组长主持，主要内容就是“一对二教三测”，一对就是对答案，二教就是会的教不会的，三测就是对做错的地方在改正后进行检测。其动力源是优秀小组长的评比与对小组打分的评价。如有不会的，由小组记录下来在大展示时提出。

③大展示——学情调查三

大展示，就是在全班的展示。展示的内容就是小组内不能解决的问题，或是教师根据学生的学情出示的重点、难点问题。最佳展示资源是学生似懂非懂的问题，是“夹生饭”。其动力源是个体展示之星的评选。

(3)导学案在管理方面的“三线汇一”

“三线”指备课组长、学科审核人、班级课改委员，“汇一”指三线评价的结果反馈给课改办。备课组长是数量的保证，学科审核人是质量的监控，班级课改委员是使用的反馈。这样的管理模式加强了导学案的监控，从而提升了导学案的编写质量和使用效果。

### 3. 分三个阶段逐步推进导学课堂

(1)“一模”重势：会表达，善沟通

我们在“一模”阶段采用的是“六步三查”。重点放在大展示上，每个组一个任务进行轮流展示，重点培养学生的表达能力和沟通能力，这一阶段历经了近两个月。学生的学习积极性、表达能力明显提高，学生变得自信了、阳光了。但是课堂的效率不高，表现在：每组轮流展示往往时间不够，学习任务不能顺利完成；由于合作交流部分的任务学生课前没有预学，单凭课堂内的 5 分钟左右时间难以深入；每组讨论一个任务，在其他组展示的时候难以有高质量的点评，课堂难以生成。

(2)“二模”重效：能辅导，擅组织

“一模”的优势是改变了学生的状态，学生的表达能力得到了很大的培养和提高，但“一模”的弊端就是课堂低效。在“二模”阶段，注重小展示环节，重点培养学生能辅导、擅组织的能力，有以下几个方面。

第一，小展示时间延长至 20 分钟，除了完成自主学习部分，还要完成合作学习的讨论，培养学生的组织、辅导能力，提高小组合作学习的有效性。

第二，大展示的任务为 1～2 个，教师根据小展示情况确定 1～2 组展示内容，展示的内容不一定完全按照导学案，可以是部分展示、错误展示、“夹生饭”展示。

第三，“4＋1”小组合作形式，在“二模”阶段组内同质、组内异质并存，由班级成绩较好的学生组成组内同质组，我们称之为“巡导团”，其他四组组内异质、组间同质。

(3)“出模”重质：勤反思，重思维

课改的第三阶段在“质量至上，能力立意；小立课程，单元展示；学科思想，有效目标；全校一模，学科多模”指导思想的引领下走学科化之路，注重课程的整合和时空的拓展。

4. 构建教师的评价体系

课堂学习评价系统以导学课堂“三步三查”即六个步骤为序，以学生发展为中心，充分关注学生在课堂中的学习状态，并对学生的学习情况以及时量化、团队捆绑形式呈现，涵盖了课堂评价标准、评价内容、评价结果使用等方面。所有关于师生的评价都要有量表设计，做到清晰明了、便于操作。

(1)备课组评价

备课组重点是学习能力培养的研究，属于软件层面，在学校统一模式的指导下，每周一次集体备课，定时、定地点、定内容。教导处设专人统一管理。对导学案的管理，课改办从以下几个方面进行评价并及时反馈。

一是一周一评。

备课组长将讨论过的、有教学反思的导学案上交给学科审核人;学科审核人从“是否及时上交、是否体现课改的元素、是否融入自己的理念”三方面对一周的导学案打分,并提出自己的建议供备课组参考。

班级课改委员从“有无导学案、是否提前批改、是否以导学案的模式教学、课后是否对导学案订正进行批改”四方面做到每天记录,一周向课改办反映问题。

二是一月一评。

课改办将三线汇总的数据,按导学案的“量(30分)、质(40分)、用(30分)”打分,其中“用”是由课改委员将五门授课教师的导学案的使用情况按“30、28、27、26、25”五个纬度打分,按年级算出平均分,作为一个月的导学案使用情况的分值。一个月将总分和学科审核人的意见反馈给备课组,促使备课组形成合力,加强备课组之间的交流,做到取长补短。

三是一学期一评。

一学期开展一次导学案的评比活动,其中备课组一月一评的成绩是评选优秀导学案的一个重要维度。备课组建设和集体备课由教导处设专人直接管理,备课组建设作为优秀备课组和教师绩效工资和年终考核的重要量化指标之一,形成了积极的监督和激励的长效机制。

(2)教育小组评价

教育小组是由两个班所有任课教师组成的一个团队,小组建设能否成功,教育小组的建设和落实是关键。教育小组是硬件建设,侧重于学生学习习惯的培养和规范,着重在小组团队归属的培养。学校制定了教育小组评价的纬度。

在评价系统的构建和实施中,我们始终坚持三个原则。

一是及时评价。在课堂的每一个环节,都有教师或者学生有意识地对学生个体的学习情况进行及时评价。

二是量化评价。与传统课堂的语言评价不同,量化评价以分数量化的形式呈现学生在课堂每个环节的收获,频繁地激励学生以良好的态度、饱满的热情投入每节课的学习,形成学习的可持续性动力。

三是团队评价。把个人评价和团队评价捆绑,使得整个评价的重心既侧重鼓励个人竞争,又注重团队合作创新,从而增强团队归属感。

## 五、课题研究的成果与展望

### (一)课题研究的基本经验

经过自己的总结和他人的评价,我们认为,我校的课改基本经验有以下四点。

1. 先建模,分步走,后出模

出模后还需不需要模式?我们认为在任何阶段都需要模式。模式可以保证课堂常规,模式或许有其僵化的负面因素,模式就像生产关系,任何一个模式未必适合每个学科、每一个课型,但没有模式的课堂往往会更加糟糕。

当然,为了解决这一问题,这个模式在不同的阶段可以有所不同,不同的学科可以有差异,不同的课型可以有微调。但课改中的几条原则始终贯穿着模式。我们把这些原则归纳为以下四点。

第一,教师要树立热爱教育的人生观和生本的教育观。这是根本性的。

第二,先自主学,后合作学,再教师点拨学。这是必需的三大环节。

第三,代表小组展示,并以小组为单位进行小组和个人捆绑式评价。这是课改最持续的动力。

第四,课堂不再局限于教师的教学,而是聚焦学生的错误和不足并提出问题。这是导学课堂最具生命力的地方。

2. 系统规划,整体推进,行政推动

课改不仅是改课,还是学校整个文化工程的改革。我校从学校发展的战略定位、教育教学理念培训、绩效工资改革、人事安排和考核、校园文化建设、班级考核制度修订等推进整体课改。单抓课改不可行。在这一过程中,校长的率先示范和坚定不移不可或缺。同时,成立科研办和课改办,科研办提前教师一步对课改进行研究,课改办每天坚持对各班、各学科和每个人实施课改情况做了解和反馈。

3. 且行且思,动态调整

在实践中不断总结,让课改理论与校情、学情不断融合,在融合中不断总结乃至创新。例如,适合我校的巡导团和导学案管理机制就是这样诞生的。

4.摸索出适合我校课改的两大特色

(1)“4+1”小组合作形式

在“二模”阶段组内同质、组内异质并存，由班级成绩较好的学生组成组内同质组，即“巡导团”，其他四组组内异质、组间同质。

(2)问题单

在学生自学、小展示环节，要求学生提出本人或本组的问题，自学环节的问题小组内解决，小展示环节中的问题请教巡导团，巡导团解决不了的问题作为大展示的内容求教全班。

## (二)课题实施的成效

自2011年11月3日课改正式实施至2013年两年间，在学校统一规划、行政推动、有序推进下，在全体教师的积极配合下，学校基本实现了各阶段的目标，学校承办省、市、区大型活动30余次，100多个学校考察团来我校参观学习，教师们开出了几百节高质量的公开课、展示课。通过课改，这两年来，学校的知名度有了很大的提升，得到了省、市、区专家、领导的好评，也得到了家长、社会的认可。

导学课堂有效激发了学生学习的活力和动力，展示了学生阳光、自信的良好状态。课改理念深入人心，从多数人不接受到现在没有人不接受，只是少数人在实践中不够坚持。课改更让我们教师在研究、探讨、实践改革的过程中不断成长。学校的教育教学质量也有了质的飞跃，两年来初三保送生全部过关，升学率有了大幅度的提升。

## (三)展望

在这两年多的实践中，我校的导学课堂在区域内小有名气，但继续前行还有很多问题需要探讨。展望未来，我们期望在以下几个方面取得突破。

1.在外出学习中提升教师的课程力

教师是否具有课程整合能力、课堂追问能力和捕捉能力决定着课改能否向纵深推进。希望进一步增加一线教师外出学习参观的人次。

2.课务安排遇到政策瓶颈

当前课务已经不适应课改的需求。

3.激励机制亟待完善

尤其是绩效工资制度。下一步的绩效工资务必要体现对团队的考核和对课改的激励。

## 参考文献

[1] 顾明远,孟繁华. 国际教育新理念[M]. 海口:海南出版社,2004.
[2] 庞维国. 自主学习:学与教的原理与策略[M]. 上海:华东师范大学出版社,2003.
[3] 王锦山. 自主学练的教学研究[J]. 体育科学,2004(2).

【学案导学】

# 小组合作学习条件下思品课导学案编制与使用的实践研究

浙江工业大学附属实验学校
孙彩群

**摘　要：**思品课的特点是说理性强，说理不到位和过多的说教都不能很好地落实思品课的三维目标。思品课既要充分说理又要激发学生学习的兴趣，既要实现目标有效又要使学生愉悦地学习，必须从改变学习的模式着手。在区课改背景下，我试图在小组合作的基础上让学生用导学案的方式进行自主学习、合作探究，学生在实践中曾有过激情但也企图放弃，好在在浓厚的课改氛围的影响下，学生在纠结中依然探索前行。实践两年多，我发现导学案编制和使用的科学性，不仅能实现教学目标的有效性，还能使学生面对枯燥的知识、说教的课堂充满学习的愉悦感。

**关键词：**导学案　自主学习　合作探究　导学案编制　导学案使用流程

## 一、问题缘起

在课堂上喋喋不休的说理已成为思品教师的典型形象，学生听得无聊、教师讲得辛苦已成为思品课堂的现状。把教师从烦琐的讲述中解放出来，把学习的责任交还给学生，必须要改变现有的课堂模式，着力培养学生自主学习、合作学习的精神品质，让学生能学习、会学习、爱学习。

### (一)培养学生学习能力与品质的要求

1. 自主学习是人终身发展的需要

当今世界是知识和能力型的社会，终身学习是人的需要，会学习成为现代人的重要能力。对于学生而言，培养自主学习的能力为终身学习的习惯养成奠定了重要的基础。

2. 合作学习是一种健康的学习品质

今天的社会又是充满竞争与合作的社会，在合作中竞争、在竞争中合作是必备的生存法则，无论在学校还是走向社会，单枪匹马的埋头苦干已是人力资源的浪费。学会合作是提高学习效率和产生学习愉悦感的有效方式。

### (二)改变传统课堂、深化课改的需要

1. 改变传统课堂模式势在必行

不会学习、不会合作等现象的产生与传统的课堂教学有很大的关系。在传统课堂中，绝大多数情况下都是教师讲得多，学生听得多、想得少，这使得学生被动听课、师生和生生间缺乏合作，师生得不到双赢的效果。培养学生健康、良好的学习品质需要从改变课堂开始。让学生积极地学习的同时又能让师生享受学习教育的过程，寻找增强学生自主、合作学习的课堂模式势在必行。

2. 小组合作课堂模式初步形成

自 2012 年 9 月以来，区课改之风慢慢吹来，学校对班级以小组的方式进行管理，每个班分成 6～7 个组，每个组 7 个人，小组是建立了，但如果按照传统的课堂模式，学生围坐在一起聊天的情况比排座时更厉害，教师在课堂的管理中发现学生的注意力很难集中。为了将学生的关注点放到学习上，真正发挥学生自主学习、合作学习的积极性，学校在 2013 年上半年进行以导学案为载体的导学课堂模式的研究，试图用导学的方式组织学生自主学习，学习者有责任了，注意力自然在学习上了。

3. 导学案已成为改变课堂的载体

在小组合作学习的模式下建立以导学案为载体的课堂教学模式，设想有了，但对于导学案的理解还仅仅局限于习题。一份合理的导学案能为学生个体提供自学(独学)的方法，同时又要体现合作学习(互学)给学生带来的乐趣，要真正实现通过导学让学生学会自主学习、合作学习。研究导学案

的编制和使用成为迫在眉睫的事。

因此，我所说的导学案是在小组合作的基础上，从学科特质角度研究思品学科的导学案如何更好地实现学生的自主学习和合作学习。

## 二、导学案编制和使用的研究过程

在两年多的实践中，导学案的编制和使用大致经历了四个阶段：摸着石头过河，不管三七二十一尝试了再说；山重水复疑无路，困惑郁闷甚至想退缩；柳暗花明又一村，豁然开朗有了思路；识得庐山真面目，明白导学案编制和使用也是有范式的。这四个阶段恰恰反映了实践中的“欣喜—郁闷—打开思路—找到出路”的探索历程，也反映了师生对导学案的“迷信—怀疑—坚持—理性看待”的心路历程。

### （一）第一阶段：摸着石子过河

#### 1. 编习题：教材挖空让学生填

整张导学案以题目的形式出现，一开始因担心学生在课堂上很快把题目做完，所以尽可能多出一些题目，后来发现题量太多，就由最初的填空题、选择题、问答题变为填空题、问答题，促使这个变化的原因是学生在规定的时间内无法做完题目。

#### 2. 做习题：学生埋头做习题

因为思品课只是中考的考查课，所以无论是教师还是学生都从思想上有意无意地放松了要求，现实状况不允许思品课导学案在课前去预习，必须在课堂上完成。这样就导致一上课教师就发导学案，学生就机械地翻书、做习题。这样，课的前半节就变成了习题课。

#### 3. 讲习题：师生共同对答案

当学生完成了导学案后，教师就开始对答案。因为学生已从书本上找过答案，所以，每个题目基本上总有一部分同学能完成，似乎答题状况良好。

在这个阶段中，教师纯粹依赖这三步，将讲课的重心转移到寻找试题上来。纠结的是，做这样一份导学案根本不需要小组合作，这样就把小组合作学习与导学案完全割裂开来了。

### (二)第二阶段:山重水复疑无路

1.导学案带来的困惑

近两个月的导学案尝试后,困惑逐渐增多。

困惑一:学生学习兴趣递减。学生一开始对这种做题、对答案的上课方式还感到新鲜,但后来就厌烦了,甚至希望教师还是讲课,至少还能听到一些故事。

困惑二:课堂呈现方式单一。这种铃声一响就做题,做完试题就对答案的课堂能持续吗?

困惑三:三维目标重心失衡。思品课的三维目标中将情感、态度、价值观目标放在首位,但从目前的导学案看,知识目标明显被放在首位,能力目标中只在一定程度上体现解题能力,情感、态度、价值观目标无法体现,因为这一目标并不会也完全不能从做题中得以实现。

困惑四:模块差异性难体现。思品教材分为心理健康模块、法律模块、国情模块,不同的模块,学生需要达成的目标也不同,达成目标的手段也就不能单靠做题这种单一的方式了。心理健康模块重在让学生通过活动体验来达到学习目标,做了再多的题学生也不一定能养成健康的心理品质。

困惑五:合作学习成形式。这样的导学案需要在小组合作下完成吗?小组合作既然是个形式,还不如让学生排座完成,合作学习的理念怎样才能体现呢?

这一系列的困惑导致我对要不要坚持使用导学案产生了深深的怀疑。

2.寻找产生困惑的缘由

缘由一:误把导学案当成习题集。

刚开始接触导学案,就是一个概念:教师上课不用讲了,只要编些题目给学生做,给学生做的那份试题叫作导学案。在这个观念的指引下,教师自然而然把导学案当成了习题集,发挥它的习题功能。然而,我的习题集导学案根本没有体现其导航性、情境性、拓展性,把这些题目扔给学生后就剩下对答案了,这样的导学案当然学生会厌倦,没有积极性。

缘由二:误把导学课当成习题课。

正是对于导学案的错误理解导致我误把导学课当成了习题课。一节课被我划分成做题和讲题两大环节,没有真正了解导学课堂的精髓所在。

导学课堂的模式绝不是“做题、讲题”的单一呈现方式，应该有自学、小组合作学、组内全班展示交流，还有学生、教师的质疑点评，而所有的这一切都离不开团队的归属。当自学、群学、交流在课堂上呈现的时候，学生的课堂表现绝不是麻木地做题了。

缘由三：误把组“合坐”当成组“合作”。

导学案和小组合作割裂，学生坐在一起但没有交流合作，用或不用导学案都是低效课堂，基于小组合作的导学课堂就应该是建立在小组合作的基础上，以导学案为载体进行高效学习，离开了小组合作，学习的形式依然是老一套：学生孤军奋战，合作就仅仅是合坐而已。

3.跳出困惑着手找办法

办法一：借教研之力。利用上课、听课、评课的方法，立足课堂，从课堂中发现问题，寻找解决问题的办法。利用教研组的力量，有目的、有针对性地听课，组内每个教师都有明确的任务，观察课堂并及时写总结。

办法二：借专家之力。利用市、区教研活动，聆听专家对课改的指导，吸取经验，实践于课堂。一年多的时间我聆听了许多专家的报告，有些是受专家的亲自指导，无论是观念还是方法都促进着我不断实践。

办法三：依托课改氛围。课改的氛围非常浓厚，为我的研究提供了良好的外部环境和智力支持。我利用区一月一总结活动，从听示范课到听不同学科教师的评课以及专家点拨，不断更新自己的观念，坚定对课堂导学模式的信心；利用区课堂节展示活动，从课改先锋的课堂中领略导学案的魅力；利用区导学案评比活动，通过编导学案、参评以及担任导学案评委等一系列活动，对一份导学案到底是否符合学情有了一定的认识。

办法四：把握交流机会。在课改氛围下，在教研组教师的大力支持下，我把握与区内教师交流的机会，在交流中与同行们产生思维碰撞，反思自己的教学实践，以自身的实践表达困惑，寻求对策。在过去的一年多中，我有五次以上的交流机会，收获颇丰，感受颇深。

我从这些交流活动中发现，导学案的编制和使用不是孤立的，将导学案和小组建设割裂进行导学课堂的研究是无意义的。

### （三）第三阶段：柳暗花明又一村

在经历了实践的阵痛之后，对于导学案的编制和使用，我找到了一点思路，出现了新的变化。

1. 去习题化重活动式

我在实践中发现用导学案上课同样可以使课堂活跃起来，关键在于怎么编导学案。如果局限于把书本挖空让学生填空，课堂就会失去生命力，而且比传统的课危害更大，因为传统的课至少教师在讲解的过程中会补充材料。因此，一定要将导学案设计成以问题为引领，以活动为表现形式，让学生在活动中感悟、体验和提升。无论是思品教材的哪一模块，只要没有活动的设计，课堂基本就无生气可言，活动的设计在很大程度上激发了学生学习的兴趣。

2. 变单一性为多样化

我把改进后的导学案和原来的导学案的编制和使用做了一个对比后发现，无论是导学案的要素、流程，还是导学案使用的呈现方式，改进后的导学案都有相应的变化。

自学的方式就是按照书本做填空题；合作探究就是做问答题，整个课堂表现为做题，而做题的方式就是翻书本，课堂虽有合作探究的形式但无合作探究的实效。上课的环节单一，学生的表现单一，在如此单一的课堂模式下，学生的表现当然只有“闷葫芦型”了。长此以往，师生对课堂都会失去兴趣，导致一看到导学案就头大。

变化一：教学目标变为学习目标，更体现以生为本的理念。导学案是给学生的，那就只要告诉学生要学哪些就可以了，使学习的任务更加明确。

变化二：导学案的要素和流程增加了拓展提升环节，符合思品课源于生活、回归生活的宗旨。

变化三：自主学习、合作探究的形式发生了变化，由单一的填空、问答发展为多样化呈现，且呈现的形式丰富多彩，不再局限于单纯的答题，增强了学生学习的兴趣。

变化四：呈现方式的多样化必然要求题目的设计更趋于开放性，有利于激发学生的思维。问题的直接导致答案的唯一性，使得学生的发散性思维丧失，这是导学案最失败的地方。

3. 由割裂转向逻辑性

学生之所以厌倦对答案的形式，在很大程度上是因为这些题之间缺乏内在的逻辑性。表 1 为旧版导学案与改进版导学案的对比。

**表1 《竞争合作求双赢》旧版导学案与改进版导学案对比**

| | 旧版 | 改进版 |
|---|---|---|
| 自主学习 | 1.竞争的含义：<br>2.合作的含义：<br>3.竞争的目的：<br>4.在合作中竞争的内涵有两个方面：一是______；二是_______。<br>5.无论是竞争还是合作，都要处理好_________。 | 1.速找观点（快速阅读教材第90—99页，尤其注意每一段的第一句，你发现了什么？）<br>2.细看漫画（用一句话揭示漫画所含的寓意）<br>漫画一：唉……　漫画二：这？　漫画三：好！ |
| 合作探究 | 1.回忆生活中合作与竞争的例子。请举一个你所看到或亲历的成功竞争或合作的例子。<br>2.生活中你是如何对待你的竞争对手的？ | 做游戏：我能站起来。<br>1.每组选派一人参赛。<br>2.小组其余同学组成智囊团，要在每一轮比赛后总结经验并给参赛同学出谋策划，根据总结的经验和策划获得小组分数。<br>3.游戏共有三关，做完一关你可以和组员商量是否该继续，因为如果下一关输了，你前面得到的分数将归零。<br>4.小组总分＝参赛选手得分＋智囊团分数。 |
| 拓展提升 | 无 | 请小组设计一句口号，配一个动作，显示小组是一个团结、合作、向上的小组，并分组展示，说出意义。 |

从两版导学案中不难发现，旧版注重知识点的落实，只要求学生在使用导学案时做题，且各题之间没有什么内在的逻辑联系，学生只要从书中找到答案就行。改进版在自主学习部分除目标、手段明确之外，两个题型之间还有必然的联系，只有完成第一题，才能得心应手地做第二题；自主学习和合作探究两部分之间也有内在的联系，只有将自主学习的内容消化后，才能领悟整个活动要告诉我们什么；拓展提升部分既是对合作探究的进一步探讨，也让学生回归到现实中，帮助学生解决生活中的问题。

4.“疑”学案到“重”组建设

虽然导学案的编制有了很大的改进，但使用后我发现，课堂仍然没有预想的生动。

现象一：整个课堂仍被教师完全掌控，学生的主动性未得到完全发挥。

现象二：发言的同学并不代表小组，而是发表个人的意见，导致组内分歧很大。

现象三：组与组的差别很大，有些组积极，有些组游离在课堂之外。

现象四:学生发言也并非完全自愿,而是出于组长任务的强制或教师的强迫,学习的自觉、自愿的趣味性仍得不到体现,这违背了导学课堂质量、速度、快乐相结合的高效性原则。

回顾区课改的一月一总结和课改学校及省课改成果展示课的课堂观摩后我发现,以上这些现象并不是导学案惹的祸,而是小组建设出了问题。于是从 2013 年 9 月开始,我认真进行小组建设,将小组建设的重要性提到很重要的位置(见表 2)。正是小组建设使得课堂的面貌发生了前所未有的变化。一言以蔽之:课堂活起来了。

**表 2 小组建设中的活动设计**

<table>
<tr><th>小组建设的各个时期</th><th>活动设计的点</th><th colspan="2">活动呈现的面</th></tr>
<tr><td>新鲜期</td><td>小组共举齐眉棍《创建集体》导学活动设计</td><td>小组集体观念的形成</td><td rowspan="2">与学科相结合的活动</td></tr>
<tr><td>动摇期</td><td>“钱”能多少《挖掘潜能》导学活动设计</td><td>小组自信心的增强</td></tr>
<tr><td>矛盾激化期</td><td>家长会模拟</td><td colspan="2">共同努力齐心协力保集体</td></tr>
<tr><td>相对平稳期</td><td>利用《永不言弃》借助“高效阅读”方法的讨论活动</td><td>学习动力的刺激</td><td>利用多媒体教育的活动</td></tr>
</table>

### (四)第四阶段:识得庐山真面目

在第三阶段研究的基础上,寻找导学案使用和共性的东西,我发现导学案的编制和使用有范式。

1. 导学案编制依据和使用保障

(1)编制依据:突出学科特质,凸显学为中心理念

遵循学科特质:思品课程融合道德、心理健康、法律、国情等相关内容,旨在促进初中生道德品质、健康心理、法律意识和公民意识的进一步发展,形成乐观向上的生活态度,逐步树立正确的世界观、人生观、价值观,因此在教学中必须坚持正确的价值引领,坚持生活逻辑。

凸显学为中心:每个学生都有自己的特点,因此在导学案中要充分尊重学生的个体差异性,采用多种呈现方式让每一个学生都能在课堂上有表现和展示的机会,导学案应使问题的设计更趋于开放,在课堂上看到更多的思维碰撞,有开放的设计才有开放的思维。

(2)使用保障:组织管理与评价

在使用导学案的课堂中,导学案编制无疑是前提,但有了导学案并要在课堂中科学地使用它,还必须要有相应的教学组织形式和评价体系作保障。

首先,小组合作的教学组织和管理形式成为核心。

其次,评价量化成为导学课堂持续的保障。

总之,利用导学案上课要注意的问题和讲究的策略是:导学案问题的呈现要有逻辑性;问题的设计要有开放性;小组合作要将学生的作用发挥出来,把话语权交给学生;不断创新的科学评价机制要跟上。

2.导学案编制要素

(1)话题导入,与生共鸣

通过故事或身边的小事来引出课题的关键词和内容,使学生知道今天学什么,今天学的内容其实就发生在我们生活中,让学生对今天的课题有"似曾相识"的感觉,使学生感到不陌生,有熟悉感、亲切感。

导入的方式有很多,教师要根据课的内容和学生的年龄特征选择合适的话题导入,合理的导入体现教师导的艺术,实现课堂与学生的无缝对接。

(2)自主学习,组内交流

导学案自主学习部分的问题应当既体现学生的独学,又尊重其个性,这样能使学生在组内交流中体现个性化、多样化的思维角度,增加每个学生的信息量。

(3)合作探究,质疑点评

让学生运用所学知识,对生活中看似简单但又有一定技术含量的活动或实验、案例进行探究,在合作中再次亲身感悟和体验所学的知识,因此导学案中合作探究题一定要有合作的可能性和探究的真实性,不能光有合作探究之虚名。

总之,在导学案中要有真正体现合作学习的内容,要让学生在学习中产生疑问,互相学习交流,无论是实验方法还是集体参与的方法,要引起学生学习的兴趣、专注,关键在于导学案的设计要基于小组合作又为小组合作服务,两者相辅相成,互相促进。

(4)拓展提升,回归生活

导学案的落脚点要引导学生深入探讨生活中的两难或困惑、矛盾,真正回到学生的身边,解决实际困惑。让学生相信知识的有用性,感受学习的有用性,知识和学习能帮助人解决问题,将学习使人聪明、促人进步、利于发展的观念逐步在学生心目中树立。因此，在导学案的设计过程中，要关注学生的内心世界和现实生活。

导学案的设计中，对于这个环节的设计需要教师从整体上把握，既要有一定的指导性又要体现思想的高度，对学生起到引领的作用，真正实现导的功能。

(5)载体教学，浑然一体

基于这样的流程，在编制导学案时将自主学习、合作探究、拓展提升成为导学案的编制要素，同时，为了增加学生学习的趣味性和课堂内容的整体性，我们往往会将导学案与载体教学相结合，即整堂课用一个生动的事例贯穿，使得整张导学案不显得呆板，增强了趣味性、可看性，这样就避免了以往导学案各环节之间的脱节，使得课堂浑然一体。

3. 导学案使用说明

思品课程包括道德、心理健康、法律、国情等模块，不同模块的教学内容合作探究问题设计所采用的手段和要达到的目的应不同(见表 3)。

**表 3　思品课程各模块分类**

<table>
<tr><th colspan="2">年级</th><th>教材划分模块</th><th>手段和目的</th></tr>
<tr><td colspan="2">七年级</td><td rowspan="2">心理健康、道德</td><td rowspan="2">重在让学生体验，在学生已有的知识经验的基础上引导学生有更深刻的体验，实现情感的升华</td></tr>
<tr><td rowspan="2">八年级</td><td>上</td></tr>
<tr><td>下</td><td>法律</td><td>重在让学生通过自学教材对案例进行分析，在具体的实例中巩固知识、提升能力</td></tr>
<tr><td colspan="2">九年级</td><td>国情</td><td>以时事材料为背景，让学生利用教材理论解决实际问题，引导学生关注生活、关心社会</td></tr>
</table>

不同的模块尽管所采用的手段和目的不同，但在导学案使用的过程中有着共性。

(1)学生利用导学案以学为主

学生针对导学案的自主学习部分进行自学，并在自学的基础上进行小组交流，在全体同学面前展示，接受其他同学的指正和补充说明。

(2)教师利用导学案以导为主

教师以问题的形式让学生在自学的基础上进行探究合作、展示，让其他同学进行点评、反驳、提问，同时教师在追问中激发学生思维的火花。

(3)导学案是课堂呈现的载体

教师利用导学案的自主学习部分了解学生的预习情况和学生已有的知

识经验；通过对导学案合作探究发现学生存在的问题；利用导学案的总结反馈检查学生的听课情况及了解学生建构的知识体系是否完整。

没有最好，只有更好，导学案的编制和使用研究还得继续，因为学生永远是我们研究的动力。

## 参考文献

[1] 李昆，滕加平．谈"学案"及"学案"的编制[J]．中国教师，2011(23)：43-45.

[2] 马兰．合作学习[M]．北京：高等教育出版社，2005.

[3] 裴亚男．学案教学模式研究综述[J]．内蒙古师范大学学报（教育科学版），2007，20(4)：66-69.

[4] 郑金洲．自主学习[M]．福州：福建教育出版社，2008.

# 初中科学导学案的有效设计和运用研究

杭州市十三中教育集团（总校）
丁盈　陈苍鹏

**摘　要**：《义务教育初中科学课程标准（2011 年版）》提倡"自主、合作、探究"学习，突出"以生为本"的新型教学方式。导学案教学模式在这种大背景下产生并在全国范围得到推广。本课题以初中科学导学案的使用情况调查为研究基点，以典型案例研究为载体，探索初中科学导学案的基本功能、编写原则、栏目设计等内容，在研究和实践探索中形成了初中科学新授课、实验课和复习课三大基本课型的"导学案范式"。通过实践和研究，我们取得了一定的成果和实践成效：提升了教师的专业水平，编写了具有校本特色的导学案；优化了课堂教学结构，提高了教师的教学水平；有效激发了学生的自主学习，培养了学生的学习能力。

**关键词**：导学案　自主学习　有效设计　运用

## 一、研究缘起

目前初中科学导学案的设计和应用方面存在一些问题，主要表现在以下三个方面。

### （一）导学案的内容缺失

一份导学案在基本内容、项目设立、编写格式和规范方面究竟应该有怎样的要求？怎样设计和应用导学案才能避免随意性和不科学性？针对不同章节的教学需要，我们可以根据怎样的原则进行灵活性设计和应用？这些问题值得我们进行思考和研究。

### （二）学习目标指向不明

导学案需不需要设计学习目标？如何设计通俗易懂而又准确具体的学习目标，使全班不同层次的学生都能看得明白？如何使我们设计的学习目标激励、鼓励学生积极、自信地去完成学习任务？如果不专门设计学习目标，如何在导学案中体现学习目标、在学习过程中引导学生实现学习目标？这些都是值得我们研究的问题。

### （三）学法指导缺少实效

学法指导是为学生提供适当的学习方法和学习策略。“导学案教学模式”的最终目的就是要把原先课堂上的“教学生学会”变成“教学生会学”。因此，在导学案中，设计切合学情、实际有效的学法指导显得尤为重要。根据导学案中的问题设计，怎样切实有效地进行学法指导，使学生用不同的方法和策略来解决问题，获得新知识，又是一个需要我们去研究的问题。

## 二、实践探索

### （一）立足调查分析：初中科学导学案有效设计和运用的前提

1. 学生科学导学案使用情况调查报告

（1）调查目的：掌握学生科学导学案的使用情况和学生对科学导学案的设计要求，进而为初中科学导学案的编写和使用提供必要的指导。

（2）调查结果：在使用科学导学案时，64.58％的学生能做到“认真阅读教材后完成自主学习”，51.04％的学生认为“导学案的自主学习内容难易程度适中”，73.96％的学生“能在20分钟内完成自主学习任务”，64.58％的学生在运用导学案学习后“没有觉得增加自己的学业负担”。以上数据说明，在使用科学导学案的过程中，绝大部分学生能较好地发挥导学案的作用，认真阅读教材后，在较短的时间内完成自主学习任务。

1.88％的学生认为“实施导学案教学有利于养成好的学习习惯，提高了学习能力”；93.75％的学生认为“导学案可以帮助自己熟悉课本内容”。这说明导学案对学生的学习习惯的养成和自学能力的培养有较大的帮助。

在回答使用导学案学习后对自己的帮助中，57.29％的学生“增加了对学习科学的兴趣”，56.25％的学生“养成了预习的习惯”，82.29％的学生“提高了自学能力”，57.29％的学生“能带着问题听课”，40.63％的学生“提高了听课效率”，60.41％的学生认为“导学案较实用，便于整理记录课堂上的典型问题和例题”，48.96％的学生“能更好地完成家庭实验”，42.71％的学生“能通过导学案更好地记笔记”。

在调查中我们还发现，在使用完导学案后，仅25.00％的学生能将它整理成册，48.96％的学生保存不完整，26.04％的学生用完就遗失了。在复习阶段，仅35.42％的学生将以往的导学案作为复习资料。以上数据说明，学生在使用导学案的过程中，对导学案的“初次使用”还是比较充分的，但对导学案的“二次使用”乃至“多次使用”则不够重视。这就需要教师引导和帮助学生做好导学案的收集整理工作，并在复习阶段有意识地指导学生利用以往的导学案进行复习。

在“对导学案你还有哪些建议”的调查中，22.92％的学生提出“导学案篇幅不要太长，问题不要太多”；19.79％的学生建议“语言要准确，让人容易读懂问题”；31.25％的学生希望“问题的设计要有梯度，不要一开始就很难”；16.17％的学生建议“最好配上必要的图片”；21.88％的学生希望“若有自主实验的导学案要提早下发，以便有足够的时间完成”；28.13％的学生希望“问题与问题之间要多留一点空白的地方书写和订正”；29.17％的学生建议“导学案上要有地方记笔记”；30.21％的学生建议“要有1～2道有难度的拓展题”；35.42％的学生希望“自主学习的完成时间不要超过20分钟”。学生的这些建议为我们设计、编制导学案提供了宝贵的意见，是我们在编制导学案时必须考虑的重要因素。

2.教师科学导学案编写和使用情况调查报告

(1)调查目的：掌握教师科学导学案的设计和使用情况，了解教师在编写和使用科学导学案时的困惑，进而为初中科学导学案的编写和使用提供必要的指导，寻找科学导学案编写和使用的有效途径和方法。

(2)调查结果：在所调查的科学教师中，100％使用过导学案，其中58.33％的教师经常使用导学案，这说明“导学课堂”已经成为我校科学教师平时经常使用的一种课堂教学模式。就“所用的导学案的来源”调查中，79.17％来自“备课组分工后各人完成一部分”；20.83％来自“改编他人的导学案”，没有发现“全部自己编制”或“使用现成的导学案(如网上下载、外校资料等)”。以上数据说明，首先，导学案要完全靠个人的力量来编写，工作量太大，操作的可行性较小，大多数情况下，教师们选择集体备课，分工完成，可行性较高；其次，我校教师在使用科学导学案时，能从学生的学情出发，编写适合我校学生的导学案，没有出现随意使用外校或现成的导学案的现象，体现了一种科学、规范的教学精神。

在有关“导学案编写”的调查中，70.83％的教师能“花费较多的时间研读课程标准和教材，寻找课外相关资料”；100％的教师在新授课的导学案中有“关注学生最近发展区的具有启发、探究性问题情景的设计”；100％的教师在复习课的导学案中有“关于知识梳理或典型例题分析总结、拓展应用类的设计”。在设计导学案时，25.00％的教师能“结合实际增加或删减教材内容”，41.67％的教师能“根据实际需要变动教材顺序后进行教学”，33.33％的教师能“利用教参、教辅充实教学内容”；58.33％的教师总能在导学案上“留有学生自主归纳的空白”。这说明教师在设计导学案时能做到认真编写，突出教材和课程标准要求，重视学生自主学习能力的培养，在编写时注重情境设计和学生的学情分析，并能灵活处理教材整体顺序、内容与实际教学需要的关系，并为学生的自主归纳“留白”。

在“评价一堂课的好坏的主要因素是什么”的调查中，58.33％的教师认为是“教师能创设学习情境，让学生主动参与”；20.83％的教师认为是“教师能有效调控教学过程和进行学习指导”；12.50％的教师认为是“教师善于调节课堂气氛，教学中能恰当选择实例讲解授课内容”；仅 8.33％的教师认为是“教学目的和内容符合课程标准的要求和学生的实际程度”。这说明教师还是将学生的参与学习活动作为一堂好课的第一要素，这也体现了科学新课标的理念和要求。

在“提高课堂教学质量的有效措施是什么”的调查中，66.67％的教师认为是“充分调动学生积极参与课堂活动”；16.67％的教师认为是“提高驾驭课堂的能力”；4.17％的教师认为是“增加单元测试的次数”；1.25％的教师认为是“在教学中注重细节的研究”。这说明大部分教师认为高质量的课堂不应仅依靠教师的课堂驾驭能力，更不应通过题海战术来实现，更重要的是要让学生能够积极、主动参与到课堂中来，成为课堂的中心、主角、明星，由教师引领、学生主宰、师生共创的课堂才是真正的高效课堂。

在“学生学习困难的主要原因”的调查中，54.17％的教师认为是“学生不喜欢学习，学习缺乏主动性”；37.50％的教师认为是“学生没有好的学习习惯”。

在调查中，我们发现教师平时在“组织学生课前自主学习”时存在较大的随意性。只有33.33％的教师能“提出具体的学习要求，在学生学习有困难时给以适当的引导”；45.83％的教师“让学生列出预习时遇到的问题，集中讲解”；还有20.83％的教师“让学生自由地学”。这就使得学生的自主学习不能及时、有效地得到教师科学、规范的引导，学习能力较弱的学生就容易因学习困难而产生挫败感，学习不自觉的学生就会因缺少监督而不进行课前自主学习，真正能坚持进行课前自主学习的就只有极少数学习习惯好、学习能力强的学生了。

91.67％的教师认为“导学案对学生自主学习有很大作用”；8.33％的教师认为“导学案对学生自主学习有一定的作用”。以上数据说明，绝大部分教师认可导学案对学生自主学习能力具有促进性。

在调查中我们发现，66.67％的教师认为“充分调动学生积极参与课堂活动是提高课堂教学质量的有效措施”；58.33％的教师认为“评价一堂课的好坏的主要因素是教师能创设学习情境，让学生主动参与”。然而在课堂教学中，91.67％的教师最擅长的教学方法还是“讲授法”。66.67％的教师认为“使用导学案授课急需改变的是课堂教学模式”；41.67％的教师认为“要改变自己的教学理念”。以上数据说明，绝大部分教师认识到传统的讲授法教学对学生积极参与到课堂中来的阻碍，正在积极改变自己的教学理念和课堂教学模式，以适应新课程改革的需要。

在问卷中，教师们也提出了编写导学案时遇到的许多实际问题，如“导学案要设计哪些内容”“怎样才能较好地起到导学的作用”“对导学案的编写原则、基本框架不太明确”“如何能让一份导学案面向班级不同层次的学生”“如何更好地将知识转化为问题”“如何把握问题的难度”等，这些都为本课题的研究提供了方向。

### (二)初中科学导学案的功能

导学案使用的主要目的是引导、指导学生进行“自主、合作、探究”学习。它不仅便于学生自学，也有助于学生课堂反馈，检查学习效果，应是学生的自主学习的提纲、课堂导学的助手、课上训练反馈的工具、课后梳理知识的蓝本。具体看，导学案的教学功能应突出以下四个方面：课前自学、课堂导学、学习反馈、课后梳理。

### (三)初中科学导学案编写的原则

1. 课时化原则

通过对我校科学教师的调查发现,有 88%的教师在编写导学案时以课时为标准。按课时内容确定导学案的内容编写,有利于调控课时学习的知识量,加强授课的计划性、针对性、时效性,构建高效课堂。

2. 问题化原则

在编写导学案时,应将教材中的知识点引入创设的一个个具体的材料情景(生活场景)或课堂活动中,成为探索性的问题点、能力点。设计问题时要注意以下几个方面:①问题要能启发学生思维;②问题不易太多、太碎;③问题应引导学生探究并思考;④问题或者说知识点的呈现要尽量少用填空的方式,避免学生照课本填空,对号入座,抑制了学生的积极思维;⑤问题的叙述语应引发学生积极思考、积极参与。

3. 方法化原则

导学案应体现教师必要的指导和要求。教师指导既有学习内容的指导,又有学习方法的指导。教师要站在学生的角度去考虑问题,点拨学生应该如何去做,通过学习目标设计、疑难问题提示、解题思路、方法、技巧等指导性内容和要素,构成一条明晰的学法线。

4. 层次化原则

导学案应具有层次性、梯度性,能引导学生由浅入深、层层深入地认识教材、理解教材;能引领学生的思维活动不断深入;还应满足不同层次学生的需求,使优秀生从导学案的设计中感到挑战,一般学生受到激励,学习困难的学生也能树立学习的信心。因此,教师必须关注以下三个方面:①明确导学案的教学功能,力求实现导学案内容的合理性、栏目的科学性、实施的有效性、检查的及时性、教学的高效性;②重视导学案编制内容的精选,从学生的学情出发,合理设计问题和学习过程,符合教学的实际需要,有效提高学生的学习能力;③处理好课后作业与导学案之间的关系,减少学习内容的重复性,有效减轻学生的学习负担。

### (四)科学导学案的栏目设计

通过调查和实践研究,针对新授课、实验课和复习课三种基本课型,我们归纳出初中科学导学案的主要栏目和弹性栏目(见表 1)。

**表 1 初中科学导学案的栏目设计**

| 课型 | 主要栏目 | 弹性栏目 |
| --- | --- | --- |
| 新授课 | 自主学习、合作释疑(或探究提升)、基础检测、拓展提高、学习小结(或学后反思) | 学习目标、重点难点、学法指导、知识链接 |
| 实验课 | 自主学习(以实验设计为主)、合作实验、误差分析(或失误归因)、方法梳理(或反思小结) | |
| 复习课 | 知识梳理、自主学习(以尝试运用为主)、合作运用、方法提炼、拓展提高、反思小结 | |

### (五)初中科学不同课型的导学案范式

1. 初中科学基本课型导学案范式

不同的知识类型、学习阶段,学习科学的方式和程序是不同的。因此,我们不能用同一个导学案模式来设计不同课型的科学导学案。在研究和实践的过程中,我们总结出科学新授课、实验课和复习课三种基本课型导学案的基本范式(见图 1)。

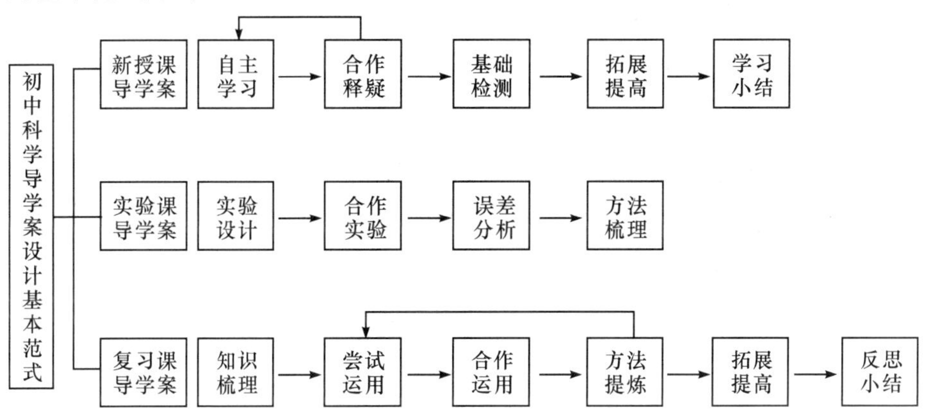


图 1 导学案的基本范式

2. 新授课导学案案例分析

科学新授课大多以探究为学习手段,以概念建立为主要目的;在概念建立的过程中,往往会出现多个探究点,每个探究点的突破均会包含自主学习与合作探究;新授课的知识点之间往往存在着严密的逻辑关系,在设计导学案时,应将这种逻辑关系逐步呈现,引导学生由表及里、层层深入地触摸科学的本质。

## 案例一 《水的压强(第一课时)》导学案

一、自主学习(一)

任务一:完成课本 P13(读图)

| | 手对瓶子的压力 | 压路机对路面的压力 | 钳子对核桃的压力 |
|---|---|---|---|
| 怎样产生 | | | |
| 作用在哪个部位 | | | |
| 方向 | | | |
| 举出压力的例子 | | | |

设计说明:使学生通过自主学习,对具体压力的例子进行分析,对“压力产生的原因”“压力作用的部位”“压力的方向”有一个感性认识,并将这种认识以文字的形式呈现,从而发现压力的特点。

任务二:归纳压力的特点

①压力产生的原因:__________。

②压力的方向:总是________于受力物体表面,并指向被压物体。

③压力的作用点:作用在受力物体的______。

④压力的定义:______作用在物体__________的力。

设计说明:引导学生学会从具体到抽象,从发散到概括,归纳出“压力的特点”,并由此得出“压力的定义”,初步建立概念。

任务三:在图 2 中画出支承面受到的压力的示意图

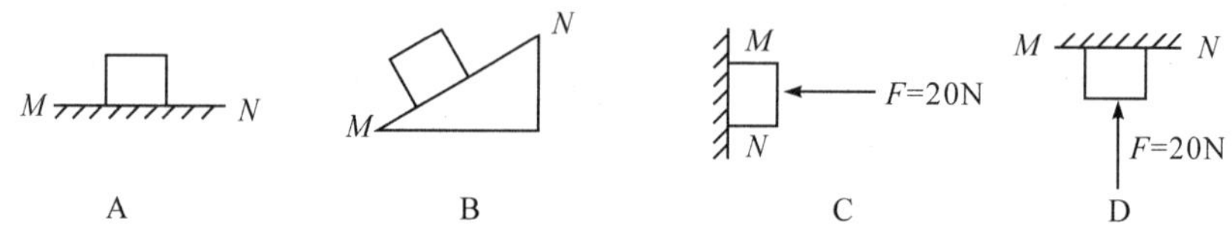


图 2

若木块重 5 牛,这四种情况下保持静止,支承面 $MN$ 受到的压力从大到小依次为____________。

设计说明:使学生在理解“压力”概念的基础上进行应用,如“做出压力的示意图”“分析压力的大小”,既突破了学生的学习难点,又为学生区分“压力”和“重力”做了必要的铺垫。

任务四:比较压力与重力的区别

| | 产生原因 | 方向 | 大小 | 作用点 |
|---|---|---|---|---|
| 重力 | | | | |
| 压力 | | | | |

设计说明:有了“任务三”的铺垫,学生从具体实例入手,能较轻松地对两者进行比较,认识两者的区别,并学会用“比较法”进行学习。

二、合作、探究、展示

小组讨论:

1. 压力会产生怎样的作用效果?

2. 压力的作用效果与哪些因素有关?如何设计实验进行探究?

小组实验:根据实验方案探究“压力的作用效果与哪些因素有关?”

得出结论:____________________。

设计说明:通过一个个问题的创设激发学生主动思考,并通过小组合作学习促进学生交流、合作能力的提高。同时,引导学生经历科学探究的完整过程,培养学生的观察能力、动手操作能力、信息处理和分析能力。

三、自主学习(二)

1. ____可以定量地表示压力的作用效果。(符号:____)

2. 定义:____________________________。

3. 计算公式:____________________。

4. 国际单位:__简称:__(符号:__);1 帕=____牛/米$^2$。

5. 一台拖拉机对地面的压强为 $6\times10^4$ 帕,它表示__________。

6. 试着做一做:质量为 60 千克的某同学,每只脚与地面的接触面积是 150 厘米$^2$,那么他站立时,对地面的压力和压强分别是多少?他走路时对地面的压力和压强分别是多少?($g=10$ 牛/千克)

设计说明:在压强概念的学习中,引导学生学习运用比值定义法和类比法。“试着做一做”强化学生对“压强公式”的应用,同时在应用中突破学生对“压力大小”和“受力面积大小”分析上的学习难点。

四、基础检测

1. 下列关于压力的说法正确的是 （　　）

A. 方向总是竖直向下

B. 压力等于重力

C. 总是作用在物体表面上

D. 总是由重力产生的

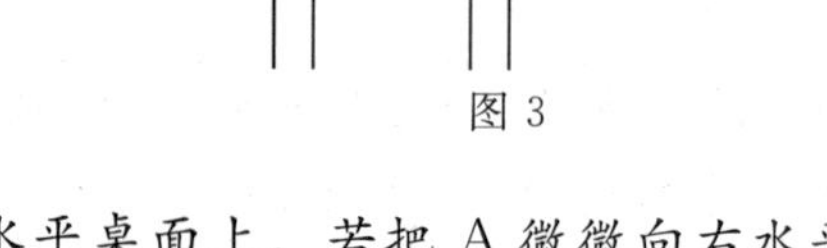

图 3

2. 如图 3 所示，物体 A 静止在水平桌面上。若把 A 微微向右水平推移，则 A 对桌面的压力($F$)、压强($P$)的变化情况是 （　　）

A. $F$ 变大，$P$ 变大　　B. $F$ 不变，$P$ 变小

C. $F$ 不变，$P$ 变大　　D. $F$ 变大，$P$ 变小

五、拓展提高

1. 一个成年人站在水平地面上对地面的压强约是 （　　）

A. 100 帕　　B. 1000 帕　　C. 10000 帕　　D. 100000 帕

2. 一块质量为 8.9 千克的实心立方体铜块($\rho=8.9\times10^3$ 千克/米$^3$)，放在面积为 1 米$^2$ 的水平桌面上，则铜块对桌面的压强是多少帕？($g=10$ 牛/千克)

六、学后反思

设计说明："基础检测"可以检验全体学生对这节课学习内容的掌握情况，巩固学生对"压力""压强"概念的理解，并对学生易错点进行有效的突破。"拓展提高"选择两道有一定难度，但又不超越 A 层学生能力的题，通过这一环节的设计，满足 A 层学生的学习需要，带动 B 层学生的学习。通过第一题突破"估算"这一学习难点，通过第二题突破"压力与受力面积的正确理解及压强在生活中的应用"这一学习难点。而"学后反思"环节，引导学生学会归纳知识，将知识梳理成网络，以便于记忆；通过反思，发现自己还存在的问题。

3. 实验课导学案案例分析

科学学科的基础是实验。如果要进行整合性实验或拓展性实验，就需要编写相应的实验课导学案。

## 案例二 《巧测电阻》导学案

一、自主学习

1. 欧姆定律：导体中电流，跟____成正比，跟____成反比，用 $U$ 表示导体两端的电压，$R$ 表示这段导体的电阻，$I$ 表示通过导体的电流，欧姆定律可写成：$I=$______，其变形公式 $U=$________，$R=$__________。

2. 伏安法测电阻：

(1)测量原理：________________________。

(2)选用器材：电源、开关、待测电阻 $R_X$、电压表、电流表、滑动变阻器各一，导线若干。

(3)电路设计：设计并画出电路图。

(4)利用电学实验包进行实验。

(5)滑动变阻器在本实验中的作用：____________。多次测量待测电阻的阻值求平均值，以减小测量误差。

(6)注意事项：连接电路时，__________________；电路闭合之前滑动变阻器的阻值要调到______。

3. 串联电路、并联电路的特点：

| | 串联 | 并联 |
|---|---|---|
| 电路图 | | |
| 电流特点 | | |
| 电压特点 | | |
| 总电阻 $R$ | | |
| 分流或分压特点 | | |

设计说明：通过对欧姆定律的回顾，引导学生明白伏安法测电阻的原理，并自主设计电路图，利用电学实验包进行课外自主实验，节省了课堂实验的时间。同时，在导学案中就“滑动变阻器的作用”及“连接电路时开关和滑动变阻器的注意点”设计了相应的问题，对学生的实验做了提示性的指导，并通过学生的书面回答加深了学生的记忆。通过对串、并联电路的特点归纳回顾，为后面的“课堂合作学习”做好铺垫。

二、课堂合作学习:测小灯泡的电阻

单数组要求:只能用一个电流表(不能用电压表),实验包中的其他仪器任选,测出额定电压为2.5V小灯泡的电阻 $Rx$。

双数组要求:只能用一个电压表(不能用电流表),实验包中的其他仪器任选,测出额定电压为3.8V小灯泡的电阻 $Rx$。

1.写出你的实验方案:

(1)设计并画出电路图

(2)实验步骤:

①按照电路图连接好电路

②______________________________

③______________________________

(3)设计实验数据记录表格

(4)小灯泡电阻 $Rx$ 的数学表达式:__________

2.小组讨论确定最优方案

3.展示与点评

4.实验验证:

测定数据记入表格算出小灯泡的电阻 $Rx$=________________。

设计说明:这一环节着重培养学生的实验设计能力,让学生能利用"串联分压"或"并联分流"的特点进行设计。通过设计"电路图""实验步骤""记录表格"和"$Rx$ 的表达式"等环节,引导学生完整、严谨地设计出自己的实验方案,起到了较好的导学、自学的作用。通过组内交流、全班展示、学生点评、教师点评等环节,突破这节课的难点:巧测电阻。在交流评价的基础上,学生明确实验方案,进行实验操作,提高实验操作技能。

三、拓展提高

想一想:你还有其他方法测小灯泡的电阻吗?

四、归纳与反思

1.你的收获:你掌握了哪些测量小灯泡电阻的方法?请用思维导图的形式整理归纳。

2.你还有什么困惑?

设计说明：通过“拓展提高”诱导学生产生发散性思维，想出更多的测量方法，如等效替代法。学生通过思维导图可以直观地归纳出“巧测电阻”的方法，帮助学生养成归纳整理的习惯，也便于课后复习。而通过记录困惑，便于教师课后个别辅导或发掘生成性问题。

在实验课导学案的编写过程中，我们要根据实验性质的不同，设计不同类型、不同目的的“分析拓展”。在《巧测电阻》实验导学案中，我们着重引导学生对“测小灯泡电阻的方法”提出更多的方案，激发学生的创造性思维。如果是定量测定实验如“硫酸铜晶体中结晶水含量的测定”，则第三步为“误差分析”；如果是定性分析实验如“探究唾液淀粉酶活性受哪些因素影响”，则第三步为“失误归因”。

4. 复习课导学案案例分析

复习课的导学案要达到使学生巩固并进一步加深课本知识的目的，要帮助学生对已学内容进行综合、归类、转化和辨别，引导学生挖掘知识的内在联系，把所学的知识融会贯通起来，使学生对知识的掌握更加准确，从而提高学生运用知识解决实际问题的能力。

## 案例三 《电能的利用(复习课)》导学案

一、自主学习

(一)知识梳理

1. 电功
- 定义：______________
- 本质：______________
- 计算公式：______________

2. 电功率
- 定义：______________
- 本质：______________
- 计算公式：______________

3. 电热
- 焦耳定律的表达式：______________
- 电热的危害：______________

设计说明：知识梳理让学生对相关的概念、定义、公式进行整理和回顾，有助于学生进行后面的“尝试应用”。

（二）尝试运用

1. 实验包中有额定电压为 3.8V 与额定电压为 2.5V 的两种小灯泡，若想比较它们电阻的大小，你有什么好的方法？（可以用电路图辅助说明）

2. 实际操作：利用实验包中的实验器材，合作组装好能转动的直流电动机模型。

设计说明：问题 1 让学生自主运用已有的知识设计不同的方法来比较两个不同规格的小灯泡的电阻，为课堂合作学习做准备，同时也起到了了解学生学情的目的；问题 2 锻炼了学生的动手能力，同时为课堂合作学习做铺垫，让学生在感性认识的基础上进行理性探究。

二、课堂合作学习

（一）课前自主学习内容小组讨论、点评预学作业。

（二）合作学习

任务一：比较两种不同规格的灯泡（额定电压分别为 2.5V 和 3.8V）的电阻大小？

你的实验结论是：________________________________。

设计说明：通过交流展示，学生展现了比较电阻的多种方案，如串联比电压、并联比电流、串联比亮度（即 $P=I^2R$）。通过实验，学生经历了从理论到实践的验证，也充分体现了科学学科的基础——实验。

任务二：根据图 4 的信息，如何测量电热水壶的热效率？

实验方案：

实验数据记录：

实验结果：（列式计算）

| 产品型号 | EL-8952 |
|---|---|
| 额定电压 | 220V |
| 频　率 | 50Hz |
| 额定功率 | 1800W |
| 容　量 | 1.5L |

图 4

设计说明：通过任务二的完成，学生既巩固了纯电阻电路的电能转化特点，又通过实验方案的设计，交流需要测量的物理量（初温、末温、时间、水量），并通过课堂演示实验，收集相关数据进行计算，进行了实际的训练。

任务三：如何测定小电动机转动时1分钟消耗的电能和线圈产生的热能？

提示：电动机转动时是将______能转化成______能和______能，因此不属于纯电阻电路。电动机不转动时，将____能转化成______能，因此可以看成是纯电阻电路。

测量方案及实验电路图：

实验数据记录：

实验结果：(列式计算)

设计说明：以“电动机”为例，以学生实验设计、操作、数据收集和计算为载体，通过自主学习和合作交流相结合的方式，既提高了学生的实验能力，又使学生复习巩固了“非纯电阻电路”的电能转化特点及相关计算。

三、拓展提高

杭州地铁是杭州市乃至浙江省首条地铁线路。在地铁施工现场的建设工地上，“塔吊”是常见的一种起重设备。图5是“塔吊”的示意图。其工作电压为380伏。当起重机吊起500千克重物以1米/秒速度匀速上升20米时，工作电流是18安。请计算在整个过程中：

(1)起重机钢绳对重物所做的功；

(2)起重机电能的利用率(保留小数到0.1%)。

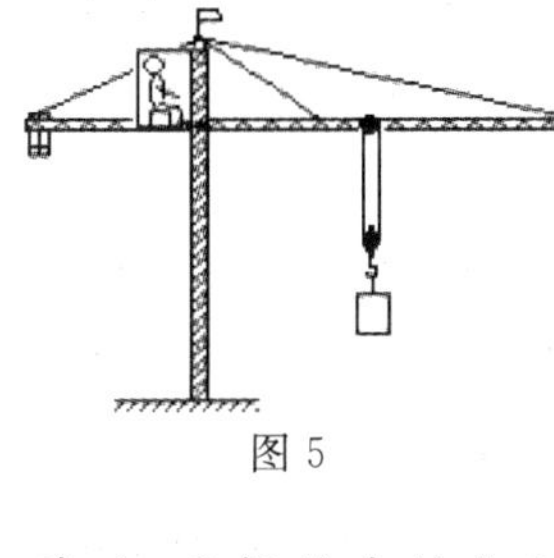

图5

四、反思小结

1.你的收获：____________________。

2.你还有什么困惑：____________________。

设计说明：学生在完成了“课堂合作学习”环节后，已提炼出纯电阻电路和非纯电阻电路电能利用的计算方法，通过“拓展提高”可以加强学生的理解和应用。而“反思小结”可以帮助学生养成归纳的习惯和能力，并将困惑写下来，以便教师进行课后个别辅导。

科学复习课要达到的目标，首先是揭示知识之间的内在联系，使分散的知识系统化；其次是查漏补缺，综合提高；再次是克服遗忘，强化记忆。因此，在编写复习课导学案时，我们强调通过“知识梳理”来构建知识网络；通过“尝试运用、合作学习、方法提炼”来寻找弱点，化解难点，升华重点；通过

“拓展提高、反思小结”来分层达标，内化知识，让学生在充裕的活动时间和思维空间的基础上，动手、动口、动脑，主动参与，体验成功。

## 三、后继性研究的思考

我们在初中科学导学案的设计和使用的研究方面取得了不小的突破和收获。然而在初中科学导学案的设计和使用过程中仍有许多问题困扰着我们。

首先，我们无法为每一个学生量身定制导学案，所以一份导学案在不同的班级和不同的学生中间使用的时候，会出现不同的效果。有时班与班之间的差异会让教师感到有些措手不及。

其次，教师的工作量随着导学案的使用大大增加。教师必须花大量的时间来设计、编写导学案，再花大量的时间来批阅学生的自主学习、课堂合作学习和学后反思。

再次，随着导学案的使用，部分教师依赖导学案的流程授课，渐渐失去了对课堂的驾驭能力以及对课堂生成性问题的挖掘能力。

这些问题切实存在于我们的教学实践中，需要我们在今后的研究中继续探索和解决。

**参考文献**

[1] 冯彦明. 关于推进“导学法”课堂教学的几点思考[J]. 决策探索月刊，2011(22):86.

[2] 王东铭. 优效课堂须重视预学案的导学功能[J]. 教育教学论坛，2011(23):158.

[3] 杨爱爱. 对“双层次问题式导学法”的几点思考[J]. 魅力中国，2013(20):190-191.

[4] 钟庆彬. 初中生物教学中“问题导学法”应用初探[J]. 中国校外育，2012(1):51.

# “四路整合，整体教学”初中语文阅读导学案的设计与实施研究

杭州市十三中教育集团丰潭中学
吴　娟

**摘　要**：语文阅读导学案很少立足于整体，进行内容、知识系统上的贯通设计，出于优化课堂、减轻负担、深化教学和促进学生思维发展的需要，在系统论和多元智能理论“主题教学模式”启发下，本课题提出“四路整合，整体教学”导学案设计的思路。通过案例分析和行动研究，在“设计—实践—反思—再设计”的循环中，优化设计，总结方法，研究策略，积累了丰富的教学案例，进行了导学设计常见思路、角度、策略和模式的研究；进行了实施策略研究，通过把准“学路”，熟备“文路”“编路”，从而形成“教路”，构建了整合式“四路整合，整体教学”导学案的设计与实施体系。

**关键词**：阅读　整体教学　导学案设计　主题

## 一、课题研究的缘起

语文阅读导学案，很少立足于初中语文教学整体，进行文本间内容、知识系统上的贯通设计。而语文教材虽是文选结构，编排却自成系统，是编写专家的教学理念和总体思路（如“九年一贯整体设计”）的体现，单元内部或者单元之间乃至各册教材之间也存在着许多关联；同时 2011 年版的《义务教育语文课程标准》比以往更强调作为一个整体的系统的思想，明确提出“加强教学内容的整合”，导学案设计和教学的现状改变势在必行。

## 二、课题研究的思路

出于优化课堂、减轻负担、深化教改和促进学生思维发展的需要，在系统论和多元智能理论“主题教学模式”的启发下，本课题提出“四路整合，整体教学”导学案设计的思路，即充分利用教材资源的内部联系（“文路”和“编路”），将整个初中语文阶段的教学融会贯通，在一定的主题（专题）情境下，以学生主动构建为活动主线，融合“学路”和“教路”，进行导学案设计，开展阅读教学活动。

课题主要采用案例研究、行动研究、经验总结等方法，在“设计—实践—反思—再设计”的循环中，优化设计，总结方法，研究策略，积累了丰富的教学案例，进行了导学案的设计研究和实施策略研究，构建了整合式“四路整合，整体教学”导学案的设计与实施体系（见图1）。

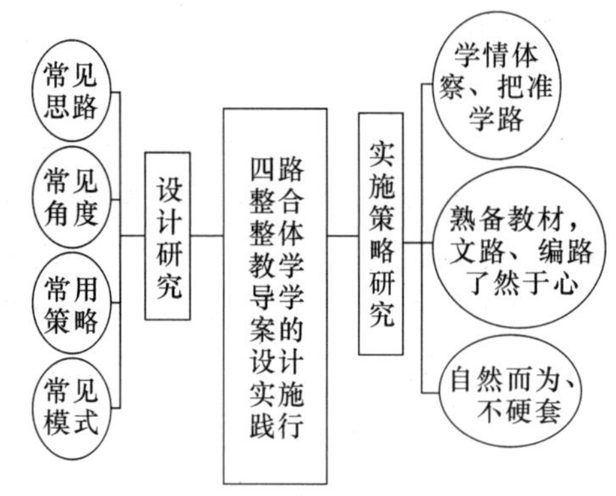


图1 “四路整合，整体教学”导学案的设计与实施践行

## 三、课题研究的践行

### （一）“四路整合，整体教学”式导学的设计研究

语文教材改动很常见，所以我们将设计研究的方向定位于“四路整合，整体教学”导学案设计思路、角度、策略和模式的研究，以使研究更具有参考价值。

### 1."四路整合,整体教学"式导学设计的常见思路

"四路整合,整体教学"式导学设计的常见思路如表1所示。

**表1 "四路整合,整体教学"导学设计的常见思路**

<table>
<tr><th colspan="2">设计思路</th><th>专题案例</th><th>设计说明</th></tr>
<tr><td colspan="2">多文本组合篇目的整体设计</td><td>走近杜甫(八上)</td><td>导学问题:《望岳》和《春望》都能体现杜诗"沉郁"的风格吗?杜甫为什么被称为"诗圣"?杜诗为什么被称为"诗史"?<br>两首诗分别写于杜甫青年和中年,正好能体现杜诗从明朗豪放到沉郁顿挫的风格的变化和唐由盛转衰的历史("诗史"),个人的失意没有打垮他的自信,国家的命运改变却让他忧愁万分,这种博大的心胸气魄使他获得"诗圣"的美誉。</td></tr>
<tr><td colspan="2">单元内个别篇目的整体设计</td><td>英雄(八上前两课)</td><td>导学问题:两文的形象有什么共同点?为什么不选伟人名人来写?<br>《新闻两则》塑造的是人民解放军的英雄群体;《芦花荡》塑造的是个体,一个平凡得没有名字的平民英雄——"老头子"。两篇文章从不同角度共同塑造了人民英雄的群体形象——正是正面战场上这么多没有姓名的解放军,还有敌后这么多平凡得叫不出名字的老头子们,构成了"人民战争"的海洋,建立了中华人民共和国,他们都是"英雄"。</td></tr>
<tr><td colspan="2">单元整体设计</td><td>八下三单元:筛选和概括的技巧和方法(敬畏自然)</td><td>导学问题:"旅鼠之谜"是什么?"人类与旅鼠,谁更高明?"<br>第一环节引导学生总结筛选和概括的技巧和方法。第二环节以话题为媒,引导学生深入阅读单元其他文本找出证据来证明自己的观点;要求运用之前总结的技巧和方法,概述内容,先形成提纲,再进行表述。</td></tr>
<tr><td rowspan="3">打破单元限定的整体设计</td><td rowspan="2">同册相关内容</td><td rowspan="2">美(九上)</td><td>导学问题:两诗在内容和表达方式上有什么异同?<br>《夜》和《月夜》同是描写月夜的美,却有不同的表现方式。中外诗歌鉴赏的整体设计结论:"美是相通的。"</td></tr>
<tr><td>导学问题:吴敬梓(《范进中举》)和莫泊桑(《我的叔叔于勒》)这两位中外不同时期的作家为什么都选择了小人物作为塑造对象?"小人物"专题,小说鉴赏的整体设计结论:"美的方式是相通的。"</td></tr>
<tr><td>打破册的界限</td><td>唐宋边塞诗词风格比较研究:国家气象影响时代风格</td><td>导学问题:"长烟落日孤城闭"和"大漠孤烟直"的意境相同吗?《渔家傲》和《白雪歌送武判官归京》"景"和"情"异同比较。<br>《渔家傲》(九上)中的"长烟落日孤城闭"化自《使至塞上》(八上)"大漠孤烟直",但意境完全不同,前者表现的是紧张的战势,后者只有对壮美大自然的欣赏;《渔家傲》和《白雪歌送武判官归京》(八下)都描写了边塞的环境,虽然客观上前者的环境没有后者艰苦,但诗人的情感却不同,前者紧张焦虑,后者乐观自信。</td></tr>
</table>

2.“四路整合，整体教学”式导学设计的常见角度

如能立足整体，巧妙切入，着眼细微挖掘，多角度地进行主题方案设计，那么教学就容易深入、高效地进行，甚至达到“1＋1＞2”的效果。具体角度如下。

(1)按话题设计

话题是一个比较宽泛的概念，很多单元的“综合性学习”能体现单元编写的话题思路，可以借鉴，如“世界何时铸剑为犁”“话说千古风流人物”。除了单元话题之外，很多文本有着共同的话题，如《夜》和《月夜》的整体设计，《我的叔叔于勒》与《范进中举》的整体设计，以及“唐宋边塞诗词风格比较研究”，都可以证明用话题的方式来设计整合是便捷、可操作的。

(2)按文体设计

“依据文本体式来解读课文，来把握一篇课文的教学内容，是阅读教学的基本规则。”八、九年级教材的现代文单元几乎都按文体编排，完全可以设计成为系列。如八年级上三、四单元可以设计成“走近说明文”专题，按说明文的特点、说明方法、说明语言三个系列进行整体设计，精讲其中1～2篇课文，其他课文采用“自选＋专题”的方式，让学生自学、分析。如说明方法专题，可以先介绍说明方法的种类，再结合课例教会学生初步辨析，分析作用，然后请学生自选课文，进行说明方法专题辨析、分析和整理，或请学生自选说明方法专题，将所有其他课文的某种说明方法都进行辨析、分析和整理。

(3)按写作序列设计

七年级教材的每一单元都有一个写作专题，我们进行单元整体设计时，可以参考；当然也可以根据自己的教学理解和构想，稍加改变。如七年级上三单元的写作序列是“文从字顺”，但几乎每篇课文都有精彩的景物描写，我们也可设计“写景的方法”专题，体会多角度写景的写法。

八、九年级教材没有专门的写作序列，但每单元都有“写作、综合性学习、口语交际”，我们可以设计和单元主题相关的写作序列，如八年级下六单元以“旅行”为主题，也可以设计成“以景表情，融情入景，情景交融”的主题，更深入体会景物描写的作用。再如小说《故乡》《我的叔叔于勒》《范进中举》和《变色龙》可以以“人物语言的精彩刻画”为专题，让学生体味语言描写对暗示人物身份、凸显人物个性的作用。

(4)按阅读技巧设计

如八年级下三单元，可以从阅读技巧方面设计“筛选和概括的方法”专

题；九年级上四单元可以设计"论证方法的种类及作用"专题。

(5)按作家专题设计

如曹操专题。七年级上《观沧海》和《龟虽寿》可以整体设计，通过解读两诗的景语，结合创作背景，感受曹操一统天下的决心、气度和老当益壮的不服输精神，颠覆曹操传统的"奸雄"形象。初三学《杨修之死》时，可以再次引导学生思考：曹操形象在小说和诗歌里一致吗？

如苏轼专题。人教版初中教材中苏轼作品有4篇，文风各异：《记承天寺夜游》淡泊，《水调歌头》柔情，《江城子》豪放，《浣溪沙》清丽。前期的文本教学可以单独进行，初三时可尝试设计专题，使学生全面了解苏轼，鉴赏他多变的风格。

再如鲁迅专题。人教版初中教材出现的鲁迅作品有7篇，初三时可尝试设计专题：回顾鲁迅所有的作品，整理它们的出处，溯洄鲁迅先生的人生足迹，自主提出探究问题。在课题实践中，学生提出了一些让人惊喜的探究问题，例如：鲁迅先生笔下的童年生活为什么那么美好？鲁迅先生笔下的阿长、闰土、杨二嫂和孔乙己具有什么样的意义？他们分别代表了鲁迅先生对中国社会哪一方面的思考？《藤野先生》对理解鲁迅先生的成长有什么意义？

(6)按美学鉴赏角度设计

《义务教育语文课程标准》明确提出三、四学段学生要"能初步鉴赏文学作品"；《普通高中语文课程标准》则指出"对文学类文本的阅读评价，是阅读与鉴赏评价的重点"，甚至建议选修《人间词话》《歌德谈话录》之类的文艺美学论著，进行专题研讨。可见承上启下的初中语文教学，普及文学鉴赏的知识和方法，非常必要。况且，没有这样的知识架构和方法指导，学生如何能够进行"个性化"阅读，"获得思想启迪，享受审美乐趣"呢？

根据初中学生的能力和积累情况，我们认为，初中阶段的文学鉴赏知识的架构和方法的指导，最宜从诗歌鉴赏开始。诗歌篇幅短小，内涵丰富，又是人类最早的文学样式，几乎所有的美学知识都能在诗歌中找到相应的点。而且整个初中教材，诗歌选入的量也非常大，连同课外古诗词诵读，一共有中外诗歌68首(不算散文诗《荷叶母亲》《风筝》和《野草》)，这是多么丰富的教学资源啊！涉及的古代诗坛风格风貌和文学现象有"建安风骨""盛唐气象""唐诗的丰富题材""唐代的浪漫主义诗歌和现实主义诗歌风格""词的婉约派和豪放派"，涉及的现代诗歌风格和流派有"朦胧诗"，涉及的外国诗歌流派和现象有以济慈为代表的"浪漫主义"诗歌流派，以休斯为代表的"黑人文学”等。当然，初中阶段可以以中国古代诗歌发展的脉络为主，从诗到词，有一个比较完整的呈现。

除诗歌鉴赏之外，小说鉴赏（如小说中“小人物”现象）、散文鉴赏（如“以小见大”写法专题）也都可以进行整体设计。

同一篇课文，从不同角度设计，可以纳入不同的专题，比如叶赛宁的《夜》，可以纳入单元整体设计“感受大自然的美”，也可以作为“美”这个专题另行设计。同一个单元，从不同角度设计，可以形成不同的主题，如七年级上三单元可以从内容角度设计成“感受自然”的专题，也可以从写作序列方面设计成“写景的方法”的专题；八年级下三单元可以设计成“人与自然和谐共处”专题，也可以设计成“筛选和概括的方法”专题。

3.“四路整合，整体教学”式导学设计的常用策略

（1）选择文本有弹性

教材文本一般分必读和选读两类，在兼顾学情、调查学生喜爱度的基础上，教师可以根据自己的教学积累和教学特长来决定教学的文本；进行单元整体教学，更可以由学生投票决定单元教学突破口。

（2）处理文本有详略

整体设计往往涉及多个文本，处理时大多有轻重详略之分。如《夜》和《月夜》的整体设计，就以《夜》为主。

（3）设计角度要据实

整体设计有时也有多个文本并重的设计情况，这时需要据实突破，找到巧妙角度切入进行。如《望岳》和《春望》的教学，可以从“杜诗以‘沉郁’闻名，两首诗的风格是否都是‘沉郁’？”切入。

（4）兼顾生成有“硬”“软”

阅读教学不能不着边际，应抓住文本的主要特点来设计，这是不能改变的，是“硬”的。同时课堂教学具有“生成性”，无法预设，这部分“即时性”、隐匿的内容就是“软”的。因此，进行整体导学案设计的时候，要尽量精准地抓住文本的独特个性，巧妙地发现文本间的内在联系，同时考虑学情的发展变化，为自己的设计留有灵活调整的余地，兼顾“硬”“软”。

如表2所示，教学八年级下三单元时，教师在整体设计之后对单元教学的切入方式和话题方案做了多种准备，即使学生临时要求变更上课的篇目，教师也能随机应变。

表2 八年级下三单元整体教学设计方案

| 教学突破篇目 | 教学切入口 | 话题方案 |
| --- | --- | --- |
| 《敬畏自然》 | 比较人类的智慧和大自然的智慧 | 人类的智慧和大自然(雁群)比,谁的更高明? |
| 《消逝的仙湖》 | 用合适的词来描述今昔罗布泊 | |
| 《大雁归来》 | 文章介绍了哪些大雁科普知识? | |
| 《旅鼠之谜》 | 旅鼠之谜到底是什么? | “鼠目寸光”形容谁更合适? |
| 《喂,出来》 | 根据文章脉络,接下来会发生什么? | 现在看不到危险就不是危险吗? |

4.“四路整合,整体教学”式导学设计的常见模式

(1)以“程式化”为主的预学案

“四路整合,整体教学”导学设计以学生主动构建为活动主线,是以“学生的学”为出发点和重心的教学设计,因此课堂教学前,要通过预学案,体察“学情”和“学路”,同时要对学生的预学进行指导,设法“授之以渔”。

美国著名教育专家罗伯特·马扎诺博士提出,“当学生在掌握新技能与新程序等程序性知识时,教师必须让他们学会一个模式(模型或一组步骤),然后形成这一技能的程序,使之运用起来得心应手”。因此,编写导学案,尤其是预学导学案时,我们提倡进行常规程序设计,帮助学生学会预习;我们主张预学案程式化、简单化,用条块设计来替代烦琐的预习要求。

(2)简洁的课堂导学设计

课堂导学设计方案是在批改学生预学案,了解学生学情的基础上,整合“学路”“文路”“编路”和“教路”,最终确定而成的导学设计方案。出于优化课堂教学的角度需要,建议一个课时以1～2个导学问题为主,重点突出2～3个教学环节。也就是说,课堂导学部分设计要简洁。

常见的课堂导学类型主要有以下两种。

①“主干式”整体导学设计

以主干式的导学问题架构整体教学。篇幅比较短、难度比较小的一些文本,往往可以采用这种方法进行。

很多多文本组合篇目,可以“为什么把这几篇文章放在一课当中?”来整体导学,激发学生从内容、结构和表现手法等方面进行多向探究。

当然指向明确的设计也是可行的,如前面所列举的《杜甫诗三首》,就可以用有层次的主干式问题指导学生对杜甫诗歌的整体鉴赏。

再如对整个单元进行整体规划,设计单元整体导学思路,如八年级下三

单元的整体导学设计，以一篇文本为主，其他文本为辅，整体设计对单元话题的认识。

②“拓展提升型”整体导学设计

以单篇文本教学为主，导学主问题往往着眼于单篇文本的解读，而在解读单篇文本之后，从某一个角度进行“整体性”导学探究。在这种情况下，整体导学的主要功能是拓展和提升。一些篇幅较长、难度较大的文本，往往进行这种类型的设计，如小说。例如，教学《范进中举》时，联系《我的叔叔于勒》进行的“小人物”专题的探究；再如教学《孔乙己》时，联系鲁迅其他作品进行的“鲁迅专题研究”。

(3)以专题为主的课后整体导学案设计

很多导学案设计对课后的整理和复习并没有给予太多关注。事实上，课后整理对于架构整个语文的知识体系具有非常重要的作用。

例如，七年级教材各单元基本都贯穿了写作序列，八、九年级很多单元文体相同，“综合性学习”也都能体现单元主题，我们可以借鉴单元“写作”序列或“综合性学习”，进行系列专题设计。

再如，学文言文，课后整理和复习导学很有必要。从八年级开始，我们可以在学生学完几篇课文或整个单元之后，指导他们进行某一个专项的整理，如“通假字”“古今异义”“‘之’的用法”等，帮助他们学会知识整理。

所以，即使没有对单元文本进行整体设计，我们也可以在单元学习结束之后，指导学生对一个单元所学习的文本进行某一方面的整理。课后整体导学定位于语文知识体系的架构，因此，课后整体导学宜以专题设计为主。

**(二)“四路整合，整体教学”式导学的实施研究**

1. 学情体察，把准“学路”

(1)学情体察，一次设计多次调整

学情体察准了，才能摸准“学路”。由于学情的多元性和多变性，“四路整合，整体教学”导学设计往往需要一次设计、多次调整。

①预学把脉，多元体察，设计导学初案。可以通过设“弹性区块”、选“最喜欢的篇目”、定“特别设计”等措施来进行。

②尊重“学情”“学路”，根据学生疑点调整导学设计。主要通过在预学案预留空间质疑、在课中案中创设情境激趣、在课堂教学中多样方法导疑来进行。

③跟踪学情，多次调整。学生的多元智能是始终在发展变化的，所以学情诊断应该是一个持续的过程，而不是一个不变的结果。因此，课中的调查、诊断和随之而必须进行的导学调整很重要。

(2)学情体察，决定设计的难度

整体导学设计对学生的整体思维能力和整合能力有一定的要求，对于思维发展处于初级阶段的初中生来说，有一定难度，所以设计的时候要顾及初中学生的知识储备现状和接受能力，注意难度的控制。具体实施建议如下。

①整体设计，单篇先行

整体导学设计往往涉及多个文本，为了便于学生理解，一般都是整体设计，单篇先行。如八年级下三单元整体教学，先寻找一篇文章作为整个单元教学的突破口，再通过整体导学问题关联其他文本。

再如诗歌教学中"国家气象影响时代风格"专题，也是分次完成的。八年级上学《杜甫诗三首》和《使至塞上》时学生诗词的积累不够，只进行单篇教学；八年级下学《白雪歌送武判官归京》时，可以结合王维、杜甫整体设计"盛唐气象"小专题；九年级学《渔家傲》时，学生的知识储备达到一定程度，实施"唐宋边塞诗词风格比较"，完成大专题整体设计。

②美学思想以普及为主，浅尝辄止

初中阶段涉及一些美学思想的部分，教学的时候要掌握深入浅出的原则，以涉猎为主，不求全面深刻。例如初二年级教学《杜甫诗三首》，我们可以涉及"一切景语皆情语""以乐景写哀，以哀景写乐，一倍增其哀、乐""艺术是生活的镜子"这样一些美学鉴赏思想，但不宜对它们做深入讲解。

篇幅较长、难度较大的文本(如小说)，以单篇教学为主，美学鉴赏的渗透和普及以推广为主，浅尝辄止，以开阔视野、帮助构建美学鉴赏知识框架为要。

③以小型设计为主，大型设计量力而行

初中阶段整体导学案设计可以诗歌为主，因为诗歌篇幅比较短，能用一课时深入进行。对于篇幅较长的小说文本，其难度就比较大，可以只选一个角度切入(如"人物描写的方法"等)降低难度。

大型设计，如初中三年的诗歌回顾，有条件的班级才可以展开，学生的理解和接受能力如果还达不到相应层次，不能硬性施行，可以通过专题讲座等活动的形式来开展。

(3)学情体察，决定设计的梯度

学生生理、心理以及语言能力的发展具有阶段性特征，不同内容的教学也有各自的规律，应根据不同学段学生的特点和不同的教学内容，采取合适的教学策略，学生的年级不同，知识储备不同，导学案设计的梯度应该有差异。

2. 熟备教材，“编路”“文路”了然于心

(1)熟“文路”左右逢源

整体设计是一种不同常规的设计，需要教师在阅读中抓住忽然闪现的灵感，发现教材文本间的联系，把它们挖掘成为一种教学行为。如能摸熟“文路”，整体设计时就能左右逢源，轻松完成。例如，教学《渔家傲》时，教师发现了“长烟落日孤城闭”是从“大漠孤烟直”(《使至塞上》)化出，便有了将唐宋边塞诗词进行整体比较的设想，通过筛选，教师选择了最能体现边塞苦寒的《白雪歌送武判官归京》作为补充，以“面对相似的边塞风光，诗人情感不同的原因”和“比较范诗和岑诗笔下边塞条件的差异和诗人情感的差异，探究原因”两个整体导学问题，完成了“唐宋边塞诗词比较研究”专题设计。

(2)熟“编路”游刃有余

语文教材都是文选结构，各知识点和能力点由螺旋上升的体系构成，所以从七年级上开始，几乎各种文体样式都已经出现在教材之中，但各年级的教材编写重点又有不同。

此外，多文本篇目的“编路”，单元的“编路”，同册相关篇目的联系，不同册相关篇目的联系，都是“编路”的体现。

如果能够对教材的“编路”全局在握，那么整体设计起来就可以游刃有余。

3. 顺势而为，“教路”自然

(1)依据文本顺势而为

绝不能为了整体设计而整体设计，生拉硬套。要根据文本间的关联和阅读感受，自然而为。

(2)依据师情顺势而为

对于教师自己没有把握好的内容和设计，不应勉强进行。

(3)依据学情顺势而为

例如，很多学生对鲁迅的作品不感兴趣，这并不意味着鲁迅的作品就全部要“淘汰出局”，对于这样的课文，教师更需要迎难而上，巧设巧引，如将某些篇目纳入学生感兴趣的专题(如鲁迅在很多作品里都提到了自己的童年，

他的童年和你的童年相比谁更精彩?),设法激发学生阅读学习的兴趣。

(4)依据动态顺势而为

从"学的需要"出发,课堂导学时要尽量关注每一环节,师生互动生成课堂教学亮点。例如,教学《爱莲说》时,学生突发奇想,提出了这样的问题:爱莲和爱菊,哪一个更高尚?教师没有忽视学生的这一问题,顺势引导学生对莲和菊进行了深入探讨,激发了学生的思维,形成了课堂小高潮。

## 四、课题研究的结论与思考

### (一)课题研究的结论

"四路整合,整体教学"导学设计,深度开发了课程资源,建构了语文知识体系,拓展了美学鉴赏的视野,创新设计了教学新思路,高效达成了"1+1>2"的教学效果。

### (二)课题研究的思考

1."高效"与"需要"如何才能兼顾

现在阅读教学追求高效,文本优质课评比往往都用一节课来解决,笔者感到困惑的是,面对这种情况该如何处理,才能让每一个孩子的需要都得到尊重。

2."预设"与"生成"何时才能有余

阅读教学有许多"动态生成"的东西是不可预设的,尽管我们设计导学案之前做了充分预设,并根据学情随时调整,但不能否认的是,学情是无法完全预设的,有时候,我们会选择忽略,以便更好地完成自己的设计,也许就因此错过了学生思维的"盲点"和"难点"。教学的"动态生成性"对教师的教学智慧是一个不小的挑战。

### 参考文献

[1] 王军. 给语文教学带来最根本变化的是什么[J]. 教育家,2003(9):45-46.
[2] 王荣生. 根据学生学情选择教学内容[J]. 语文学习,2009(12):17-22.
[3] 王荣生. 营造以"学的活动"为基点的课堂教学[J]. 语文学习,2010(5):17-19.

[4] 杨向谊. 让知识更系统:整合与概括让学生建构体系[M]. 重庆:西南师范大学出版社,2011.

[5] 岳晓东,龚放. 创新思维的形成与创新人才的培养[J]. 教育研究,1999(10):9-16.

[6] 周一贯. 阅读课堂教学设计论[M]. 宁波:宁波出版社,2000.

# 小学中高段语文阅读课学习单的设计与实施研究

杭州市西湖小学教育集团文新小学

张丽敏　郑雪琴　万俊华　陈丽亚

**摘　要**:针对现在小学中高段语文阅读教学中存在的课堂现状,课题组提出了用“学习单”来定位、导航、增效课堂阅读效果的思路。课题主要从学习单的设计方向、设计路径、使用策略这三方面进行具体论述。课题的研究,就是为了把握好每一份学习单的设计原则,明确不同学习单的特点、作用,熟练掌握各类学习单的使用策略,使学习单的使用在小学语文中高段课堂中发挥最大的功效,并达到激活语文课堂、激发学生潜能、改变教师传统教学模式的目的,使教师在不断的研究和创新中提升教学水平和教育科研能力。

**关键词**:学习单　设计　使用　策略　成效

## 一、审视现状,追根溯源——课题的提出

新课标指出:“教学内容的确定,教学方法的选择,评价方式的设计,都应有助于学生自主学习、合作、探究方式的形成。”这是课改赋予我们的使命,也是时代的发展需求。但是目前课堂现状与这样的发展趋势却存在脱节现象,不能适应发展的需求。具体表现为以下几个方面。

### （一）内容空泛，“学什么”无所知

语文课课堂内容以文本的形式呈现，教师在执教过程中，常常会因为文本内容过长或者过散而不能准确定位学习内容，以致出现拖泥带水、长篇冗教的情况。而学生也就跟着教师泛泛而学，难以定位重点、要点。

### （二）方法缺失，“怎么学”无所从

教给学生正确的方法，才能使学生适应各种类型的学习活动。而目前的小学语文课堂中，却常常是教师牵着学生走，生怕学少了这个、学漏了那个，即使教师教给了学生学习方法，也是口耳相授，学生缺乏独立的思考和实践。

### （三）目标模糊，“学怎样”无所得

在平时的阅读教学中，对于学生学到什么样的程度，往往是在课堂中即时生成，增量数据等难以统计，对学生个体的目标达成更是难以把握，容易造成整体目标过高或任务偏轻的局面，也容易忽视个体目标的完成情况。

## 二、研究设计

### （一）概念界说

语文阅读课学习单由语文教师根据课堂教学内容设计编写，注重创设学生感兴趣的情境，活动及问题设计符合学生认知过程，使学生在自主、合作、探究学习中找到适宜的学习方法，激发学习兴趣，提升学习能力，达成课程目标的相应要求。

### （二）研究目标

1.创新阅读教学策略，促进语文课堂改革

依托“学习单”，改变低效课堂模式，转变学生的学习方式、教师的教学方式，创新阅读教学的策略，提升语文课堂质量。

2.激发学生阅读兴趣，提高语文学习能力

依托“学习单”，使学生从被动地学变为积极、主动地探索和研究，产生自主阅读的浓厚兴趣，养成良好习惯，提升语文学习能力。

3.明确教师引导地位，提升教师专业水平

使教师从课堂传授者变为引导者，促进教师把握课标精神、深入钻研文

本和有效驾驭课堂能力的提升，以学定教，提升教师专业水平。

### （三）研究框架

研究框架如图1所示。

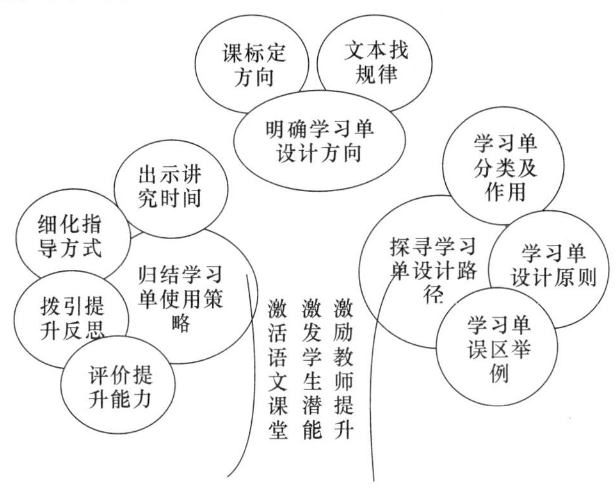


图1 课题研究框架

## 三、循序渐进，步步为营——实践的探索

那么，如何更好地设计和使用学习单，让学习单真正调动学生的学习兴趣，让课堂更自主、更活跃，达成高效阅读的目标呢？下面，就以作者亲历的几次执教以及其他教师的教学实践为例，深入“单”的本质，探寻“单”的规律，发现“单”的妙用。

### （一）划圈定位——明确“学习单”设计方向

无论是哪一种类型的“学习单”设计，必须以课标为准则、以课本为基础、以生本为特点进行设计，明确学习单的方向，框好学习单的范围。

1. 有的放矢——课标定方向，目标作引领

（1）学习单设计需基于学段整体特点

任何一堂课的教学设计，首先都应该落实“学段整体目标”。比如，学习寓言，低段学寓言，主要是以听故事为主；中段学寓言，则不仅需听懂故事，还要明白故事中的深刻道理，从人物描写中感受思想情感。所以，每一次的学习任务不应是笼统、模糊，甚至割裂、肢解的，应遵循学生学段整体特点，

符合课标对于不同学段课堂教学目标的分解与落实，应是系统而有层次的。

(2)学习单设计应依循学生个体特点

学习单的设计还需要依循学生个体特点。对学生个性的了解、学情分析也是设计学习单的重要前提。学生个性特点除了年龄特点之外，还包括学生既有知识经验、学习能力、学习风格以及学生兴趣的关注点。其实，遵循了年段整体特点和学生个性特点，也即遵循了课程标准、单元目标。

2. 顺藤摸瓜——课本是基调，文本有规律

(1)探寻常见文本学习单设计规律

每一篇课文都有其不同的文本特点，写人、记事、写景等不同体裁的文本，其学习单的设计肯定也不一样。常见文本学习单设计规律如表1所示。

**表1　常见文本学习单设计规律**

| 文本类型 | 学习单设计规律 |
| --- | --- |
| 写人文本 | 以提炼人物性格为核心：写人的文章，作者一般通过对人物动作、语言、神态和心理活动的描写来反映人物性格。这样的学习单设计，关注的应是人物描写的关键语句。 |
| 记事文本 | 以厘清事件脉络为核心：记事类的文章，事情的发生、发展、结果都非常清晰，所以此类文章的学习单设计，重点任务也是对事情的发展脉络的把握。 |
| 写景文本 | 以感受景物特点为核心：写景为主的文章，侧重于对景或物的特点描写，一般从几个方面入手，通过各种表达方式表现景物的特点。这样的学习单设计思路可以和文章吻合，一脉相承。 |

(2)探索特殊文本学习单设计基调

相较于小学阶段常见的文体之外，还有一些比较少见的特殊文体，寓言、诗歌、说明文就在此列。对于这些比较特殊的文本来说，摸清其文本规律，确定课本基调便显得尤为重要，而后结合本堂课的教学重点，有的放矢地设计学习任务。特殊文本学习单设计规律如表2所示。

**表2　特殊文本学习单设计规律及举例**

| 文本类型 | 学习单设计规律 |
| --- | --- |
| 寓言文本 | 以明白道理为核心：学习单的设计应循序渐进，不仅要依照文本写作脉络设计清晰的路线，更要以最终明白寓言的道理为目的。 |
| 诗歌文本 | 以读诗悟情为核心：古诗词教学主要是让学生读懂诗句，感受诗的意境美、语言美、形式美，体会诗的含义与感情。设计诗歌文本的学习单，首先要帮助学生入“境”，引导学生感受意境美，与作者的感情产生共鸣。 |
| 说明文文本 | 以体会说明方法为核心：说明文以“说明”为主要表达方式，说明事物的形态、性质、特点等。说明文文本学习单的重点就是根据教材的实际来引导学生学习说明的方法并感受作者用词的科学与严谨。 |

### (二)铺路搭桥——探寻“学习单”设计路径

1. 千头万绪，归一“学习单”之设计原则

学习单应当具有实用、高效和有趣的特点，才能使其在课堂上发挥最大的效用。那么，学习单的设计应遵循哪些原则呢？

(1)形式名字有趣，任务简洁明确

对于小学阶段的学生来说，直观有趣、有一定探索空间的学习单会给他们下一步的学习带来兴趣。学习单形式需要丰富多样，符合教学情境，其任务表达也要简洁明确、一目了然，并注重趣味性和激励性。如果能给学习单取一个有趣的名字，就更能激发学生的兴趣，如“思考椅”“情节题”“关系图”“理由圈”等。

(2)突破文本难点，渗透学法指导

突破文本难点是课堂教学中的重点，也是教师教学艺术的体现。利用学习单规划学生的学习路线，并利用学习单突破文本难点，是学习单的设计宗旨。同时，教是为了不教，“鱼”要给，“渔”更要授，在设计时，教师既要关注学生对文本内容的学习，又要渗透学法指导。

(3)关注文本表达，效仿写法迁移

学习单的设计也需要体现从“指向内容”走向“指向表达”的教学理念。尤其在中高段语文教材中，文本表达上的特点是值得学习的重要内容。所以，“指向表达”的教学重点可以落在探究“表达奥秘”相关的段落上。教师在设计学习单时，要关注学生对文本表达的学习，指导学生进行恰当的方法迁移，最终习得语言。

(4)引领探究实践，盘活阅读思维

每个学生都是课堂的主人，课堂不应是教师或者几个学生的“地盘”。所以学习单的设计必须遵循每个学生都能参与探究和实践的原则。不要只让学生想一想，让他们成为课堂的观光客，而要让学生真正动手操作起来，丰富语用情境，加强语言实践，促进思维认识的深入。

2. 五花八门，梳理学习单之类型作用

目前常在小学语文阅读课堂上现身的“学习单”，因教学文本的不同、教学任务的不同，甚至授课对象的不同等，类型可谓五花八门，主要有以下几种(见表3)。

表3 学习单分类

| 按使用时间分 | 按教学环节设置分 | 按呈现形式分 | 按变化情况分 | 按参与人员数量分 |
| --- | --- | --- | --- | --- |
| 课前预习单 | 基础部分学习单 | 填空式 | 固定式 | 个人自主式 |
| 课中探究单 | 要点部分学习单 | 图表式 | 生长式 | 小组合作式 |
| 课后检测单 | 拓展部分学习单 | 情境式 | | |
| | | 复合式 | | |

(1)按使用时间分的学习单类型及作用

①课前预习单:课前依据学生的认知水平和对教材的把握程度,为课堂学习顺利进行而铺设的基础性学习单。这类学习单主要帮助学生提前预习,使学生提前感知教材、初步处理文本信息,使学生对文本有整体的印象,有利于进行下一步的深入解读和学习。

②课中探究单:为解决课堂教学中的重难点,围绕学科特点和学生认知水平而设计的学习单。这类学习单可以将难懂的、长篇的文字内容进行形式转变,变成学生容易习得和喜欢阅读的学习单模式;帮助学生突破重难点,为学生提供化难为简的学习方法。

③课后检测单:针对授课内容,对学生所学知识进行梳理和汇总,或对相关知识进行课外拓展而设计的学习单。这类学习单用来巩固已学内容,对课堂学习进行提升,并延伸课堂内容。

(2)按呈现形式分的学习单类型及作用

①填空式学习单:以多个空格填写为主要形式的学习单,适用于板块明晰的文本教学,旨在提取文本多方面的核心信息。这类学习单能够让学生通过捕捉关键字词、短语,进行内容主题聚焦,让人看了能对文本多方面的信息立即进行归整。

②图表式学习单:主要是指以一张或几张图和表演示整个学习流程的学习单。这类学习单简洁直观,便于理解,将比较复杂的文字转化为浅显易懂的图表,不仅能降低学习难度,还能提高学生的学习兴趣。

③情境式学习单:通过学习单的设计,从直观图形和客观文本信息出发,带学生进入与文本内容相关联的情境中而设计的学习单。这类学习单可以使学生准确、快速掌握文本重点内容,较快引发学生与文本的情感共鸣,激发学习兴趣,并在学生脑海中建立直观可感的形象,加深对文本的理解和感悟。

④复合式学习单:根据文本深入的需要,或是根据学习资源提供的需要,设计包含了多种形式(表格、图片、情境式图案等)的学习单。这类学习单一般形式多变,容易激发学生探索文本的欲望;同时,因为其资源多样化,可以开阔学生的学习视野,全方位为学习文本服务。

(3)按变化情况分的学习单类型及作用

①固定式学习单:以一单贯穿行文始终的学习单,其问题的设计、学习任务的布置甚至学习方法的设定在学生的学习进程中一般没有变化。这类学习单因其稳定的学习内容,目标达成的指向非常明确,而且内容之间的区别比较明显,使学生能清晰解读文本内容和行文条理,便于学生记忆和积累。

②生长式学习单:因学生理解和生成的内容变化,学习单随之延展,在基础学习单上能够"生长"出其余任务或内容。这类学习单以学定教,充分发挥学生的主观能动性,课堂开放灵动,是学生发挥个性、发散思维的有利平台,同时对教师的课堂驾驭能力、引导能力提出了更高的要求。

(4)按参与人员数量分的学习单类型及作用

①个人自主式学习单:根据学习内容难易程度或根据教学设计的需要,甚至根据学习时间的关系,设计适合个人独立完成的学习单。这类学习单极大地发挥个体个性特点,强调独立思考能力的锻炼。

②小组合作式学习单:根据学习内容的难易程度或者根据教学设计的需要,设计需要两人或两人以上合作完成的学习单。这类学习单强调合作学习的理念,培养学生的合作意识和能力。

3. 扬长避短,勿入学习单之各种误区

首先,在很多学习单中不难看到,教师会把所有教学问题都呈现在一张学习单中,从字词到文章写作顺序,再到作者表达的情感等,就连最后的拓展链接也设计进去了。这样的学习单,看一眼就觉得复杂、麻烦,学生还会饶有兴趣地一一完成吗?其次,有些学习单中涉及的内容,有课前预习任务,也有课堂合作研究任务,但无论是哪一种任务,其实都是零散的作业,没有其他研究和实践形式。这样的学习单,有无课堂教学时间基本无异。再次,一堂课,无论设计何种类型的学习单,如果要将所有的知识点都习得,那等于没学。学生不可能将呈现的习题一字不落记入大脑,学得太多,反而遗忘的速度更快。尤其是在学生展开合作探究学习时,只有围绕一个核心问题,循序渐进地展开,才能显现学习效果,因为一堂课不能解决所有的问题,在某一点能有所突破就足以。最后，语文课当然要有语文味，朗朗书声是必不可少的。但是在引入学习单之后，常常只有分析、感悟、交流、汇报等形式，而缺少了初读、精读、细度、熟读等环节。但殊不知，只有读正确，读流利，读得有感情，才能读懂、读透，才能感受作者的情感，表达自己的思想。

所以综上所述，学习单的设计必须避免进入以下误区：以教学问题代替课堂学习单，以零散的作业代替课堂学习单，学习单的任务面面俱到而无重点，因学习单的引入而只讲感悟。

**（三）张弛有度——归结“学习单”使用策略**

高效课堂的最终结果应该放到“高效”两个字上，必须实现教师与学生“双高效”。那么，除了正确设计学习单之外，合理、巧妙使用学习单，将更能使学习单在高效课堂中起到关键性的作用。

1. 灵活贯通，出示讲究时间

再完美的学习单，如果把握不好呈现的时机和呈现的时间长度，也就达不到好的效果。学习单首先需要注意呈现时机的恰当。

①学习文本之前出示：也就是课前出示，便于学生在大脑中对学习信息有大致的框架了解，能更快深入文本学习。

②学习重点环节时出示：也就是课中出示，学习单能起到引领学习路线、简化学习难题、更快达成文本共鸣的作用。

③学习成果呈现时出示：也就是课后出示，相当于平时课堂中的成果展示阶段，以学习单的形式出现，能够淘汰不重要的成果信息，展示最重要的优秀成果，增强学生自主学习或者合作学习的信心。

另外，每一份学习单的呈现，也要把握时间长度。一般来说，简单的信息提取和创造性的思维开发相比较，前者呈现时间短于后者；而课中探究单又要比课前预习单呈现更长时间……这些也都需要根据实际教学情况而定。所以，每一份不同的学习单，不仅“何时出场”有讲究，“出场顺序”有先后，而且“出场时间”也有长短。这样才能更好地发挥学习单的作用，激活高效课堂。

2. 细化指导，活用多元方式

按照中高段学生的思维特点来看，学习单需要进行循序渐进的细化指导，分解任务便于操作，并采用多种学习方式与之配合，避免扁平化。

(1)分解任务，循序渐进

学习单是学生自主学习的载体，一份学习单中往往包含了一个大任务或几项任务，将这些任务一起交给学生自主完成，其效果可能不尽如人意。所以需要将任务进行分解，循序渐进地指导学生阅读文本。

（2）多方配合，立体教学

学习单是一种学习工具，很多时候也是不宜单独使用的，必须配合朗读、体验、互动、讨论、表演等多元的学习方式，个体思考、合作探究、集体交流交替进行，才能将阅读教学立体化，使学生在不断的实践操作中提升能力。

3.巧拨妙引，关注差异反思

学习单的表达方式带有强烈的个性化，所以在学习中也将呈现各种学习差异。关注这些差异生成并及时进行巧妙点拨，引导学生不断比较、反思，就能使学习单的使用不再停留于浅层次上，对学生能力的提升发挥最大的效益。

（1）善用差异资源

差异资源是具有特殊教育作用的学习材料，教师善于利用丰富的资源素材，将差异资源效益最大化，对激发学生的探究兴趣，唤起学生的求知欲具有特殊作用。在交流时，答案的不一致是最明显的差异表现，这时可以组织学生针对不同答案继续深入研究讨论，最终在教师的引导下经历思维的反复碰撞过程，体验探究和实践的乐趣。

（2）引导空白反思

学习单作为一种辅助学习工具，很多时候不能面面俱到，还会有很多空白处可以留给学生思考。这就需要教师在使用学习单的时候，引导学生捕捉、探究这些启人深思、促人挖掘的空白点，通过合理的想象表达语言，有利于学生思维的开拓、语言潜能的开发和探究意识的开启。

4.勃然奋励，评价丰富多彩

课标中提到的评价建议中，指出教师需要“恰当运用多种评价方式，注重评价主体的多元与互动……根据不同年龄的学生特点，抓住关键，突出重点，采用合适的方式，提高评价效率”。学习单的引入使用之后，评价同样需要达到这样的要求，利用多元评价使学习单成为阅读教学的核心载体。

（1）内容多样，促进教学

学习单类型多样，作用不一，其使用也讲究方式、方法，这就使评价内容也是多样化的，包括对整体学习单的评价、对部分学习单的评价、对学习方法可行性的评价、对学习内容契合度的评价等。但无论哪一种评价，都应以促进教学改革、激励学生学习为宗旨。

(2)角度多样,强调反思

学习单评价的角度也应是多方面的,从学生角度评价,可以利用学习单让学生对自我进行自主评价和相互评价,促进学生主动学习、自我反思;从教师角度评价,可以利用学习单让教师对教学设计各个环节的实施和效果进行主动评价,对学生习得能力进行纵横比较,从而反思学习单设计和使用效果;部分课后延伸类学习单,还可以从社区人员、专业人员角度进行评价,反思学习单的科学性和有效性。

(3)评估多样,追究效果

学习单效果的跟进评估不是一蹴而就、一次完成的,需要采集学生、教师样本,采集类型样本,进行跟踪式的定性、定量评价,才能使学习单效果评估呈现科学、稳定的状态。

## 四、事半功倍,效果皆然——研究的成效

### (一)激活语文课堂,拓展学习时空

学习单的使用带来了课堂的全新变化,仿佛给呆板的传统课堂注入了新鲜的血液、自主的活力,创新课堂形式,改革课堂模式,让学生的学习时空无限放大。

1.课前、课中、课后,连续不断——拓展学习空间

由于学习单类型的不同、设置时间的不同,文本学习的时空从课堂延伸到了课外。课前可以“以单为学习依据”,课中可以“以单为学习样式”,课后还可以“以单拓展学习”。学生利用各种各样的思考方式,拓展思路,大胆探究文本,使语文课堂不再仅限于40分钟,而是时时处处即语文,课前课后都可学。事实上,每一张学习单所包含的学习任务远不止单上的内容;通过学习单的使用所习得的能力,也绝不局限在一张学习单上。

2.这篇、那篇、整类,举一反三——丰富学习内容

学习单不仅能够生长,还能延伸和拓展学习空间。一单在手,学生不仅可以学懂一篇文章,还能学懂另一篇文章,甚至对这一类的文本都能得心应手地开展自主学习,不需要教师手把手一篇篇教学。如此举一反三的学习,是学习单的另一大功能,极大地丰富了学生的学习内容,开发了语文学习的

新天地。

3. 今天、明天、后天，创新解放——激发学习热情

一张学习单在手，学生被赋予了更多的自由和权利：独立思考、个性化理解、自由表达等；还可以质疑、批判他人的观点。这些自由和权利大大地解放了学生的个性和潜能，使学生的主观能动性和创造性得到充分的发挥。只有如此，才能将今天、明天、后天的课堂全部还给学生，让学生在思考中学习、探究中学习、合作中学习，彻底激发学习热情。

**(二)激发学生潜能，改变学习方式**

1. 变“教”为“学”

借助学习单的学习，就是让学生在学习中生成，在生成中探究，在探究中获得。课堂已经变“教”为“学”，教师“独唱”少了，师生“合唱”多了，生生“互唱”成主角了，语文课堂真正动起来、活起来了。学习单还积极提倡个性化的学习，鼓励学生从自己的视角出发，获得自己独特的体验。

2. 变“学会”为“会学”

学习单的引入，让学生在不断推进的学习过程中，以激发学生内在兴趣、内在阅读渴望、内在憧憬目标为重点，让学生学会探究、学会创造，最终学会学习。

3. 变“厌学”为“乐学”

学习单的引入，注重通过自主学习、合作学习，培养学生的创造精神，极大地激发学生的学习热情，从而使学生喜欢学习。学生语文学习满意度调查如表 4 所示。

**表 4　学生语文学习满意度调查表**

| 调查项目 | 学期 | 中段学生 | | 高段学生 | |
|---|---|---|---|---|---|
| | | 2012 学年 | 2013 学年 | 2012 学年 | 2013 学年 |
| 对语文课喜爱程度/% | 第一学期 | 99.4 | 99.4 | 99.4 | 99.8 |
| | 第二学期 | 99.5 | 99.7 | 99.7 | 99.4 |
| 对语文老师满意程度/% | 第一学期 | 98.4 | 98.7 | 99.7 | 99.6 |
| | 第二学期 | 98.5 | 99.3 | 98.6 | 99.7 |

### (三)激励教师提升,提高研究能力

1. 从研究"教"到研究"学",树立全新教学理念

学习单作为一个教师参与科研的载体,为教师的学习和实践提供了机会与平台。教师观念发生了质的变化:教学由原来的单一知识传授向情感、态度、价值观等全面发展的方向转变,由过去以传授知识为主向引导学生发现问题、解决问题的方向转变,由知识的权威者向平等的合作者转变。教师开始从研究如何"教"转而研究让学生如何"学"。

2. 从"零打碎敲"到"融会贯通",提高更新教学技艺

通过一个学习单的设计到另一个学习单的迁移,通过研究一类学习单的设计、使用到各种类型学习单的融会贯通,为教师整体把握教材、全面驾驭课堂提供了新的研究内容和目标。在学习单的指引下,教师突出目标境界,实现高尚追求;强调能力本位,实现有效学习;强化主体学习,提倡个性自由;开展多元评价,促进优势发展。教师的教学技艺得到不断的提高和更新。

3. 从效仿模拟到勇敢创新,引领提升研究能力

从尝试实践同一类型的学习单,到教师自主研发各种类型的学习单,归纳总结学习单的设计标准和使用策略等,扎实的课题培训帮助教师进一步树立新课程的理念,为教学服务。研究课的开设、论文的评比、专题的研讨,为教师搭建了交流的平台;成长记录、教学反思,引导教师走上不断提升的研究之路。

## 五、再行再探,结论思考——研究的展望

### (一)研究结论

学习单是课堂教学的辅助工具,是教师将所要教授的知识技能等目标转化为符合学生实际学习水平并能引导学生自主学习的"导学"材料,用好学习单对于提高语文课堂效率、提升学生语文学习能力和促进教师的专业发展都有不可忽视的作用。

1. 自主探究,"学"有所得

经过课题研究我们发现,有效设计和使用学习单,是学生进行高效阅读

的捷径之一。学生借助学习单辅助学习文本，积极阅读，在自主、合作、探究学习中，获得学法指导，养成学习习惯，提高综合能力。

2. 因单利导，"教"有所获

经过课题研究我们发现，教师通过设计和使用学习单，适时调整了自己在课堂中的地位，更多关注课堂生成变化、学生学情发展、自身导引水平，积极开发教学资源，不断研究实践，获得经验积累和专业能力的提升。

3. 和谐创新，"效"有所成

经过课题实践我们发现，中高段语文课堂中的学习单应用使整个课堂爆发出有别于传统课堂的活力和激情，在灵动的师生思维网中，创造和谐、有效的课堂，达成教学目标，提高教学成效，实现"轻负高质"。

**(二)思考展望**

在前期的课题成果运用的同时，下一阶段继续做好课题总结提炼工作，并进一步深入研究和思考，继续完善研究实践。

1. 精炼学习单，提取一类模式

提炼一类学习单的基本模式，研究并总结学习单有效设计和使用的运作模式，整理成应用手册和案例集。

2. 探索新形式，研发拓展模式

改变已有的学习单形式，不断研发和创新适合中高段学生甚至低段学生使用的学习单样本，并拓展课后自主学习的学习单模式。

3. 分层学习单，师生共赢发展

将分层学习理念运用于师生之中的学习单设计和使用过程，既注意对学生的因材施教，更注意区分不同层面教师的学习单运用能力，为师生共同的可持续发展奠定基础。

**参考文献**

[1] 沈大安. 小学语文教学案例专题研究[M]. 杭州：浙江大学出版社，2005.
[2] 孙晓红. "学案导学式"教学探究[J]. 信息技术教育，2007(7)：102.
[3] 王益辉. "导学案"的设计与实施[J]. 教育科学论坛，2010(10)：11-13.
[4] 徐瑞斌. 运用学习单构建高效课堂[J]. 小学教学参考，2011(8)：9-10.

【教学策略】

# 以核心问题为引领提高课堂效率的实践研究

杭州市公益中学

潘裕法　陈圆蕊

**摘　要**:课堂教学是教学工作的主阵地,提高课堂教学效率是一个永恒的话题,提问是科学课堂的重要组成部分,核心问题的确定对学习效果具有决定性作用。因此,课堂教学开辟了一条以核心问题的提出和解决活动为起点的归纳式教学思路。本文笔者以科学八年级课堂教学为实例,用具体的课堂实例阐述了核心问题的情境创设、核心问题的设计途径、核心问题的落实,以及学生课堂学习习惯的培养和纠错习惯的良好形成。

**关键词**:初中科学　课堂效率　核心问题

## 一、研究的缘起

课堂提问是教师常用的一种教学手段,但很多教师对提问的类型、方式、对象等缺乏良好的设计,这大大降低了提问的有效性。有些教师认为凡是教师提出问题的教学就算是问题教学,教师在提问时忽略了所题问题的类型和质量。

### (一)提问过多,随意性较大

很多科学教师在教学中存在的主要问题是在教学过程中没有精心设计

问题，一节课凭着感觉不停地发问，真正围绕课堂教学的核心问题很少。例如笔者曾经听过一堂《溶质质量分数》公开课，下面是师生之间的一段对话。师问："请看第一题，10 克食盐溶于 90 克水中，求所得溶液溶质的质量分数？""请看第二题，向所得溶液中加入 15 克食盐，溶液中溶质的质量分数又变为多少？""溶液配制题根据公式可以直接计算，溶液浓缩题要抓住浓缩前后溶质的质量不变列出等式进行答题。t℃的浓度为 20％的硝酸钾溶液 200 克，恒温蒸发 20 克水后溶液的浓度为？"这个过程中师生间出现 3 次问答，但是教师提出的问题意义并不大，整节课更像是一节数学课，忽视了科学中运用公式时对解题背景的理解。

**（二）单句直问，提问对象过于集中**

通过课堂观察，我们不难发现教师提问的对象大部分集中在自愿举手的学生身上。教师的这种行为长此以往会造成教学活动中的不平等，很多学生因为缺少教师的关注和鼓励，成为课堂中的"边缘人"，甚至脱离课堂教学。也有的教师为了急于获得问题的答案，只让个别优等生回答，致使大多数学生只是机械接受个别优等生现成的思维成果。这其实是一种变相的"满堂灌"，只不过是学生向学生灌输而已。同时，当前课堂上仍然普遍存在学生齐答的现象，这样不利于教师发现学生在学习中存在的问题。

**（三）问题设计没有梯度，缺少启发性**

笔者曾经听过一节《大气的压强》公开课，教师开始上课时就单刀直入："课前已经要求同学们预习本节内容，也要求同学们自己在课前动手做覆杯实验。在这里我再演示一遍，同学们观看的同时思考为什么杯中的水没有流出来？"生："因为大气压。"师："再来看一个实验，现在有一个装有热水的塑料瓶，现将里面的热水倒出后再盖紧瓶盖，观察会发生什么变化？同时思考为什么？"生："塑料瓶变瘪，因为大气压将它压瘪。"师："通过刚才的实验我们已经认识到大气压的存在，哪位同学能利用大气压的知识来解释滴管的工作原理？"这个问题一提出立刻冷场，使接下来的教学效果大打折扣。

## 二、研究过程

**（一）核心问题概念介绍**

核心问题指能激发和推进学生主动活动、能整合现行教材中应该学习的重点内容、与学生生活实际和思维水平密切相关联的、贯穿整节课的问题或者任务。核心问题可以是题目、试题、练习题，也可以是提出来的矛盾、疑难。让学生在教师的引导下，牵动核心问题这条网纲，拉上一条一条大鱼。核心问题既要兼顾各种层次的学生的学习活动，又要调动学生各种层次上的思维活动，其解决活动几乎贯穿整节课。一节课的其他问题都是与核心问题存在逻辑联系的派生问题，派生问题也是经过精心挑选并按一定序列整合起来的，其解决是围绕着核心问题的解决而进行的。核心问题应该具有以下几个特点。

1. 针对性

每节课都有其特定的教学目标和教学内容，这就要求教师在提出核心问题时有明确的针对性，紧紧围绕教学目标和教学内容。

2. 启发性

核心问题要有启发性，通过挖掘教材和学生特点，设置的核心问题要在学生新的需要与原有水平之间产生冲突，要有利于调动学生的思维。

例如，在教学浮力知识时，甲教师向学生提问："将一块铁放入水中，它是沉入水底还是浮出水面呢？"乙教师却是这样向学生提问的："铁块放入水中将沉，但用铁块做成的轮船为什么能浮在水面上呢？"两位教师的提问区别就在于是否具有启发性，甲教师的提问不具有启发性，乙教师的提问具有启发性。

3. 开放性

所谓开放性问题，是相对于答案情况唯一的封闭型问题而言的，即答案不确定、不唯一的问题。

4. 适时适度性

孔子曰："不愤不启，不悱不发。"当学生处于"愤""悱"的状态时，教师在学生思维的最佳突破口引出核心问题和点拨是最高效的。核心问题的提出时间、频率和数量要合理设置，要留给学生充分思考的时间和空间。

### （二）核心问题提出的情境创设

问题一般产生于一定的情境之中，恰当的情境是学生发现问题、提出问题的前提和基础。问题情境就是指教学中一种具有一定困难，需要学生通过努力克服（或寻找达到目标的途径）的心理困境。问题情境需要将学生旧的知识结构与新的学习情境相互作用，使学生感到不协调。

1.利用实验创情境

科学是以实验为基础的学科，创设实验情境，科学课有得天独厚的优势。在教学时，教师要进一步开发和完善教材，发掘课外实验，采取灵活多变的实验方法，安排有趣现象明显的实验，激发学生的学习兴趣。

### 案例一　浙教版八上第二章《大气的压强》教学片段

情境创设：教师演示覆杯实验

通过教师和学生演示覆杯实验，教师提出派生问题：(1)杯中的水为什么没有流出来？(2)为什么杯口朝向各个方向，杯中的水都没有流出来？

接着学生演示变鼓的气球实验。

教师提出派生问题：(3)将瓶内的气体抽走后，为什么气球会变鼓？

经过两个演示实验，学生认同大气压的存在后，然后自己动手实验，亲自体验大气压的存在，包括瓶子变瘪实验(往塑料瓶中灌适量热水，倒掉后盖上瓶盖)和用吸盘模拟马德保半球实验。

为了更好地落实核心问题以使学生充分感受大气压的存在，在教材的基础上补充演示实验“瓶吞番茄”“瓶吐番茄”和“变鼓的气球”。

以上学生和教师实验都是围绕核心问题一“通过实验感受大气压的存在”开展的。通过上述一系列的实验，在学生对大气压有了一定的感性认识的基础上，课堂围绕核心问题二“用大气压的知识解释相关的生活现象”继续深入。

学生操作使用实验室提供的吸管，虽然学生对大气压有了一定认识，但是学生在前概念中认为饮料是自己“吸”上来的，不会考虑大气压的作用。因此，针对学生的这个情况，在教材的基础上继续补充实验(实验介绍：选取一个大个子男生和一个小个子女生用玻璃管分别吸取玻璃瓶内的饮料，其中男生的玻璃瓶口用橡皮塞密封，观察两位同学中哪位喝饮料更快)。

通过上述比赛，教师提出派生问题：(4)多了一个瓶塞之后，为什么男生吸饮料这么困难？(5)结合刚才的实验，同学们思考一下饮料是你吸上来的吗？

这节课通过一系列的实验，使学生对大气压以及大气压在生活中的应用有了一定的认识，但学生在回答问题时的答题思路并不明晰，因此教师要求学生参照一定的样板引导学生回答问题“滴管(吸盘)内的气压小于大气压，在大气压的作用下将液体(吸盘)压入滴管”。

2. 利用科学史和小故事创情境

弗朗西斯·培根说：“读史使人明智。”这是因为历史感之中包含着一种清醒的判断能力，即根据背景和情境来对事物进行判定的能力，而避免失之片面和武断。科学史是研究科学发生和发展的历史，科学发展过程不但是科学知识的积累过程，也是科学研究方法和科学精神不断丰富和发展的过程。科学新教材中涵盖了大量的科学史料，从浙教版科学教材的整体上看科学史的内容分布，科学史的内容在第六册中出现最多，为 41 处；第一册次之，为 26 处；其他几册则相对少一些。从科学史进入教科书的方式来看，以拓展性阅读材料的形式最多，共有 49 处；以相关材料插入的次之，有 43 处；作为新知识的背景材料的再次之，有 29 处。教师如何在教学中运用好这一宝贵的教学史料，将会直接影响学生对科学世界的认识及对科学的兴趣。

3. 利用生活素材创情境

科学与生活联系紧密，生活中处处有科学，从学生的实际生活入手，让学生面对需要解释的事实，对生活中有关的现象产生“为什么会出现这种现象”的疑问，让学生体会到学习科学的重要和乐趣，利用所学的科学知识解决实际问题。

4. 利用多媒体创情境，为课堂添魅力

教学一些抽象、难懂的科学概念、变化的科学过程、瞬间发生的科学现象、复杂的不可见的物体内部结构，受时间和空间条件的限制，单纯的语言、教具、仪器等传统媒体都难以实现，借助网络、影视动画等多媒体手段辅助教学，能将视觉和听觉等同时作用于人的感官。

5. 创设与学生已有认知冲突的情境

皮亚杰的知识建构理论指出，学生是在自己的生活经验基础上，在主动的活动中建构自己的知识。换言之，学习者并不是一无所知的白纸，他们在日常的生活、学习和交往活动中，已经逐步形成了自己对各种现象的理解和观念，并具备利用现有知识、经验进行推论的智力潜能。

**案例二　浙教版八上第四章《串并联电路的电流特点》教学片段**

情境创设：学生演示实验：不同规格的灯泡串联

由于在之前的教学中，学生通过灯泡的亮暗来判断流过的电流大小，在接下来的学习中学生会认为串联电路中灯泡亮的电流也更大，且在学生的前概念中，“用电器用了电，电流肯定会减小”的错误前概括仍占主导地位。

针对学生的这一错误认识，教师演示了上述实验，并提出核心问题：

(1)在串联电路中，流过两个灯泡的电流是否存在某种关系？若存在关系，那么可能是什么关系？

(2)在并联电路中，流过两个灯泡的支路电流和干路电流之间是否存在某种关系？若存在关系，那么可能是什么关系？

### (三)设计核心问题的途径

“核心提问策略”是在创设一定教育情境的基础上，由教师提出或引导学生发现并提出本节课的核心问题，教师围绕核心问题展开教学，通过具有启发性的问题及针对学生回答的启发与追问，引发学生深人思考，探究要学习的内容，从而培养学生的批判性思维、创新思维以及探究能力的一种课堂提问策略。

1. 结合教学目标设计核心问题

认真研究本节课的教学三维目标，同时对学生的实际情况进行综合分析，包括学生的学习态度、学习兴趣等学习心理，分析学生的知识、方法、能力等学习基础，确定本节课应该达到和可能达到的教学目标，在此基础上设计核心问题。

**案例三　浙教版八上第四章《电流、电压与电阻的关系》教学片段**

根据教学目标设计核心问题(1)：在电阻一定时，电流与电压的关系是什么？

围绕此核心问题，提出派生问题(1)：如何保持电阻一定？如何在保证电阻一定的情况下，改变它两端的电压？根据以上提示，你能在下图的基础上将电路图补充完整吗？

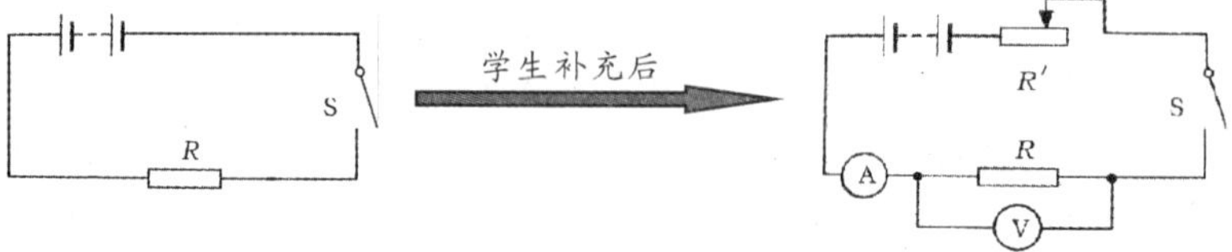


在设计好实验方案后，由于学生会将“电阻一定时，电压越大，电流也越大”与“电阻一定时，电流与电压成正比”两组概念混淆，因此在教学时提示学生在书本的基础上补充另一组数据：电压/电流。学生根据实验方案进行实验，记录并处理数据。

在学生记录好实验数据后，教师提出派生问题(2)：你能通过计算得到电流与电压电阻的关系式吗？关系式：$R=U/I$。此处的派生问题也可以设计成：你能画出电流与电压的关系图吗？无论是从公式或是从图像上同学们不难得出结论，要求学生在描述时加上描述的对象：这段导体。

2. 挖掘教材中的问题设计核心问题

针对新授课时，教师首先要进行教材分析，阅读教科书及各类教学参考资料，从学科角度厘清教学内容脉络，确定可能拓展的教学内容，教师在教学中要深入挖掘课本，从课本出发进行提问。

例如，八上第一章第七节《物质在水中的溶解》，课本第 31 页上“那么我们能不能定量地表示物质的溶解能力呢?”以及“还有哪些因素会影响溶解度的大小呢?”这两个书本的原问就可以直接作为第二课时的核心问题。又例如，八上第一章第四节《水的压强》第一课时，课本第 14 页上“那么，压力产生的效果可能与哪些因素有关?”以及“根据实验提供的信息，你认为应当怎样描述压力的作用效果?”就可以作为这节课的核心问题。

3. 抓住学生错误的前概念设计核心问题

学生在学习过程中，常常由于对有关知识点的把握不到位导致思维中断。此时，针对学生思路受阻的原因，科学地设置核心问题，以提问的方式启发和引导学生进一步深入下去。

**案例四　浙教版八上第二章第八节《气候和影响气候的因素》教学片段**

这一节中关于“比较水和煤油的吸热能力”，学生的前概念中就会认为“测煤油的这支温度计升高更快，煤油吸收的热量更多，煤油的吸热能力更强”。根据学生的这一实际情况，本段内容的核心问题为“通过观察温度计的变化情况，你能比较出水和煤油的吸热能力哪个强吗？你的依据是什么？”当然围绕这一核心问题还应当设计以下几个派生问题：(1)物质的吸热情况我们无法直接观察，实验中如何判断水和煤油的吸热多少？(预设答案：通过比较加热时间)(2)实验中对水和煤油加热相同的时间，它们吸收的热量是否一样？(3)如何设计实验表格，并在表格中体现你的实验方法？

4. 抓住学生理解难点设计核心问题

例如，八上科学作业本上有一道关于浮力的证明题：“一冰块漂浮在水上，当冰块融化后，请证明液面将不变。”对这类问题，学生有想法，但是不知如何下手，这主要是因为学生不知道该如何回答，教师此时就可以将此核心问题换种问法：“冰排开的水的体积$V_{排水}$与冰融化后那部分水的体积$V_{融水}$有什么关系？”当学生觉得自己对这类问题已经掌握时，教师可以围绕核心问题继续追问：“既然冰块融化前后，液面并不会升降，那为什么在温室效应加剧后，当冰川融化之后海平面将会上升呢？你会怎么证明呢？”

### (四)核心问题和派生问题的落实

1. 设问注重个体差异，力求提高参与度

问题有难易之分，针对不同的问题，对学生的回答也要分层次要求：一部分是思考性发言；一部分是模仿性发言。如果是比较简单的问题，比如“铁是由什么构成的？”就可以把发言机会留给较胆小或基础较薄弱的学生，让他们体会成功的乐趣，并且在学生回答之后，教师还应该及时反馈：“你很不错！说明回家复习得很认真！”针对难度较大、思维要求较高的问题，教师要耐心等待，最好选择平时成绩比较优异的同学回答问题。如果该同学回答得完整，教师及时表扬：“你太棒了！我请其他同学再来一遍。”接着挑选其他没有发言的或者基础比较薄弱的同学再模仿发言一遍。通过这种模仿的再次回答，可以让每位学生都体验这种思维过程，都参与到课堂教学中来,促进每位学生的发展,真正提高课堂效率。

2.课堂要论“秒”,更要论“妙”

如在《原子的结构模型》中出现了很多科学家,需要学生对他们和他们提出的原子模型有一定的了解。在授课过程中介绍道尔顿:“他的一生从没有见过原子,却成功地预测了原子的存在!从此物理进入了微观世界。在道尔顿提出原子模型之后将近一百年,他提出的实心球模型被汤姆生成功推翻。汤姆生 14 岁进入曼彻斯特大学,21 岁进入剑桥大学,28 岁担任教授,42 岁通过实验证明电子的存在,轰动整个物理界,并获得诺贝尔物理学奖。同样身为物理学家的卢瑟福想通过‘α 粒子散射实验’证明汤姆生模型的正确性,今天我们也来体会一下这个著名的实验。”

3.习惯培养,一个都不能少

在学习了新的知识点之后,要留 1～2 分钟的时间给学生记忆,随机抽查 2～3 位学生,特别抽查基础较薄弱的学生,并对表述完整的同学给予肯定和鼓励。通过课堂教学,学生就可以将新的知识点转换成短时记忆储存在大脑中。当然根据学生遗忘曲线,如果隔天没有继续巩固,记忆的效果就会大打折扣,所以当天就告知学生回去好好复习,准备第二天的听写。在学生听写的时候,教师时不时透露一些关键的字眼以降低难度且加深学生对知识点的理解。

4.课堂设“包袱”,提高兴奋度

由于中学生的注意力持续时间有限,在授课中教师不可能要求学生认真地听完一整节课。教师要充分考虑中学生注意稳定性的特点,在教学中适当地给学生大脑松弛的时间。在科学课堂上,教师也要时不时扔几个“包袱”(包袱是一个相声术语,指有喜剧效果的笑料)。

设置包袱的方式、方法多样,可以通过做几个小实验,或者播放一段视频,或者与学生们互动一下,将学生的注意力重新转移到课堂上来。

例如在讲题目“自行车缓慢地漏气,漏气过程中,自行车对地面的压强将发生什么变化?”时,因为刚好是下午第一节课,学生的精神状态普遍不太好,大部分学生认为漏气之后自行车的质量也减小,针对学生的这一情况,笔者调侃到:“难道你在称体重时,会因为不小心排了几个气,体重就减轻?”全班哄堂大笑,这道题目学生也就领会了。教师可以再做适当补充:“因为排出气体质量太少,我们可以忽略不计。”

5. 作业力求少而精

在科学教学中，作业的布置是教师检验课堂教学效果的一个重要手段，也是反映学生对所学知识掌握情况的一个重要途径。在布置作业时，要注重作业本的落实，因为作业本的题目比较基础，量也适中。所以，教师对学生作业本的要求应包括：(1)以树状整理本节或本章的知识点；(2)针对选择题和填空题须写明要求学生在题目边上写出思考的过程。这样教师在批改作业和讲解时就能有的放矢。

6. 实验要省力，必知“理”

实验课的整个过程就好像看电影，在学生连主要演员和电影剧情都还没了解的情况下，教师就急于将故事的大结局告知学生，而且要求学生根据这个结局将故事重新演一遍。在实验教学过程中误认为学生通过观看演示实验或者通过动手实验之后就应该对实验的原理、步骤、现象等记忆深刻。但笔者经过深入研究后发现学生只是对实验的现象停留在兴趣层面，却不会深入思考实验现象后面隐藏的科学知识。

比起教师，学生更相信实验。只有学生相信了实验原理，他们才会坚定地学习这个实验，不然学生更多的是怀着“背实验”的心态来应付考试。教师可以通过查阅资料或找学生面谈等手段了解学生对实验的理解难点，想办法突破这些难点，这比起教师苍白的讲解更有效。

## 三、研究的初步成效

### (一)教师的教学水平不断提高

在第一次上《大气压与人类生活》中讲到大气压关于“沸点与气压”的实验，用注射器往针筒内推气时，会发现沸腾的水停止沸腾，学生就很快得出“气压升高，水的沸点也升高”，听到学生这样的回答，笔者很是得意，就马上拉注射器，学生会发现水又重新沸腾，学生就很快得出“气压降低，水的沸点也降低”。现在回头反思，笔者发现关键的地方还没有交代透彻，在推注射器的时候，就应该追问学生“将气体推进烧瓶中的目的是什么？此时烧瓶内水的温度大约为多少？既然水的温度略高于100摄氏度，为什么水没有沸腾？”只有这样继续刨根究底地追问下去，学生才能真正明白高压锅的原理。

### (二)学生的问题和质疑意识增强

教师的任务就是要培养学生的问题意识。在实施以核心问题为引领的课堂教学后,学生回答问题、提出问题和解决问题的意识明显有了提高,提出的问题的质量也有了一定的提高。课堂上学生有了自己发现问题和解决问题的需要,原本不太爱发言的学生也开始举手了,甚至对教师的方法和同学的观点提出了质疑。

在“测定小灯泡的电阻”实验时,有一组学生完成之后,没有关闭电键,而是不改变滑动变阻器的阻值继续观察,渐渐地,电流表上显示的电流减小了。对于这一个新发现,笔者及时给予了充分的肯定,表扬他们善于观察、发现问题的能力,并让他们给全班同学又演示了一遍,这时同学们议论纷纷,就连平时很少发言的学生也都踊跃发言,他们一直围绕“是什么改变了电路的电流?”这一核心问题进行讨论。针对这个问题,学生又提出了许多猜想,主要有:可能与电流表自身有关;可能是小灯泡温度改变的缘故。针对上述猜想,笔者主动引导学生继续设计实验,进行如下探究:(1)换一个灯泡,重复上述实验,发现第二个小灯泡也发生了同样的变化,同时电流表电流变小;(2)将开关断开,降温,一段时间后,闭合开关,发现电流表电流又变大了,针对实验结果,让学生继续讨论,最后学生总结出,温度升高,使得小灯泡的电阻变大了;(3)利用实验室器材,利用鳄鱼夹将一根铁丝(采集自实验室废旧石棉网)与一个小灯泡串联,铁丝用酒精灯加热,观察灯泡的亮暗。

实验现象:用酒精灯加热片刻,灯泡逐渐变暗。

学生们分析:由于铁丝温度升高,电阻变大,通过小灯泡的电流变小了。

有句话说的好:“授之以鱼,不如授之以渔。”无论是在教师的教学环节中,还是在学生的学习过程中,学生对所学知识进行自我反思的过程是一个思维升华的过程,从反思中提炼出方法,才是摆脱题海战术的根本途径。学生不断地对每一章节的知识点、错题进行梳理和反思,可以拓宽思路,优化解法,完善思维过程。对学生而言,反思能力就是在学习过程中发现问题、思考问题、解决问题的能力。在教学中培养学生的反思能力,有利于提高学生的思维品质,激发学生的学习兴趣,提高学生的自主学习能力。

## 四、对本研究的反思

### (一)教学更注重整体布局,注重学习方法的引导

教学的主要目标不仅仅是某些知识点,还包括隐藏在知识点背后的学科思维方式。核心问题的设计需要教师不断地修改、完善。一个精心设计、恰当而富有吸引力的问题往往能拨动全班学生的思维之弦,奏出一曲耐人寻味甚至波澜起伏的动人之弦。不过面对不同的学生,面对不同的学习任务,在今后的教学中如何设计核心问题,如何完善核心问题的表述等都应继续深入研究,完善课题成果。

### (二)教学更注重学生提出的问题和课堂生成问题

教师是学生学习的合作伙伴,在教学过程中教师与学生要共同成长。教师不是万能的,也需要不断地学习,不断地充电,不断地阅读,作为教师,一定要储备足够的能量,以适应现代学生的需要。课堂上学生会提出很多疑问,这往往能为教师设计核心问题提供很多思路。这些问题很多都容易被教师忽视,而这些内容却是教师收集资料最易获得灵感的源泉。

### 参考文献

[1] 曹海娟."问题教学生活化"在科学教学中的探索与实践[J].新课程研究,2012(4):56-59.

[2] 李丽.初中物理概念教学中核心提问策略研究[D].曲阜:曲阜师范大学,2008.

[3] 李如密.课堂教学提问艺术探微[J].教学与管理,1996(2):3-5.

[4] 李艳灵,吴育飞,刘敬华,等.浙教版初中《科学》教科书中科学史内容的分析[C]//中国教育学会科学教育分会大学工作委员会.第五届全国科学教育专业与学科建设研讨会论文集.怀化:中国教育学会科学教育分会大学工作委员会,2009:195-196.

[5] 阙萍.细节,让每个孩子灵动起来——浅谈一年级数学课堂教学[J].中国校外教育,2011(12):177.

[6] 俞亚军.谈"核心问题"与初中科学问题教学的优化[J].理论探究,2009(4):125-127.

[7] 詹伟琴.初中科学教学情境的创设和教学实施[C]//中国教育学会科学教育分会大学工作委员会. 第五届全国科学教育专业与学科建设研讨会论文集. 怀化:中国教育学会科学教育分会大学工作委员会,2009:257-261.
[8] 周光岑,陈明英,刘英. 课堂教学中"核心问题"的特征[J]. 教育科学论坛,2008(1):13-15.

# 基于语用能力的小学英语课堂语境建构的策略研究

杭州市求是教育集团浙大附小

林　娴

**摘　要**：语境和语用总是相伴而行。小学英语培养学生在特定的语境内领悟和使用语言进行交流的能力，即培养学生的语用能力仍是现阶段小学英语教学的重点。然而当下语境创设过程中存在诸多问题，如偏重知识传授、情境错综复杂、模拟牵强虚假等，导致学生的语用真实交际能力得不到有效提高。本课题着眼于学生的语用能力发展，聚焦课堂语境建构研究，在实践中总结出了三大策略：建构情景语境，趣引语用章法；创新语言语境，凸显言语功能；提升文化语境，灵动语用思维。三者层层推进，互相依存，彼此交融。课题旨在总结出一套有效促进课堂教学语境建构的模式，为学生营造大量自然、真实的语境，让学生快乐地在语境中学习，在语境中积累，在语境中运用。一年来的实践研究取得了初步成效，点燃了学生的英语学习热情，激发了学生的语言表达欲望，促使学生的语用能力得到全面提高；同时也提高了教师自身的专业素养，促进了教师的专业化成长，激起了教师的科研创新思潮。

**关键词**：小学英语　语用能力　语境建构

## 一、研究缘起

### (一)课题背景与研究动因

1. 源于教育部最新课程标准的深入解读

与实验稿相比,新版课程标准在理念、目标和方法上都做了进一步的修正和指导,更强调要"注重语言实臆,培养学生的语言运用能力"。这无疑是鼓励教师根据教学内容和学生实际,创造性地设计贴近学生生活的教学活动,尽可能多地为他们提供在真实语境中运用语言的机会。

2. 源于学生语言交际能力弱微的深层思考

英语教学不仅要使学生获取语言知识,更重要的是让学生充分地体验和感悟语言知识,从而培养有效、得体的语用能力。笔者就一节四年级校内日常对话教学开放课,请听课老师做了一个调查统计,主要记录学生主动参与对话交际的情况。调查结果显示:9%的学生表现欲望非常强烈,参与积极,言语表达流畅,对对话内容有自己的想法;36%的学生表示愿意和同伴一起练习对话,并敢于展示;7%的学生表示会说但不愿意说;但将近一半的学生参与热情低,用英语进行语言交流生疏,只有当轮到自己时,才勉强与教师进行对话问答与互动。

3. 源于当下教学研究热点话题的深度思索

当下越来越多的教师正积极地投身于英语教学的创新与改革,"文本再构""独立语段教学""语篇整体设计"等新生理念逐一诞生,学生学到的知识结构是完整的,不再是零星的几个单词或句型,更多的是运用语言的能力和从文本中透射出的文化信息。这些观点都给了笔者极大的启发和思维冲击,同时使笔者拥有了迎接挑战的勇气和信心,拥有了突破瓶颈的能量和途径。

### (二)忧心现状及原因分析

1. 现状一:知识传授偏重记忆,忽视语意理解内化

在目前的课堂教学中,许多教师往往习惯于先对新知进行重点突破,把对新授词句的讲解和记忆放在首要的位置,语言的操练都是在脱离具体语言环境的情况下进行的,教师过分注重语言知识的记忆,而忽略了学生对语言的真实理解,更忽视了学生英语能力的培养,教学目标本末倒置。

原因分析：由于受应试教育和传统的外语教学法的束缚，在现行的小学英语课堂教学中，的确有教师过多地把精力集中在语言知识（词句）的讲解、操练上，运用英语也只是停留在一些机械、重复的最初级形式上，忽视了语言是需要在语境中学习、在运用中掌握的。

2. 现状二：多个情境错综复杂，忽视语境整体创设

笔者从各种教学交流研讨活动中认识到，课堂中有许多奇思妙想、纷繁复杂的教学情境，公开课尤为明显。课堂活动层出不穷，一些独辟蹊径的教学设计的确给人耳目一新的感觉，但许多活动看似有趣、热闹，实际上对于语言的感知与实践并非有效。笔者不禁产生疑惑：类似这样多个情景轮番涌现，效果是否真的如人所愿？

例如，某教师在教学关于“How much”课文对话时，首先设计了 Amy 在路上遇到 Mike 的情景。然后由于复活节的缘故，Mike 要回国，因此 Amy 收到了 Mike 的一封送别会的邀请函。为了参加这个送别会，Amy 需要准备一件衣服，于是教师又创设了 Amy 回家和妈妈商量的场景。最后妈妈决定和 Amy 一起去购买新衣服，回归到了正题。

在引出对话的整个过程中，教师花了好大一番周折，但许多环节都与本课对话毫无关系。这种教学看似情节多变，但实际却是耗时、低效。

原因分析：构建高效、逼真的小学英语课堂，是摆在我们广大英语教育工作者面前亟待解决的问题。英语教学需要创设语境，激发学生语言的感知欲和求知欲，但要尽量真实贴切，切勿纷繁复杂。要有整体意识，即在一个情境中突出一个情景或主题，使学生的思维保持连贯性，使他们既能学到语言知识，又能真正理解语言的意义，做到活学活用。我们应努力在语境创设过程中，在纷繁与唯一中找平衡，在丰富与典型中找结合。

3. 现状三：语境模拟牵强虚假，忽视语用真实交际

传统的英语学习模式使英语学习者的学习注意力主要集中在获取词汇和语法知识上，忽略了运用英语进行实际交际能力的培养。如某教师在教学“Is this your... ?”句型时，随意拿起学生桌上的文具问该学生或他的同桌：“Is this your ruler?” 此类缺乏意义的机械操练在我们的英语课中时有耳闻。

原因分析：如今的许多课堂教学过于模式化，对话活动无实际意义。教师只重视以教材为最根本的教学依据，而没有以教学大纲为最根本的教学依据，教师自身的语用能力、交际能力滞后，难以组织语用真实、语境真实的交际活动。

基于以上种种思考，本课题试图通过实践和研究，总结一套有效促进课堂教学语境建构的模式，培养学生在一定语用环境中进行真实、灵活的交际，发展语言表达能力；同时提高教师多维设计语境的能力，让有限的四十分钟课堂焕发出无限的生命活力。

## 二、理性思考

### （一）概念界说

1. 语用能力

确切地讲，语用能力是语用学和语言学的边缘学科——语用习得中的基本概念。学者们从不同的角度对语用能力进行了分析研究，得出了不同的观点。

2. 课堂语境

课堂语境就是在英语课堂这个狭小的空间内依赖一定的媒体手段，模拟真实的语言环境，创设英语学习的语言氛围，将语言材料围绕一个主题，以整体的形式呈现并贯穿教学过程始终。这里强调的是交际的真实性，在真实的交际活动中，交流的双方并非为了获得语言知识而交际，而是为了表达意义而运用语言。

### （二）理性认识

基于语用能力的小学英语课堂语境具有如下特性：真实性——情境创设的合理与生活；整体性——主题语境的构思与优化；趣味性——学习情感的唤起与体验。

## 三、研究设计

### （一）研究目标

通过本课题的实践与研究，旨在突出课堂教学中的言语语境，为学生营造大量自然、真实的语境和情景，让学生在语境中学习，在语境中积累，在语境中运用。

### (二)研究路径

研究路径如图1所示。

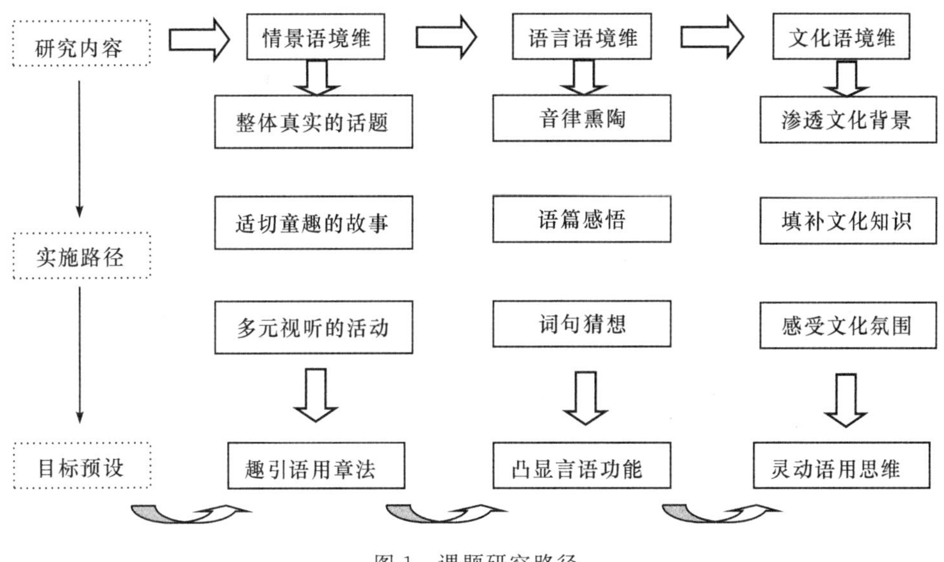


图1 课题研究路径

## 四、潜心探究

### (一)以情景语境为切入点,趣引语用章法

1. 创设整体真实的"话题式"情景语境

(1)联系生活实际,创设真实的"话题式"情景语境

"话题式"情景语境的选择应从学生的生活经验和已有的知识背景出发,让学生将学到的语言知识进行各种生活化的情境演练,把知识融入交流实践中,让学生兴致盎然地学习,搭起课本知识和学生生活的桥梁。

**案例一**

在教学《PEP小学英语》Book 7 Unit 2 Where's the cinema A let's learn部分词语及对话时,笔者设计了一个"Here it is"的话题。

为了增加语言教学的真实性，笔者呈现了一张自制手绘地图，将学校周边的主要场所、马路、车站等展现给学生，再逐一教学新的词汇及对话。在课的最后，笔者请学生自己设计一张自己家周围场所的简易地图，并给以简单的介绍。

如：S1：Look. This is my home. It's near Zhejiang University.

S2：Hello. This is our school. Where is my home? Look, here it is. It's near our school.

S3：My home is here. Near the West Lake.

案例分析：秉承对话教学一定要创设尽量真实的语境并富有趣味性的特点，教师将语言改编成了几段精简版的对话材料，并创设了几个关联性强的“微语境”，以达到让学生真正用英语来交际的目的。实践表明，学生对源于自己生活的学习活动特别感兴趣，并有强烈的参与欲望，教师要关注来自学生生活的各种信息。

(2)围绕内容主线，创设开放的“话题式”情景语境

语境设计的根本目的是培养学生的综合语用能力，即从“操练语言”转向“发展语言”。因此教师除了要创造语境外，还需大胆地开放语境，即从由教师提供转向让学生自主创设，尽可能多留一些时间、空间给学生，让他们在教师示范性语境的基础上，创造出语言的各种适用性情境，在语境中进行感情和信息的交流，从而把教材上凝固的文字转化成声情并茂的语言实践活动。

**案例二**

*Funny Bananas* 是一首生动有趣且语言优美地道的 flash 儿歌，由于接近四年级学生的英语认知水平，因此笔者选择它来作为教材内容的拓展提升材料。

教师首先通过词语滚动复习热身，之后通过报纸的揉捏、折叠等导入话题，并自编了一首 chant 活跃课堂氛围。

学生在充分的语境渲染和 chant 意义操练之后，都已理解重点句型的意思与其运用方法。于是，教师将内容进一步拓展。

案例分析：本节课的特点是语境开放性“强”，语用空间“大”，学生自主性明显。它使话题有多维的语境空间，学生的语言运用有更多的思维含量、

更广的交际空间，启发学生充分、自由地在自创的“真实语境”中运用语言，发挥想象，从而深化话题。在实际教学中让我们欣喜的是，学生展现出了许多意料之外的精彩表现，语言运用灵活、丰富、得体。

(3)巧借插图追问，创设发散的“话题式”情景语境

《PEP 小学英语》教材插图色彩鲜明，活动生动，形象直观，不仅提供了与教材内容相关的丰富信息，增强了教材的趣味性，还以直观的视觉信息弥补了课文中文字描述的不足。教师要有意识地把握插图的教学意图和功能，让学生沉浸在有图有意的话题情境中。

**案例三**

《PEP 小学英语》六下 Let's talk 部分，对其仔细观察就会发现，所有对话周围的插图都不是原文的配图，而是替换练习材料。因此教师不能忽略这些插图的作用，要让它们也发光、发亮。在教学六年级下册 Unit 4 My Holiday 的 Part A Let's talk 部分时，笔者用投影展示图片。

T：Who is he?

S：He is Wu Yifan.

T：What did he do on his holiday?

S：He ate good food. / He ate the hot pot(火锅).

T：Where did he go?

S1：Maybe he went to Si Chuan.

S2：Maybe he went to Chong Qing.

T：Where was he?

S1：Maybe he was in the restaurant.

S2：Maybe he was at home.

S3：Maybe he was in his friend's home.

T：Wu Yifan had a happy holiday. How about John? Can you guess?

(对话学习之后)

T：What did you do on your holiday? Where did you go? Do you want to share with us?

学生在教师的引导下，逐步进入关于 holiday 的话题情境。

案例分析:小学高段的许多对话或语篇阅读,乍一看,既平淡无奇又易懂,如果只是简单枯燥的听读背诵,语言教学未免太呆板、机械。如果教师通过设计不同层次的问题,引发学生思考,激发学生有所疑,促学生有所思,鼓励多维思考,大胆假设,学生就会兴趣盎然。这个过程也增强了学生参与课堂活动的积极性,促使他们保持注意力,学会倾听与思考。

2. 创编适切童趣的"故事式"情景语境

(1)重温经典故事,再拾快乐体验

经典故事指的是那种孩子们耳熟能详的小故事,小学阶段学生最感兴趣的多为童话故事,如 *The Three Little Pigs*(《三只小猪》)、*Snow White*(《白雪公主》)、*The Little Green Frog*(《小青蛙找妈妈》)等,都可以作为教材内容巩固提升的学习材料。

(2)自编再创故事,拓宽言语空间

将词句教学融入故事之中,是一种较新的教学方式。教师在教学中可以选择学生喜闻乐见的素材,让学生结合语境对创作的故事进行独立思考,通过对话、表演、交流等方式习得语言。但值得注意的是,改编或自编故事要立足于教材,要注意语言的规范性,保持语言的地道性,尽量避免中式英语的出现,不能一味地追求趣味性而使语言显得牵强附会。故事中涉及的拓展词汇及句子不宜太多,要尽可能贴近学生原有的知识发展区,这样才能有利于学生更快地获取新知识。

(3)重视文本故事(story time),强化表达实践

《PEP 小学英语》中各单元 C 部分都有"story time"这一教学板块,故事很多是很贴近我们生活的、真实的素材,学生很容易就能进入情节,这样不是比单一地去创设离学生很远的不切实际的情境更简单可行吗? 因此,将"story time"有效地运用到日常的教学活动中来,使整个单元教学更紧凑、有序。

3. 移植多元视听的"活动式"情景语境

英国著名语言学家 Dick Allwright 曾说:"如果语言教师能组织一些活动来吸引学生,把注意力放在语言的意义和使用所学的语言上,通过交流来解决问题,那么,语言学习就会自然发生。"

英语课本所提供的语言现象和语言材料往往难以满足教学的需要,时常创设的语境,往往受时空限制,无法全部做到或不逼真,在这种情况下可运用多媒体教学或游戏等"活动"来移植语境,为英语课堂真实语境的创设

添光溢彩。

(1)情境说唱,绘声绘色

借助音乐可以烘托语境,保持学生的学习激情,使学生勤于说话表达。让小学生说 chant,唱 songs,咏 rhyme,一直都是笔者近几年坚持在做的。实践证明,当学生伴着节奏轻松说唱时,他们情绪愉悦,参与热烈,同时也有效地刺激了大脑皮层,降低了学习难度,减轻了心理压力,提高了学习效率。

①Chant 吟诵,体味韵律。Chant 就是富有节奏的简单小韵文,特点是短小精悍,生动有趣,朗朗上口。它明快的节奏、抑扬顿挫的语调,像哗哗流淌的水,能使学生在课堂中始终处于求索知识的亢奋状态。

②歌曲演唱,欢歌笑语。《PEP 小学英语》几乎每个单元都有一首歌曲,旋律熟悉,歌词简单,多媒体动画有趣形象,是不容错过的视听练习材料。除了利用好教材中的歌曲资料外,笔者也积极选取国外许多家喻户晓的好听的儿童歌曲作为补充。

③诗歌咏诵,有声有色。诗歌是语言的艺术,不仅铿锵有力,节奏鲜明,而且更富有语音艺术,与儿歌相仿。不过诗歌的创编难度比绕口令更大,因此需要教师具有较好的基本功和多元的素材收集。

(2)趣味游戏,亦学亦玩

英语教学活动应激发学习者的兴趣,赋予其快乐的学习体验。国内外的实践表明,科学地采用游戏教学大有裨益,而单纯的学习是枯燥而无味的。因此在日常教学中,笔者也常添加点"调味品",使得语言学习更有色有香,有滋有味。如笔者在三年级上册 Unit 2 Colours 教学有关颜色单词时,设计了"Listen,Point and Say"这个游戏,让学生快速指出所听到单词表示的颜色,并大声地读出来。通过这个游戏训练,学生对单词进行了趣味性的训练,不知不觉中强化、掌握了知识。

(3)表演模仿,惟妙惟肖

孩子是善于表现的,表演给了他们展现自己的机会、学习英语的动力、听读英语的热情、求异创新的实力,更在不知不觉中给了他们学习英语的激情和学好英语的品质。结合情境进行表演,形象直观,同时能在语境中再现人物的性格特点和行为。

### (二)以语言语境为关键点,凸显言语功能

1. 音律熏陶,赋予语音语境

歌谣、绕口令等小学英语教材中常见的学习内容包含英语语音中的很

多现象和技巧，如音素、拼读、连读、节奏、语调等。这些短小精悍、生动有趣、朗朗上口的儿童歌谣，以明快的节奏、抑扬顿挫的语调，像哗哗流淌的水，使学生在课堂中始终处于求索知识的亢奋状态，他们在低吟高唱中轻松愉快地感知语音，训练语调。

2. 语篇感悟，搭设语法语境

语篇是含有一定语境的各种语法形式的有机组合。因此语篇可以为语法规则的比较、归纳和总结提供良好的上下文语境。在含有一些语法知识的教学中，如时态、冠词的使用，主谓一致关系以及非限定性动词的使用等都只有处于一定的上下文语境中，其所蕴含的意义才能够得到充分的体现和理解。

3. 词句猜想，创造语义语境

在小学英语课堂教学中，词句的操练形式多种多样，但如果只偏重于机械、单一的操练，学生在学习过程中就缺乏思维的激发和参与，而在语境中进行词句趣味训练就可以激活学生的思维。

### （三）以文化语境为提升点，灵动语用思维

学习英语，不仅要掌握这种语言的结构，而且还要了解语言所依附的文化背景，从而拓宽文化视野，丰厚文化功底。在英语课堂中，除了教学词汇、句型等语言知识外，巧妙地将英语文化引入课堂是必不可少的。只有懂得英语文化，学生才能更好地学好英语，活跃思维。

教师可以适时地进行文化背景知识介绍，对比、分析中西文化，将文化语境与英语学习有机地结合起来，使教学任务的达成取得事半功倍的效果。学生在掌握英语的同时，了解中西方国家的习俗、宗教及其他文化知识。

1. 在语境中渗透文化背景——挖掘思维深度

语言来源于生活，生活习俗在一定程度上制约着语言的表达，而语境也制约着语言实际交际。因此，我们要让学生了解，在语言交际中需根据具体的语境选择恰当的语言表达形式进行交际。

例如大家都非常熟悉的问候：①How do you do? ②How are you? ③Hello/Hi，Mary. ④Good morning，Miss Lin. 它们用于不同的语境：①用于双方不认识（经人介绍）初次见面；②用于熟人之间；③用于比较亲近的人之间；④用于不十分熟悉的人之间。又如在教学数字的时候，教师为了丰富课

堂语言内容，向学生介绍中西方不同的幸运数字(lucky number)等。

2. 在语境中填补文化知识——拓宽思维广度

一个词的词义和话语意义常常不仅由其语言因素来确定，而且由话语和词汇所处的情景来确定，即确定词义和句义要依赖情景或语境。

教师除了教授语言知识外，还要挖掘深层的文化知识和社会风俗，结合文化背景和文化内涵来进行语言教学，以加深学生对异国文化的理解。

例如，在《PEP 小学英语》三年级上册 Unit 2 Colours 教学颜色单词时，笔者列举了一些在西方国家中既是姓又是颜色的一些单词，如"White"怀特/白色、"Black"布莱克/黑色、"Brown"布朗/棕色、"Green"格林/绿色等。通过比较这些知识，让孩子在感到不可思议的同时，也让他们逐渐了解英语词句在西方文化中的多重含义，以及与母语表达方式的区别，减少学生受母语影响而造成的理解错误。

3. 在语境中感受文化氛围——激活思维效度

在教学中，教师可以结合教材创设情境，让学生了解中西文化的差异，并教育学生学会尊重不同的文化风俗，要使学生认识到，语言和文化是密不可分的，教师要将语言与文化同步传授给学生，这些文化知识会加深学生对语言的了解，语言则因赋予文化内涵而易于掌握。

要把语言和文化有机地结合起来，使二者同步发展，并采取丰富的形式和有趣的活动，真正提高学生的文化素养与思维能力。

## 五、研究成效

一年来的实践证明，基于语用能力的小学英语课堂语境建构的策略研究的效果是明显的，我们初步探索出了一套行之有效的语境创建教学策略。目前，整体运作模式已日趋成熟与规范，其对促进学生、教师和教研组的可持续发展，促进教师教研水平、教学质量的提升和学生能力的发展的作用得到了证实。

### (一)点燃学生学习热情，提高语言运用可持续发展

1. 英语学习兴趣浓郁

浸润于丰富语境中的孩子更加享受英语课堂了。学校每学期进行的学

科满意率调查发现，我们的英语课堂更受学生喜爱了，我们的英语教师更有方法，更具亲和力了。学生期待着每节英语课的到来，能以饱满的热情积极参与，对英语课堂的满意程度远远高于其他学科。

2. 语言综合运用能力增强

自课题开展以来，学生的口语表达水平、对话表演能力都有了很大的改善，语言综合技能也得到了稳步的提升。许多学生不仅能流利地朗读课文，而且还能轻松、自信地背诵对话和故事。学生愿意大胆、大声地说英语，十分自信。

3. 有效促进学生可持续发展

在教学中，我们积极营造一种平等、民主的学习氛围，让学生在自然的言语情境中培养使用可理解的语言。教师充分信任学生，尊重学生，并不断地引导、激励学生，给学生充足的练习机会，提高语言的流利性和准确性。

**（二）修善教师自身专业素养，促进专业成长**

1. 提高教师课堂教学水平

由于对语境创设的加大关注，教师钻研教材更加全面和深入了，开发课程资源和再构语境的能力提高了。教师已不再是课程的从属者和教材的简单传授者，而变成课程的主体。一年多来，教师们积累了许多行之有效的指导方法，归纳了一些教学经验，并积极在课堂教学中渗透、实践与反思，以提高自身的教学水平。

2. 激发教师科研创新热情

在课题研究中，教师们不断地总结反思，以自我成长为案例，以和谐学习观为理念，或以自我反思为平台，或以论文撰写为契机，进行有效的实践、反思、调整、改进、巩固、提高。教师各方面的专业素养也在慢慢提升。

3. 打造团队合作探索精神

自课题实践以来，每每遇到问题，教研组的教师们共同研讨，遇到困难，大家出谋划策，引发了全体教师的探索共鸣，创造了学习研修的条件，营造了促进教师自主发展的氛围，搭建了多种交流合作的平台，激发了教师们的科研热情。

## 六、再度思索与后期展望

在课题实践的过程中，我们发现，要创设优良、恰当的语境，应注意以下几个方面。

### （一）不同年级的语境创设应有不同的要求

不同年龄段的学生有各自不同的心理特征和认知特点，我们在英语课堂语境创设时一定要考虑不同年级学生在这方面的差异，不能“一刀切”、一个模式，要创设适合他们需要的、生活的、有趣的语境，这样才能达到预期的效果。

### （二）创设的语境要给予每一个学生参与机会

教师在根据教材创设语境时，既要抓住重点、难点，巧妙突破，把知识点由易到难转化成实际可操作的语境，又要考虑学生的实际情况，让每一个学生都有参与机会，不能偏重优等生，忽略后进生，也不能只顾后进生而让其他学生得不到充分的练习与提高。

### （三）既要注重课内情景的创设，又要重视向课外延伸

对知识的正确运用是教学的最终目的。课堂语境也可延伸到课外。因此可以更充分地利用学校现有的“校园英语日”活动载体，通过英语教师的策划与带动，让孩子积极参加班级或年级的多种活动，如讲故事、唱英语歌、诗歌朗诵、脱口秀等。此外，还可以鼓励孩子在家庭甚至社会大环境中大胆地尝试运用所学知识。

回顾本课题研究的全过程，感到宽慰的是我们始终立位于一线教学研究，立位于如何架起理想教研模式与实践操作间的桥梁。我们希望通过实践研究，给广大一线英语教师一些思考、一点启发。

### 参考文献

[1] 陈琳，王蔷，程晓堂. 英语课程标准（试验稿）[M]. 北京：北京师范大学出版社，2001.

[2] 课程教材研究所. 英语课程标准（2011 年版）[M]. 北京：北京师范大学出版社，2011.

[3] 鲁子问,康淑敏.英语教学方法与策略[M].上海:华东师范大学出版社,2008.
[4] 彭那祺.彭那祺谈英语交际性教学[M].武汉:湖北教育出版社,2011.
[5] 王笃勤.小学英语教学策略[M].北京:北京师范大学出版社,2010.
[6] 赵国忠.英语教学最需要什么[M].南京:南京大学出版社,2011.

# 诗情润泽　放飞童心

## ——小学低段童诗童谣创意教学的路径设计和实施研究

杭州市行知小学

方冬棉　黄玲雅　王永青　杨静　施甜甜

**摘　要**：童诗童谣，是儿童文学的一种样式，是低年级语文教材的重要组成部分，也是语文学习的一个重要组成部分。本课题着眼于小学低段童诗童谣创意教学的路径设计和实施研究，强调情境，关注童趣，凸显创意，分三条路径研究，一是立足于创意有效的课堂学习，二是在拓展应用的平台中延伸，三是在研究学习中创编校本教材，为后续研究提供童诗童谣的学习范本。本课题的研究顺应了现代语文教育的理念和需求，有助于实现诗意校园、书香校园的建设，促进师生语文素养的提升，凸显了我校的校本教研特色，为小学低段童诗童谣的教学实践提供有创意、有效的途径及方向。

**关键词**：童诗童谣　创意教学　语文素养

## 一、问题的提出

### (一)基于童诗童谣教学的价值意义

童诗童谣是开启儿童内心世界的钥匙，是儿童沟通生活与学习的桥梁，在儿童的成长过程中起着至关重要的作用，具体表现在以下几个方面。

1. 韵味浓——吟唱助语言学习

摇篮曲是童诗童谣的原始形态，母亲哼唱着摇篮曲伴随儿童成长。儿童从童诗童谣的传唱中学习语言、获得新知，童诗童谣成了他们生活中不可或缺的元素。由于童诗童谣本身具有语言简洁明快、节奏性强、富有想象力等特点，儿童通过吟唱童诗童谣可以练习发音、纠正错误，同时还可以正确认识事物、理解概念、表情达意，这对儿童学习语言起到了极佳的辅助作用。

2. 情趣足——学习助智力发展

通常情况下，儿童的心理特点决定了他们认识事物的方式有别于成人。他们愿意接受形象具体的事物，讨厌枯燥乏味的说教。童诗童谣由于其自身的特点正好满足儿童的这种现实需求，以其特有的方式，滋润了儿童的心田，帮助他们认识自然、认识社会、认识自我，有助于儿童智力的开发和发展。

3. 蕴善美——浸润促道德提升

童诗童谣，通过语言和游戏的形式，在潜移默化中对儿童进行心理情感和道德方面的教育，培养儿童对美好事物的追求，对真善美的追求。同时，儿童也可以从吟唱童诗童谣中获得对美好生活的回忆和憧憬，感受到优美和谐的旋律和真挚的情感，从而获得美的享受和情感上的慰藉。

**(二)基于童诗童谣学习的现实困境**

当今时代是经济腾飞的时代，也是网络信息化的时代。据调查，童诗童谣教学的发展正面临着前所未有的困境。

1. 传统童诗“渐行渐远”

传统儿歌由于流传时间较久远、在内容形式上缺乏时代气息，正逐渐地被大多数儿童所抛弃。

2. 流行歌曲“越唱越小”

流行歌曲低龄化，很多儿童在潜移默化中受到了这些歌曲的影响，儿童幼小的心田已经被各式各样的流行歌曲所占据。

3. 有效指导“若即若离”

现在的少年儿童大多被电视机、游戏机、电脑的强烈的音响效果、电光画面和虚拟的世界所吸引，课外阅读也是卡通、小人书和网络文学读本等，对童诗童谣等文学作品兴趣不大，阅读朗诵得很少，再加上许多学校和家长对孩子缺少艺术的引导，使童诗童谣的读者大大丧失。

## 二、研究设计：童诗童谣创意教学路径设计研究之构想

### （一）概念界说

1. 童诗

童诗是诗歌的一个分支，是适合儿童阅读的诗歌，具有诗的所有艺术特质，可以押韵，也可以不押韵。

2. 童谣

童谣是以低幼儿童为主要接受对象的简短诗歌。它是儿童文学最古老也是最基本的体裁之一。其传唱于儿童之口，没有乐谱，音韵和谐、简短，易于儿童接受，可分为传统的童谣和个人创作的现代儿歌。

3. 童诗童谣的教学

本课题研究基于儿童成长的适合儿童阅读的童诗童谣，探讨其对精神成长起的重要作用，并构建童诗童谣教学的教材体系，探讨教法的选择，寻求创意教学的路径。

### （二）研究理念

1. 强调情境

建构主义认为，学习总是与一定的情境相联系的，而童诗童谣充满当地的文化色彩，具有鲜明的时代感。在实际情境下进行学习，可以使学习者利用自己原有认知结构中的有关经验去同化和索引当前学习到的新知识，从而赋予新知识以某种意义。

2. 关注童趣

儿童诗是儿童的心与大千世界的对话，是儿童与生活的对话。儿童诗所抒发的儿童情感，往往洋溢着盎然的儿童情趣。在教学中要特别关注童趣，联系儿童的生活实际，再现情节和趣味，展开想象，启发儿童体会诗歌中的童趣，感受语言的优美。

3. 凸显创意

苏霍姆林斯基曾说："每一个儿童，都是一个诗人。"我们就要通过各种有创意的路径让儿童听诗、吟诗、写诗，打开儿童想象的闸门，使他们步入多

彩的想象世界。基于低段学生的年龄特征，在教学中凸显创意，旨在缩小创作跨度台阶，使学生创意阅读、创意欣赏、创意表达。

### (三)研究框架

研究框架如图1所示。

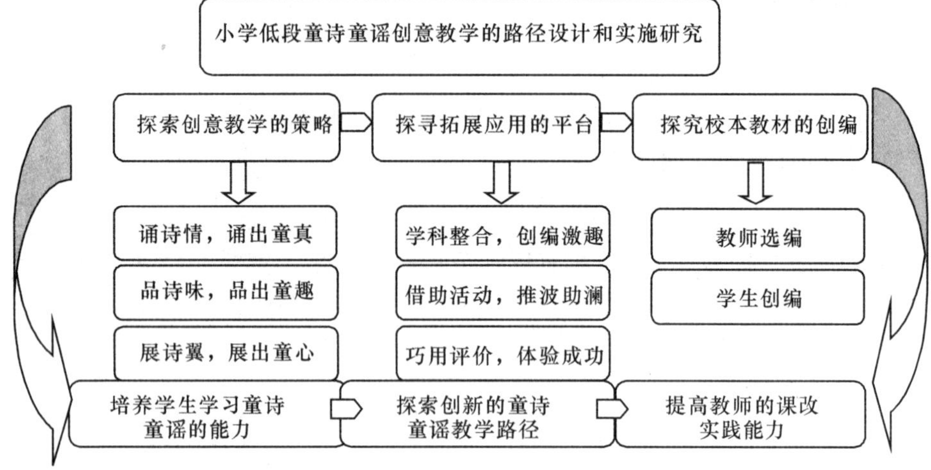


图1　研究框架

## 三、课题实施：童诗童谣创意教学路径设计研究之策略

### (一)路径一：创意教学三步曲——放飞童心

我们在低段童诗童谣教学的实践与思考中，研究出立足于课堂的童诗童谣的创意教学三步曲：诵诗情、品诗味、展诗翼。

1. 诵诗情，诵出童真

(1)精选诗歌促发展

仅仅诵读教材里安排的童诗童谣是远远不够的，教师要大量地向学生推荐很多不同题材的优秀童诗童谣。针对低年级学生的特点，在选择童诗童谣时，要注意形象性、趣味性、针对性、知识性，所选的童诗童谣读起来要朗朗上口，要有利于激发学生听的兴趣，有利于提高学生听的能力，让学生爱上诵读，积累语言，还要有利于促进学生思维的发展。

(2)形式多样激情趣

采用多种方式组织学生阅读童诗童谣，既有课内读，也有课外读；既有集中读，又有分散读；既有个人读，又有小组读；既有师生读，又有亲子读；既有感情的朗读，又有诗歌朗诵比赛，还有表演读。特别推荐借媒体推波助澜，在或激昂慷慨或沉缓婉转的音乐中，在生动形象的画面中，语言文字的魅力定能演绎得美仑美奂。长此以往，学生的语感会越来越好，学生将会爱上诵读，这有助于学生朗读水平的提高。

(3)抓准契机创诗意

要让学生对诵读童诗童谣有持久的兴趣，乐此不疲。除了要选好诗、多形式之外，我们课题组的教师善于抓准契机，适时进行诵读活动，让孩子们从进校园起就沉浸在诗的海洋中，让孩子的生活充满诗意。随时、随刻、随地都读诗，孩子们习惯了，课间活动进行诵诗比赛，产生矛盾都以诗来劝解，真是生活无处不飞“诗”啊！

**案例一　晨诵形式：开启诗—《当清晨来到》—晨诵诗**

开启诗：

孩子们让我们迎着灿烂的朝霞，用美妙的诗歌，开启我们生命的黎明……请全体起立。注意：调整呼吸，准备诵诗。女生读绿色的诗句，男生读黄色的诗句，白色的诗句齐声读，红色的题目老师读。

**《当清晨来到》**

当清晨来到，窗外枝头站着小鸟，
抖一抖金色的羽毛，向我欢叫。
我大步走进学校，校园里，
充满阳光和欢笑。我看见了
亲爱的老师和同学，你早，您早！你们早！
我们开始晨诵了。

### 案例二　二上《纸船和风筝》诗意每一堂

从课始、课中、课终三个阶段插入诗歌的诵读，让诗意满堂。

(1)课始诗意激情起

课始导入时出示谜语儿歌诵读：天上一只鸟，用线栓得牢，不怕大风吹，就怕细雨飘。孩子们猜出之后，就说想知道这天上飞的风筝和水上漂的纸船发生什么事吗？导入课文的学习，此时孩子的学习激情已被调动起，进入学习就达到事半功倍的效果。

(2)课中诗意学更实

课中学习生字词，为了帮助孩子区别“漂”与“飘”，又出示儿歌诵读：小小纸船水上漂，美丽风筝空中飘。水上漂要用水，空中飘要用风。漂和飘仔细瞧，小小汉字真奇妙。孩子们在诵读中无须教师讲解，自然而然地理解了这两个字的区别，同时在诵读中使生字词掌握得更扎实。

(3)课终诗意情未了

课终学习即将结束，再次出示儿歌诵读：折纸船，装松果，扎风筝，挂草莓。快乐顺水漂，幸福随风飘，乐坏了松鼠和小熊。总结概括今天的学习内容，又让本节课学习的生字词再次复现，恰到好处地帮助孩子巩固生字词，又把今天要写的字融入其中，很自然地带领孩子们学写“幸福”。

2.品诗味——品出童趣

(1)品读诗味燃火花

很多著名的诗人在儿童诗的创作过程中，常用比拟、比喻、夸张、对比等众多手法编织出一首首富有童趣的诗。在诗人的眼里，树叶想开花，花朵想飞翔，而孔雀想和大树一样成长；农民手里掉下来的豆粒儿是在和风儿捉迷藏，有的还傻乎乎地和田鼠一块回家……这些精巧的比喻、奇异的比拟来自于诗人丰富的想象。可以说，丰富的儿童式想象是儿童诗最本真的特点。所以在品读经典诗歌的同时，儿童的本性得以释放，儿童的语言得以挖掘，思维燃起火花。

(2)品读诗味赢想象

希腊的西蒙奈底斯说过：“诗是有声的画，画是无声的诗。”一首首优秀的童诗，犹如一幅幅无形的画，在品读的同时，融入其独特的体验，生成个性化的解读，能为学生赢得更多的想象空间。教师可以要求学生随着诗歌的语言的流泻，在脑中再现画面，形象地记忆诗歌，并结合形象，丰富词汇。

(3)品读诗味促感悟

童诗童谣以儿童独特的视角来表现生动活泼、情趣盎然、五彩缤纷的童年生活和情感世界，它是一种艺术语言，语言简洁，富有跳跃性。在教学中，教师可以不断引导学生抓住相应的字眼，品味儿童诗所传达的意境，从字词走进诗中，层层深入，使儿童对语言的感悟能力越来越强。

3. 展诗翼——展出童心

(1)模仿创作我会仿

模仿是学生的一种天性，可以从模仿中探究写作规律，从而迁移到自己的创作实践中来。我们一、二年级的教材像这种可以让孩子模仿创作的有很多，比如《比一比》《比尾巴》《识字 4》《四季》等。孩子们都是在充分诵读品读的基础上发现语言规律，先借助图片模仿创作，接着再自由想象模仿创作，还可以进行诗配画活动。

(2)想象创作我敢想

想象是写诗的第一步，儿童是一个最富有想像力的群体，他们在接触周围世界时，头脑中会产生许多新鲜、奇异的想法，会创造出许多生动、鲜活的形象。教师应该通过各种方法、途径发散学生的思维，充分地让学生展开想象的翅膀进行创作。比如《草莓》以“红”为突破，让孩子们自由、大胆地想象，由此及彼，先进行直接想象训练，而后进行更深层次的间接想象训练，这样循序渐进地引导，有效地激活了思维与想象，“诗”就这样在不知不觉中在笔尖流淌。

### 案例三　想象创作

出示草莓图

师：孩子们，你看到了什么？发现了什么？

生：我看到了很多草莓，我发现这草莓很红很红。

师：想想看，这草莓为什么会这么红？

生：熟了呗。

师：请你再想想看，除了熟了，这么红还有没有其他原因呢？请你结合自己，想想看，在什么情况下会脸红的？

这一下，学生的思维被打开了，个个张开想象的翅膀，纷纷说开了，有的说："草莓长得太好了，被人夸得不好意思地脸红了。"有的说："草莓爱漂亮，拿妈妈的化妆品化妆，一不小心胭脂涂得太多了。"也有的说："估计是草莓喝了酒了吧！"……

师：你们想得太好了，把你们的想象写出来就是一首首有趣的诗！

他们的眼光是那样聪敏独特，他们的想象是那样灵巧新奇，他们的语言是那样富有诗意，诗心在想象中跃动。一首首富有童趣的小诗就诞生了。

作品 1

草莓，草莓
你脸这么红
该不会偷喝了爸爸的酒吧
告诉你
好孩子可不能喝酒哦

作品 2

草莓，草莓
你真爱臭美
拿妈妈的化妆品
把脸涂得像关公
你羞不羞

(3)采风创作我能创

大千世界中的一花一叶、一山一水，都是诗欢欣活跃的新生命。写诗离不开积累真体验，因此，要把学生带进大自然这个大环境当中采风，使学生获得心灵的自由，"以须弥纳万象"，及至"情动而辞发"。

我们开展"找春天"的活动，带孩子们到校外去观察。他们兴奋极了，他们在田野里、路边、小河边进行观察。不一会儿他们带回诗句来了："春姑娘，你别再和我捉迷藏了，我已经找到你了，你在小河边的柳枝上吗？你在桃花的红脸蛋里吗？"一首首充满童趣、童真的小诗从他们笔尖流出来。采风创作，教师就要善于及时捕捉孩子的灵光，善于引导他们将灵性释放。

## (二)路径二:拓展平台新展评——大显身手

童诗童谣的学习要让孩子保持学习童诗童谣持久的兴趣,保持创作的热情,必须为孩子提供更广阔的空间,搭建创设各种平台,结合各种活动,让学生积极参与到童诗收集、学习和创编的活动中来,在这个过程中大显身手,真正成为学习童诗童谣的小主人。

1. 学科整合,创编激趣

(1)在品德课中创编,体验生活

我们课题组任教语文的教师都兼任教品德课,在品德教学中,我们发现低段的课文中好多以小诗园形式出现,这是很好的教学资源。我们可以准确捕捉教学契机,恰到好处地呈现、应用这“诗园”,让孩子诵读的同时进行创编,孩子在创编的过程中又更深刻地体验感悟生活,明辨事理。

例如,在教学二上《暑假安全真重要》时,教师先让学生讨论暑假里要注意哪些安全知识,遇到危险有哪些急救措施,再出示范本诵读,说有个小朋友不仅记住了这些急救措施,还动脑筋编了拍手歌,接着让学生动脑筋,进行拍手歌创编接龙赛。孩子参与的面很广,大多都能编出一两句来,兴致也高,安全知识也在创编中不知不觉记在心中。

(2)在美术课中创编,体会乐趣

在低段美术课中,经常会有手工制作课,运用儿歌的诵读可以帮助孩子们记住手工制作的步骤,使操作既简单又好记,还充满乐趣。对于一些手工制作的成品展示介绍,可以引导孩子们诗兴大发,创编儿歌,更有一番滋味。

(3)在体育课中创编,感受快乐

低段的体育课都是以各种游戏和活动为主,孩子们可以边诵读儿歌边做游戏,如果教师有心稍作引导,体育课会成为很好的童诗童谣创作题材。

实际上,孩子们掌握了创编的技巧,有了创编的激情,任何学科都可以融入创编。我们可以凭借自己的教学智慧,合理地开发、利用资源,创新形式,让一颗颗童心展翅飞翔。

2. 借助活动,推波助澜

生活是创作的源泉。我们可以组织丰富多彩的竞赛活动,以及亲近自然、感受生活的社会实践活动等,让孩子们在活动中成长。同时,孩子们用儿童诗的形式记录了自己内心最真实的感受,为童诗童谣诵读创作推波助澜,乐此不疲。

(1)在丰富的活动中创编

春游时孩子们一路上诵读春天里的诗歌，活动时进行“春之歌”创编擂台赛。在秋游植物园时，刚好遇上菊花展，我们赏菊后就进行了“我和菊花仙子有个约会”诗歌创编接龙赛。走访敬老院，为敬老院的老人们做贺卡、写小诗，孩子们兴趣盎然，后来老人也给孩子们回复了诗歌，进行了互动，孩子们可兴奋了，创作激情更高涨了。参加西湖环保义工活动，孩子们在活动中写下了自己感言的诗歌。我们班的郑茹月小朋友和妈妈一起去西湖边捡垃圾，回来后，她在日记中写下了诗歌——《弯腰的小姑娘》。这些活动的开展不但丰富了孩子们的生活，增长了他们的见识，还为他们提供了丰富的写作素材。在孩子们的眼中，世间的一切都能激活他们神奇的想象，都是他们才思喷涌的源泉。

(2)在多彩的舞台上亮相

对于学生创编的优秀童谣，不仅要在校园里推广，而且要为这些学生提供展示的舞台，用丰富的艺术形式再现自己创编的童谣，让学生从表演中体验成功的快乐。比如可以班级为单位开展以“春天的故事”“秋日私语”等为主题的诗歌朗诵会，也可以组织学生在学校的读书节表演诵读，去敬老院为老人们表演诵读，鼓励孩子们积极参加杭州市青少年活动中心举办的新年诗会等，让每个孩子都能积极参加，在多彩的舞台上亮相。

(3)在亮眼睛诗社里成长

我们的课题是面向全体学生，让所有的孩子都能受童诗童谣的浸润，感受诗意人生。我们也希望优秀的孩子小荷露出尖尖角，能在这方面出类拔萃，迅速成长，于是我们成立了亮眼睛诗社，吸收部分在这方面有浓厚兴趣、有特殊才能的孩子，对他们进行专门指导，使这些孩子有更广阔的空间，在儿童诗社中快速成长起来。

3.巧用评价，体验成功

教师的肯定极大地鼓舞着孩子们的学习兴趣，所以一个合适的评价可以鼓励孩子走向成功。我们课题组的教师在保护孩子的自尊心、自信心的前提下，运用多种评价激励方式，让每个孩子体验成功。

(1)新奇奖状，培养自信

在开展各类诵读创作比赛之后，我们的奖状尽量做到以保护孩子的兴趣为前提，不设传统的一、二、三等奖，而是设计具有各种有趣又新鲜的名称的奖项，以淡化等级的区别，让孩子们自信满满，走向成功。诵读比赛有最佳表现奖、最佳风采奖、最佳搭档奖；创作比赛有最佳创意奖、最佳想象奖、最佳风趣奖。实践证明，我们课题组专门设计的新奇奖项使每个孩子都有收获，每个孩子的脸上都洋溢着成功的快乐。

(2)多样荣誉，激励上进

除了各类比赛设置的新奇奖项之外，我们还在平时的诗歌学习、诵读和创作中，处处发现学生的闪光点，设置多样荣誉，激励孩子们积极上进。比如设置每周诵读之星、每月诵读之星评比，评选出诵读特别好的孩子，颁发领诵证，获得领诵证的孩子可以在平时的常规诵读中当小老师带领同学们一起诵读。再比如孩子创作的作品被录入我们的《珍珠集》，我们会给他们发表证，获得5张发表证的孩子就可以获得更高的荣誉——小诗星。有了这种多样的荣誉，孩子们学习诗歌形成了你追我赶的氛围，人人争当诵读之星、小诗星，人人都争取拿到领诵证、发表证。

(3)丰富展板，持久兴趣

有了多样的荣誉，我们也要把孩子的成果做展示宣传，在班级展板布置上就凸显这一块。丰富的展板在让孩子欣赏评价的同时也激励孩子想学、想读、想创作童诗童谣，同时也营造一种诗意的氛围。

**(三)路径三：诗海拾贝串珍珠——多维创编**

现行教材中儿童诗虽占有比例，但对于我们童诗童谣的学习还是远远不够的。我们课题组的教师就从诗海里拾金贝，慧眼寻找学生自创的优秀作品来多维创编，形成理论和实践相结合的童诗教育范本。

1.诗海拾金贝——多方吸纳，创意编写

我们课题组的教师大量阅读、收集优秀的童诗童谣，在诗的海洋里挑拣适合孩子的金贝，主要从礼仪、节日、景观、感恩等方面选择受低段学生喜爱的，符合低段孩子年龄特征和富有时代气息的童诗童谣，作为课堂教学诵读、欣赏体验和模仿的载体。我们课题组选编了一套《诗海拾贝》，有五大板块的内容。

(1)传统经典——晨诵与你相伴

我们主要从朱永新的新教育实验选编的一、二年级必读诗歌里精选。选编的内容简短、经典，题材丰富，有利于学生品读、模仿、创作。

(2)节日歌谣——节日因你生辉

我们主要从中外优秀诗歌集、儿童天地诗歌集、金波诗歌集里精选。有不同季节的、不同节日的诗歌，也有同一季节、节日的不同诗歌，让孩子充分感受四季之美以及节日的氛围和习俗。

(3)教师优选——每周诵读常伴

这由三部分组成:古诗词、童诗童谣、歇后语。童诗童谣的内容选编与教材单元学习配套。低段的课文安排有特色,每个单元都是围绕着一个相关主题展开。因此,结合每个单元的主题,我们寻找了一些朗朗上口的古诗词、童诗童谣、歇后语,并将它们编写整理。根据上课进度,每周发放相应的本周诵读,运用课前三分钟时间进行诵读。诵读既拓展了课内学习,又使孩子们积累了语言。

(4)行规歌谣——行为随你改观

我们课题组的教师借鉴品德教材上的儿歌自编自创具有我校特色的小陶子一日常规歌谣,有上学歌、放学歌、吃饭歌、值日歌等,让孩子们的一日常规在朗朗书声中养成。

(5)教材创编——灵动因你而在

我们课题组的教师对一年级、二年级上教材自编巩固生字词歌谣、低段区分形近字的顺口溜、学习方法的小结顺口溜,在我们的语文课堂上适时地应用,帮助孩子解决了识字的困难,同时又激起孩子主动学习的欲望,我们的课堂有趣又有效,充满创意而灵动。

2.慧眼识珍珠——广泛选取,分类入编

对于童诗童谣,现在我们手头有的大多数只是成人为儿童写的诗,几乎没有孩子自己写的诗。一些刊物、出版社也很少发表孩子的儿童诗和出版儿童诗集。鼓励孩子成为创作的主人,孩子在创作中呈现出的语言,犹如一颗颗珍珠,教师要做的就是拥有一双慧眼,会识别上等的珍珠,并会把这些珍珠串起来,为后续研究积累材料。我们课题组把学生创编的诗编成《珍珠集》,其有三大板块的内容。

(1)童眼看世界——善于观察

千变万化、丰富多彩的自然界在吸引着我们的孩子们,可以引导他们学会观察,而不是对周围的事物视而不见。我们选编孩子们用眼观察、留心身边的事物而突发想象创作的诗歌,以孩子的角度看世界,这肯定会带给我们很多新奇的发现。

(2)童年万花筒——体验生活

童年就像是一个万花筒,上面的每种图案都五颜六色,各不相同,在这个美丽的万花筒中蕴藏着童年无穷的乐趣。我们选编孩子们用笔记录的丰富多彩、充满乐趣的生活,让每个孩子都做生活的有心人,感受生活的乐趣,过诗意的生活。

(3)童心畅想曲——吐露心声

童心是美好的，童心不可泯灭。我们鼓励孩子大胆吐露心声，表达愿望，畅想未来，真正做到用我笔写我心，让心灵得到释放。我们选编一些童言童真、真正表达孩子心声的优秀作品。

## 四、实践成效：童诗童谣创意教学路径设计研究之成效

### (一)促进了学生的多方面发展

1.丰富了学生学习语言的方式

孩子们通过大量的诵读品读，语言学习在潜移默化中积累，为语文学习注入了新的活力。孩子们除了喜欢写诗，看图写话的语言更精练了，更诗情画意了，我们这一届的一年级学生整体的写话水平大大提高，期末写话测试比起往年，优秀人数增加22%，良好人数增加12%。

2.还给了学生快乐光明的童年

低年级学生的学习自觉性比较差，常需要家长和教师的督促。但我们发现童诗童谣能吸引他们主动学习。首先，童诗童谣反映生活的形式与儿童的天性合拍。其次，童诗童谣的表现手法与儿童的思维方式合拍。再次，童诗童谣的内容、结构、语言都很贴近儿童的实际，新的童诗童谣能强烈地吸引孩子。据家长反馈调查，孩子变开朗了，学习积极性高涨，所以童诗童谣的学习能让孩子解放心灵，更快乐地生活。

3.促进了学生综合素质的提升

诗是美的载体。学生读诗、写诗的过程就是一个发现美、享受美、捕捉美、创造美的过程。经历诗教的孩子，慢慢地将拥有一双善于发现美的眼睛、一颗感悟美的心灵、一份创造美的热情。再者，在童诗童谣的学习中，我们给孩子搭建各种展示的平台，孩子们都有自己大显身手的空间，孩子们的综合素质和能力都在一定程度上有所提升。

### (二)推动了教师的全方位成长

1.提高了教师的文学素养

为了更好地做好课题研究，指导学生创作儿童诗，我们课题组的教师在

童诗童谣教学、儿童诗创作理论方面做了大量的研究，特别是对儿童文学做了大量的阅读和研究，具备了一定的儿童文学的素养。

2. 提高了教师的课改水平

在本课题研究中，我们教师努力探索童诗童谣创意教学的路径和策略，改变了教学方式，探索并发现了童诗童谣的创意教学三步曲和几种创作课型的教学流程。

3. 提升了教师的科研能力

自课题研究以来，童诗童谣教学已经成了我们课题组的一大亮点。我们课题组的教师以理论学习为先导，以探索实践为重点，形成了自己的特色，积累了丰富的教学资源，科研意识有了明显增强，为学校的教育科研注入了新的活力。我们课题组的教师的多篇论文在校、区里获奖。施甜甜老师西湖区新教师展示课《两只狮子》其中两首儿歌的插入教学让所有的教师耳目一新，特别是把《两只老虎》改编得更让人拍手叫绝。黄玲雅老师青年教师优质课评比一等奖，相关的论文在区里获奖，基本功大赛也在区里获奖，对于一个刚刚走上讲台两年多的新老师来说，成长是迅速的。金晓莹老师在区微课制作评比《查字典》中，适时插入儿歌，锦上添花，突破难点，荣获区一等奖。我们还创编了富有我校特色的校本教材：《诗海拾贝》《珍珠集》。特别值得一提的是，学校秉承陶行知先生的教育思想，我校的学子就是小陶子，我们在《诗海拾贝》中创编的《小陶子行规习惯歌》更凸显了我校的特色。

童诗童谣创意教学路径实现童诗童谣教学由封闭走向开放的转变，它引领我们对童诗童谣教学的研究走向深入。

## 参考文献

[1] 黄静. 儿歌是低年级语文教学的好助手[J]. 小学时代教育研究，2010(10)：43.
[2] 攀发稼. 儿童诗论谈[M]. 北京：中国文联出版社，1990.
[3] 王雅梅. 儿童诗常见创作技巧例谈[J]. 作文教学研究，2009(3)：86-88.
[4] 张继楼. 儿歌的写作与欣赏[M]. 香港：新天出版社，2003.
[5] 周晓波. 当代儿童文学与素质教育研究[M]. 上海：少年儿童出版社，2004.

# “微”探究，你“能”行

## ——依托微课“三深三思”提升学生探究能力的实践和研究

杭州市西湖小学教育集团西湖小学

徐昊　郭佳佳　金灵华　汪霞

**摘　要**：微课作为一项近年新兴的教学技术手段，逐步走入了科学课堂。实践证明，依托微课融入科学课程的手段能够帮助教师更科学、有效地培养学生科学探究的能力。本课题试图通过经历“调查—设计—开发—应用”的流程，以“三深三思”的方式实践并研究微课对于提升学生科学探究的能力的潜在价值，再以研究为契机，以学科组为主体，开展各项活动，提升科学教师的自身素养，打造团队优势。

**关键词**：小学科学　微课　探究能力

### 一、问题的提出

科学课培养学生的核心理念是探究能力，然而如今很多科学探究课堂却因各种原因满足不了学生的学习需求。所以我们研究微课、制作微课，将微课应用于科学探究活动，来解决一些问题。

#### （一）课题背景聚焦：探究活动的不足与需求

近年来，依托新课改的深入人心，探究式的课堂教学逐渐成为科学课中的一道亮丽的风景线。然而在日常教学实践中，学生热衷于动手却不愿意深入思考，有人提出“向课堂40分钟伸手”，但是真正的“探究式”的学习岂是在短短的40分钟内就能够达成的？

1.内容多时间少，探究浮于表面

科学探究涉及的内容广泛，囊括天文地理、生命科学、物质科学等众多科学领域，新课改提倡的单元模块化教学促使课本中出现一课时不得不拆成两课时完成教学；更有甚者为了落实单元、课时要求的知识目标而“揠苗助长”，在教师的“引导”下生生交流竟变成了教师在主导交流，学生的探究浮于表面。

2.教学形式单一，陈旧浇灭兴趣

现主流科学课的内容似乎固定为“导—实验—交流”。然而，如《地球与宇宙》单元的教学需要学生具备大量知识贮备与良好的空间思维能力，没有任何思维经历的学生是较难在课堂上形成所期望的互动的，这“逼”着教师只能以讲解为主，形成“讲什么学什么”的不良学习氛围，这更是在刻意浇灭学生探索未知的热情与兴趣。

3.学习空间狭隘，缺少学习途径

学生学习只能在学校里吗？也许正因教师在学校，所以社会中大多数人也误认为系统地学习只是学生在校内做的事情。这种误区也导致了许多班级出现了学困生现象。在课堂中没有解决的问题，儿童下课后也耻于下问，久而久之问题积累成知识网上的大漏洞。新课改提出的“面向全体学生”，只凭课堂40分钟的单一学习途径，是不可能真正教会每一位学生的。

4.学生期待——自助式的学习

对于学生而言，微课能更好地满足学生对不同学科知识点的个性化学习、按需选择学习，学生既可查缺补漏又能强化巩固知识，是传统课堂学习的一种重要补充和拓展资源。特别是随着手持移动数码产品和无线网络的普及，适合移动学习、远程学习、让学生自主学习探究的微课必将普及。微课教学会成为一种新型的教学模式和学习方式。

5.教师期待——专业素养提升

对于教师而言，微课将革新传统的教学与教研方式，突破教师传统的听评课模式，教师的电子备课、课堂教学和课后反思的资源应用将更具有针对性和实效性，依托微课资源库的校本研修、区域网络教研将大有作为，并成为教师专业成长的重要途径之一。

6.课改期待——“以生为本”课堂

以学生的发展为本是新课标的核心理念。面向全体学生，关注每一位学生；因材施教，注重每一位学生的成长，发展每一位学生的个性。《国家基础教育课程改革纲要》中明确提出，“充分发挥信息技术的优势，为学生的学习和发展提供丰富多彩的教育环境和有力的学习工具”。每个孩子都是国家未来建设的可造之材，在以生为本、以信息技术为载体的基础教育的培育下，他们终会接替父辈、祖辈实现国家复兴的中国梦。

**(二)理论依据**

1.数字化学习

数字化学习又称为网络化学习(e-learning)，它不同于传统的学习方式，具有如下特点：①学习是以学生为中心的；②学习是以问题或主题为中心的；③学习过程是进行通信交流的；④学习是具有创造性和再生性的；⑤学习是可以随时随地且终身的。

2.微课

2011年，广东省佛山市教育局的胡铁生在《“微课”区域教育信息资源发展的新趋势》中论述了“微课”的概念、组成、特点及分类，提出了“微课”资源建设的必要性和可行性。微课，是指以视频为主要载体，记录教师在课堂教育教学过程中，围绕某个知识点或教学环节而开展的精彩教与学活动的全过程。

**(三)研究意义与实践价值**

本课题的研究意义与实践价值将指向以下两方面。

1.提升学生科学探究的能力

本课题旨在在微课的帮助下，在学生经历完整的科学探究历程后，提升学生的探究能力。在这一过程中，学生能获得知识、过程、素养三方面的提升。

2.提高教师团队的教学科研水平

通过课题研究，开展教研组的各项活动，教师在教学中能够更好地铺垫预设和生成的道路，激活学生的思维，更好地指向教学目标，提高教学成效，构建“思考与探究”的课堂，加速教师的专业成长，打造团队的教育优势。

## 二、研究的设计

我们在教学研讨中确定了本课题的预期目标，界定了课题新提出的概念，找到了合适的研究方法，规划了课题操作流程。

### (一)预期目标

本课题的预期目标分为两点：一是通过经历“调查—设计—开发—应用”的实践来研究微课对于提升学生“三深三思”科学探究能力的潜在价值；二是以研究为契机，以学科组为主体，开展各项活动，提升科学教师的自身素养，打造团队优势。

### (二)概念界定

1.“微”探究，你“能”行

本课题中的“微”探究意指运用微课技术引领的科学探究活动；你“能”行中的“能”意指学生的探究能力。此标题暗指微课技术引领的科学探究活动能帮助学生提高科学探究能力。

2.“三深三思”

本课题的“三深三思”，一思学生科学知识与基本技能的掌握，在扎实科学基本知识的基础上，学习者要一思“学什么”；二深科学学习过程，学习者要体验完整的科学探究活动，学习者二思“为何学”；三深科学素养的拓展，学习者三思“科学精神”。

### (三)方法原则

在依托微课提升学生“三深三思”探究能力的实践和研究过程中，我们尝试使用多种科学研究的方法来采集原始材料，并将其整理成科研价值较高的资源。

### (四)研究框架

研究框架如图1所示。

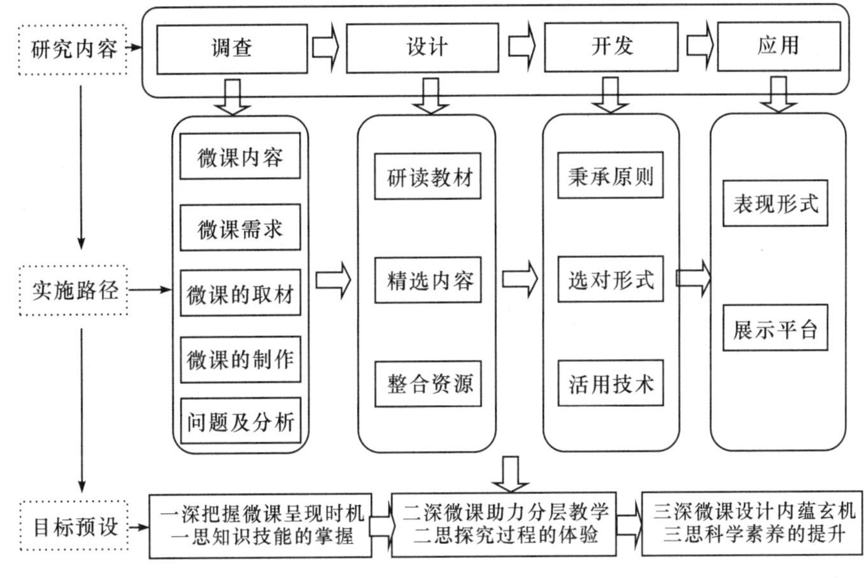


图1 课题研究框架

## 三、课题的实践

### (一)微课调查

秉承着教育科研中的需求性原则，课题组针对身边教师对于微课的理解与需求做了一次精简的调查，发现了一些现象，更获得了一些认知。

1. 微课核心内容的组成

微课核心内容的组成要素主要包括课堂教学视频、教学设计、多媒体课件、教学素材等方面。

教师使用最广泛的微课核心内容是多媒体课件，说明微课是以视频为载体的。其次是课堂教学视频，说明微课反映的是真实的课堂。微课可以说是以视频为载体的，能反映真实课堂的一种新型技术手段。这与许多专家学者的认知是相符合的，从而反映出教师队伍对于微课的认识比较到位。微课作为一节短“课”，与教师的设计是分不开的，课堂教学和教学设计是相辅相成的，甚至多媒体课件的设计也与微课的教学设计密不可分。

2. 教师对微课内容的需求

微课,作为一种学习工具,是真正用于学生的学习的。教师对于微课内容的需求不仅在课堂中,更在课前或课后。教师的需求主要包括课堂教学视频、教学素材、练习与讲解、实验操作演示、课前预习、课后拓展等方面。许多教师发现微课具有化抽象为直观的优越性。微课也可以辅助课前和课后的指导,说明教师队伍对课改真的有所思,不少教师已经认识到了学习不仅仅在 40 分钟的课堂中,还在孩子平时的日常生活和课外活动中。

3. 微课的取材依据分析

微课的取材依据主要包括三个方面:依据教学重难点取材;依据课时取材;依据课程标准取材。

课堂需要围绕教学的重点或难点来展开教学。教学重难点是微课的主要取材依据。是不是每个课时都需要微课呢?这还要看教师教学的需要。教师还可以研读课程标准来确定取材方向。微课的取材依据是具有多样性的,教师可以根据需要来合理改变取材。

4. 微课的拍摄及后期制作

微课制作一般需要各种工具,前期采样需要摄影工具,后期制作需要视频剪辑工具。大部分教师能够进行独立拍摄,这正合当今多媒体的普及和多样化。微课的研发和使用响应了时代的要求。然而在"易通难精"的后期制作方面,专业程度较高的视频制作软件 premier 的用户很少,这说明教师队伍需要适当的培训。

5. 教师在开发微课的过程中存在的问题及分析

由于微课大部分是由个人完成的,又基于硬件、操作等问题,优质视频的获得率不高。许多教师虽然初识微课,但是却能在实践中发现问题:①画面不够清晰;②镜头缺少变化、画面单一;③主要教学环节没有提示,缺少字幕;④配套资源不齐全,甚至缺乏配套资源;⑤声音不清晰。

只有发现问题才能更好地解决问题,从失败中吸取教训后的微课,才会内容更精练、目的更明确、立意更高明地出现在课堂上。

**(二)微课设计**

1. 研读教材,梳理课程之相关性

微课,虽然是一种新的教学资源,但也是基于传统教学衍生而来的。好的微课设计一定是融入了教师对教材独到的见解,并且能提出相关问题的应对策略。因此，再读教材、细读教材是微课设计必不可少的环节。

(1)把握核心概念，构建大纲

小学科学课应当让学生了解到普及的科学技术知识以及该科技对社会与个人的影响，知道基本的科学方法，认识科学本质，树立科学思想，崇尚科学精神。而微课，作为承载着科学教育任务的视频载体，也有着让学生体验科学探究的过程，让其初步了解与自身认知水平相适应的科学知识和科学方法的任务。

每一册的四个单元都围绕着科学核心概念。每个单元的各课时看似联系不密切，其实也紧扣科学的核心概念。例如，电单元由《生活中的静电现象》《点亮小灯泡》等 7 课时组成，教材从静电现象开始，经历连接电路、检测电路、制作开关，由浅入深地指导学生认识"电路"这种能量现象。

(2)研读教材教案，锁定重点

小学科学课程覆盖面广，因此细读教材是必不可少的环节。笔者执教过《相貌各异的我们》一课。在教学前，笔者参看了多版教学设计、教学视频。由于课堂掌控、反馈能力等因素，为了上好这节课，笔者制作微课并锁定目标为"简单分辨人们的相貌性状"，针对重点去进行设计，最后得到了听课教师的一致好评。

(3)专研重难点，汇编微案

学生的错误往往来自两方面：一是不足的认知，二是错误的前概念干扰。针对重难点，教师需要一个"微教案"。教师应以实际情况为准，先了解学生，再对症下药，制定针对重难点的教学分目标。整个微课的内容都要按照微教案来进行排布，只有拥有优秀的微教案，才能做出优秀的微课作品。

2. 精选内容，提高微课之实用性

小学生的课堂注意力十分有限，因此教师需要整合教材、精选内容。精选内容需要做到以下三点。

(1)小范围，减少认知负荷

内容要结合课堂重难点，取材要依据微教案。时间过长的微课不适合，时间长意味着学时收益很低，内容多或者过多重复。大容量的微课也不适合，它的认知负荷过大，学习效果过低。所以，微课设计者需要掐好时间、限好范围。

(2)深切口，突破教学难点

在探究教学中，学生的思维跨度是较大的，涵盖思考问题、设计实验、探究问题、归纳问题。教学时指导太全面,学生会平庸;没有指导,学生又没有收获。因此微课的设计要“一英里深”,教师必须对教学环节目标有着明确认知,找准目标然后充分挖掘。

(3)大局观,提升微课再利用率

课程中每个单元之间都有着内在联系,不同课时的教学也相互影响。微课要从核心概念着眼,顾及单元课时之间的相关性,力求设计“一课两用”甚至“一课多用”的微课。以“温度计”这一科学仪器的知识为例,温度计出现在三下的《温度与水的变化》、四上的《天气》和五下的《热》。设计并制作“温度计”的微课,完全能做到一课三用,既能帮助初学者有效掌握相关知识,又能支持复习者快速梳理已学知识。

3.整合素材,确保资源之科学性

一节优秀的微课,离不开平日积累的素材。影像资源的客观性、真实性、科学性强;图片资源便于观察,能够引起观众的思考;文字资源能清楚地表达作者的意图。因此科学课的微课对资源的要求很高,笔者提出如下两点建议。

(1)随“时”收集——时效性资源

许多科学现象都有随着时间变化而变化的规律。例如,树木在四季表现出的是不同的样貌;月相在一个月中每天都不同;四季的正午太阳高度角的数据不同。

(2)随“地”采集——地域性资源

地球圈的生物具有多样性,而且往往不同的地区生物的各种特征会表现得不同。微课资源也同样具有地域多样的特点。例如,生长在南方雨林的香蕉树与长在沙漠地区的仙人掌的叶片的形态特征不同;又如,只有在干燥少雨、缺少植被的北方才会爆发沙尘暴。

不同资源的优势不同,我们需要根据之前的微课设计来有效地整合素材,在突破重难点的时候巧用影像资源来指导,在想要启发学生时安排一张图片,在小结梳理时运用文字资源,我们要随“计”整合素材,用多样的素材来展示我们的教学理念、教学思路。

### (三)微课开发

我们在微课设计的研究过程中,将微课开发的要素拟定为学科原则、表现形式、制作技术三方面。

1. 秉承原则，注重学科之特殊性

（1）真实性原则

小学科学课程教授的是科学知识，传递的是科学素养。科学研究的过程是不允许弄虚作假的。微课所表现的，应该是一个完整的、真实的探究过程，设计者所收集的资料也必须是真实存在的。

（2）规律性原则

科学知识本身被发现的过程是有规律的，科学知识构成的体系也是有规律的。微课作为科学知识的载体，必须遵循规律性原则。微课中各种资源的呈现须符合科学探究的一般规律，经历“发现问题—思考问题—解决问题—归纳总结”的进程。

（3）规范性原则

小学科学课程具有很强的活动性，学生从科学实践活动的收获取决于科学实验的成效。因此，微课设计者必须强调操作的规范性。以“显微镜”为例，微课中呈现的“取镜”“安放”“对光”“调焦”“观察”等操作必须按照检测标准来进行。

（4）开放性原则

小学科学课程强调实践性，即学生从自身熟悉的日常生活出发，与生活中的实际应用相联系，经历探究的过程，从现象出发尝试解决简单的生活问题。微课必须遵从开放性原则，启用的资源是具有启发性的，能引发学生思考。

2. 选对形式，提升内容之影响力

笔者认为适合科学课的微课有以下三种。

（1）课堂实录类视频

这类视频记录的是真实的课堂教学场景，观众能从视频中的师生表现中获得有用的信息。我们可以从中截取有用片段来制作成微课，特别是没有条件或者不易在每个班级普及的内容。以《探索宇宙》一课为例，该课的重难点在于同时建立大小模型和距离模型。当我们用乒乓球做“牛郎织女”时，距离模型竟有 12 米之长。我们的科学教室完全不能开展这个模拟实验。因此，在面对场地、仪器、视角易受限制的课程时，我们可以选择教师表述清楚、实验成效明显的课堂实录片段开发制作微课。

（2）录屏说课类视频

这类视频的表现形式为教师结合课件并运用口头语言向学生传授关键

概念和原理。这是最常见、最主要的一种微课类型。以《人类认识地球及其运动的历史》一课为例，我们在收集该课的微课资源时，发现具有真实性的视频资源无法找到。究其因，人类历史上许多知名实验由于记录设备的滞后发明而仅有纸质稿存于现世。我们尝试着运用 Camtasia 录屏软件，结合课件，通过讲演的形式叙述人类认识地球及其运动的历史。

(3)演示操作类视频

这类微课最贴近科学课的课堂实验教学，记录了教师所完成的示范性实验，学生能从微课中获取方法。以《磁铁的两极》一课为例，三年级学生的操作规范性意识还没有形成，也就是说，教师必须手把手地引导学生进行实验。我们用微课辅助操作过程的教学，一方面能提高课堂的实验效率，另一方面能加强学生的规范实验意识。

3. 活用技术，体现视频之高质量

微课制作软件有许多种，本文不再赘述。笔者以常用的两款软件 Corel video studio 和 Camtasia 为例，运用一些技巧来提升视频的质量。

(1)“分镜头”，设计微课脚本

“分镜头”，即将文字转换成立体视听形象的中间媒介，我们以“分镜头”为手段，能加强学生的视听体验，从中凸显想要传达的思想。科学实验能运用“分镜头”，将实验结果与相关的科学知识对应起来，帮助学生加快认知进程。科学实验也能运用“分镜头”帮助学生提高合作学习的意识，潜移默化地引导学生进行多角度的合作观察。

(2)“分步骤”，活用制作技术

微课的视频制作一般要用到视频录制与编辑、音频处理和音视频合成等技术。而不同的开发者因其技术水平以及设备条件不同，开发过程是不一样的。我们采集视频资源时选用摄像机、数码相机作为摄制工具，在收集图片资源、文字资源和音频资源时选用录屏软件，以此来给予学习者清晰、流畅的视听体验。

### (四)微课应用

1. 表现形式应满足科学各个领域之需求

(1)物质科学领域，微小现象放大化

物质科学领域中许多现象难以观察，如磁针偏转、弹簧秤的读数。若教师对此加以明确指导，课堂可能就缺少许多有趣的学生生成；若教师不指导，学生可能观察不到实验现象，这会影响学生的兴趣和观察结果。我们能用以实验操作为主要内容的微课，耗费更少的力气来破除这个窘境。

(2)生命科学领域，长时现象短时化

生命科学领域的实验往往都是长时探究活动，学生难以像科学家一样坚持不懈、认真录实。如种植凤仙花，许多学生观察了数天后觉得植物生长太慢、现象不明显就兴趣索然或者撒手不管，实验记录更是良莠不齐。基于观察日记的教学，数据分析太抽象，学生兴趣不高，学习效率低下。因此我们利用“延时摄影”的原理，将长时现象短时化，一个月的现象被压缩到了短短一分钟内。在基于微课的教学中，学生能根据现象说出凤仙花的生长趋势，并有很大的兴趣去种植。

(3)地球与宇宙领域，抽象现象具体化

哈勃射电望远镜作为人类探索宇宙的先进工具已经被应用了数十年，而科学课还在用模拟实验来教授地球与宇宙方面的知识，我们将太阳、地球的大小关系与篮球、米粒对比，这不仅不科学，更缺乏震撼性。我们可以利用录屏说课类的微课来开展地球与宇宙方面的教学。例如，火星距离地球到底有多远？当我们告诉学生火星和地球的间距是5576万千米时，甚至有人插嘴道“这么近，我还以为有多远呢”。学生对长度单位的认识是不足以支撑他们对宇宙知识的学习的。我们需要用具体化的图例来帮助学生构建相对抽象的宇宙宏观概念。

2.展示平台应提供学生学习方式之便捷

(1)以班级电子白板为平台

作为科学课程教学的主阵地，教师应当充分发掘班级电子白板的价值，利用电子白板投影并实时控制微课视频的播放与重复播放，凭借电子白板作为视频载体具有屏幕大、互动性强的优势来帮助学生通过微课的学习提高探究能力。

(2)以家庭计算机为平台

家庭计算机(或称PC)是个人终端设备之一，教师可以将课程内容通过压缩软件打包上传至学校家庭互联平台或者通过QQ等互通交流软件来传递微课。学生在PC端的个人微课学习相对于班级电子白板的集体性教学，具备自主性强、易反馈、可重复性学习等特征，从而做到“以生为本”。

(3)以网络视频中心为平台

当今社会许多视频可以通过网络视频媒体中心来进行推广交流。教师将微课上传至网络媒体的同时，学生可以利用PC端联网对其进行学习。但是相较于上述“以家庭计算机为平台”，利用网络视频中心为平台，教师除了能满足自己学生的学习外，更能服务范围更广、差异性更大的学生。

## 四、成效与分析

课题研究持续了整整一年，在这个过程中，我们收集了相关的一手资料，并对其进行分析，来解析微课教学是否有利于学生探究能力的提高和教师团队的成长。

### (一)微课教学与学生的探究能力之“三深三思”

我们在一线教学中运用微课指导学生探究活动，发现合理使用微课确实能提高学生的探究能力，包括知识概念的掌握、实验方法的熟练以及科学素养的提升。

1. 一深把握微课呈现时机，一思知识技能的掌握

每一部微课因为制作人设定的教学目的不同，都有各自不同的呈现时机，而不同的呈现时机又对学生探究能力的提高起着不同的作用。

(1)在导入中呈现，构建更主动的学习意愿

科学实验作为一种学习科学的方法，同时又是科学教师吸引学生的一种手段，也经常被使用在课堂之前。2014 年 9 月，我们在对 5 年级学生进行课堂观察的过程中，发现进行演示实验时，40 人中的参与人数会从 19～20 人猛增到 30 多人，其间主动发言率更是增长了 250％以上。基于这样的发现，我们尝试在导入中呈现微课。微课导入解放了教师的作用，教师从一名操作者转变为观察者，哪里需要他，他就能去哪里；微课导入还帮助学生不仅看清实验，还及时得到教师的指导。

(2)在交流时呈现，提供更真实的说服力

小学科学横跨天文地理、理化生多个知识体系。而有些自然现象，我们在课堂上无法通过实验了解它们。以前教师会试图用“模拟实验”的方法来描述并解释它们。现在微课运用视频作为载体，承载了一些人类运用先进技术记录下来的内容，这同样是科学的瑰宝，学生也需要这些瑰宝来确认眼前知识的真实性。

(3)在实验前呈现，添加更优质的助燃剂

科学课少不了实验，而实验少不了教师的指导。尤其是三、四年级的学

生，他们对于自身的言行自制能力较低，许多时候教师的指导不能落实。我们将微课指导实验与传统的实验指导进行同课异构的对比，从而来评估微课对于实验指导方面的作用。笔者指导了《测量水的温度》一课，A、B班为传统指导，C、D班为微课指导。实验目的是正确使用温度计、准确读数并及时记录数据。

(4)在拓展中呈现，引领更广阔的视野

科学课不能仅仅局限在40分钟的时间里，生活中也充满了科学，生活中的科学是有趣的，或许是细微的，或许是令人震撼的，我们需要鼓励学生去课外探究，开阔自身的视野，而传统教学中教师口述的方法却很难达到激发学生积极性的要求。我们尝试运用微视频来开阔学生的视野。我们分析数据后发现，应用微课进行教学拓展了学生知识面的广度。从科学模型制作的成效来看，微课还激发了学生的学习兴趣。

2.二深微课助力分层教学，二思探究过程的体验

课堂教学中，如果指导不够详尽，部分学生就无法理解操作而导致失败，如果指导过于详尽，部分学生又会因注意力分散而出现“一人包办、多人旁观”的情况。缺少教学经验的教师很难把握介于详细与简要之间的“度”。如何解决这样的问题呢？笔者引入了微课来助力于科学实验的分层教学。

(1)放大现象，助力学生集中注意力

科学真理常常体现在生活中的一些微小现象中，如波义耳偶然发现盐酸会使花瓣变红从而发明了酸碱试纸。科学是严谨的，更是关注细节的，仅凭借语言文字载体是无法真正感悟到科学的，所以笔者尝试运用微课来进行分层教学，旨在帮助学生提高注意力的集中度。

学有余力的学生会注意到微课里有意放大的奇特现象，一来激发这些学有余力的学生的学习兴趣，二来引导这些学生进行自主探究，像一名科学家一样看待问题、设计实验、解决问题。而学习困难的学生，观察能力、分析能力都较弱，他们在学习微课时能抓住被放大并有标注提示的现象。

(2)调控速度，助力学生把握重难点

许多科学现象都是转瞬即逝的，然而例如“闪电”现象虽然只有短短的一眨眼工夫，却蕴含了很多奥秘。如果学生恰好错过了这一瞬间，而实验又无法重做呢？笔者运用微课来再现实验，运用电子产品能够调控速度的优势来解决这一难题。

学有余力的学生足以把握全局的重难点。微课中会加快一些枯燥的操

作镜头，有效提高自主学习的效率。而学习困难的学生能通过“慢镜头”及此时的旁白配音观察现象，进行思考。

(3)再现过程，助力学生自主再学习

科学教师习惯通过当堂演示来对学生进行实验指导。个别小组忘了怎么操作，怎么办？单独重新指导会降低课堂教学效率。循环播放相关微课，就能解决此难题。教师可以先利用微课进行集体指导，过后再利用微课呈现的屏幕与实验场地相互分离的优势来循环播放微课，既不影响大多数学生的正常实验，又帮助遇上困难的学生自主再学习，哪步有疑问就重点看哪步。

3. 三深微课设计内蕴玄机，三思科学素养的提升

小学科学课堂教学相对于科技发展有相当的滞后性，课堂学习的科技信息已落后几十年甚至数百年，难与学生内心的求知欲相共鸣，更难激发学生对科学探究的热情。我们需要通过微课来帮助教师传递科学精神，相对于平淡的语言文字，微课的视听体验感染力更强。如何设计微课，让其内蕴精华？笔者建议从以下三个角度来完善微课。

(1)审字度句，力求更规范的科学用语

科学知识是经历千锤百炼的人类文明的沉淀。科学用语是严谨的，科学实验是规范的。

然而由于教师本身的素养，又或其他因素的制约，教师在教学中可能给科学用语的规范性带来了负面影响。我们利用微课可以提高科学用语的规范性。微课作为一段教学过程镜像，是不会出错的，能够有效提高科学用语的规范性。

(2)注重细节，培养更完善的科学态度

科学态度是什么？对于小学科学课程来说，教师要实现培养学生的科学态度这一宗旨，就该从培养学生的科学探究习惯做起。微课结合课堂教学，有利于学生养成良好的科学探究习惯。以《种子的萌发》为例，种植植物需要饱满的种子，但是摆放的方向会不会影响发芽的方向呢？放大并且显眼的字体能够暗示学生要“大胆假设”。“实验 11 天后”“你需要的材料”等，则暗示学生实验是需要有序安排、坚持记录的。

(3)关联生活，树立更健全的科学观

科学影响着并改变着个人、社会、世界。例如生命科学的发展，这一过程极大地推动了人类社会的发展，与人类的生活更是息息相关。日常生活

中，身体健康是每个人都关心的问题，而生命科学涉及的内容可以指导我们生活得更健康。

**（二）微课教学促进教师团队成长**

我们在微课教学的研究过程中，开展了各项活动，不仅提升了教师的专业素养，还提升了教师团队在西湖区教师队伍中的知名度。

1. 以课题为中心，开展教研组的各项活动

自开展本课题的研究以来，科学组在平时的课堂中通过相互听评课和“课堂观察”的科学方法来回顾整理自身的教学。在与其他众多尝试微课应用的同行的交流中，我们努力取其精华，改进自身的教学。

2. 以课题为契机，加速教师的专业成长

我校科学组的教师们在课题的研究过程中参加了集团层面、区级层面的多项活动，利用课题来加速自身的专业水平成长。一个个案例实录、一篇篇教学设计、一则则师生对话……这些都是教师们的成长轨迹。

3. 以课题为载体，打造团队的教育优势

（1）特色的教育科研优势

在课题的研究过程中，我们不断前行，结合自身的经验与团队的合作，琢磨概括出科研操作模式。

（2）独特的教育技术优势

课题组的成员们凭借扎实的信息技术，在各个层级的微课大赛中获得多项荣誉，并在集团、区里拥有微课技术优势。科学组中技术水平较高的成员教师已经能够开展有关微课的各项讲座，被趣称为“土专家”。

## 五、结论思考

**（一）研究结论**

通过本课题的研究，我们发现，依托微课融入科学课程的手段能够帮助教师更科学、有效地培养学生科学探究的能力。我们在得出研究结论的同时，当即开展集团层面的微课教学普及，让微课引领科学课堂的探究学习，让微课融入课堂。

### (二)思考与困惑

课题结束并非研究结束。有关微课对于科学课的影响的研究是我们一线科学教师十分迫切的需要。微课作为一门新技术,还停留在十分原始的层面上。用好微课技术能够让科学课堂达到"轻负高效"的水平。笔者也仅仅研究了微课应用的一隅之优点,"如何开发好、应用好微课"是需要广大教师一起研究、交流、学习的大课题。

在研究过程中,我们也碰到了一些困惑,例如如何保证学生在家庭中的微课学习效果?网络平台虽然提供了良好的服务器,但也夹杂着许多干扰微课学习的因素。又例如什么样的课不适合利用微课进行教学?如何提高微课的适用范围?……这些问题都是需要我们去一一解决的。

### 参考文献

[1] 史文崇,肖娟. 网络教育资源共享的形势、障碍与关键问题[J]. 远程教育杂志, 2007(1):44-47.

[2] 鲍里奇. 有效教学方法[M]. 易东平,译. 南京:江苏教育出版社,2002.

[3] 胡晓虹. 建设优秀的网络课程开发队伍[J]. 中国远程教育,2003(8):50-52.

[4] GOOD T L,BROPHY J E. 透视课堂[M]. 陶志琼,译. 北京:中国轻工业出版社,2002.

【作业设计】

# 设计作业五维度　促进学习个性化

杭州市西溪中学

马骏　吴海萍

**摘　要**：当前学校的教育教学基本上表现出一种高付出、低回报的状况。学生学得累，老师教得辛苦，而花费大量时间的作业基本上没有什么效果。学习的竞争基本上演化为时间的竞争，在学科课时一定的基础上，抢占学生完成回家作业的时间似乎成为学习效果的保障。但是这种做法无疑增加了学生的学习负担，严重打击了学生学习的积极性，使学习对学生来说变成一种压力，学生完全没有学习的兴趣可言。在新课程改革的前提下，原先的作业形式已经不再适合学生的全面发展。在小组合作的学习模式下，个性化的作业设计应运而生。个性化的作业设计更加注重学生的个性发展，使学生在学习的过程中找到学习的乐趣，掌握学习的方法，探索科学的知识，体会科学的精神，减轻学习的负担，真正成为学习的主人。

**关键词**：小组合作　个性化作业　作业设计

## 一、研究背景

### （一）研究缘起

1. 我国新课程改革的现状

近年来我国各地都大搞课堂教学改革，倡导以学生为根本。新课程改革重在改变学生被动学习、疲劳学习的旧模式，鼓励学生主动学习，在学习新知识的同时更重要的是掌握获取知识的方法和技巧，能够运用所学知识来解决生活中所遇到的实际问题。我们学校在深化课堂教学改革方面参照了一些课改成功的例子，结合我校实际，推行“小组合作学习”课堂教学模式。自推行“小组合作学习”课堂教学模式以来，我发现学生未能真正领悟“小组合作学习”的灵魂，普遍表现在：①合作小组的组件还不够科学；②小组自制还有待改善；③合作学习流于形式；④小组合作目标需科学建立；⑤评价奖励机制还不够完善、成熟、科学。

2.作业设计中存在的误区

作业设计是教学工作中的基本环节，也是进行新课程改革的重要载体。作为科学教师，必须对新课程科学作业设计进行重新定位和深入思考，使作业设计符合自主、探究、合作、体验的新课程理念，适应学生的身心发展，真正提高每一个学生的科学素养。

目前科学作业设计存在以下几个误区：①作业设计随意性强，教师投入在作业设计上的精力和智慧微乎其微；②过分注重基本知识和基本技能，传统科学作业过分重视“双基”的训练，将科学作业主要作为概念、规律的复习与巩固，忽视了过程和方法与情感、态度和价值观以及科学、技术与社会的关系；③作业类型单一，传统科学作业的类型主要是训练基本知识和基本技能的纸笔练习；④内容重复，作业量多，很多教师在作业设计时采用“题海战术”，作业内容机械重复，作业量多。

**(二)研究意义**

传统的科学作业设计已不满足现在的教育现状，已不能体现以学生为本的教育理念。小组合作模式下个性化科学作业的研究是改变传统作业设计弊端的需要，是全面落实科学新课程理念的需要，是全面深化科学课堂教学改革的需要。

## 二、理论综述

目前，国内外都在积极进行课程改革，作业设计作为教学过程的一部分已经不再适应新课程的标准。充分认识和分析科学作业，让学生掌握获得科学知识的方法对学生的全面发展至关重要。作业是课堂的延续，学生通过作业可以巩固课堂知识，并获得获取知识的方法，因此在作业设计中必须要注重每位学生的个体差异性。

作业是教学过程中必不可少的一部分，学生在学习新内容的基础上经过不断的反复练习，能够对所学内容进行进一步深化。合适的作业能够对学生学习能力和实践能力的培养起到很大的促进作用。作业是一种教学任务，它是由老师设计、学生完成的，是课堂教学内容的延续，是学生学习过程中不可分割的一部分。目前国内外学者都比较认可作业的重要性，但是我国教师更倾向于将作业作为巩固基础知识的工具，没有意识到学生个体在完成作业时的差异性，这给学生素质的全面提高带来了一定的阻碍作用。

## 三、研究设计

### （一）研究目标

一是在基于小组合作模式的初中科学个性化作业设计的实践研究中，用形式多样的个性化作业来改变传统的作业模式，让学生找到写作业的乐趣。在提倡学生全面发展的素质教育中，学生的学习能力的培养比单纯的学习知识更加重要，授之以鱼不如授之以渔。

二是在基于小组合作模式的初中科学个性化作业设计的实践研究中，改变学生将学习作为心理负担的错误认识。改变学科间的界限，促使学生将课本上的知识运用到生活实践中去，培养学生在生活中发现问题并尝试解决问题的能力。

### （二）研究内容

1. 个性作业形式的研究

形式单一的作业容易让学生产生厌倦的情绪，这将会影响学生的学习兴趣。针对初中生的年龄特点以及初中科学的学科特点，灵活多变的作业形式能够帮助孩子找到学习的乐趣，逐渐提高学生的学科素养。

2. 个性作业内容的研究

个性化的科学作业内容更体现在学生的实践中，注重学生科学素质的培养。

### (三)研究依据

1.人的全面发展理论

人的全面发展理论认为,人的本质最高表现为人的主体性。在平时的教学过程中,学习的主体是学生,只有通过学生的主动学习才能促进学生的全面发展。因此在教学过程中,教师扮演的是引领者,引领学生在学习中独立探索,在这个过程中迸发出智慧的火花。

2.素质教育的理论

素质教育要求学生在德、智、体、美、劳各个方面都得到充分的发展,初中科学是初中阶段的一门重要的基础学科,是学生进行更高层学习的垫脚石。初中科学来源于生活,更高于生活,我们要激励学生从生活中体会科学的存在,并把它转换成科学基础知识进行深度研究,从而培养发现问题、解决问题的能力。

3.小组合作的学习模式

目前,小组合作的导学模式已在很多学校开展起来,小组合作模式突破了原来教师灌输式的传授知识的方法,利用同伴的力量与集体的智慧达到共学的目的。在这个过程中,小组的每一位成员不仅是一个独立的个体,作为小组的一部分,每位同学都有责任帮助小组的其他同学。在这个过程中,学生不但锻炼了求学的能力,掌握了获得知识的方法,也培养了合作共赢的意识。

本课题采用七人小组的形式,根据学生的学习能力进行分布,针对课堂内容进行合作讨论,通过“自主探究”形成共同意见,完成作业设计。

4.教学过程最优化理论

要实现学生的全面发展,必然会在一定程度上增加学生的学业压力。但是学生的精力是有限的,如何让学生在有限的时间和精力内实现高质量的教学成果,是我们在教学过程中必然要面对的问题。其中,作为巩固课堂知识的回家作业的最优化设计是一个非常重要的问题。最优化的回家作业不仅可以让学生最大限度地获得知识,更可以使学生学习获得知识的方法。

5.作业设计的原则

作业设计是教学过程中的一个重要环节,作业设计要体现学生的主体地位,承认学生的主体差异性,实现因材施教的原则。在小组合作中,作业设计更要体现自主、探究、合作、体验的新课程理念,让每一份作业都能适应学生的个性化发展,从而达到提高学生科学素养的目的。

**(四)研究方法**

1.科学作业有效性调查

有效地让学生完成作业不仅可以使课堂知识得到进一步的巩固和内化,还可以让学生产生求学的欲望。为了进一步了解学生对作业的完成情况,本人于 2015 年 5 月对本校初一和初三两个年级的学生进行了问卷调查。

通过调查结果比较我们发现,年级越高的学生对学习越没有热情,并且抄作业的现象越严重。这说明目前的作业设计没有适应学生的个性化发展,作业越来越成为学生学习的负担。随着年级的升高,知识体系越来越复杂,有些学生逐渐出现掉队现象,时间久了就对学习没有任何兴趣。但迫于老师和家长的压力必须要完成作业,因此就出现了抄袭作业的现象,形成一个恶性循环。作业的不真实性也影响了教师对学生学习状况的把握,这样就导致了学生虽然学得很累,但是学习没有明显效果。

2.影响学生科学作业有效因素的归因分析

作业是教学过程中必不可少的环节,合适的作业能够对学生的学习起到推动作用,对学生的学习成效有一定的帮助。

(1)作业的性质

作业的性质主要与作业的难度、意义、相关性、多样性和趣味性等因素有关。对于不同的学生以及学生所处的不同阶段,作业的难度会随之改变。因此要将作业难度控制在适当的水平上,让优生得到提升,让困难生得到基础巩固。对于初中阶段的学生来说,色彩鲜艳、形式多样、充满挑战的作业能够更加吸引他们的注意力,激发学习的兴趣。因此在平时的作业设计中可以采用多变的形式来替代一成不变的形式。在布置作业时,作业与教学内容的关联程度也是至关重要的,通过一节课的认真学习,在完成作业时就得到体现,对学生可以起到激励的作用。一项新颖而有价值的作业同样也可以激发学生的求学欲望。

(2)教师的指导

教师在教学过程中起到的是一个引领者的作用,在学生完成作业前教师要指导学生进行作业的准备,让学生正确地理解题意要求,然后再完成作业;同时还要对学生完成作业的质量提出应达到的标准,在学生完成作业的过程中进行必要的指导和监控,对有问题的学生进行个别辅导。如果是需要小组同学共同完成的作业，教师要进行合作学习的安排，从而让每位学生都参与进来。

(3)学生的参与度与成功率

学生的参与度与成功率并不一定是成正比的。学生完成作业的时间越多，并不一定表示学生完成作业越好，也不能说明学生的学习成绩越好。学生在完成某些作业的过程中还要注重方式与方法，对作业时间有效而充分的利用才是成绩的保证，这也会使学生在学习中不断增加信心。

## 四、研究实践

随着新课程改革的不断推进，教育越来越重视学生的全面发展以及个性化发展，原来枯燥无味的作业设计已经不能满足新课标的要求，个性化的科学作业设计就显得尤为重要。

### (一)设计童趣化的作业

根据初中生年龄偏小的特点，色彩丰富、形式多样的作业更能引起他们的兴趣，由此设计具有童趣性的作业。

1.漫画型作业

根据学生喜欢色彩丰富的特点，我们在教学《微粒的模型与符号》时，为了让学生在头脑中建立微粒的符号模型，设计了如下作业：设计个性化的元素周期表。

通过此项作业让学生把学习元素周期表变成一种乐趣，元素周期表不再是枯燥的文字与符号，以更生动、形象的方式让学生来记忆与学习元素周期表。

2.思维导图型作业

在科学的学习过程中，知识的前后连贯性非常重要，如果能够把前后的知识联系起来，那就会在学生的头脑中建立一个知识框架，对学生在学习科学过程中的整体把握有很大的帮助。根据此项内容，在学生学习生物部分时，为了帮助学生建立生物部分的整体框架，特设计作业：尝试建立生物部分的思维导图。

3.概括型作业

在科学的学习过程中，还有一些知识非常零散，这就需要学生有概括能力。例如学生在学习化学部分时，酸碱盐这部分内容的知识点小而多，因此设计了整理酸碱盐的知识点，并把它概括出来的作业。

### （二）设计生活化的作业

科学离不开生活，科学又能够解决生活中的实际问题。在学习生物部分时，为了让学生了解种子发芽除了受温度、光照、水分等因素的影响外，还受到我们生活中的哪些因素的影响，特设计了探究生活物品对种子萌发的影响作业，并让学生以此为课题，完成课题报告。

#### 案例一　“一次性筷子泡水绿豆发芽实验”课题报告

初二(4)班　沈忱

摘要：通过“秀竹牌”一次性筷子的水浸泡实验和利用浸泡水进行绿豆发芽实验，我发现了很多卫生筷不卫生的问题！

(1)一次性筷子做工粗糙，横截面发现“泡沫状窟窿”，不知道加工厂商把木材做成了什么；

(2)一次性筷子泡水后，一个星期就发出令人作呕的臭味，说明有毒或有害残留物较多，不可能符合卫生标准；

(3)用一次性筷子浸泡水做绿豆发芽试验，绿豆开始发芽很快，而长到五六厘米后停止了生长，最后全部死掉，说明一次性筷子中浸泡出来的物质有毒有害。

通过实验我证明了卫生筷的很多危害。为了健康，为了环保，提倡大家尽量使用传统筷子。

一、题目来源与研究意义

在小区的早餐店，每天都有社区居民来吃早饭，而早餐店虽然有可多次使用的木筷，但是来吃早饭的居民绝大部分使用早餐店免费提供的一次性竹筷——“秀竹卫生筷”。卫生筷到底卫不卫生，我们用实验来证明。

1.1　一次性筷子使用调查

通过采访来早餐店吃早饭的居民，我了解到，绝大部分居民知道一次性筷子不环保，但是为了方便还是使用，他们说一次性筷子比可多次使用的筷子更加卫生。不过，也有少数居民使用可多次使用的筷子，他们表示这既环保又卫生。

1.2　相关资料

(1)什么是一次性筷子

一次性筷子在我们的生活中非常常见，一次性筷子就是指使用一次就可以丢弃的筷子。一次性筷子的使用增加了木材的浪费，对森林起到一定的破坏作用。目前市场上经常出现的是一次性木筷和一次性竹筷，虽然一次性筷子又被称为“卫生筷”，但是他们并不卫生，一次性木筷主要使用劣质的再生木制成，其中的卫生状况堪忧，而一次性竹筷相对来说比较环保，因此在我国使用比较普遍。

现在已经有很多媒体曝光出来，一次性筷子的制作过程及卫生状况并不达标。大多数的一次性筷子为了让它的颜色比较白，通常采用硫磺熏烘的方法。制造商用机器将竹子制作出毛坯，然后将它们放在充满硫磺的房间中进行熏烘。熏烘过后用塑料袋包裹严实，虽然存在刺鼻的味道，仍然被送到我们的餐桌上。另外还有部分商家为了让筷子比较有光泽，会在筷子外面用石蜡打磨，这对我们的身体健康是极为不利的，这个制作过程需要的时间很短。国内的检测部门对这一块的监测力度还不够。

(2)发霉筷子煮白了再卖

目前还有一些媒体曝光出来，一些已经发霉变质的黑筷子并没有被扔掉，而是进行了进一步加工处理，生产一次性筷子的厂家一般会用双氧水对这些发霉筷子进行漂白，这些黑心的厂家利用双氧水的强腐蚀性和漂白性来加工变质的筷子，已经成为一次性筷子生产厂家公开的秘密。用双氧水处理过的筷子不但没有实现消灭筷子上的霉菌目的，反而使筷子上残留了对人体健康造成很大危害的化学残留。如果长期摄入这些化学残留物，不但身体健康受到威胁，更甚至会危害生命。

(3)一次性筷子残留物超标

2005年，我们国家为规范一次性筷子的使用及安全问题，出台了一次性筷子的国家标准，明确规定在一次性筷子中只有二氧化硫有一定的残留，并且对其残留量有着具体而严格的控制。但是这一标准并没有引起一次性筷子生产厂家的重视，在一次性筷子的生产过程中仍然违背国家标准进行违规操作，不顾及使用者的生命安全。

二、实验方案与材料方法

2.1　实验方案

实验分为两个部分：一次性竹筷泡水实验；用竹筷泡水进行绿豆发芽实验。

2.1.1　一次性竹筷泡水实验：取 10 双一次性秀竹卫生筷，各折成 4 段，放入灌有自来水的密封容器中，观察 1 个星期，每 1～2 天进行水体的观察记录。

2.1.2　绿豆发芽实验：取相同的绿豆两份各 20 粒，装入两个相同的垫有餐巾纸的塑料杯中，一个倒入自来水，一个倒入等量的一次性筷子泡出的水。观察 1～2 个星期，每天定时做观察记录。

2.2　材料方法

2.2.1　探究方法

(1)对照实验：设置两种实验，进行对照观察记录。

(2)网络查找资料法：根据网络了解一次性筷子的生产方法和使用反馈。

2.2.2　实验材料：一次性竹筷、自来水、密封容器、塑料杯、餐巾纸、绿豆种子。

三、实验过程与数据分析

3.1　一次性筷子具体观察(以秀竹卫生筷为例)

根据观察测量，我发现这种“秀竹卫生筷”属于 GB 19790.2-2005 中的 C 型一次性竹筷。基本符合标准，部分有破损、毛刺。最可怕的是，把竹筷横截面放大，可以看到许多窟窿头！如图 3-1 所示。

3.2　一次性竹筷泡水实验

我先从社区早餐店收集了 10 双一次性竹筷，然后分别把它们折成 4 段，并浸泡在水中，进行“黄渤实验”(见图 3-2)。

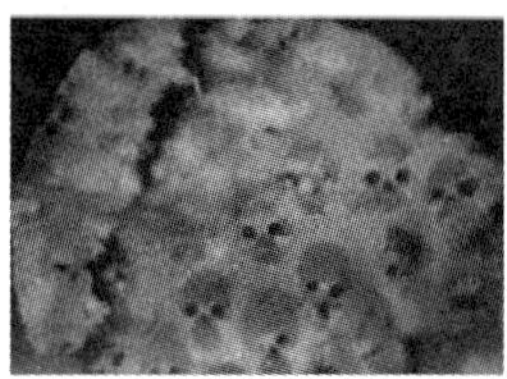

图 3-1　竹筷横截面

图 3-2　黄渤实验

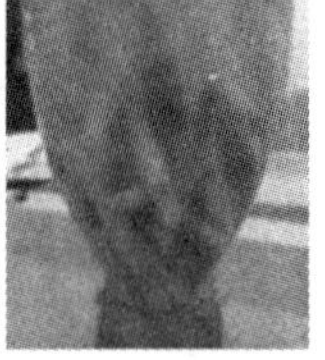
图 3-3 筷子浸泡一周后

一天后观察:发现筷子上有许多小气泡,凑近一闻有一种淡淡的异味,怀疑是一次性筷子中的有毒气体在水中释放出来了。二天后观察:瓶子里的水变得有些混浊,淡淡发黄,异味变得更加明显。三天后观察:水更加混浊了,异味强烈,是臭鸡蛋混合了臭煤气的味道,无法形容,应该是内部残留的二氧化硫。四天后观察:味道更浓,水呈浑黄。五天后观察:水变成了几乎不透明的黄水,部分筷子开始发霉。一周后观察:浑浊不堪,筷子下沉,异味让人窒息,如图 3-3 所示。

3.3 一次性竹筷泡水绿豆发芽实验

取 2 个同样的水杯,垫进餐巾纸,一个倒入适量自来水(B 组),一个倒入适量一次性筷子的浸泡水(A 组),让餐巾纸保持湿润;分别放入 20 粒绿豆,并用记号笔注明,以做对比。两组实验于 4 月 18 日开始,4 月 31 日结束(这段时期杭州的气温利于绿豆正常发芽),将 2 个水杯放置于家里阳台同一位置进行观察记录。

对实验进行 2 个星期的发芽观察,分别记录如下(见表 3-1)。

**表 3-1 对比实验的绿豆发芽情况观察表**

| 日期 | 气温 | 绿豆发芽观察(B 组) | 绿豆发芽观察(A 组) |
|---|---|---|---|
| 4 月 18 日 | 25℃～19℃ | 放入完好绿豆 20 粒,有光照 | 放入完好绿豆 20 粒,有光照 |
| 4 月 19 日 | 26℃～13℃ | 绿豆吸水变得饱满 | 绿豆吸水变得饱满,餐巾纸变黄、边缘变硬 |
| 4 月 22 日 | 25℃～14℃ | 大部分绿豆露出胚根,但稍微比 A 组短 | 开始脱离种皮,胚根长度约 2.5 毫米 |
| 4 月 23 日 | 26℃～14℃ | 部分脱离种皮,露出整个子叶,胚根、胚轴长长 | 种皮完全脱离,子叶全部露出,胚根、胚轴长长 |
| 4 月 24 日 | 24℃～14℃ | 与昨天基本一样 | 与昨天基本一样 |
| 4 月 25 日 | 27℃～15℃ | 幼根、胚轴长度约 6 毫米,B 组长者少,短者比较多 | 大部分幼根、胚轴长度约 5 毫米 |
| 4 月 26 日 | 28℃～16℃ | 幼根、胚轴长度约 3 毫米,出现略带紫色的子叶及胚轴 | 幼根、胚轴长度约 5 毫米,出现略带黄色的子叶及胚轴 |

续表

| 日期 | 气温 | 绿豆发芽观察(B组) | 绿豆发芽观察(A组) |
| --- | --- | --- | --- |
| 4月27日 | 26℃～17℃ | 基本同上 | 基本同上,幼根继续伸长,胚根以下大部分很细 |
| 4月28日 | 32℃～19℃ | 胚芽已经露出,但子叶与胚轴部分的颜色改变不是很明显 | 胚芽已基本出现,幼根长度约5厘米 |
| 4月29日 | 27℃～15℃ | 子叶的紫色稍褪,胚根的上部分开始直立,下部分继续伸长 | 幼根比B组细,约75%露出胚芽,子叶、胚根上部分黄色加深 |
| 4月30日 | 28℃～16℃ | 个别幼根长有侧根,均露出胚芽,40%胚芽较长、呈绿色 | 部分死亡 |
| 5月1日 | 30℃～18℃ | 侧根有点伸长,均露出胚芽,50%胚芽较长、呈绿色 | 全部死亡 |

根据连续2个星期的实验观察和记录,我分析认为:

A组(一次性筷子浸泡水):初期可能由于受筷子水中的什么物质刺激,比B组生长快速,但当子叶中的营养物质消耗殆尽时,受筷子水影响全部死亡。B组(自来水):初期生长相对较慢,在子叶自然萎缩后正常发芽成长。

四、结论与建议

通过实验我得出以下结论:

(1)“秀竹卫生筷”一次性筷子,做工粗糙,横截面发现“泡沫状窟窿”,估计是制作过程中添加了什么物质残留较多引起的;

(2)一次性筷子泡水后,一个星期就发出令人作呕的臭味,说明有毒或有害残留物较多,不符合卫生标准;

(3)用一次性筷子浸泡水做绿豆发芽实验,绿豆开始受什么刺激发芽很快,而长到五六厘米后停止生长,最后死掉。这说明一次性筷子中浸泡出来的物质有毒有害。

一次性筷子的大量使用会使用大量的木材,增加森林砍伐,是非常不环保的。通过实验知道,一次性筷子的加工和管理不善,质量粗糙,有毒有害残留物很多,卫生筷其实是很不卫生的!过多使用一次性筷子会对身体健康造成损害。为此,我通过实验来提倡大家尽量使用传统筷子。

### (三)设计实验性的作业

科学的学习过程中离不开动手实验,学生在动手过程中逐渐培养独立思考与解决问题的能力。

1. 实验设计类作业

根据八下课本上的实验内容,独立设计实验方案,并根据实验过程制作实验报告。

#### 案例二 “影响电磁铁磁性强弱的因素”实验报告

初二(6)班 白天亮

实验设计:影响电磁铁磁性强弱的因素。

实验假设:电磁铁的磁力大小可能与线圈匝数有关。线圈匝数越多,电磁铁磁力越大;线圈匝数越少,电磁铁磁力越小。

实验器材:电池3节、电磁盒、开关、自制电磁铁、电流表、滑动变阻器、导线若干、订书针等。

实验原理:电流的磁效应。

实验操作:定量:电池数量、铁钉粗细等。变量:线圈匝数。

1. 将自制的电磁铁连同电路元件,串联联入如图所示的电路图中。(注意:电路连接时必须使开关处于打开状态,并将滑动变阻器处于最大阻值)

2. 调整电流表示数为1.5A,并改变线圈匝数。

3. 反复多次实验,数出吸引的订书针的数量,并记录结果。

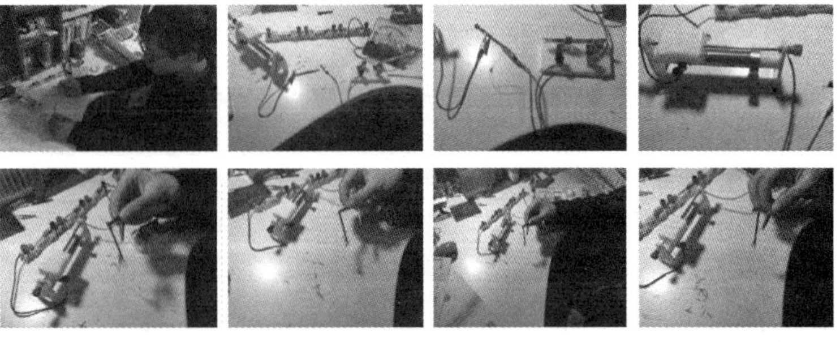

实验记录表格如下：

| 实验次数 | 线圈匝数 | 吸引订书针个数 |
|---|---|---|
| 1 | 40 | 10 |
| 2 | 50 | 13 |
| 3 | 60 | 17 |

实验结论：电磁铁的磁力大小与线圈匝数有关。线圈匝数越多，电磁铁磁力越大；线圈匝数越少，电磁铁磁力越小。

2. 实验探究类作业

根据八下课本上的实验内容，独立探究实验方案，并根据实验过程制作实验报告。

## 案例三 “探究影响电磁铁磁性强弱的因素”实验报告

初二(6)班 蒋预

实验探究：探究影响电磁铁磁性强弱的因素。

1. 提出问题

影响电磁铁磁性强弱的因素有哪些？

2. 猜想与假设

(1)电磁铁磁性的强弱可能与通过线圈的电流大小有关。

(2)电磁铁磁性的强弱可能与线圈缠绕圈数有关。

3. 制定计划，设计实验

(1)采用控制变量法分别验证猜想(1)(2)。

(2)实验用具：三节5号电池、导线数根、电流表(0～3A)、大头钉数枚、一枚铁钉、滑动变阻器。

(3)研究“电磁铁磁性的强弱可能与通过线圈的电流大小有关”这一猜想时，保持铁钉本身、线圈本身、线圈缠绕圈数以及电源不变。通过滑动变阻器改变电流强度，记录电磁铁吸住的大头钉数据并进行比较。

(4)研究"电磁铁磁性的强弱可能与线圈缠绕圈数有关"这一猜想时,保持铁钉本身、线圈本身、电流强度以及电源不变。改变线圈缠绕圈数,记录电磁铁数据并进行比较。

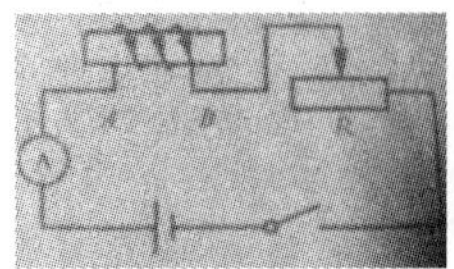 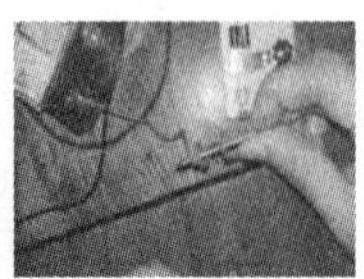  

4.进行实验,收集证据

| 线圈圈数(圈) | 电流(安) | 吸住的大头钉(枚) |
|---|---|---|
| 3 | 0.5 | 0 |
| | 1.0 | 1 |
| 6 | 0.5 | 1 |
| | 1.0 | 2 |

5.实验结论

分析实验现象,得出结论:通过电磁铁的电流越大,电磁铁的磁性就越强;当电流一定时,电磁铁的圈数越多,电磁铁的磁性也越强。

### (四)设计开放性的作业

形式新颖、思维发展型作业形式能够很好地激发学生的创造力。

1.科学小报类作业

例如,让学生将学过的科学知识通过小报的形式展现出来,在班级进行展览。通过这种形式,不但可以帮助学生将学过的知识进行反思总结,更可以让学生间达到交流的目的。

2.时事热点类作业

例如,为迎接G20的到来,特设计主题为"喜迎G20,志愿者们在行动,争做美丽小主人"的作业。结合科学所学有关内容,制作G20宣传报纸,将最美的杭州传递出去。

总之,新课程改革下的作业设计,应建立在以学生为中心的基础上,用形式多样的作业形式来替代原来枯燥乏味的作业,让学生在完成作业的过程中体会到科学的魅力以及学习的乐趣。

### (五)设计反思性的作业

在竞争日益激烈的社会中,德育发挥着越来越重要的作用,学生的德育教育也成为科学学科教育的一个重要方面。要让孩子在竞争激烈的社会环境中变得越来越自信,越来越有社会责任感,这就需要我们在平时的教育过程中注意引导孩子在学习的过程中不要忘记反思。

1.探寻科学家足迹

例如,在初中科学学习过程中,我们接触到了很多科学家,正是由于科学家们坚韧不拔的毅力和一丝不苟的科研精神,他们铸就了科学史上一个又一个的丰碑。为此,我们特设计主题为"科学家与我的成长"的作业,让学生通过探寻科学家足迹,学习科学家身上值得我们学习的科学精神。以下为学生完成的作业。

#### 案例四　拼命去争取成功,但不要期望一定会成功——法拉第

初二(六)班　蒋预

迈克尔·法拉第是英国物理学家、化学家,是英国著名化学家戴维的学生和助手,也是著名的自学成才的科学家。法拉第出生于里郡纽因顿的一个铁匠家庭,因为父亲身体不好,家中的铁铺转让给了他人,而年幼的法拉第不得不早早辍学,他在做报童的同时也在书店中自学。已经对科学产生了浓厚兴趣的法拉第常常彻夜埋头苦读,甚至于用冷水浇头来使自己保持清醒。然而,最令我敬佩的是法拉第的持之以恒的毅力和拼命用功的勇气。他为了拥有自己的实验室和足够的资源来做实验,整整八年都坚持省吃俭用,捡拾瓶瓶罐罐,买最便宜的药品。他一下班就投入他所向往的那神奇而又充满未知的科学世界中去。一次偶然的机会,法拉第拿到了当时一位化学大师戴维在皇家学院演讲的入场券。在戴维的讲座中,法拉第的笔记记满了一页又一页,沉浸在崇高而神圣的科学殿堂中的法拉第,第一次萌生了要成为一名如戴维般万众瞩目的科学家的念头。

然而,法拉第这样穷苦出身的人在当时成为科学家的机会简直可以称作渺小,可是,科学世界的大门总是会向每一个向往它的人敞开。

终于在法拉第将自己装订成册的笔记本寄给戴维后,他成为了戴维的助手,得到了在皇家学院工作的机会!从那以后,法拉第更加努力地学习和探索,终于在1831年发现了电磁感应现象,并将其运用于实际生活——发电机中。

读完法拉第的故事,更让我清楚地意识到了,成功是不会轻易地就摆在人们面前的,而是要拼命去争取。虽然有时会不免气馁,因为奋斗并不一定就能换来成功,只要有奋斗,就必然存在失败,这是常发生的,就仅仅法拉第而言,他一声不吭地努力了整整八年,终于在最后大放异彩,成为举世闻名的科学家。要拼搏,必不可少的是下定决心的勇气,著名的作家罗曼·罗兰曾说过:"最可怕的敌人,就是没有坚强的信念。尽自己最大的努力——虽然不一定能成功,但总会比不努力更有希望踏进成功的殿堂,走入自己向往的世界。不能害怕困难,而要知难而上,努力并不是因为结果有多么令人激动和令人期待,而是在拼命的过程中得到收获。而这正是法拉第所说的"拼命去争取成功,但不要期望一定会成功"。

2.知识纠错打补丁

在学生平时的学习过程中,我们经常对学生强调做题的质量比数量更重要。"学而不思则罔,思而不学则殆",这就要求学生不断地反思总结自己做过的题目,尤其是做错的题目。在整理错题时,我们建议学生对做错的题目进行分类,因此让学生准备活页的纠错本,这样就可以让学生随时将做错的题进行分类整理,不再受到做题前后顺序的影响。一段时间过后,学生从分类好的错题中找到自己的知识漏洞,在复习时能够更有针对性,复习的效果更加显著,这也可以锻炼学生的自我分析能力,避免盲目学习。

## 五、成效及思考

通过这一年对个性化作业的设计和使用,我们获得了一些成效。

### (一)优化了个性化作业设计方式

我们优化了科学个性化作业的设计方式,提供了一套可借鉴的策略,对新课程标准的全面实施以及学生的全面发展进行了实践。

### (三)提高了学生个性化学习能力

我们创新了科学个性化作业的设计与有效训练，提高了教学质量。在一年的实践过程中，我们通过个性化的作业设计实现了学生学习能力的提高。

### (三)转变了教师作业设计的观念

我们转变了教师的作业观念，促进了教师的专业发展。教师在实践中加强了个性化作业设计观念的转变，提高了编题水平，促进了专业发展。

此外我们还发挥了个性化作业的发展功能，改善了学生的学习生活，让学生的学习生活变得更加丰富多彩。本课题认为，个性化作业研究致力于帮助学生掌握科学知识与技能，体验科学研究的过程，了解科学研究的方法，形成正确的情感、态度与价值观等，实现学生的智力品质和非智力品质的全面发展。

### 参考文献

[1] 潘苗苗. 初中科学新型作业设计的探究[M]. 长春：长春出版社，2012.
[2] 姚利民. 有效教学论：理论与策略[M]. 长沙：湖南大学出版社，2004.
[3] 张法英. 新课程背景下科学作业设计的思考和实践：中学教学参考[M]. 西安：陕西师范大学出版社，2009.
[4] 张艳. “阳光课改”在风雨中前行——谈小组合作学习实践中的问题与反思：教育教学研究[M]. 长春：长春出版社，2014.

# 题海有舟　校本为路

## ——关于有效开发科学校本作业的策略研究

杭州市上泗中学

陶欢欢

**摘　要:**校本作业作为校本研究的重要环节之一,旨在减轻学生的作业负担,通过“量少而精”的练习,达到“轻负高质”的效果。笔者通过不断地研究,总结了开发科学校本作业的有效策略,以校本作业为载体,使教师的教学在理论研究和实践研究层面向纵深发展,较好地落实义务教育科学课程标准。

**关键词:**校本　校本作业

## 一、问题缘起

在平时的工作过程中,教师总能听到这样的声音:“我昨天作业做到11点才睡觉”“我比你还晚呢,弄到12点多”“这个题目一模一样又要做”“又有这么多作业,真不高兴做”等。试想,当学生对作业产生这样的想法时,他们会好好地去做作业吗?这样的作业有效果吗?对教师来说,批改这样的作业有意义吗?

### (一)现实问题:透过学生的作业现状发现作业有效性的问题

基于以上的现状,现在已经有越来越多的教师意识到了这个问题,开始根据本校实际情况,在学生原有基础和成长必需的情况下,由教师自身开发编制校本作业。这既是为完成既定教学目标而做出的方案、采取的方法以及实施的过程，也是基于为教师、为学生减轻课业负担而采取的重要举措，但从目前的情况来看，仍存在着许多令人担忧的地方。

1.教师课程意识的不协调

在实际的教学过程中，在应试教育的大背景下，很多教师就怕一旦学生作业做得少了，成绩就会下降，但在大环境下又不能给学生布置很多作业，这时，校本作业的出现就成了“救命稻草”。由于对校本作业的认识不够充分，很多教师认为所谓的校本作业就是习题集，因此把教辅书当成校本作业来用，让我们的校本作业流于形式，“轻负高质”成为笑谈。

2.教师开发能力的不匹配

笔者曾经看到过有学生买了五六本参考书，问她为什么同一学科买这么多参考书，她说这都是教师推荐的，题目都不错。其实这暴露出了我们部分教师对自己的教学业务水平缺乏自信，总觉得自己编不了题，没这个能力，看着这本练习册不错，那本教辅资料也很好，从而陷入了学生们疲于题海战术，自己整天忙于作业批阅和讲解之中却无法取得好的教学效果的怪圈之中。

3.教辅资料内容的不适合

之所以提倡校本作业，是由于教辅资料的内容编排总是不那么“恰到好处”。由于教辅资料是面向全国或全省的学生，所以教辅资料不可能按照教师的意图进行编排。此外，教辅资料的知识经常超前，有相当一部分内容没有按照新课程标准来编写，经常将一些中考题直接编入初一、初二的题目中，所涉及的知识及对能力的要求对该年级的学生来说已经远远超纲，完全超出了学生的能力范围，导致学生的作业和我们的教学脱节。

4.学生课业负担的不减轻

校本作业出现的本意是为了减轻学生的负担，同时又能达到学习目标，但现在常常会看到这样的情况：学生不仅要完成原来的作业，而且还多了一份校本作业要做；又或是作业种类是少了，只有一份校本作业要做，但这份所谓的校本作业“又臭又长”，习题量大，难度也不恰当。这些情况的出现，不仅不能减轻学生的负担，反而还增加了学生的学习任务。学生在完成任务存在困难的情况下就只好选择抄作业，这也是抄作业现象屡禁不止的主要原因之一。

### (二)现实需要:通过提高校本作业的编写质量使学生学习轻负高质、乐学善学

为了更清楚地体现校本作业和教辅资料这两者的优劣,现对这两个作业系统进行列表比较,如表1所示。

**表1 校本作业和教辅资料的优劣比较**

| 对比项 | 教辅资料 | 校本作业 |
| --- | --- | --- |
| 开发者 | 绝大多数为非一线教师 | 一线教师 |
| 针对性 | 面向全国、全省或全市的学生,针对性不强 | 面向自己任教的班级学生,针对性强 |
| 题目量 | 题目量较大 | 题目量小,通常为A4纸一页 |
| 编制质量 | 绝大多数是“东拼西凑”,质量不高 | 由教师结合教学情况自编或改变而成,质量高 |
| 再利用性 | 通常在期末复习时很少会再利用 | 可直接作为期末复习资料使用,利用性强 |

从以上的对比可以看出,校本作业弥补了教辅资料的不足,且能较好地体现新课标下科学学习的精髓。开发好校本作业,利用好校本作业,它必将成为我们提高学生科学学习质量的利器,使学生真正做到学习轻负高质,从而乐学善学。

## 二、概念界定

校本作业,是指根据本校的学情,通过同组教师的共同探讨、分析和编制所形成的适合本校学生的学校内部的资料,旨在解决目前教师在教学过程中及学生在学习过程中所碰到的问题,并且需要在实践过程中不断修正和改进。

校本作业作为校本研修的重要成果之一,具有针对性强以及变化性强等特点。它的开发需要教师根据本班学生的实际情况,在同组教师讨论的基础上自主设计,并且在实际使用中须不断修正和改进,是实现学习轻负高质的重要举措之一。

## 三、研究设计

本课题研究是为了减轻学生的课业负担，提高教学质量，编写尽量适合学生个性特征的、变“多本”为“一本”的、最利于学生发展的校本作业。

### （一）研究目标

本课题希望通过研究，促进教师重新回到研究状态，从自身做起，找到最适合学生的方式与方法，并推动学生重视作业、认真作业，在作业过程中实现情感、态度、价值观的培养以及科学知识和素养的有效提升。

### （二）研究内容

校本作业开发要研究的主要内容是：

(1)明确目标——让每一个学生不走弯路；

(2)目标分层——让每一个学生享受成功；

(3)合理选择——让每一个学生应知应会；

(4)合作交流——让每一个学生内化生成；

(5)以“践”代“笔”——让每一个学生个性飞扬；

(6)“星级”评价——让每一个学生飞得更高。

### （三）研究方法及操作流程

1. 研究对象

将两个班作为研究对象，总人数为 64 人左右。

2. 研究方法

采用案例研究法、调查法、行动研究法、文献研究法和对比研究法这五种方法来进行。

3. 操作流程

操作流程如图 1 所示。

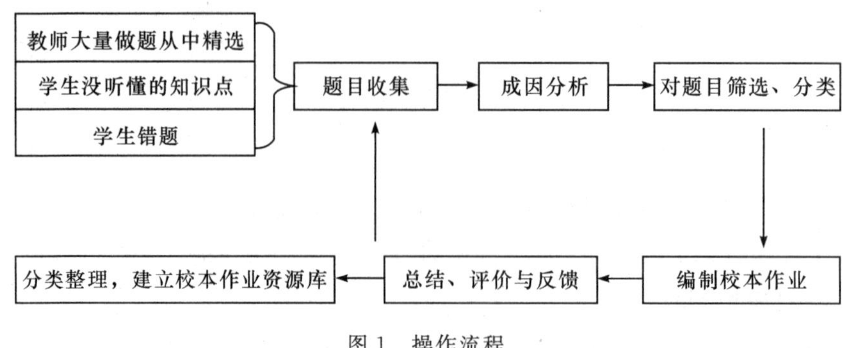


图1　操作流程

**(四)研究依据**

本研究中主要是以以下四个心理理论为指导依据。

1.认知学习理论

认知学习理论是最常用的指导教育教学的理论之一，充分体现了学生才是学习的主体，教师的各种教学方法和形式都是为了激发和维持学生学习的积极性和主动性。将认知学习理论与教学实践相结合，在进行本课题的研究时，主要体现在以下几个方面：

(1)在设计时注意各知识点的衔接，并以设置多个问题的方式让学生了解知识点之间的相互关系，形成并初步建立知识网体系；

(2)结合学情，选择符合现阶段学生情况的题目素材；

(3)编制时重“质”不重“量”，推崇“举一反三”；

(4)将学生的错题作为重要的编制素材来源，以“找错误”等多种形式来改变学生的错误认知；

(5)帮助和鼓励学生制定学习目标，通过“星级制”来促进学生主动学习；

(6)设计一些辨析题，通过学生在面对生活中一些现象的“想当然”，来激发学生的思考和总结。

2.马斯洛需求层次理论

通过研究马斯洛需求层次理论，能更好地研究并实现本课题的目标，虽然主体是编制校本作业，但帮助和鼓励学生自主制定学习目标及相应的评价措施非常重要。

(1)制定长期目标和短期目标，并根据实际情况帮助学生及时修正所制定的目标；

(2)以学生各自制定的长期目标为指导来制定短期逐级递进的可操作目标；

(3)当完成一个目标时，需要及时评价和激励；

(4)评价要通过多种形式展开。

3. 最近发展区理论

根据最近发展区理论，在编制题目时必须把握学情，明确了解什么是学生已知已会的，什么是学生学习的难点，并且要根据实际情况进行及时的修改，这样的校本作业才是有效的，才能更好地促进学生的发展，实现学习轻负高质。

4. 元认知理论

通过研究元认知理论，在教学过程中所编制的校本作业要能帮助学生明确了解自己对某个知识点或某块知识体系应该掌握到什么程度以及现阶段自己已经掌握到何种程度，知道自己所欠缺的地方，并能通过完成校本作业达到自身查漏补缺的目的，以实现“学习如何学习”。

## 四、实践操作：提高科学校本作业开发有效性的实践研究

新课程标准实施至今，人们对作业的认识已经发生了巨大的变化。作业不应该仅仅是课堂教学的附属，还是学生学习水平的一次升华。学生以作业为载体，对问题进行探索研究；在探究过程中，将知识和能力不断结合应用；在应用过程中，情感、态度和价值观不断成长。在这个过程中，寻找一份有价值的又切合实际的作业成为越来越多的教师和学生的心声。在这样的大背景下，我校开始探索开发符合自己学校学情的校本作业，以提高教学质量，实现学生学习轻负高质。

### (一)明确目标——让每一个学生不走弯路

教师作为学生学习的领路人，肩负着将学生快速、有效地送达学海对岸的责任和义务。为了能达到这个目标，教师需要多方面、多层次地进行研究，这样才能有的放矢，编制出最合适的题目。

1. 体现核心素养

在最新出炉的《中国学生发展核心素养(征求意见稿)》中，切合科学学科

特点提出的核心素养主要有科学精神、学会学习和实践创新这三条。因此，要以这些素养为核心来精心挑选、改编或自编能有效体现这些素养的题目。

2. 符合课程标准

认真研究课标、教材和配套的教学参考，并以此为依据选择合适的校本作业素材，不“超”要求，也不“低”于要求。

3. 培养科学素养

以作业为载体，通过编制多种形式的题目和创设有效的评价体系以达到培养学生科学素养的目的。

4. 结合考纲制定

时代是在不断改变的，科技也是在不断进步的，伴随而来的是对知识的要求的不断变化。笔者在参加每年的中考说明会时，总会发现一些与之前不同的要求。因此在实际题目编制过程中，需要教师认真研究考纲，明确什么要考以及考到什么程度，切忌“想当然”，同时也切忌“想当初”。

最近几年科学的考纲都有一些变化，有些内容原来没有的，现在出现在考纲当中，如汽油机和柴油机的冲程问题去年在初三科学书中重新出现，并且在2015年中考中就考到了；原来书中有的，如溶解度的图像分析现在不做要求了；楼道灯的单刀双掷开关在现在的初二上的科学书中也已经删去了，这些都需要教师及时地去发现并做出相应的调整。此外，笔者在平时的教学过程中还发现了实际教学要求与考纲、课标要求不符的现象，如溶解度的计算公式根据考纲是不要求的，但还是常常能看到部分教师将公式作为教学内容之一，并花很大精力去出相关的计算题，浪费了时间和精力，得不偿失。

### （二）目标分层——让每一个学生享受成功

目标分层，根据学生在接受知识和运用知识方面的差异，并参考学生的意愿，将学生分为三个层次，采取分层作业。

现今的配套作业本和教辅资料已经初步呈现了分层练习的想法，从题目分布上基本体现了以下三种要求。

(1)C层——基础训练：偏重于耳熟能详、考试必考的知识点，也就是平时所说的“双基”。

(2)B层(★)——提高训练：在确保“双基”的基础上，重点放在“提高训练”题上。

(3)A层(★★)——挑战训练：在确保前两层的基础上，重点放在“挑战训练”题上。

但在实际的使用中，教辅资料在对题目难度的分层上存在偏差，有些大部分学生都会做的题目分在了提高训练中，而在基础训练中出现的题目却很难，这时就需要教师通过编写校本作业来进行合理编排和选择。在编写时基本按 7∶2∶1 的比例分层，教师根据批改情况及时反馈，对未达标的就进行个别辅导，对挑战成功的则统计获得的★数，如果这些学生在一段时间(以月为单位)内既能保证自己所在等级的题目不出错，又能获得至少 20 颗★的话，则明确地给他们提出高一级的要求，让学生始终有追求，有目标，不自满。这样长期坚持，每个层次的学生都能体验到作业成功的喜悦，增强自信，又能对自己有较为客观的认识，梯级式地奔向更高目标。

## 案例一　校本作业

1. 举例：写出和大气压有关的现象(至少 3 个)。

2. 大气对你的一只手掌的上表面的压力最接近的数值是　(　　)

A. 10 牛　B. 100 牛　C. 1000 牛　D. 10000 牛

★3. 将装满水的瓶子倒放在一个装水的水槽内(瓶身部分浸在水里)，因不慎，瓶底被碰破一个小孔，此时瓶内的水将　(　　)

A. 从小孔喷出　B. 要下降，直到液面与水槽面齐平

C. 不喷出也不下降　D. 无法判定

4. 如果把笼罩着地球的大气层比作浩瀚的海洋，我们人类就生活在这“大气海洋”的底部，承受着大气对我们的压强——大气压。下列有关叙述中错误的是　(　　)

A. 马德堡半球实验有力地证明了大气压的存在。

B. 标准大气压的数值为 $1.01\times10^5$ 帕(760 毫米汞柱)。

C. 大气压的大小与大气的密度有关，离地面越高的地方，大气压也越大。

D. 人的心情通常跟晴天和阴雨天大气压的高低变化有关。

★★5. 把充满水的啤酒瓶倒立在水中，然后抓住瓶底慢慢向上提，在瓶口离开水面之前，瓶内露出水面的部分将　(　　)

A. 充满水　B. 有水，但不满

C. 酒瓶中无水　D. 瓶内外水面始终保持相平

### （三）合理选择——让每一个学生应知应会

校本作业的编排要求“量少而精”，既能完成该节教学内容的教学目标，达到准确检测学生掌握程度的目的，又能满足不同层次学生的需求。因此，选好题、选准题，成为高质校本作业的基本要求，也是核心要求。所以，准确把握学情是开发校本“每课一练”的前提。可以从以下三方面着手。

1. 先下题海，精选题目

教师绝不能让学生陷入“题海战”之中，但教师却要“下海”，成为学生的“移动题库”。只有教师自身先做大量的题目，知道同一个知识点有哪些考法和考试形式，才能做好归纳总结。当教师有了自己的“题库”后，再从中精选、整合可以作为校本作业的素材。

2. 收集错题，有的放矢

错题是暴露学生问题，让学生可以有针对性地对自己的薄弱环节和知识体系上的缺陷进行弥补的有效资源。因此，有目的地收集学生经常做错的题目作为校本作业的编制素材，针对性好，效果佳。

例如，电功率的计算向来是考试的重点、学生的难点。笔者在实际的操作过程中发现，在讲解时学生都能听懂，但自己又不会做，所以一味地练习和单纯地讲解并不能解决学生的实际问题，究其原因是没有准确地“挠到痒处”。缺乏针对性的练习，哪怕题目本身再好，就好比在学生不痒的地方卖力地挠，但学生“痒着”的地方始终还是“痒着”，没有丝毫的改变，这样的效果能好吗？所以，笔者在后来的题目选择上就以学生的错题作为素材，有的放矢，取得了比较好的效果。

此外，还可以根据需要对做过的校本作业进行改编，如笔者编制的“电功率校本作业 2”就是在“电功率校本作业 1”的基础上，将题目中的“串联”改成“并联”、“求电阻 b 的功率“改成”求电阻 a 的功率“等，起到进一步深化学生对电功率相关知识和公式的理解的作用。

3. 学生参与，提高兴趣

其实，一堂课下来，学生对所学内容并不能 100％理解，而且有些问题的出现常常出乎教师的意料之外。因此及时听取学生反馈，将模糊的、学生没听懂的问题作为编写素材编入作业中有助于学生及时解决问题。此外，当学生在看到教师采用了他的建议，作业内容是他代表大家提出的时，因为得到了教师的认可，学生钻研的兴趣也会大大提高。

例如，笔者在刚开始讲“指南针为什么指南”这个问题时，自我感觉讲得比较好，学生的作业反馈也不错，就以为这个知识点算是成功讲完了。但是后来学生向笔者反馈说该知识点还是会弄错，并建议将题目中的“地理的____极”改成“____的北极”。笔者接受了学生的建议并进行了修改，发现错误率果然上升了，这个问题大大出乎了笔者的意料，在学生的帮助下纠正之后，果然后面这类题目学生错得就比较少了。

**（四）合作交流——让每一个学生内化生成**

科技是在不断进步的，我们的校本作业也不是一成不变的。为了使校本作业常态化、高效化，以切实提高作业设计的针对性和实效性，通过以下这四个方面的相辅相成，从而促进学生对知识的内化生成，提高学习效果。

1.教师合作

一个人的智慧是有限的，集体的智慧是无穷的，因此在编制校本作业时充分发挥备课组的力量，从教师们收集的素材中一起探讨哪些题目更适合我们的学生、题目该怎么改编、学生可能出错的地方及针对这个问题怎么进行分析效果会比较好、后续通过什么样的形式进行巩固等，通过教师之间的合作使校本作业的编制更有效，使所选题目更能促进学生对知识的理解和应用。

2.学生合作

学生的弱点只有学生自己最清楚。因此，在一段时间的学习之后，通过一个特殊的校本作业，如“画知识树”、编小报等，使每个学生对自己目前掌握的知识进行梳理和总结。在个人完成之后，通过组内交流评定的方式，对每个人的“知识树”进行点评和补充，从而达到促进知识内化生成的目的。

例如，在学了《电生磁》和《电动机》这两节内容之后，学生常常会把这两部分内容弄混，尤其是在工作原理方面，因此笔者设计了一个让学生画该部分知识点的“知识树”或者编一份小报的校本作业，若有不懂的也在知识树或小报上标明，通过组内的交流和点评，学生很好地完成了对这两块内容的区分。

3.师生合作

科学校本作业的最后一项设计为“收获与建议”。在这里，学生可以和教师无障碍交流，可以将自己不懂的地方写下来向教师提问，也可以是针对某一道题、某一个实验的不同的解法和想法与教师交流；教师也可以将批改过程中发现的该学生的问题和不足在该处中详细表述，对学生进行个别辅导，从而促进学生的内化生成，使学生的学习能力和表达能力得到提升。

4. 家校合作

由于学校处于城乡接合部，大部分学生的家长的文化水平普遍不高。虽然如此，学生的家长却有着丰富的农耕知识，因此像是植物的观察、各种土壤的观察等内容，家长完全可以胜任。在涉及这部分知识内容时，我们的校本作业就是让家长带领学生进行实际考察，通过家长的言传身教和学生的亲身体会，使学生进一步理解书本上的知识，取得了比较好的效果。

**（五）以“践”代“笔”——让每一个学生个性飞扬**

新课程的基本理念之一是让学生有更多的机会主动地体验探究过程，在知识的形成、联系、应用过程中养成科学的态度，获得科学的方法，在“做科学”的探究实践中逐步形成终身学习的意识和能力。因此，学习科学的核心在于探究，实验是学生进行科学探究的主要方式。通过实验，学生的认知水平经历一个由感性到理性的提升过程。所以，与其课后呆板地以书面形式操练实验知识与技能，不如实际动手做实验，以家庭实验、研究日记、社会实践这几种形式，让不同的学生做专为其“量身定制”的实验，以“做”促“学”，以“做”促“思”，以“做”促“改”，实现有效“练习”。

### 案例二　制作水果电池

为了让学生更好地理解电池、电路，笔者布置了一个家庭实验式的校本作业——制作水果电池。通过该实验，学生进一步体会了溶液能导电，理解了干电池的制作原理，这对后续电压的学习及理解起到很大的帮助作用。

学生的实验报告

实验：水果电池。

实验原理：两种金属片的电化学活性是不一样的，其中更活泼的金属能置换出水果中的氢离子，由于产生了正电荷，整个系统需要保持稳定，所以在组成原电池的情况下，由电子从回路中保持系统的稳定，这样的话理论上来说电流大小直接和果酸浓度相关，在此情况下，如果回路的长度改变，势必造成回路的改变，所以也会造成电压的改变。

实验器材及药品：铜片、锌片和橙子各4个，若干导线，灵敏电流计，小刀，透明胶。

实验步骤：

(1)用小刀割去橙子顶部，露出果肉，然后分别在两边割出一个深约1厘米的口子，分别插入铜片和锌片；

(2)用透明胶将导线粘至金属片上，并将4个橙子依次相连成一条线；

(3)将线路两端分别接入灵敏电流计，观察并记录实验现象。

实验注意点：

(1)所选水果应尽量新鲜，最好不用干瘪的水果做实验；

(2)金属片必须要依次相连，即铜片与锌片相连；

(3)接入灵敏电流计时应选用小量程。

### (六)“星级”评价——让每一个学生飞得更高

对每个学生的校本作业情况采取星级评价，从完成作业的质量、所攻克题目的星级、订正完成度这三个方面进行星级打分，以所获总星数按一周自评、一月组评和学期班评的方式进行星级晋升，只要是达到自己所制定的短期目标或是进步较大的学生都可以获得表扬和奖励，并且将相关情况以校训通的方式向家长发布，从而让每个学生收获成功，体会到达成目标的喜悦感。

## 五、研究成效

经过一年时间的实践研究，笔者所教班级学生的情况有了很大的改变，具体表现在以下三个方面。

### (一)减轻了学生的学习负担，促进了学生“认真作业”

以前由于作业量多，而且题目本身质量不高，要么重复，要么很难，要么计算烦琐，消耗大量时间，学生对待作业的态度是应付了事，马马虎虎，抄袭现象严重。但校本作业大大减轻了学生的作业负担，学生有时间也有精力认真做作业。

### (二)提高了学生的学习主动性，促进了学生“学会学习”

通过一些特殊形式的校本作业的布置，学生变被动为主动，能够积极参与，积极探究。此外，教师在这基础上也优化了教学。教师在教学过程中有的放矢，大大提高了教学效果。以笔者所教班级为例，在一年的时间里就取得了巨大的变化，收获颇丰(见表2)。

**表2 实验前后情况对比表**

| | 实验前 | 实验后 |
|---|---|---|
| 年级名次(八个班) | 第六 | 第一 |
| 平均分 | 80.6 | 98.4 |
| 科学年级前40名人数 | 2 | 8 |
| 后30%学生平均分 | 46 | 65 |

### (三)增强了学生的学习独立性，促进了学生“综合学习”

一些以实验为主的校本作业，需要学生综合运用知识和实验探究能力去解决，从而使学生通过实验形式的反思性学习，体会到科学与生活、生产的紧密联系，真正做到了“人文科学”，“理性”和“感性”协同发展，激活了思维，感受到了科学是一门有趣又实用的学科。在这样的氛围里，在区“我与植物共成长”观察日记的评比中，马思艺和郑颖两位同学分获区二等奖和三等奖，实现了零的突破。

## 六、实践反思

笔者通过实践发现，有效编写校本作业的优点是明显的：它可以和教学同步进行，有助于教学效果的巩固和提升；丰富了课后学生的学习内容，对知识系统的整合，对实验技能、动手能力的形成、发展、巩固起了重大作用；大大减轻了学生的学习负担，使学生乐学善学，让“轻负高质”不再成为一种空谈。

但是，要让校本作业取得成功非一日之功，要在教学中长期坚持才能逐渐体现出来。它要求教师在教学过程中要有意识、有计划地准备、布置和落实，这大大加大了教师的负担，因此绝非教师一人可完成，教师团队的合作非常重要，这样才能设计出更多、更好的校本作业，达到事半功倍的效果。此外，一线教师毕竟理论水平还有限，想要在题目创新的开发上有所突破，还有待努力和研究。

## 参考资料

[1] 刘洁民,郭玉英.义务教育初中科学课程标准(2011 年版)[M].北京:高等教育出版社,2012.

[2] 中华人民共和国教育部.义务教育初中科学课程标准(2011 年版)[M].北京:北京师范大学出版社,2012.

# 享受一场视觉的盛宴

## ——小学英语“可视化”作业的实践与探究

杭州市西溪实验学校

赵涯　朱妍霏

**摘　要**:随着英语新课程改革的日益深入和英语教学方式的不断更新,如何适应改革的需要,提升学生学习的效率,改进学生学习的方式和手段,是当前值得研究的重要课题。然而,通过对当前小学英语教学中作业现状的观察和调查,我们发现学生完成作业的效率不甚理想。小学生在完成英语作业时存在着态度拖拉、流于形式、学用脱节等不良状况。

为改进学生的作业态度,全面提升学生作业完成的量与质,我们从当前学生作业完成效率低下的具体原因入手,根据小学生语言学习的认知规律和心理基础,结合PEP教材教学实例,开展并实施小学英语“可视化”作业实践与探究这一课题,力图通过本课题研究,改变教师的教育教学理念,改进英语作业的内容和形式,使英语作业变得赏心悦目;同时帮助学生在完成作业的过程中,享受到作业的乐趣,激活思维能力,最终达成语言知识学以致用的目的。

**关键词**:可视化　英语作业　图示　图式　图样

## 一、课题的缘起

### (一)意义之所在

作业是教育教学过程中的重要内容,它是课堂教学内容的一种延伸。有效地完成作业能帮助学生重温课堂知识,提高学习能力,达成知识内化。

小学阶段的学生在英语学习的过程中,完成作业的意义更是不言而喻。

1. 意义一:巩固语言知识

小学生短时记忆占优势,长时记忆能力偏弱,通过作业的形式,学生能够更好地巩固当天所学的英语语言知识,内化课堂教学中教师讲解的知识要领。

2. 意义二:提升熟练程度

当前小学阶段英语周课时量只有三节。一周120分钟的学习时间远远不能满足语言学习的要求,因此,通过课后完成听、说、读、写等作业,能够增加学生与目标语言的接触时间,从而提升英语运用的熟练程度。

3. 意义三:明晰优势不足

通过完成作业,学生还能更好地自我检测知识掌握水平和语言运用能力。通过作业中正确率题和错误率题的归纳整理,学生能了解自身的优势和不足,以便于在后续的学习中进一步改进。

由此来看,无论是英语的口语作业还是笔头作业,都是学生学习英语中不可或缺的一环。英语作业的完成能够帮助学生有效巩固英语语言知识,内化语言能力,达成语言运用。

### (二)现状之聚焦

完成英语作业的重要性不言而喻。然而,对很多小学英语教师来说,英语作业布置和收交却成了一种难以言说的伤痛。通过对当前小学英语教学中作业现状的观察和调查,我们发现学生完成作业时存在着态度拖拉、流于形式、学用脱节等不良状况。

1. 现状一:作业拖拖拉拉

在调查中我们发现,学生完成英语作业存在着各种拖拉现象。比如:原本课堂中就可以完成的英语单词抄写和默写,非得留到课后完成;困难班布置的英语作业，喜欢拖到放学后做。调查数据表明，有高达85%的学生，英语作业需要在教师或者家长的督促下完成。有绝大部分学生会将英语作业放在一天所有作业的最后再完成。如果作业时间比较晚了，还有部分学生选择第二天一早到学校再补做英语作业。而且，随着年级的进一步提升，英语作业的拖拉现象还有进一步恶化的趋势。

2. 现状二：作业缺斤少两

在调查中我们发现，学生完成英语作业还存在着缺斤少两的现象。比如：教师要求学生进行预习，理解课文中重点句语言表达的用法，并进行核心句型的模仿抄写和运用，有部分学生会忽视教师作业布置中对课文内容理解的要求，直接翻到书本后附着的重点句型表，交差了事。从表面上看，学生已经完成了教师布置的回家作业，能够完成句子书写。但是，学生没有仔细理解就直接抄写，对课文的掌握一定不够深刻。学生虽然完成了作业，但事实上并没有达到教师作业布置的要求。

3. 现状三：作业流于形式

在调查中我们还发现，虽然学生已经通过作业复习巩固了相关的语言知识，但是到了需要运用时，却显得手足无措，无从下手。比如：在学习了五年级上册第六单元“the nature park”（自然公园）后，教师布置了大量的抄写作业，希望学生反复巩固单元的重点学习内容。但是，当期末练习中出现这样一道综合语言运用的题目“请学生回想一下生活中自然公园的情境，并结合自然公园实际情况进行描述”时，学生都傻了眼。

**（三）原因之探究**

透过现象看本质。英语作业完成质量的低下，严重影响了学生学习的效果。我们需要从源头出发，探究问题产生的原因所在。经过大量的数据收集、学生座谈和前期调研，我们将问题的主要原因归纳为以下三个方面。

1. 原因一：作业形式单一，丧失学习兴趣

我们对有作业拖拉现象的学生进行了面对面的访谈，几乎所有学生都提到了“不喜欢”英语作业这一点。主要的原因就是每天的英语作业都是千篇一律的听、背、抄，而且反反复复背的都是书本上的单词和句子。因此，改变作业形式的单一性是提升学生学习兴趣，改变学生作业拖拉现象的主要途径。

2. 原因二：作业要求表层，缺乏思维含量

随着年级的提升，英语学习的目标逐渐从简单的模仿书写上升到理解

运用阶段。然而，从当前教师要求学生上交的英语作业内容来看，往往只能检测到学生较为表层的知识掌握情况，而无法检测学生语言能力的内化程度。因此，改变作业要求的表层性是避免作业缺斤少两，提升学生思维能力的主要途径。

3. 原因三：作业目的缺失，导致学用脱节

英语学习的目的在于学以致用。而实现这一目标的最终途径帮助学生将语言知识与实际生活经验挂起钩来。因此，在日常的作业中，教师光注重单个词语、句型的抄写和认知已经不够了，孤立的语言复习巩固活动无法使学生达成最终运用的目的。学生无法从这样的抄写作业中体会到语言真正的价值。因此，改变缺乏真实交际意义的作业形式，将学生的生活实际与作业内容相结合，是提高学生语言灵活运用能力的主要途径。

## 二、课题的提出

英语作业的形式与内容会影响学生完成作业的兴趣和质量。许多无趣、低效的作业布置，不仅浪费了学生宝贵的学习时间，同时也消耗了学生对英语学习的热情。改革当前英语作业的形式势在必行。

在这样的大背景下，我校全体英语组教师在3—6年级进行了小学英语“可视化”作业实践与研究，旨在通过对小学生在英语作业完成过程中表现出来的态度、思维和运用能力的观察，对学生作业布置的具体操作方式和意义做探索与研究。

### （一）课题研究的理论支持

为把握研究的方向，提升研究的实效，课题组进行了一系列与课题相关的理论研讨和学习，寻求国内外学者理论研究已有成果的支持。

1. 图形心理学研究理论

图形是表达自我的有效工具。该理论表明，使用图形进行表达具有几大优势。首先，美观性。与文字相比，图形的变化更多端，色彩较文字表达更为丰富。因此，借助图形进行表达可以给人带来美好的享受。而无论成人或者孩子都有向往美、追求美的的内在需求与愿望，因此，使用图形进行表达能让人体验到更多美好的感受。其次，直观性。图形的表达更为直观。当我们想要试图表达一个复杂的想法时，仅仅依靠语言似乎难以让人快速

了解整个事件或者事件之间的复杂关系。而借助图形(表格、图像)时,事件的内在联系和事情发展的脉络却可以一目了然。再次,全面性。图形心理学研究还表明,图形所传递的信息量远比语言丰富。借助图形,我们可以更加直观、生动地区分表达要素之间的轻重缓急,而这恰恰与绘画本身包含的线条与色彩的变化相关。不同的线条、色彩蕴含并传递了丰富的信息。因此,借助图形进行表达输出能够更生动、更简洁、更全面地表达说话者的思想。

2.认知心理学图式理论

图式理论是一种关于人的知识是怎样被表征出来的,以及关于知识的表征如何以特有的方式有利于知识的应用的理论。按照该理论,我们得知,人脑中所保存的一切知识都能分成单元、构成“组块”和组成系统。这些单元、“组块”和系统就是图式。有关图式的研究,西方学者曾提出阅读模型和课文理解模型。这些模型对提高理解效率产生了广泛影响,受到专家和学者的高度重视。美国认知心理学家古德曼也提出,学习是构建内在心理表征的过程,学习者并不是把知识从外界搬到记忆之中,而是以已有的知识经验为基础,通过与外界的相互作用来构建新的理解。简言之,人们对客观事物的理解是利用图式从客观事物中抽取出其特点、本质或者基本的东西,并构建起它们之间的联系。由此,我们得出结论,将以图表、图像为基本元素的图式理论应用于学习过程,能够更加有效帮助学习者理解文本内在联系,构建、归纳新的知识体系。

3.知识可视化研究理论

瑞士卢加诺大学马丁·爱普(Martin J. Eppler)教授是知识可视化研究的重要开拓者。他认为,知识可视化指应用视觉表征手段,促进群体知识的创造和传播。通过绘制草图、知识图表、视觉隐喻等视觉方式表征知识,促进人际知识传播和创新。在当前多媒体技术支持下,知识可视化制作工具越来越多,方法更简易。知识可视化的优势可体现在社会、情感和认知三方面。在社会方面,它有助于推动知识在生产者和学习者之间的传播;在情感方面,它引导学习者主动探究图形的意义,有助于从文化情感层面促进知识创新和迁移;在认知方面,它可以呈现新旧知识间的联系,引导学习者记忆、应用新知识。

### (二)小学英语“可视化”作业的概念界定

基于以上理论研究的基础,我们逐渐明晰“可视化”作业这一概念。

“可视”的具体含义:即指可以看见,广泛来讲是指所能看到的范围或可见程度，强调的是视觉上的通达性。

英语“可视化”作业：是以形象图示、导图图式、生活图样等直观形象为载体的英语作业。形象图示载体作业注重色彩、符号的应用。导图图式载体作业注重表格、图解的应用。生活图样载体作业注重形象化的实用语言载体，如日历、海报、漫画等的应用。

### （三）小学英语“可视化”作业的实施意义

1.“可视化”作业是适应学习心理的需要

语言学家克拉申(Stephen Krashen)认为，情感因素对儿童第二外语的学习有着至关重要的影响。掌控了学习者的情感因素，儿童的第二外语学习能力就会显示出比成人更大的优势。“可视化”作业以学生思想感情为突破口，借助色彩丰富的直观形象图示，提供学生真正感兴趣的作业方式，激发学生学习的兴趣；从本质上转变学生内心不想做、不愿做英语作业的想法，使学生积极、主动参与到英语学习中来。

2.“可视化”作业是激活思维能力的途径

英语新课程标准提出：义务教育阶段的英语课程具有工具性和人文性双重性质。其中，就英语学科的人文性而言，英语课程承担着提高学生人文素养的任务。而如何才能提高一个人的人文素养呢？课程标准中提出学生创新思维能力的培养能够有效提升人文素养。“可视化”作业借助式样丰富的直观导图图式，引导学生关注事物之间的内在联系，提升对文本内容的整体把握和内涵理解，激活学生主动思维的能力。

3.“可视化”作业是达成学以致用的触点

外语教学心理学指出：语言学习的最终目的是在真实的生活情境中创造性地使用语言。这一理念应该从语言学习的最初阶段就确立。因此，在小学阶段我们就应该牢固树立将英语学习过程与学生生活实际相结合的教学模式。“可视化”英语作业借助贴近生活实际的直观生活图样，创设真实的生活情境，通过学用模式的转换衔接，让学生体会到语言知识在实际生活中的运用价值。

## 三、课题的实践

### （一）英语“可视化”作业之形象篇

英语“可视化”图示作业包括图像、符号、标注、色彩等手段在作业中的具体应用。作业形式具有色彩丰富、生动形象的特征。

1. 借助图像图示,明晰字母特征

PEP 教材三年级上册字母的学习是三年级英语起始学习的重要内容,也是学生学习的难点之一。学生学习字母的主要困难在于:字母形状的记忆,手写体字母格式以及字母发音。

为了帮助学生在英语学习的起始阶段深化对字母字形的辨析和记忆,教师改变了千篇一律的字母抄、听、写练习,改为如下可视化形式的作业:用图像图示的方式来表示字母外形或者发音的特征。英语"可视化"作业将字母与图像之间进行联系,用生动形象的趣味图像来凸显字母的特征,深化学生对字母的记忆。图 1 中,学生将大写字母 R 与滑梯形象进行联系,有助于记忆字母 R 的整体形状与书写。图 2 中,学生将相对容易写错的小写字母 k,用图像进行典型特征强化,就不容易出现将小写字母 k 的圆圈和最后落笔的小勾遗忘。图 3 中,学生则将字母 h 在单词中的发音特征与喝水的图片进行联系,更有效地记住字母 h 在单词中的发音。

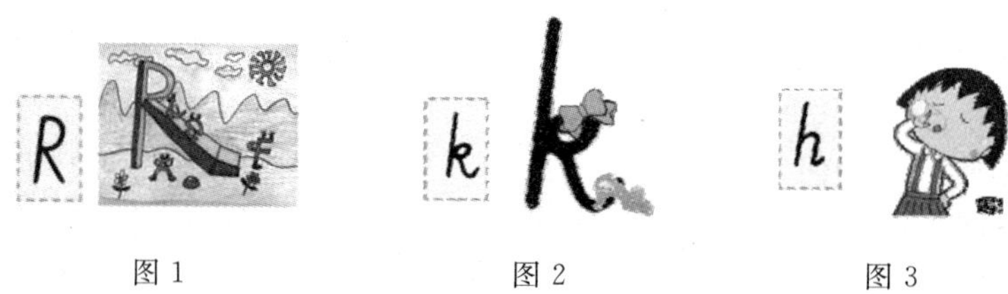


图 1　　图 2　　图 3

2. 借助符号图示,明晰文本层次

PEP 教材中阅读板块的内容相对其他课时来说,文本内容长,信息量较大,学生当堂理解和掌握会有一定困难。为了提高阅读教学的课堂效率,教师往往会布置相关预习作业,要求学生预习文本内容,梳理人物关系。

在一篇阅读课文的学习中,文本本身涉及的信息量比较大,包含了感觉、地点、天气、活动、原因等诸多语言信息量,且相互之间包含一定的内在逻辑顺序。因此,教师改变传统预习作业布置时听磁带、翻译中文的做法,改为如下可视化形式的作业:用不同色彩、形状的符号划出不同的文本内容,用相同色彩、形状的符号归类相似的文本内容。

英语"可视化"作业采用符号标注的形式进行词意和文本含义的预习。在图 4 中,学生用彩色的线条、方框、椭圆形等趣味性符号来体现对文本内容的理解。在本项作业中,学生用黑色线条表示爸爸在悉尼的生活,用黄色线条表示爸爸对约翰生活的询问,用绿色椭圆圈出表示地点的词语,用蓝色椭圆圈出表示天气和感觉的词语，用橘色椭圆圈出表示活动的词语，用枚红色方框表示明信片文本格式需要注意的地方。通过这样的圈圈画画作业形式，学生对文本的层次进行了细致的梳理，也体现了对文本内涵的深刻理解，提升了预习作业的有效性。

Hi, John!
How are you? I'm in Sydney now. It's great! It's hot and sunny here. The water is warm. I can swim outside. Is it cool and windy in Beijing? Can you fly your kite?
Love,
Dad

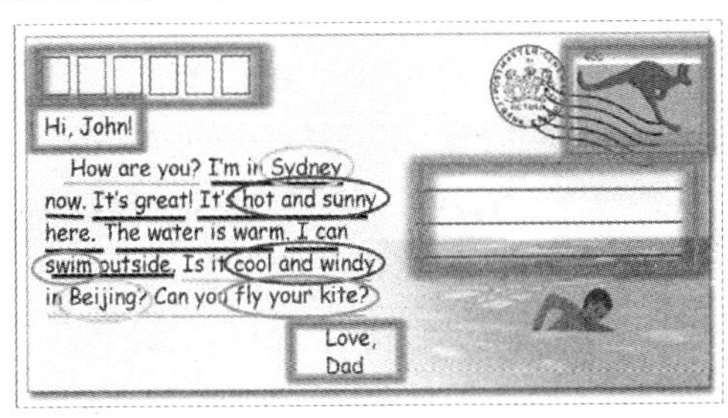

图 4

3. 借助标注图示，明晰语音语调

对话板块教学的目标之一是使学生能够使用地道的语音语调进行对话的演绎。而许多学生对于机械模仿、跟读磁带的方式容易感到枯燥和厌倦。

为了帮助学生有效掌握课文语音语调，教师要求学生回家在进行听音跟读的同时，在对话文本中使用特定的语音符号进行标注，通过直观的可视化形式作业的辅助，帮助学生更为轻松地掌握对话语音：听磁带，用符号标注对话课文的升降调、重音等。

英语“可视化”作业采用标注图示的形式帮助学生更好地掌握语音语调。在图 5 中，学生采用多种方式，对“let's talk”文本进行语音语调的标注。“ˈ”符号标注了句子中需重读的词；“↗”和“↘”符号标注了句子的升调和降调；“⌣”符号标注了连读现象；“/”符号则标注了意群与节奏。文本的语音语调和节奏通过标注的形式得以形象地展现。学生借助英语作业形象化的符号力量，也能更方便地掌握文本的朗读技巧，提升对语音语调的敏感性。

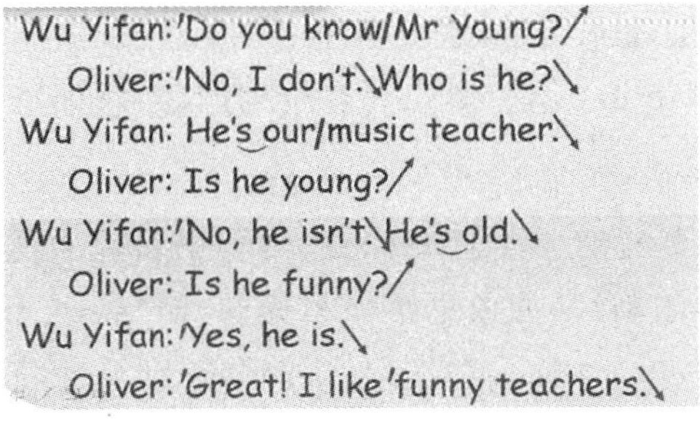

Wu Yifan: 'Do you know/Mr Young?↗
Oliver: 'No, I don't.↘Who is he?↘
Wu Yifan: He's our/music teacher.↘
Oliver: Is he young?↗
Wu Yifan: 'No, he isn't.↘He's old.↘
Oliver: Is he funny?↗
Wu Yifan: 'Yes, he is.↘
Oliver: 'Great! I like 'funny teachers.↘

图 5

4.借助色彩图示,明晰单词音节

提升英语单词拼写的正确率是长久以来困扰学生的一大难题。传统作业方式下的背诵、抄写、听写方式,对于单词记忆的作用不大。每次课堂英语听写后,总有一大批学生的作业呈现出错误百出的单词拼写情况。

纯粹的机械抄写、反复的背诵对于单词记忆的促进作用极为有限。利用图像的直观性,加深对词汇的记忆和理解是可视化作业提升学生学习效率的重要途径。为了提升学生单词记忆的深刻性,教师布置了如下可视化形式的作业:用彩色笔标注单音节单词中的元音部分,用不同颜色的笔区分多音节单词中不同的音节。英语“可视化”作业借助将字母或音节标注为不同颜色的方法,提升学生对单词的记忆能力。图 6 中,学生抄写的第一栏单词是含有元音字母“e”的闭音节单词。学生将元音字母用红色笔书写,更加突出闭音节的单词拼写规律,从而加深对单词的理解和记忆。第二栏单词则是含有元音字母“a”的开音节单词。学生用彩色笔标注了元音字母“a”,以及词尾不发音的“e”。第三栏的多音节单词抄写中,学生用不同色彩形象地区分出单词的不同音节,同样有助于记忆长单词的组成,从而提升单词拼写的正确率。

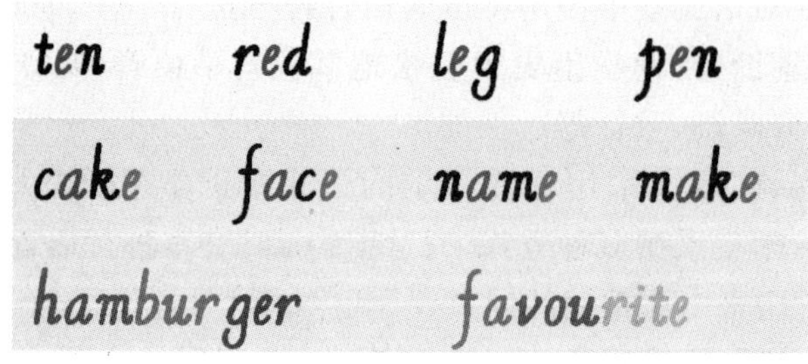


图 6

## (二)英语“可视化”作业之导图篇

英语“可视化”图式作业包括表格型、图解型、扩散型、阶梯型等图式手段在作业中的具体应用。作业形式具有结构严谨、条理清晰的特征。

1.借助表格图式,构思语篇结构

口头复述课文是检验学生理解课文、内化语言能力的好方法。然而,小学生受到心理年龄的制约,抽象思维能力偏弱,而“story time”部分的内容篇幅较长,语言容量较大。因此,仅靠记忆和想象,让学生来进行复述完整,困难较大。

传统的“story time”作业形式一般都采用反复读故事、分段背诵记忆、串联表演的形式。然而，由于实际的语言容量及难度，往往到了高段，只有极少部分学生才能完全将故事背诵下来。有的同学即使掌握了课文，也存在着依样画葫芦而对实际内容线索把握较弱的情况。因此教师借助可视化作业形式，利用表格，帮助学生梳理故事内容，构思整体结构。教师布置了如下可视化形式的作业：寻找故事信息，将表格填充完整。利用表格支架，复述故事。

英语“可视化”作业借助表格形式，将课文内容转化为规整的表格形式。教师请学生将故事相关内容按照表格项目要求，逐条填入。完成表格后，再进行课文的记忆和复述，就变得轻而易举了。表 1 中，学生将 Zoom 和 Zip 到商店购物的故事包含的主要信息分为四大类，分别是学校课程、对应课程的时间、需要购买的物品、是否能购买，并按照故事发展的顺序，将信息填入表格中。这样一来，不仅故事脉络进一步得以清晰，同时也促进了学生对文本故事内在联系的自主思考。

**表 1**

| Class | Day | Want to buy | Can/Can't |
| --- | --- | --- | --- |
| English | Mondays<br>Wednesdays | notebooks<br>pencils | √ |
| maths | Tuesdays | ruler | √ |
| art | Thursdays | crayons | √ |
| PE | Fridays | football | × |

2. 借助图解图式，构思语法重点

新课程标准对小学阶段学生语法知识的掌握有明确的要求，二、四年级达成一级语法目标，五、六年级达成二级语法目标。然而，语法知识学习过程相对机械枯燥，学生学习的兴趣不高，没有想主动探究的愿望。传统的语法教学过程主要依靠教师讲解，学生被动听讲，课后完成大量习题练习。教师布置了如下可视化形式的作业：设计图解图式，直观表示出频率副词之间的差异性。

英语“可视化”作业借助图解形式，直观地将语法知识点转化为具体形象，帮助学生在完成作业的同时，激发主动学习和主动思考的愿望。图 7 和图 8 主要是结合 PEP 教材五年级上册第二单元中有关频率副词语法现象的一次作业。教师要求学生用图解的方式正确表达 always，usually，often，sometimes 和 seldom 之间的关系。学生拿到作业要求后，经过了仔细的思考，呈现了丰富的语法图解作业形式。图 7 显示的是学生将频率副词与具体活动进行了结合，从一周进行足球兴趣课的次数中，看出不同频率副词之间的差异。图 7 和图 8 所示的两项作业具有异曲同工之妙，均是通过形象化的图像大小和位置高低来表示频率逐渐递减的关系。通过这两张图，我们能够轻易地找出这 5 个频率副词之间的关系。

| | Mon. | Tues. | Wed. | Thur. | Fri. | Sat. | Sun. |
|---|---|---|---|---|---|---|---|
| always | | | | | | | |
| usually | | | | | | | |
| often | | | | | | | |
| sometimes | | | | | | | |
| seldom | | | | | | | |

图 7

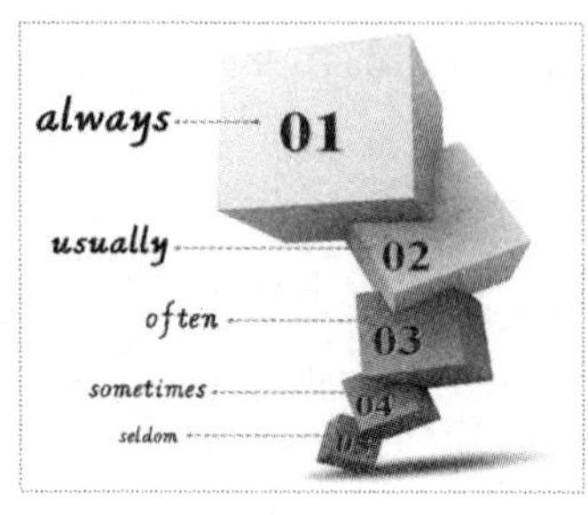


图 8

3. 借助扩散图式，构思语言容量

PEP 教材五年级下册第二单元的主题是“My favourite season”。单元目标要求学生能够说明自己最喜欢的季节，并阐述具体原因。

由于小学五年级学生还处于模仿书本内容进行句型书写的阶段，用英语来书写完整的一篇文章有较大困难。所以教师在布置这一类作业时，往往会采用口头作文的形式。然而，由于现阶段小学英语教师面临的是多班级大班化教学，无法实现对学生口头作文进行逐一检查。这样，就会使得口头英语作文成为流于形式的一项作业。在本课的学习中，教师布置了如下可视化形式的作业：填充完善扩散图示，借助图示完成有关季节的口语作文。

英语“可视化”作业借助扩散图式的方法进行英语作文的训练。教师要求学生使用扩散型图式，罗列季节相关特征的词语。通过这一步骤，先帮助学生复现学习过的与季节相关的词组和句型结构。由于这里只涉及核心词组的书写，而不需要完整句型的表达，学生的撰写难度就会相对较低。我们看到，在图 9 中，学生罗列出的有关的季节特征包括季节景色、天气感觉、穿着服装、特色食物、活动开展以及特殊原因等，几乎将所有学生以前学习过的与季节相联系的内容都进行了有效整合和复现。接着，教师请学生将最喜欢的季节内容用彩色进行描绘，并采用新句式 I like... best because... 将已有的季节特征改为喜欢本季节的原因进行表述。在图式的辅助下，学生作业完成的情况一目了然。

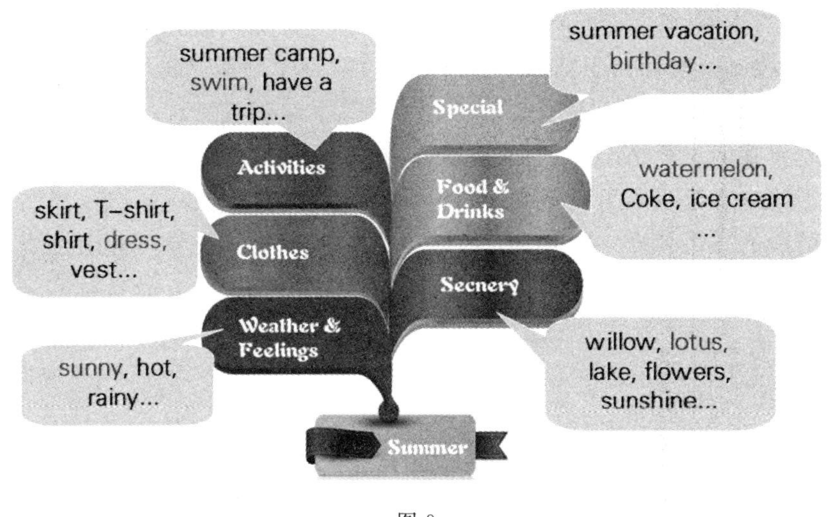


图 9

4. 借助阶梯图式，构思话题脉络

当学生进入 PEP 教材高段对话板块学习后，会发现每一课时的对话轮容量较低段有了大幅度的增加，很多学生对于对话内容的记忆就产生了困难。因此，在较多对话课型的公开课中，我们会发现，在语言最后的输出阶段，绝大部分的学生只能进行对话课文的朗读，而不能达成对课文的脱稿表演。由此，对话的运用就更加无从谈起。究其原因，无非是学生对于长段的对话内容记忆不清晰，缺乏必要的话题脉络梳理。因此，在学习五年级下册第一单元 A 部分对话的过程中，教师布置了如下可视化形式的作业：根据对话发展的时间进程，填充发生的事件，搭建阶梯式递进的语言对话支架。

英语“可视化”作业借助阶梯图式的方法，帮助学生梳理对话情节发展的过程，罗列对话核心内容，深化学生对对话内容的记忆程度。图 10 内容源于 PEP 教材五年级下册第一单元 A 部分的“Let's talk”。本对话共包含 7 个对话轮，内容涵盖 5 项有关 Pedro 在西班牙生活的实际情况。教师布置给学生的作业要求是，通过阶梯图式理解掌握对话全文，完成对话的流畅表演。学生根据对话内容，进行了 Pedro 一天生活安排的梳理，将活动与时间对应起来。阶梯图的方式直观表达了事情发展的先后顺序。此外，由于阶梯图式的直观性，学生还能够有效挖掘对话内容中隐含的信息。如：Pedro 在什么时候回家吃中餐，对话中并没有直接给出答案。通过阶梯图，学生就能轻松找出这一隐含的时间段，即上午下课至下午回校之间，也就是下午 1

点至2点30分之间。再次，图式还能帮助学生理解说话者的情感。在课文对话中，张鹏两次使用了“wow”这个单词，但是实际表达的情感有所差异。第一次出现是张鹏听说Pedro在家吃中饭这个信息后。对比中国孩子只能在校吃中餐的实际情况，我们可以发现，在这里张鹏表示了惊讶和羡慕的感情。而第二次是张鹏听说Pedro的晚餐时间后的情绪表达。这一次则表示了不赞成的感情色彩。因此，借助这样的图式，学生不仅能够清晰感受事件发展的脉络，同时也能直观体会到说话者的情感，能进一步提升对话表演的流畅性。

图10

### (三)英语“可视化”作业之生活篇

英语“可视化”图样作业包括信息、设计、指示、展示等功能在作业中的具体体现。作业形式具有贴近生活、实效明显的特征。

1. 借助信息图样，感悟时间含义

PEP六年级上册第三单元主要教学的语法点为一般将来时。传统的作业要求是请学生通过表格形式计划出将要完成的事项。作业形式相对机械、枯燥，既不能有效体现时态的意义，更加无法激发学生对英语使用的愿望。

因此，教师在设计本课作业时，改变了传统英语将来时学习中用语法句型练习的作业形式，改用与生活实际相结合的文本载体方式进行将来时的教学。教师布置的可视化形式的作业如下：利用现成的生活中的台历或者日历本，标注出家庭重要纪念日，并进行纪念日活动计划的交流。

英语“可视化”作业借助信息图样的方法，帮助学生理解将来时时态，提升语法现象的感悟与运用。教师要求学生在本月的家庭日历上，先用红笔圈出今天的日子；接着，在这一天之后，根据自己家庭真实的生活安排，将活动标注在日历本上；最后，与同桌进行相互交流汇报。在这一张直观的日历表中(见图 11)，教师还能够确切了解学生对表示将来不同时间点的词组掌握的程度：如：tomorrow(明天)、the day after tomorrow(后天)、this weekend(本周末)、next weekend(下周末)、next Thursday(下周四)、two weeks later(两周后)、three weeks later(三周后)、at the end of this month(本月末)等。众所周知，语言来源于生活，语言又服务于生活。借助这样的直观信息图样，不仅帮助学生进一步明晰了“将来时”这一时态的确切含义，此外，还把学生的生活与英语学习进行了紧密联系，使得语言学习在生活中也有了用武之地。

| SUN | MON | TUE | WED | THU | FRI | SAT |
|---|---|---|---|---|---|---|
| 1 | 2 | 3 English lesson | 4 art lesson | 5 | 6 | 7 go shopping |
| 8 | 9 | 10 | 11 | 12 see a film | 13 | 14 visit grandparents |
| 15 | 16 | 17 | 18 | 19 | 20 Mum's birthday | 21 |
| 22 | 23 | 24 | 25 parents meeting | 26 | 27 | 28 |
| 29 | 30 football match | 31 | | | | |

图 11

2. 借助设计图样，感悟信息重点

PEP 六年级上册第四单元“Read and write”部分的内容主要是通过理解公告板上的便条信息来寻找兴趣爱好相似的笔友。在这一课时中，如何有效展示便条的信息便成了全课的重点。因此，本课教师布置的可视化形式的作业如下：设计一张直观、形象的海报，图文并茂，突出关键性信息。

英语“可视化”作业借助设计图样的方法，将抽象具体的便条形式转化为直观、简洁的海报形式，提供了学生英语作业的新思路。教师要求学生运用设计的理念，以生活中常见的海报形式来表达自己的兴趣爱好，并且能够对他人发出邀请。在图 12 中，学生主要想表达的信息内容为：自己的兴趣爱好是下围棋，想邀请一位志同道合的伙伴，一起享受下围棋的乐趣；同时，为了方便联系，还留下了自己的手机号。所有的信息通过一张海报的形式不乏生动地进行了呈现。通过这张生活气息浓厚的海报，读者能够在最短的时间内抓住核心要素，理解作者意图，并从而体验海报带来的震撼人心的视觉效果。

图 12

心理学表明，人的大脑偏爱简洁、直观的信息内容。借助这样的直观英语海报图样，将学生所学知识与生活进行联系，也让信息的理解过程变得更为轻松。

3. 借助指示图样，感悟方位距离

PEP 六年级上册第一单元 B 部分“Let's talk”主要讲述了迈克和吴一凡看完电影后感到肚子饿了，吴一凡提议去意大利餐厅饱餐美食。但是迈克却对地形不太熟悉，于是询问该如何去往餐厅。吴一凡进行了细致的讲解。

传统英语对话作业的方式以动作语气辅助，以口语表演的形式为主。然而对于相对抽象的对话内容来说，仅仅依靠动作或者语气难以清晰地将对话内容呈现给观众。因此，借助可视化作业的方式，利用生活中随处可见的地图、指示图等，辅助对话表演，能够帮助表演者更加清楚文本的内容，提升表演的流利程度，同时也能够进一步拉近语言与生活的距离。本课教师布置的可视化形式的作业为：在空白地图中，标注关键性的建筑，并根据对话内容，绘制到达目的地的路线。

英语“可视化”作业借助地图图样的方法，将两人关于地点的询问内容转化为直观的地图进行呈现。图 13 中，学生先对城市地图进行了地点标注，然后用红色五角星标出起始位置(cinema)以及终点位置(restaurant)，最后用红色箭头标出行进路线。整个对话包含的信息内容通过地图的形式跃然纸上，清晰明确，一目了然。

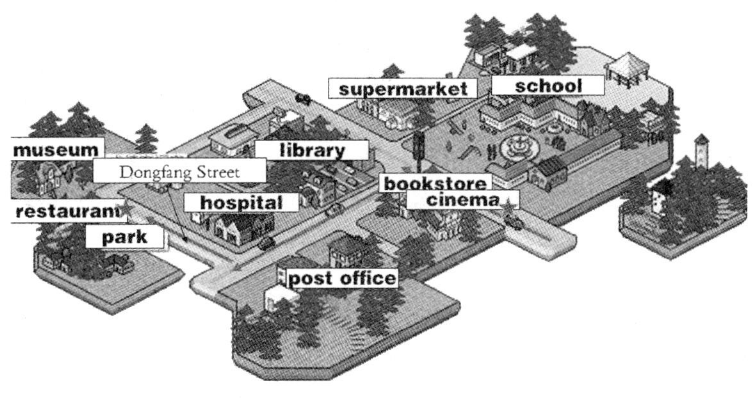


图 13

地图是生活中常见的生活信息指示。通过这样的作业方式，不仅让学生内化课文，同时让学生直观地感受地图在生活中实际的指路功能。

4. 借助展示图样，感悟生活情感

PEP 五年级上册第一单元 B 部分“Read and write”是以一封信件的方式讲述了 Robin 出演舞台剧《鲁滨逊漂流记》的故事。信件以第一人称的形式，介绍了鲁滨逊在荒岛上的生活。由于原文大量呈现的是文字信息，学生阅读的兴趣不高。而本课的作业要求是根据信件文本内容给鲁滨逊写一封回信。试想在对文本本身信息理解和情感体验不够充分的情况下，要完成这样的一封回信，难度可想而知。

在本课教学中，教师改变了原有的作业方式，没有直接采用大篇幅书写的形式来进行课文内容掌握的检验，而是采用了可视化作业的方式，通过图文结合的手段，帮助学生理解文本内容，深化学生对文本情感的理解。本课教师布置的可视化形式的作业如下：借助关键性疑问词，设计故事漫画图样，借助图样，探寻故事细节，感悟故事蕴含的情感。

英语“可视化”作业借助漫画图样的方法，将信件内容进行转化。图 14 中，学生将文本中含有的信息，用漫画的形式进行了编排，通过给漫画加英文标注的形式，进一步明确文本的内容。同时，为了突出鲁滨逊在荒岛生活的孤独感，图片中大量活动采用黑白剪影效果。在最后的结尾中，通过大大的一幅孤岛生活照片，凸显情感的因素，引发读者的共鸣。漫画是学生喜闻乐见的生活读物，借助漫画，激发学生阅读的兴趣，提升学生对文本细节的理解，加强情感体验。整个作业的完成过程中，学生不仅进行了语言信息的提取，同时也从中获得了美感的体验。

图 14

## 四、成效分析

### (一)课题研究改进学生作业完成态度

在研究的过程当中，课题组成员始终关注学生英语作业完成的态度问题。教师认真观察、分析学生的作业状态，在不同年级、不同时间段，合理运用可视化的手段，结合教材内容，有针对性地布置作业。经过一个学期，学生作业的兴趣和主动性有了明显的改善。

1. 作业上交及时

从作业上交的及时情况来看，可视化作业的上交率要远远高于普通的抄写、听写作业。我们选择了五年级两个英语学习情况相对均衡的平行班，进行作业上交差异性的数据统计。这两个平行班中，其中一个班采用可视化作业布置形式，而另一个班采用传统英语抄写作业形式。经过连续 4 次作业主动上交率的数据统计，我们看到了明显的差异：可视化作业组的学生作业主动上交的情况明显优于传统抄写作业的学生。

2.作业兴趣浓厚

为了进一步了解学生作业完成的积极性，我们进行了一次座谈，选择了每个年级部分原本英语作业积极性不是很高的同学进行访谈。其中，绝大部分学生觉得经过一个学期的学习，自己做英语作业的积极性有了极大提高。另有部分同学觉得参与英语学习的积极性有了一定的提高。从学科满意率来看，教研组对教师的总满意率从上学期的93.3%上升到了近100%。这也从另一个侧面说明了学生对英语学习的喜爱。在作业访谈中，各年级学生都表露出对可视化作业的喜爱之情，希望教师在平时的教学中能够更多地采用这样的作业形式。

3.作业展示主动

从学科节可视化作业展示的参与热情上来看，学生们热情高涨。从数据上看，3—6年级学生学科节作业展示活动参与率为100%，获奖率达到77.5%。我们在学校走廊、教室门口、校园长廊对作业进行了展览，受到教师和学生们的一致好评。

### （二）课题研究提升学生作业输出质量

1.内容规范完整

除了作业热情被激发以外，学生作业质量也有了较大的提升。从期中教学检查中学生常规作业的整洁性、美观性和正确性来看，这些方面有了较大提升。在学校每学期进行的期中教学检查中，英语组都会以晒作业的形式进行优秀作业的展评。通过可视化课题研究，学生的作业书写更加规范、整洁，学生作业书写的质量得到提升。

2.形式美观实用

学生作业形式还呈现出多样化、生活化的特点。许多学生作业形式在生活实际中进行了运用。英语作业除了上交检查之外，还成为生活中学生之间相互交流和欣赏的作品。在英语学习的春假、暑假、秋假、寒假四个假期中，课题组的教师们根据教材内容，结合生活实际，布置相关的英语可视化实践作业内容。从学生上交的作业情况来看，学生们在做作业的过程中，不仅关注到了英语知识与实际生活的相生相融，更加注重了作业整体美观性的提升，在英语作业的过程创造美、欣赏美、展示美。

3.思维含量提升

经过了整个学年的可视化作业实践，在上个学期的单元形成性练习中，学生笔试成绩总体呈现上升态势。我们以五年级学生期末抽测情况为例，经过期末数据统计，学生词汇掌握优秀率为99.2%，合格率为100%；句型掌握优秀率为95.5%，合格率为100%；话题掌握优秀率91.2%，合格率为100%。特别是在期末的口语测试中，教师在课前给出六个与课文主题相关的话题，要求学生现场抽签，运用10句以上的语言来进行观点的表达，要求中心明确，内容丰实，结构合理，表达流畅。大部分同学借助可视化作业的形式，在话题表达中都能顺利完成任务，有的同学不仅在语言量上超出教师的要求，还能在内容上有一定的创新。这对于我校学生来说，可谓是一个巨大的飞跃。

**(三)课题研究提升教师作业研究水平**

1.更新作业布置理念

教师们以作业研究为突破口，开展了丰富的教学研究设计活动，从而在课题研究的过程中，更新作业布置理念，实现了个人自身能力的发展。在公开课研究方面，仅上学期，教研组人均开课5.7节。其中，国家级3节，省级3节，市级1节，区级2节，校级8节。一位教师的课例在浙江省一师一优课中获奖。在论文撰写方面，教研组有5篇论文获全国奖，1篇获市级奖，2篇获区级奖。在讲座交流方面，组内两位教师在区级会议中开设了思维专题讲座。教师的研究和实践水平都有了提高，教研组的年轻教师迅速成长起来，被评为区教坛新秀，成为学校教科研的骨干力量。

2.提升作业布置能力

通过课题研究，课题组的教师们进一步树立了英语作业要激发学生兴趣、提升思维含量和学以致用的理念，改进了作业布置的方式，从以往模模糊糊随大流的作业布置形式，转变为当前的目标明确、形式丰富的作业布置形式。教研组在进行校本主题式三阶段活动中，就以提升学生作业兴趣、激活作业思维能力和凸显作业学用结合为核心理念开展教学活动，在丰富多彩的主题教研活动中，展现作业变革的力量。

3.提炼作业布置策略

通过一年的课题研究，课题组也积累了可视化作业布置的策略。一是“可视化”作业布置适切性策略。“可视化”英语作业是为了提升学生作业完成的效率，而不是一味追求美学效果。二是“可视化”作业布置适时性策略。“可视化”英语作业应根据实际教学情况的需要来布置，以检验学生对语言知识的理解程度，适宜布置为复习作业。三是“可视化”作业布置适量性策略。“可视化”英语作业除语言内容本身之外，涉及图形、图像、结构、特色等视觉效果的设计。四是“可视化”作业布置适用性策略。“可视化”作业适用于小学英语 PEP 教材语音、字母、对话、阅读、语法等不同板块的英语作业布置。

## 五、后续思考

小学英语“可视化”作业实践与研究为教师研究学生作业完成有效性提供了新的思路。同时，我们也在研究的过程中切实感受到它对于学生作业能力提升的积极意义，我们对课题深入开展的前景充满了信心。在接下去的研究中，我们将着重就以下三个方面做进一步改进，以进一步提升研究的效率。

### (一)关于评价体系构建

科学合理的作业评价方式是保障可视化作业课题顺利开展下去的一个保障，因为它引导着作业的方向。因此，在接下去的教学中，要建立更为完善的可视化作业评价体系，量化评价的标准，突出作业的运用功能，体现评价的形成性特点以及评价的多主体性特点。

### (二)关于教材内容梳理

可视化作业的形式令人耳目一新，也深受教师和学生的喜爱。然而，是否每一节课的教材内容都适合进行可视化作业的布置还是值得教师进行深入研究的问题。因此，教师须进一步研究梳理适合于布置可视化作业的教材内容，合理把握可视化作业布置的时机。在合适的条件下，帮助学生进步建立完成作业的信心，提升作业的品质。

### (三)关于作业方式开发

本文例举了可视化作业的三大类作业布置形式，是否还存在第四类、第五类等更多的可视化作业形态也值得进一步研究。此外，作业开发的主体也可以从纯粹的以教师为主体转变为师生共同主体。教师可以引导学生实现从作业完成者到作业开发者的转变，启发学生能够利用自己已有的知识经验，主动建构起作业的形式，而不是永远等着教师的给予。

## 参考文献

[1] 教委课改小组.国家英语课程标准[M]. 北京:北京师范大学出版社,2015.
[2] 朱纯.外语教学心理学[M].上海:上海外语教育出版社,2008.

# 小学高段“图形与几何”领域“前置性作业”设计与使用策略研究

杭州市留下小学

沈月川　支杭菲

**摘　要**：本课题根据新人教版数学教材，开展了小学高段“图形与几何”领域“前置性作业”设计与使用策略研究，从前置性作业的内容选定、分类设计、实施策略三个方面深入地探索：建构小学高段“图形与几何”领域“前置性作业”的序列；设计“探究填表式”“动手操作式”“绘图解说式”和“微课学习式”四种类型的前置性作业，并提炼出相应的实施策略。

本课题研究为小学高段学生设计了具有价值的前置性作业，使学生对“图形与几何”领域的数学知识有了预先的认知，有助于课堂顺利地展开；同时，也提升了教师对课程标准理念的再认识和数学教学的能力。

**关键词**：图形与几何　前置性作业　分类设计　实施策略

## 一、研究缘起

### （一）缺乏充分的探究时间——课堂低效

**案例一　《长方体和正方体的认识》教学片段（人教版五下）**

师：我们先用手中的工具来研究长方体面的形状和大小有哪些特点。（生活动，师巡视）

师：通过研究你有什么发现？（生回答）

师：那么它们的棱又有怎样的特点呢？老师这里有一些小棒，请小组合作，把它们搭成长方体或正方体的框架，好吗？（学生合作完成，交流归纳棱的特点）

师：（课件演示长方体变成正方体）请注意观察，你发现了什么？

生：长方体的一组棱变短，最后变成了正方体。

师：由此可见，正方体是一种特殊的长方体。（板书：画出长方体包含正方体的图示）

“探究长方体面、棱、顶点的特征，掌握长方体和正方体的关系”是本节课的显性知识目标，许多教师上课时花很多的时间让学生观察长方体，只能让学生掌握长方体和正方体最基本的特征。但如果在探究面、棱、顶点各自的特征基础上，再关注它们三者之间的联系，我们的教学就有了深度。这需要我们对教材内容进行合理的安排。一些通过观察大部分学生都能得出的特征可以提前完成，避免在教学中出现像上述片段中这样的情况——简单的知识花大量时间教，深入探究时间少，课堂效率低。

### （二）忽视完整的思考过程——思维替代

#### 案例二 《平行四边形的面积》教学片段（人教版五上）

师：（生提出平行四边形面积计算的猜想后）怎么验证呢？探索之前老师有两点建议，请看屏幕：

（1）先用尺画出高，再剪拼成长方形。

（2）拼完后想一想：拼出的长方形和原来的平行四边形比，什么变了？什么没变？

如何想到沿着高剪拼成长方形？学生不知其所以然，教师却认为是理所当然的。其实这也是教学同类课型经常看到的教学画面，教师们习惯于代替学生思考，学生只是教师牵制下的“被动参与”，要做的只剩下实施与执行了。长期下来，学生只会解题不会思考。很多问题，需要学生自己预先去研究过、思考过、疑惑过，才能在课堂中激起思维的火花。

很多时候，我们的课堂会出现这样的情况，部分孩子在课堂上的学习进度慢，跟不上整体的节奏，在学习过程中出现知识的“断层”，以致渐渐影响到数学课堂学习的效率和后续学习的积极性。然而，错过了课堂，我们的做法往往是通过大量的课后练习和个别辅导，来弥补孩子在课堂上知识掌握的缺漏处。再回头思考，如果能在课前做好一项工作，使得课堂这个学习“主阵地”的作用更有效地发挥，是不是能减轻我们师生课后那么多繁重的负担呢？比如，孩子们通过一定的形式，预先对一堂课的概念、知识点进行了解和思考；教师通过一定的方式，对不同层次的孩子探究生成的知识有所了解和准备。那么在课堂上，教师就能更有效地组织孩子进行充分交流和分享活动，引领他们归纳梳理、总结提升，及时巩固内化、应用拓展，从而大大提高课堂上学习的效率。基于以上的认识，针对学习内容去设计一份前置性作业，让孩子们对即将学习的内容有预先的探索和思考显得尤为必要。

## 二、研究设计

### （一）概念界定

1. 图形与几何

“图形与几何”是在传统意义上的几何内容的基础上发展起来的，它主要研究现实世界中的物体、几何体和平面图形的形状、大小、位置关系及其变换，它是人们更好地认识和描述生活空间、进行交流的工具。在小学数学高段，主要涉及的内容有平面图形的基本特征、测量面积和体积、图形的平移与旋转、确定物体位置等，结构形式分别是图形的认识、测量、图形的运动和图形与位置。

2. 前置性作业

前置性作业，又称为前置性小研究或前置性学习，是生本教育理念的一个重要表现形式。它指的是教师在讲授新课内容之前，让学生先根据自己的知识水平和生活经验所进行的尝试性学习。基于本课题对前置性作业内涵的概念界定，我们认为，“图形与几何”领域“前置性作业”设计的原则有以下三点。

（1）启发性

通过前置性作业的完成，要让学生对所学知识有启发、有收获。因为图形与几何领域的内容抽象，学生通过预先的观察、操作，能对基本特征有所了解，到课堂上学习就能有备而来。

(2)趣味性

作为一种额外的作业,学生难免会感到有负担。设计的前置性作业要具有趣味性,能激发学生的学习兴趣,更有利于学生积极思考、探究新的内容。

(3)有效性

不能设计一些没有意义的问题。前置性作业必须经过用心思考,研究过教材特点、学生学习起点后,再根据实际内容进行设计。设计的内容不仅要与教材知识吻合,也要让学生通过这样的前置性作业,在课堂上更好地表现自己。

### (二)理论阐述

1.维果斯基的最近发展区理论

维果斯基认为,在进行教学时,必须注意到儿童有两种发展水平:一种是儿童的现有发展水平;另一种是儿童即将达到的发展水平。他把两种水平之间的差异称为“最近发展区”。维果斯基认为,重要的不是到今天为止已经完结了的发展过程,而是那些现在仍处于形成状态的、刚刚在发展的过程。因此,弄清楚儿童发展的两种水平,将大大促进教学对发展的作用。前置性学习着眼于学生的最近发展区,在独立活动中所能达到的解决问题的水平。

2.现代建构主义理论

现代建构主义理论认为:学习者学习数学并不是由教师或其他人传授给他的,而是他本人主动根据已有的数学经验、认知结构进行的一种主动建构的过程,任何学习者在学习之前并不是像一张白纸一样空着脑袋进入教室的,而是带着他独特的数学现实开始新的学习。前置性学习是一种主体积极的活动,其价值在于使学生在个体主动思维活动中首先获得“有意义的经验”,然后经过课堂学习将经历的模糊、疑难、矛盾的情境转化为清晰、确定、和谐的情境。

3.数学课程标准基本理念

数学课程标准指出,数学教学活动必须建立在学生的认知发展水平和已有的知识经验基础之上。学生的数学学习内容应当是现实的、有意义的、富有挑战性的,这些内容要有利于学生主动地进行观察、实验、猜测、验证、推理与交流等数学活动。数学前置性策略研究就是要通过学生课前的观察发现、生活探究、动手操作、调查访问等多种与学生生活密切相关的活动，以满足多样化的学习需求，体现出数学学习活动是一个生动活泼的、主动的和富有个性的过程。

### (三)研究目标

1. 先学后教，促进自学能力培养

从最初的教师教学生听，过渡到教师手把手教学生课前学习的方法，最后学生都能基本完成前置性学习的任务，在这个过程中学生自主学习的能力得到了极大的锻炼。我们试图通过对小学数学高段“图形与几何”领域“前置性作业”设计和使用的实践研究，让学生形成“先学”的习惯，培养独立探索、大胆尝试解决问题的能力，促进学生数学水平的整体提高。

2. 教学相长，促使专业素养发展

通过对教材内容和学生学习起点的研究，设计出一部分便于操作、实践性强、参考价值高的小学数学前置性作业。通过不断地自主学习，不断地完善前置性作业设计，教师本身的教育教研水平得到了不断的发展。

### (四)研究的实施步骤

本课题拟定研究时间为 1 年(2015 年 3 月—2016 年 3 月)，研究思路及阶段划分如图 1 所示。

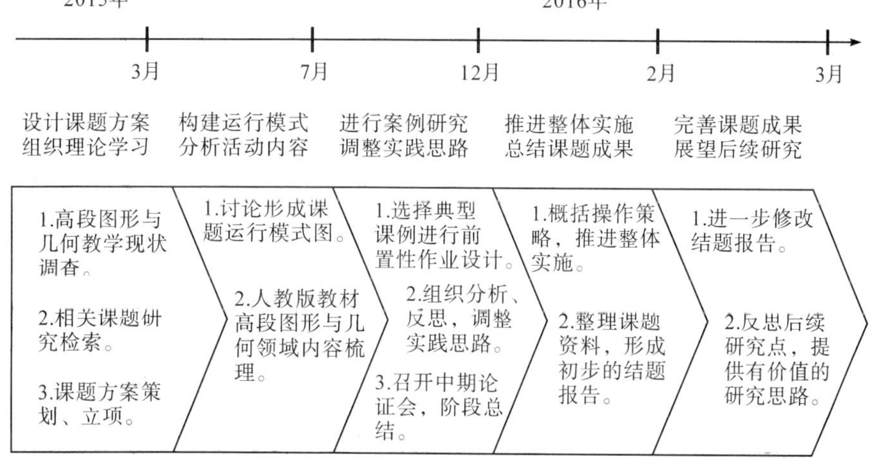


图 1　课题研究实施步骤

## 三、实践探索

在对前置性作业概念界定、理性思考及本课题研究的目标设定、路径设计等相关思考的基础上，结合小学高段数学教学实践，我们对前置性作业的设计与实施进行了具体的探索。

### (一)内容选定：建构前置性作业序列

“图形与几何”领域的内容抽象，需要通过一定的前置性作业让学生建立知识的表象。针对怎样的内容设计前置性作业，是需要进行精心选择的。在新人教版五年级上册至六年级下册的小学数学教材中，教师进行前置性作业的选择与确定，把适合设计前置性作业的知识点内容，通过梳理，搭建内容结构框架，建构起“图形与几何”领域的小学高段数学前置性作业序列(见表1)。

表1 人教版五上至六下“图形与几何”领域前置性作业内容序列表

| 内容选择标准 | 所在位置 | 课题/页码 |
| --- | --- | --- |
| 图形的认识类 | 五年级下册 | 《长方体和正方体的认识》P18—20 |
| | | 《观察物体(三)》P2 |
| | 六年级上册 | 《圆的认识》P57—59 |
| | | 《扇形》P75 |
| | 六年级下册 | 《圆柱的认识》P17—19 |
| | | 《圆锥的认识》P31—32 |
| 测量类 | 五年级上册 | 《平行四边形的面积》P87—88 |
| | | 《三角形的面积》P91—92 |
| | | 《梯形的面积》P95—96 |
| | | 《组合图形的面积》P99—100 |
| | 五年级下册 | 《长方体和正方体的表面积》P23—24 |
| | | 《长方体和正方体的体积》P27—31 |
| | | 《体积单位间的进率》P34—35 |
| | | 《容积和容积单位》P38—39 |
| | 六年级上册 | 《圆的周长》P62—64 |
| | | 《圆的面积》P67—70 |
| | 六年级下册 | 《圆柱的表面积》P21—22 |
| | | 《圆柱的体积》P25—27 |
| | | 《圆锥的体积》P33—34 |

续表

| 内容选择标准 | 所在位置 | 课题/页码 |
| --- | --- | --- |
| 图形的运动类 | 五年级下册 | 《图形的运动(三)》P83—88 |
| 图形与位置类 | 五年级上册 | 《位置》P19—20 |
| | 六年级上册 | 《位置与方向(二)》P19—22 |
| 综合实践活动类 | 五年级下册 | 《探索图形》P44 |
| | 六年级上册 | 《确定起跑线》P80—81 |

### (二)分类设计:细化前置性作业方案

与前置性作业的内容选择标准相对应,根据"图形与几何"学生学习的不同要求和程度,我们分别设计了四种类型的前置性作业:探究填表式、动手操作式、绘图解说式、微课学习式。

1."探究填表式"前置性作业的设计

"图形的认识"一般需要学生通过观察、操作,进而认识图形,并了解图形的基本特征。在学生对图形概念认知的过程中,课前让学生通过一定的观察和操作,用表格形式梳理出图形的一些基本特点、发现一些新的问题、提出一些困惑是非常有必要的。

(1)在观察中准备,了解基本特征

对于高段学生来说,他们已经具备一定的观察、整理信息的能力。学生初步认识图形,可以从教学前的观察物体开始,对图形的一些基本特征进行研究和概括。

表2是六年级下册《圆柱的认识》一课前置性作业单。其中"我的研究"一栏以填空的形式,清晰明了地让学生梳理出通过观察得到的圆柱的基本特征。这既节约了课堂的时间,也为学生更深入学习圆柱的特征、表面积等打下基础。

**表2 《圆柱的认识》前置性作业单**

| | |
| --- | --- |
| 学习目标 | 1.认识圆柱的底面、侧面和高,掌握圆柱的基本特征。<br>2.经历探索圆柱基本特征的过程。 |
| 我的研究 | 1.搜集一个圆柱形的物体。<br>2.观察自己搜集的实物圆柱,我知道了:圆柱是由(　)个面组成的,上下两个面是(　)形,叫圆柱的(　),它们特点是(　)。<br>3.围成圆柱的曲面叫圆柱的(　),展开后可能是(　)形,还可能是(　)形。 |
| 我的发现 | 通过学习我还知道关于圆柱的知识: |
| 我的问题 | |

(2)在过程中发现,积累探究素材

在完成前置性作业时,学生通过观察,经历探究的过程,会有另外的发现。这是教学非常宝贵的资源。如在《圆柱的认识》一课前置性作业单上,"我的发现"一栏就提供给学生足够的空间,培养其善于发现的能力。

(3)在探究后思考,提出问题疑惑

带着问题进入课堂,会使学生在课堂上更主动思考。通过观察探究图形,有一些新的发现,也会有新的问题产生。问题是学生自己提出的,更具有研究的价值。所以在探究后思考,提出问题很重要。如五年级下册《长方体和正方体的认识》一课前置性作业在最后设计"我的问题"这一栏。

2."动手操作式"前置性作业的设计

小学数学高段学习中,"图形的测量"主要是图形的周长、面积、表面积、体积等计算公式的探索和解决简单的实际问题。在探索图形的周长、面积、表面积和体积公式的过程中,需要通过动手操作,借助转化等方法进行推导。

(1)数一数——明确操作目标

动手操作是为学生掌握图形与几何的知识服务的,明确操作目标是进行动手操作的首要任务。如五年级上册《平行四边形的面积》一课的教学内容,主要是让学生探索并掌握平行四边形的面积公式,并能解决简单的实际问题。其中推导平行四边形的面积公式这一个目标,就需要通过操作来转化,把未知的知识转化成已经学过的知识。

(2)玩一玩——选择操作方法

合理选择操作方法,让学生经历有效的操作过程,更有利于学生掌握图形特征。在设计前置性作业时,可以让学生自己准备材料,也可以利用数学学具袋的材料进行操作,让学生"玩一玩",激发学习兴趣。"图形与几何"中"测量"的研究,主要操作方法有数、剪、拼、量、比等,如表3所示。

**表3 《不规则图形的面积》前置性作业单**

| 思考 | 你知道怎样测量一片树叶的面积吗? |
|---|---|
| 操作 | 1.找一片你喜欢的落叶。<br>2.利用学具袋里的透明方格纸(每个小正方形的面积是1 $cm^2$),试着测量你的树叶的面积,约______ $cm^2$。 |
| 分享 | 我的方法: |

以上操作活动就是以"数"为主的。要帮助学生养成事先做好规划的习惯。在前置性作业完成之前,可以提示学生运用不同的方法估计图形的面

积。例如可以数出图形内包含的完整的小正方形数，估计树叶的面积，也可以在此基础上，加上图形边缘接触到的所有的小正方形数，估计树叶的面积。

(3)理一理——整理操作结果

操作活动后得到的一些结论，对课堂的继续探究有着很大的价值。所以对动手操作的结果要进行整理，便于发现结论。

3.“绘图解说式”前置性作业的设计

《义务教育数学课程标准(2011年版)》明确指出：在“图形与几何”的学习中，应帮助学生建立空间观念。想象是建立空间观念的重要思维活动，“图形的运动”内容抽象，隐含着动态的过程，“图形与位置”内容又需要比较规范的描述。设计一项绘图解说式的前置性作业，对于这两块内容的学习有一定的帮助。

(1)动态想象，刻下形象

首先对于一些具有动态过程的内容，要让学生去想象。运用动态想象，解决思维的直观形象性与知识抽象性之间的矛盾，有助于发展学生的空间观念。如五年级下册《图形的运动(三)》，“旋转”现象就是一个动态的过程。设计前置性作业可以先通过访谈或书面问题，让学生想象旋转的过程，说一说物体旋转前后的变化。

(2)绘制图像，留下痕迹

比如画路线示意图是很不错的尝试。学生通过“画一画”，绘制路线图积累了一定的经验，便于在课堂上进行经验交流。

(3)描述过程，记下重点

表4所示的前置性作业既有趣味性，也锻炼了学生的表达能力。

**表4 《平移与旋转》前置性作业单**

| “笑脸”还原游戏 | 我的方法(打“√”) | | | |
|---|---|---|---|---|
| A　B | 平移 | | 旋转 | |
| | 具体过程： | | | |

4.“微课学习式”前置性作业的设计

微课作为一种新的教学资源流转于各种课堂，深受教师的重视和青睐。笔者认为，对于讲述性比较强的知识点、方法与过程的演示、针对知识难点的讲解等,设计微课是非常必要的。"图形与几何"领域中,有些内容在课堂上呈现或操作具有一定的局限性,此时就可以考虑设计合理的微课,促进学生对内容知识的深度加工。学习活动的设计要遵循图2所示的四个原则。

图2 微课学习活动的设计原则

如在表5中,前置性作业与微课结合,设计了微课学习任务单,旨在让学生有目的、有计划地学习知识,提供微课学习资源,在独立思考和自主探索中培养学生连续性和完整性的数学思维。

**表5 微课学习任务单**

| 一、学习指南 |
| --- |
| 课题名称:人教版六年级上册数学"确定起跑线" |
| 达成目标:通过观看教学视频和完成《微课学习任务单》,了解田径跑道的结构,学会确定跑道起跑线的不同方法。 |
| 课堂学习形式预告: |
| 二、学习任务 |
| 通过观看教学录像自学,完成下列学习任务。<br>1.填一填<br>(1)跑道由(　　　　　)和(　　　　　　)组成。<br>(2)左右两个半圆形的弯道合起来刚好是(　　　　　)。<br>(3)每一圈跑道的长度可以看成(　　　)+(　　　)。<br>2.想一想:怎样找出相邻两个跑道的差距?<br>3.如果跑道的宽发生了变化,你还会求相邻起跑线的差距吗?请举一个例子算一算。 |
| 三、困惑与建议 |

(1)学为中心,设计合理活动

微课学习式前置性作业的设计要以学生为中心,重视学习情境、资源、活动的设计。如"确定起跑线"是学生在掌握了圆的概念及圆的周长的基础上学习的,作为综合实践课,在微课中设置的当然是与现实问题联系在一起的情景来感染学生,对于学生的情感具有积极的影响,并吸引学生的注意,激励学生完成指定的任务并培养学生解决实际问题的能力。

(2)因材施教,提供学习支架

对学生而言,微课能更好地满足学生对知识点的个性化学习、按需选择学习。对于一个问题的不同解决方法,就满足了不同层次学生的学习需求。如在“确定起跑线”中,探究相邻两个跑道距离差时,教师设计并讲解了不同的方法。这样的设计考虑到学生的层次不同,给每一位学生都提供了有效的资源。

**(三)策略研究:探索高段图形与几何前置性作业的实践**

在分类设计四种不同的前置性作业的基础上,本课题对高段“图形与几何”领域一些前置性作业在实践中的使用策略进行了研究。通过案例研究及效果分析,我们归纳提炼出前置性作业的实践策略。

1. 巧用“我的问题”,挖掘“教学资源”

**案例三 《圆柱的认识》前置性作业**

部分学生在前置性作业单中提出“我的问题”:

(1)所有一个侧面、两个底面的图形都是圆柱吗?

(2)为什么圆柱的侧面不能是三角形、菱形、梯形,而是正方形和长方形?

(3)圆柱的侧面展开后得到的长方形的长、宽与圆柱有什么关系?

(4)在生活中哪些地方运用到了圆柱形?圆柱发挥着怎样的作用?

课例再现:

师:这堂课我们认识了圆柱,掌握了它的基本特征。同学们在课前提了一些有价题的问题,我们来看,你能帮谁解决他的问题呢?

生1:我能回答第3个问题。圆柱的侧面沿高展开后得到的长方形的长是圆柱的底面周长,宽是圆柱的高。

生2:我自己能回答自己的问题了,有一个侧面和两个底面的图形不一定是圆柱形。还有很多图形不是,比如圆台、鼓的形状。……

在以上课例中,通过对问题的梳理与回答,学生解决了课前的疑惑,同时也对课堂中研究的问题进行了回顾与小结。学生在前置性作业单中提出了这样的问题,为接下去即将学习的圆柱表面积和体积提供一些学习的线索。因此,在前置性作业设计中,“我的问题”确实是激发学生学习兴趣、探究意识的重要内容，充分挖掘了教学的资源。

2. 精选“前置练习”，找准“教学起点”

### 案例四 《圆的认识》前置性作业

一位教师在教学《圆的认识》一课前，设计了本课的前置性作业单(见图3)，学生通过阅读书本、自主探究，概括、填写了作业单。这些练习不仅把握教学重难点，同时帮助教师找准学生的学习起点，促进课堂进一步有效地开展活动。

#### 《圆的认识》前置性学习单

班级________ 姓名________

认真阅读书本56—57页，完成下面题目。

1. 你知道圆各部分的名称叫什么吗？(　　)(　　)(　　)

2. 请用书上的话写一写

什么是圆心________________

什么是半径________________

什么是直径________________

3. 在右图中找出半径、直径并标上字母

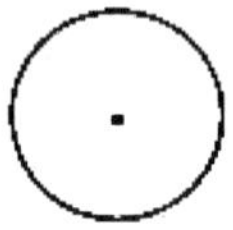

4. 请你在下面的框里试着用圆规画几个圆

5. 你还有什么不懂的问题，可以写下来。

图3 《圆的认识》前置性学习单

学生通过课前预习和自学，只是初步了解什么是圆心、直径、半径，并不一定真正理解，要想让学生真正达到对知识的内化，必须将学生课前预习到的知识进行更深层次的理解和巩固才行。

3. 沟通“前后联系”，用好“转化思想”

数学知识都是前后存在联系的，“图形与几何”部分的学习也往往要根据旧知来学习新知。在前置性作业的设计中，有计划、有方向地设计前后知识联系的问题，有助于在课堂上唤起学生的思维，促进课堂顺利地展开。

## 案例五 《平行四边形的面积》前置性作业

在《平行四边形的面积》前置性作业的设计中，主要考虑到平行四边形面积公式的推导需要借助旧知——长方形面积的计算来实现，所以设计中，包含四个环节，层层递进。通过完成这份前置性作业单，学生在课堂上反馈思路更清晰、更高效了。如图4、图5所示。

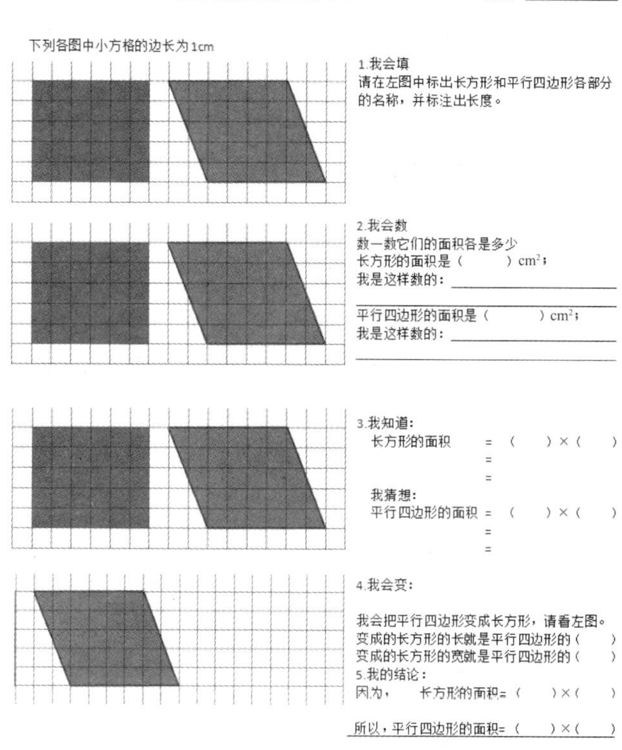

**平行四边形面积前置性学习单** 姓名：________

下列各图中小方格的边长为1cm

1.我会填
请在左图中标出长方形和平行四边形各部分的名称，并标注出长度。

2.我会数
数一数它们的面积各是多少
长方形的面积是（　　）$cm^2$；
我是这样数的：________
________
平行四边形的面积是（　　）$cm^2$；
我是这样数的：________
________

3.我知道：
长方形的面积 =（　　）×（　　）
=
=
我猜想：
平行四边形的面积 =（　　）×（　　）
=
=

4.我会变：
我会把平行四边形变成长方形，请看左图。
变成的长方形的长就是平行四边形的（　　）
变成的长方形的宽就是平行四边形的（　　）
5.我的结论：
因为，　长方形的面积=（　　）×（　　）
所以，平行四边形的面积=（　　）×（　　）

图4 《平行四边形的面积》前置性学习单

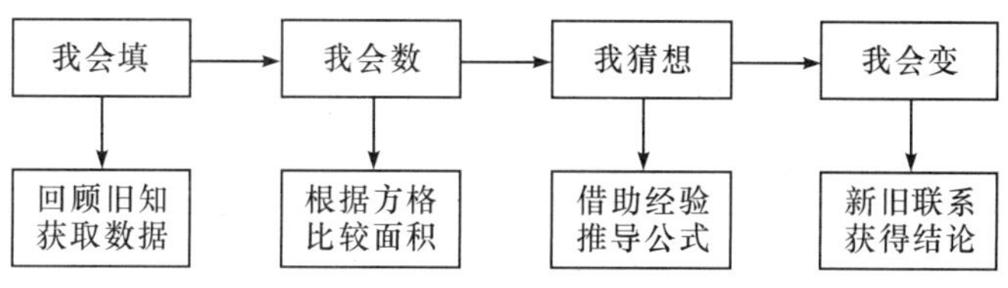


图5 《平行四边形的面积》前置性作业设计思路

## 四、成效分析

### (一)构建了“图形与几何”领域“前置性作业”序列,提炼出实践策略

随着课题研究的开展、深入,我们慢慢理清了研究的思路,随之积累了比较多的高段“图形与几何”领域前置性作业实践案例,从图形的认识、测量、图形与位置、图形的运动和综合实践活动等方面入手,初步构建了小学高段数学图形与几何领域的前置性作业内容序列;同时,提炼出了实践的策略。

### (二)学生数学素养得到明显提升,教师专业能力得到发展

1.提高了学生的数学知识自学能力和学习兴趣

从最初的教师教学生听,过渡到教师手把手教学生课前学习的方法,最后学生都能基本完成前置性学习的任务,在这个过程中学生自主学习的能力得到了极大的锻炼。“探究填表式”“动手操作式”“绘图解说式”和“微课学习式”四种前置性作业使学生进行“先学”的方式多样化。因为有了前置性作业的铺垫,学生更容易获得成功的体验。图6显示了研究前后学生对高段“图形与几何”内容学习的兴趣情况。

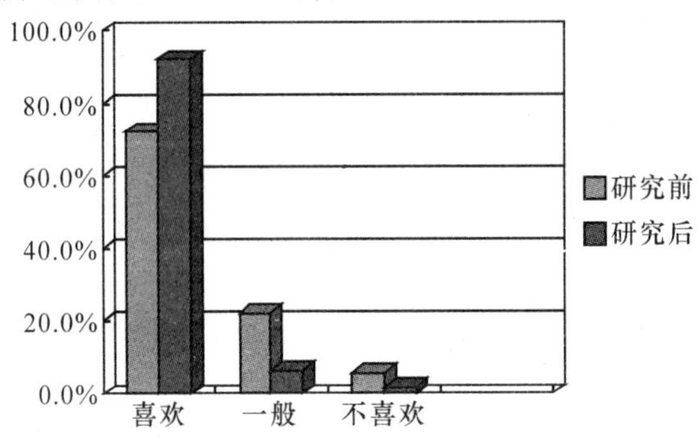


图6 研究前后学生学习兴趣情况统计图

2.提升了教师的教学实践水平

通过对教材内容和学生学习起点的研究,我们设计出了一部分便于操作的、实践性强、参考价值高的小学数学前置性作业。通过不断地自主学习,不断地完善前置性作业设计,教师本身的教育教研水平得到了不断的发展。

## 五、后续思考

### (一)将前置性作业设计推广到四大领域

根据四大领域学习内容的不同特点,可以设计合理的前置性作业。“数与代数”“图形与几何”“统计与概率”“实践与综合应用”四大领域的课程内容都为发展学生的能力提供了丰富的素材,如何根据领域内容的特点,设计具有启发性、趣味性和有效性的前置性作业,提炼出实践的策略等都是后续可以尝试研究的。

### (二)各学段前置性作业的设计与使用思考

本课题是围绕高段的课程内容进行前置性作业设计的。对于自主学习,高段的学生具备更多的优势。若要在中低段尝试前置性作业设计与使用,应该考虑到各个方面,尤其是学生处于自主学习能力较弱的阶段,是否该设计前置性作业,该设计怎样的前置性作业才能促使学生有效地学习等问题值得深思。

### 参考文献

[1] 郭思乐.教育走向生本[M].北京:人民教育出版社,2001.

[2] 江海.基于生本教的小学语文“前置性作业”设计原则[J].课程与教学,2014(5):75-77.

[3] 梁乾胤.关于“生本教育”实践的几点思考——以小学语文前置性作业设计为例[J].中国校外教育,2013(3):14.

【学生评价】

# 童本理念下小学语文第一学段"四维动态式"学业评价策略研究

杭州市文三教育集团文苑小学

汤佳绮　魏丽君　范慧云　邱雨庭　陈丽虹

**摘　要:**第一学段小学语文评价方式遇到的困境很多,在实践中需要智慧地破解,综合构建。本文试图通过实施课堂活动即时性评价、日常互动过程性评价、任务驱动阶段性评价和板块联动终结性评价,实现评价主体的多元和评价内容的多维,全面、立体地对第一学段学生的语文学习实施评价,同时四个维度有穿插互动,有时间节点的有序动态、评价方式的交互动态。每个维度也基于孩子的发展,实现评价方式灵动、评价主体多元、评价时段调动、评价内容机动,让整个评价体系都是根据孩子的变化和发展处于科学的动态评价状态。

**关键词:**四课型　童本理念　四维动态式　学业评价

## 一、研究缘起

### (一)困境一:不分学段的简单评价,背离了儿童自身发展的规律

现有的学业评价体系,所有学段一贯而终,用同一尺度和标准衡量不同学段孩子的学习成果,每个学段的孩子特点不一,每个学段的学习内容阶梯上升。制定的评价体系和学段特点没有相匹配,背离了孩子的成长规律。

### (二)困境二:过度强化学习结果的价值,弱化对动态发展过程的监测

目前学业评价操作体系大多直击学习结果,忽略了孩子们在整个学习过程中的各种体验、各种得失、各种成长和感悟,很多还是采用传统纸笔考试,而没有进行一些成长性的评价和记录的质性评价。

### (三)困境三:机械强调大众趋势和共性,忽略个体差异和个性发展的价值

表现为评价标准和内容单一、死板。“因材施教”只是口号式的宣扬,没有真正从每一个孩子出发,为了每一个孩子的发展。过多注重评价标准的统一和同步,忽视了具有个性特点的实践、创造、情感等考察,用统一尺度来衡量不同的孩子,埋没了孩子的个性和特殊才能。

### (四)困境四:固执墨守以教师为主体的评价,忽视评价主体多元多向的互动

传统的评价模式中教师的主导地位依然不可动摇,学生还是成了评价活动的观望者。学生只有被评价的顺从和无奈,没有顾及学生的自尊心,自信心是需要呵护的。没有主观的参与,孩子发展的内驱力是不强的,一直处于被动学习状态。

## 二、理性思考

### (一)童本理念

就是以儿童为本,以儿童的发展为本。它是儿童观、教育观、学习观、教师观、课程观等一系列以儿童为本的教育理念的综合体。

### (二)四维动态式

该评价策略是针对小学语文第一学段学生的学业评价体系。四维包括“课堂活动即时性评价、日常互动过程性评价、任务驱动阶段性评价、板块联动终结性评价”等四个维度,整个评价体系在时空、内容、形式、主体上都处于顺应儿童发展的动态模式,充分体现了多主体性、互动性、多样性。

### (三)学业评价

学业评价是学生评价的重要组成部分,它指根据一定的课程目标,通过测验等方法,对学生在校课程学习中取得的学习成就进行综合判断的过程。

其中学习成就不能简单地理解为学习结果，即学习的获得性的判断，重要的是学习过程。

## 三、实践探索

### （一）增强“理念先行发展为本”的童本评价意识

第一学段的孩子是最具童真、最爱童趣的生命体，用传统的评价体系会禁锢他们的童心，使他们对生活、学习失去兴趣，面对这个阶段的孩子，我们更加需要尊重他们的主体地位，发挥他们的主动性，让他们在评价中爱上学习，提升学习能力，用儿童文化来滋润儿童的心灵。

1. 童味滋养——化抽象为形象

第一学段的孩子的思维具有极大的具体形象性，我们的评价呈现形式也必须抓住儿童的这一特点，通过一系列具体的、可以感知的东西和特定的方法帮助学生对自我学习状态加以认识，如让学生处在一种动态、开放、主动、多元的学习环境中学习，把从前枯燥的评价形式引向开放、形象的评价情境中去，把评价的主动权交给孩子，吸引他们的注意力，激发他们主动学习的兴趣，使他们自信、快乐地成为学习的主人。

2. 童本深入——化统一为分层

“四维动态式”学业评价允许评价主体选择最适合自己的评价形式，这种选择是评价主体的自我选择，是评价主体依据自身的心理特点、爱好而做的主动选择，它遵循学习者个体的特点，倡导多样性的评价形式，鼓励学生自由、充分表现，促进了学生多元化的发展。

3. 童心呵护——化显性为隐性

在学习中，孩子的差异性是客观存在的，教师必须去宽容而有艺术地对待这种差异，我们的评价不是去打击、指责孩子，而是帮助、鼓励、改变孩子。力求用柔性的评价让孩子感受到不同，比如可以通过不同色块、排版、内容、符号等来暗示不同的程度。

### （二）优化“因生而动适性高效”的多样评价类型

1. 评价节点机动——即时性评价和延迟性评价

“四维动态式”学业评价在评价的节点上做出了突破，除了即考即评的即时性评价外，改变了传统评价统一时间段的模式，不再用同一时间、同一标准的方式来强迫孩子进行考核，给孩子一个缓冲的时段。在“四维动态式”评价中阶段性评价与终结性评价的作用是相辅相成的，阶段性评价重在诊断，终结性评价重在评定学生在某一时刻的情况，我们的评价功能是多向度的。

2. 评价内容灵动——基础性评价和拓展性评价

“四维动态式”评价具有分层性，评价中既有达标性质的基础性评价，也有挑战性质的拓展性评价，让孩子夯实基础又发挥特长。

3. 评价方式联动——质性评价和量化评价

新课程标准指出：在教学活动中，对学生的兴趣爱好、情感反应、参与态度、交流合作、知识与技能的掌握情况等，可以用较为准确、形象的文字进行定性评价，也可根据需要和可行性进行量化测评。

### (三)探索“四维评测动态跟进”的多维评价方式

1. 课堂活动即时性评价——在观察评测中全面点评助提升

课堂中的行为表现理应成为学业评价的重要指标，教师科学、合理、有效地运用课堂评价，让孩子成为课堂中的活跃精灵，主动探究，获得成效。

(1)量表立标——评学评教监测反馈

在第一学段的评价量表中，主要以孩子的学习兴趣和习惯为主，进行观察。评价表分自评、生评、师评、家长评四个板块，一个月评价一次，主要依据的是学生的自评和生评，这样操作可以让学生对照标准进行自我反思，同时得到教师和家长的指导帮助，促进成长。

(2)观察跟踪——聚焦典型分步提升

第一学段的学生处于个性品质逐步形成时期，我们要学会等待他们的变化和发展，而不是武断地用一次评价来断定其表现的优劣。要在评价过程中对评价对象的某些心埋活动的外在表现行为进行有计划、有日的的观察，把观察的结果记录下来，作为评价的资料和素材。一般可以使用描述和检核表。

(3)多元参评——智慧互动多维考评

我们要努力用善意的表扬、柔和的动作、可爱的图画给予学生智慧评价和赏识评价，在课堂上多一些同桌、小组的互动，多一些学生评价学生的画面，让评价的方式由单一向多元转化。

(4)教师点评——智慧有声肢体有意

教师的有声语言评价、肢体语言评价对孩子来说潜移默化地促发学习动机,产生学习智慧的助推力。在课堂中教师的点评应该是多样的、童趣的、有针对性的。

(5)生生互赏——合作共赢互补共进

在新的评价体系中,希望打破传统的教师评学生的方式,而是更多地加入一些学生评学生的方式,让学生不仅是学习的主人,也成为评价的主人。

2.日常互动过程性评价——在优化过程中多元立体寻发展

(1)儿童的视角——图案评定

小学第一学段的孩子,喜欢直观形象的呈现,喜欢有趣生动的事物,站在儿童的视角上,我们要改变成人的思维、成人的做法,特别是对作业的评价,摒弃以“勾”和“叉”来判断结果对错的传统做法,而是换成孩子们喜欢的各种图形符号,用一用大拇指、放大镜、小太阳、笑脸等儿童世界的符标,激发孩子学习的兴趣。

(2)儿童的足迹——语文学习集

语文学习集是记录和收藏孩子学习经历点滴的手册,是根据划分的主题将孩子学习上的作业、作品分门别类地收藏,是学生某一领域或者阶段的展示和总结,也反映了学习的趋势,是学习成果的集合体,多角度、多方面立体地反映了孩子的学习情况。一般收藏孩子最具代表性、最有意义的学习成果,包括最好的作品和最初的作品,它能展示在不同领域中学生随着时间的推移所取得的进步,展示学生的进步和成长。

(3)儿童的精神——阳光卡评价

阳光卡评价其实是教师与学生对话交流的过程,教师用学生最感兴趣的各式各样漂亮的小卡片,对学生在一个阶段的学习表现、作业情况给予评价。它的关键词是多元、激励、发展。

3.任务驱动阶段性评价——在智慧互动中多维考评促全能

语文学习到了一定阶段,教师设计一些语文实践性的小任务,聚焦语文学习中的核心素养,通过师生互学、生生互学、家长互动等,在这些任务驱动下考评学生的语文学习能力。

(1)校园学习中的语文发现

①经典积累“三个一”

第一学段是进行经典文化积累的黄金期,我们应该树立“长期诵读,坚持诵读”的理念，将诵读古诗词、积累成语、阅读儿童文学等渗透到每日教学的点点滴滴中，以达到积累、运用的目的。因此我们提出了每周经典积累“三个一”的任务要求：每周要求读一个童话，记一些成语，背一首古诗。并搭建平台让孩子展示交流，进行你追我赶的大比拼，让孩子在积累中用文化润泽生命。

②文化浸润“三时节”

积累经典需要充分的时间让孩子来诵读和展示。时间从何而来？需要教师们利用好学生在校的每个时段，有时是板块时间，有时是见缝插针的预备时间，总之，积少成多，久而久之孩子的语文素养会得到提高。目前我们规定了三个时段的文化熏陶：晨间十分钟的国学诵读，课前一分钟的文学舞台，中午半小时的书海徜徉。每个时间段都跟进恰当的评价。

(2)家庭生活中的语文运用

①亲子阅读中的互动交流

亲子共读是非常好的读书方式，它拉近了孩子和家长的距离，使孩子和家长在同一片知识的天空下感受语言文字，感悟人生道理，以大手拉小手的形式让孩子喜爱阅读，所以每周布置阅读小任务。

②生活识字中的自主学习

在第一学段的语文识字教学中，明确提出要遵循“多认少写”的识字原则。需要孩子拥有一双会发现的眼睛去留心观察周围的事物，将自己观察到的，用拍一拍、写一下、画一画等方式记录下来，制作成一本识字手册；同时，利用课余时间为孩子搭建展示各种识字能力的舞台。

(3)社会实践中的语文拓展

①传统节日的文化滋养

教师要学会将语文学习和传统节日相融合，抓住这些节日中的民风名俗、来源故事等，让孩子学会提出问题，学会解决问题。

②亲子游历的特色体验

让孩子拥有一双发现美的眼睛，记录下一路的风光风情，感受生活的美好。在假期里教师可以布置一些任务，让孩子用他们喜欢的方式记录下游历的过程和美好。

4.板块联动终结性评价——在项目辐射中分层散点提质量

尝试对语文的知识结构进行板块梳理，分板块进行考核，知识性、实践性相结合，口试、笔试相结合。让孩子在比较轻松的情景设置中以游玩闯关的形式完成考核。自主搭配乐学促思。为了促进学生认识自我、发展个性，笔试部分尝试开设了各种题型的“菜单”，学生自己“配菜”完成相应的测试，由教师做出评价。

(1)板块分类——动静交互中轻负聚焦

目前低段考试，通常是一门功课一张试卷，对于孩子的语文能力则完全没有办法进行检测。如何在一、二年级取消考试的大背景下，对孩子的语文学习成果有一个全面的、童味的，孩子们喜爱的考核方法，是值得探究的课题。目前我们尝试对语文的知识结构进行板块梳理，分板块进行考核，知识性、实践性相结合，口试、笔试相结合，让孩子在比较轻松的情景设置中以游玩闯关的形式完成考核。

(2)自主搭配——乐学促思中彰显童本

我们的评价内容要从固定、单一向开放、自由转变，将考试内容由教师单方决定向学生认识自主、选择转变，更好地促进学生认识自我、发展个性。所有的笔试部分都配置了各种考试“菜单”选项，学生可以自主“配餐”完成相应的考核，可以是某一个题型中的自由搭配，也可以是板块学习中的自由选择，根据难易程度分为 a、b、c、d 四个模块，供学生选择，学生可以根据自己的特长、强弱项选择适合自己的考核项目，一一过关。

(3)强项助推——扬长互助中张扬个性

我们主张允许孩子用自己的强项展示来作为期终考核的加分项。所谓的强项助推评价，就是让孩子选择自己的强项展示内容，在评价中增设一个强项加分项目，允许学生选择自己最拿手的项目参与评价。鼓励孩子尽早准备，根据学生所选项目展示的水平评定等级。

(4)等待评价——转换时空中激趣提质

新型的评价体系不仅在评价内容上追求开放、自由，在评价的时间上也努力打破原有的统一时段，让孩子拥有二次机会。

**(四)锤炼“点拨延伸修正促学”的童趣评价技巧**

教师必须锤炼评价技巧，根据学习的特点，依据孩子的个性，选取不同的方式，努力营造自由、平等、和谐的评价氛围。

1. 巧用媒介——评价方式化传统为多样

第一学段的评价根据孩子的身心特点，站在孩子的视角，我们的评价方式要多种多样，生动活泼，利用各种媒介手段制作一些漂亮的又能让孩子喜欢的评价物标、制定档案袋、采用个性评语、制作量表等。

(1)童趣标物让评价活起来

依据第一学段孩子的心理特点,我们要尽量避免用生硬、无趣的分数去判定他们的学习情况,而是将孩子们的表现用童趣的方式展现。这种童趣评价标物可以使用在课堂即时性评价中、平时的作业练习中,以及最终的游考中,还可以积累兑换,让低段的孩子一直沉浸在愉快的学习体验中,并起到持续监督和鼓励的作用。

(2)档案记录让评价厚起来

在第一学段,我们更加应该为孩子建立起记录他们点滴学程的记录袋,将孩子们的日记、课外阅读卡、诗文背诵记录、实践活动记录等凡是和语文学习有关的成果存入档案袋中。但是成长记录册的形式并不固定,可以创造出符合学生实际的各种样式,可以是个人制作也可以是集体制作。

(3)适性量表让评价细起来

在第一学段采用的适性量表其实很多时候是一种教学记录卡,主要包括学习过程和学习结果的评价分析,学习过程包括了情感、态度、互动交流、学习方法、思维过程等。我们也努力将这些评价卡童趣化,使其更能够让家长和孩子喜爱和接受。

2.巧换时空——评价节点化静止为延展

(1)师生协商的宽容评价

师生协商评价是指在评价过程中学生对于评价的方式可以选择,对于评价的结果可以商量,教师则坚持一条原则——"上不封顶,下要保底",在教学中承认孩子之间存在的差异。这种协商式的评价就是让我们的评价更为宽容,更为合理和科学,是为学生"量身定制"的评价。协商评价可以从三方面协商:起点协商、过程协商、结果协商。

(2)阶段累计的跟踪评价

所谓的阶段累计评价是一种形成性评价,注重过程的积累,将日常评价在一个阶段后进行汇总,折算分值后计入综合评价最终结果中,体现了对学生学习的多元评价,在第一学段,主要是通过量表、档案袋、小测验等将孩子的学习的情感态度、学习习惯的养成、读写听说能力的水平一一做记录,在一周、一个单元或者一个学期后进行统计汇总。

3.巧设主题——评价反馈化枯燥为情趣

我们所倡导的评价,是一种综合能力的评价,是一种多元智能的表现性评价,创设一些主题活动,让孩子在这样的活动中多方面地锤炼自己的能力，可以是搭建作品展示的舞台，可以是某一语文情境活动下的动态评价，在这些活动中特别注重评价的互动性、开放性和多元性，在同伴互评下，让学生认识自我、提升自我。主要可以分为四大类。

(1)深挖教材的主题活动评价

在语文教材中寻找活动的契机，可以是课文中知识点的延伸，可以是对一个单元同主题课文的整合深化，也可以是学习一个阶段后对某个方面的展示拓展。

(2)来源生活的主题活动评价

生活中寻找一些主题活动，让家长从多方面评价孩子。

(3)依托节日的主题活动评价

节日文化往往渗透着许多语文学习的素材和语文能力的生长点。我们要学会依托节日来进行一些语文综合性活动，并在活动中让孩子多方面地提升语文能力。

(4)搭建平台的展示活动评价

通过各种形式的比赛、展示来提升学生的语文素养。

## 四、研究成效

课题研究主要取得了四方面成效：形成评价策略体系，通过研究探索制定以儿童发展为出发点，适合第一学段学生的“四维动态式”学业评价体系和制度，改革监测的内容和形式；全面发展学生能力，提升学习过程的幸福指数；搭建家校合力的桥梁，更新家长的教育理念，形成教育的良好循环场；新的评价方式促进教师教学能力的提升和教学理念的更新。

### (一)成形：形成了多维度评价的操作方法体系

1.“课堂活动”驱动评价的操作方法

精心设计评价的课堂教学量表，全面、科学地体现学生真实展现语文学习的实际能力。通过量表立标、表现性学习量表，凸显学生在课堂学习过程中交谈、活动、分享、倾听、合作的实际能力；调整教师在课堂教学中的角色地位，把更多的空间留给学生。

2.“日常互动”作业评价的操作方法

细致构建评价框架，增加评价的趣味性，使评价方式更加多元。评价项目的构建:作业评价在日常过程中,尤其需要注重学生平时作业和成果积累的评价系统的重构。评价趣味的创设:创意图案,趣味评价。评价方式的构建:学生自评、教师引评、家长参评相结合。评价效度的构建:激励评价、分层评价、互动评价。

3.“板块游考”家校评价的操作方法

及时组织多向评价反馈,多维反思学生问题解决能力。教师维度反馈:分阶段科学设计游考项目和指标;以孩子们喜闻乐见的形式,涵盖学生听、说、读、诵、辨的各项能力指向。

4.“任务驱动”阶段评价的操作方法

活动中创设各种语文学习活动,让孩子在任务驱动下,不断提高语文学习中的各种能力。

**(二)精师:提升了教师以学定评的实施力**

在教学中,教师只是顾问,而非教导者,更非操纵者。这就要求我们的教师能够以生为本,从孩子角度出发去评价,做到“创氛围、精点拨、促发展”,要求教师转变角色,成为学生的朋友和伙伴,努力创设民主、平等、和谐的情感氛围,创设学生主动评价、乐于表现、有安全感的评价氛围。

**(三)强生:发展了学生自主实践的学习力**

1.激发兴趣,锤炼学力

在新的评价体系中提升学生的综合素养,学生在多元性、过程性评价中,思维得到操练,心智得到开启,新颖、独特的创意不断产生。在课堂中的即时评价、日常互动式的评价、任务驱动的评价以及板块游考的评价,充分尊重孩子的发展规律,呵护孩子的童心,是一场属于孩子的童年革命。

2.培养品质,提高能力

培养学生积极、自信的个性品质,提高学生的实践能力、情感水平和创新能力,促进学生创新人格的发展。

**(四)合力:发挥了家校携手发展的辐射力**

学生的表现性评价在整个过程中,需要对学生进行全方位评价,使学生各方面的能力在不同环境中加以体现,过程性评价要尊重学生成长发展规律,建立多元评价、多维评价体系,学校、家庭和社会环境中的表现性评价有助于学生的综合能力提升。

## 五、后续思考

加强“学思结合思辨提质”的童化评价反思，评价除了促进学生各方面能力的提升、反思自我表现、明确今后努力的方向外，对教师来说也是一个反思的重要手段，可以通过学生的评价反馈折射出评价的方式是否科学，教学的薄弱点在何处，对教师改进教学方法、及时修正评价策略有重要的指引和提升作用。

### （一）评在无路可走时——转化路径

在课堂评价中有些评价内容孩子们无从评，或者评分大多较低，这时教师就要思考用另一种评价方式来落实这一能力，可以考虑从课堂评价转为日常评价，给孩子们一点时间重新评价。当有学生在生生评价、师生评价中总是不能过关，教师可以考虑给孩子延迟评价的时间，并且将课内评价延伸到课外评价，请家长一起参与监督。

### （二）评在聚焦关键时——深化拓展

我们的评价方式不仅仅停留在修正补短上，还应该致力于探索如何让评价方式促进孩子精益求进、深度发展。可以在这些关键重点内容上，将评价进行拓展延伸。在低年级语文、数学学科中实施新课程教学评价，对于低年级其他学科也具有推广意义。只有注意各学科的联系，提高整体效益，学生的素质才能全面提高。在低年级语文、数学学科中实施新课程教学评价，操作方法是否适合于小学阶段三至五年级有待进一步研究。

### 参考文献

[1] 丁朝蓬. 新课程评价的理念和方法[M]. 北京：人民教育出版社，2013.
[2] 高文，徐斌艳，吴刚. 建构主义教育研究[M]. 北京：教育科学出版社，2008.
[3] 李雁冰. 课程评价论[M]. 上海：上海教育出版社，2002.
[4] 吴维宁. 新课程学生学业评价的理论与实践[M]. 广州：广东教育出版社，2004.
[5] 夏虹，孙涛. 新课程：怎样进行小学语文学习评价与测试[M]. 成都：四川大学出版社，2005.

# 基于学生发展的学校课改评价体系构建的实践研究

杭州市袁浦中学

孔万龙　郑亚林　江绪先　黄洪桥　张琳娜

**摘　要:**我校从2012年开始实施课堂教学改革,在课改的推进过程中,逐步提炼了课改的五大要素。而学生发展性评价则是五大要素中的关键要素,是课改顺利推进的有力武器。我校实行了基于健行、思行、力行、果行、美行的“五行”文化下的学生发展性评价体系的构建。课题组从“晋级式”的评价方式、“多维度”的评价标准、“信息化”的数据处理、“立体式”的发布形式、“个性化”的评价补充等方面进行了深入的实践探索,形成了完整的学生发展性评价体系,对我校课改的持续和深入推进起到了很好的保障和促进作用。

**关键词:**“五行”文化　学生发展　发展性评价　体系构建

## 一、“晋级式”的评价方式

### (一)即时性评价的缺陷

在课改初期我们根据课改需求建立了课堂学生评价量表的即时打分体系,我们的学生在小组合作学习中表现出前所未有的激情、快乐与活力。但是随着课改的推进,尽管我们每天、每周结算学生们的表现分数,为学生们颁发了无数的奖状、喜报,但随着时间的推移,我们还是发现课堂上的学生逐渐消退了他们的热情，伴随而来的是学生的导学案做得不认真了，课堂上的点评展示学生不积极了，一系列的负面表现令我们一时陷入了困惑。

学生"激情消退"，初看起来，是学生不再因为分数的高低或喜或悲了，面对奖状不再激动了，课堂上不再主动参与了；仔细分析，是学生的内在动机减弱了；深入反思，是因为我们的评价方式一成不变，不能满足学生内在的需求了，纷纷扬扬的奖状缺乏学生成长的教育内涵和价值。

### (二)晋级式评价方式的产生

许多人把小组合作学习的特点类比于老年人打麻将，确实通俗易通；在思考讨论什么样的评价方法对学生更有吸引力时，我们想到了许多人乐此不疲的"网络游戏"。网络游戏具有竞争对抗性，实行过关晋级制，游戏者每达到一个级别都会拥有相应的虚拟装备奖励，不同级别的装备奖励显示了游戏者的水平高下，游戏者因为不断地努力晋级而体验到成功的快乐。究其原因，就是网络游戏的规则机制满足了游戏者特别是青少年好奇，追求新鲜、刺激，寻求自我完美形象的心理需求。借鉴网络游戏规则来设计符合学生心理需求的学生发展性评价机制，是一个不错的思维起点。

### (三)晋级式评价的操作机制

#### 1.晋级流程及方式

学校依据学生平时每一节课的表现在下一个月的月初进行年级组的月度表彰，学生积累到一定数量的奖状后到评价管理员处进行晋级卡的兑换。学校在学生个人的晋级式评价中为学生设立了"璞玉卡、宝石卡、钻石卡、五行魅力卡"等四张晋级式荣誉卡。

学生获得个人奖(含个人名片九项、团队名片二项)三张可以兑换一张"璞玉卡"，两张"璞玉卡"可以兑换一张"宝石卡"，两张"宝石卡"可以兑换一张"钻石卡"，三张"钻石卡"可以兑换一张"五行魅力卡"。这样依据网络游戏规则，学生就可以凭自己的表现进行晋级了，但如果只有晋级，时间久了，学生还是会激情消退，因为在网络游戏中的装备还没有体现出来。

#### 2.不同晋级卡的不同价值内涵

学校为每张荣誉卡设计了不同的尺寸样式、不同的教师颁奖及签名，学校还为获得不同级别荣誉卡的学生在不同的集会场合组织颁奖仪式。

四张晋级卡除了在外观上有区别之外，每一种不同的晋级卡有不同的颁奖词和价值内涵：璞玉卡是晋级式评价的起点；宝石卡是学生综合素质评定中“道德与素养”为“A”的条件;钻石卡是学生入团、期末评优的前置条件;“五行魅力卡”是评选“五行魅力学生”的前置条件。

学生成长是一个过程,创设晋级平台,可以激发学生潜能,激励学生主动发展,不断进取,不断超越,不断完善自我,持续发展,体验成功的愉悦,体验荣誉带来的成就感,激发学生内在的学习动机;同时,增强了学校评价魅力,提升了学校月度考核的价值,并成为学校文化最重要的组成部分之一。

## 二、“多维度”的评价标准

### (一)维度一:从个人到团队

1.“个人名片”——组员的成长激励平台

“个人名片”是由学校统一设计的各班在课改评价中表彰学生个体在小组团队学习、生活中的贡献或示范行为的荣誉展示平台,每月评选一次,它包括了优秀行政组长、优秀主持人、优秀小助手、文明之星、点评之星、同伴导师、展示之星、进步之星、活动之星等荣誉展示。“个人名片”评选方式如表1所示。

表1 “个人名片”评选方式

| 项目 | 参考评选方式 |
|---|---|
| 优秀行政组长 | 带领组员获得月度优秀小组称号 |
| 优秀主持人 | 小组推荐,主持人的工作到位,得到全组成员认可及其他至少三个组的组长认可 |
| 优秀小助手 | 小组推荐并且小助手的工作典型到位,是老师好助手、同学好帮手 |
| 文明之星 | 积极参与校、班、组的各项活动,尊敬师长,网络平台提供常规检查分数的数据靠前,并得到全组认可及其他至少三个组的组长认可 |
| 点评之星 | 依据网络评价平台提供数据 |
| 同伴导师 | 依据同伴导师的捆绑式评价数据,以及在导师引领中导师作用发挥突出,受到全组同学的推荐等 |
| 展示之星 | 依据网络评价平台提供数据,在平时课堂当中展示积极的同学可以当选,可以是徒弟也可以是师傅 |
| 进步之星 | 依据网络评价平台提供数据,以及日常学习行为表现进步大,由小组提名(或学科教师提名) |
| 活动之星 | 学校依据每个月的德育主题活动,每个班级每月可以评出三名在月度德育主题活动中表现突出的学生为活动之星 |

2.“小组名片”——优秀小组的激励展示平台

“小组名片”是由学校统一设计的各班在课改评价中表彰优秀小组团队和进步小组团队的展示平台，它包括了月度优秀小组和月度进步小组等荣誉展示，主要有月度优秀小组的全家福照片及该小组的文化附件展示、小组格言等元素，月度进步小组的全家福照片及该小组的文化附件展示、小组格言等元素；它们的评价数据均来自网络平台。

3.“班级名片”——班级文化及特色的展示平台

“班级名片”是由学校统一设计的各班在课改评价中展示班级文化，体现班级特色、班级目标的文化展示平台，它包括了班名、班徽、班花、班训、班歌、班级目标、班级全家福照片以及规范班、示范班、星级班的标识卡等。

### （二）维度二：从课内到课外

在评价体系构建之初，并没有把学生在体育、艺术、科技等方面的表现囊括进去，对虽然学科成绩并不理想，但在各类实践活动中表现突出的学生没有起到很好的激励作用。在学校课改领导小组成员的多次研讨下，我们确定了每月评比一次活动之星，结合学校及教育主管部门的相关活动，每月每班评选三名活动之星，同时把活动之星纳入学校的整个评价体系之中。

### （三）维度三：从成绩到素养

在评价的几张名片当中，既有体现学生学科素养的展示之星、点评之星，也有体现学生管理能力的优秀行政组长、优秀主持人；既有体现学生学习态度的勤奋之星，也有体现学生道德素养的文明之星；既有体现学生合作互助意识的优秀同伴导师，也有体现学生实践能力的活动之星；还有体现团队精神的最优小组和进步小组。所以整个评价体系涵盖了学生在校生活的方方面面，促进和培养了学生的综合素养。

## 三、“信息化”的数据处理

### （一）评价数据的数字化处理

原来的学生评价操作，是组长每天登记每个小组、每个学生的表现分数，班主任组织每周汇总各项分数，年级组长每月汇总每个小组、每个学生的分数。对于这样的操作，师生感到太费力、费时、费纸张，有时候还会丢失数据，算错分数。于是，教导处发挥信息中心教师网络编程的技术特长，花了一个月时间，创建了中学学生评价网络操作平台。通过这个平台，负责登分的学生和教师当日录入分数，自动生成每天、每周、每月的各项总分，也能够按日期查阅每个学生、每个小组的分数。网络操作平台操作，按需并即时性生成各小组、各班级评价分数，给班级的日碰头、周例会提供翔实、丰富的评价数据，同时也为班级教育团队诊断班级内各小组情况及年级教育团队诊断各班级情况提供了数据。网络操作平台降低了纸张、人力成本，大大提高了评价的效率。

**（二）为各组员总结评价提供了数据支持**

学校在学生个体的发展性评价中基于班级层面评价设立了个人评价的八大之星：优秀行政组长、优秀主持人、优秀小助手、展示之星、点评之星、文明之星、进步之星、同伴导师。其中展示之星、点评之星、文明之星、进步之星等的评选都是基于网络平台提供的数据。

比如展示之星评选的数据产生：课堂上某学生代表小组进行任务展示而使小组获得了加分，那么该小组的学科小助手同时也会把该得分记录在该学生名下，课后由课代表将该数据录入网络系统，到月底时统计各年级各班所有学生的展示得分，由此可以产生班级月度最优展示学生。

**（三）为月度优秀小组考核提供了数据支持**

每一天各学科的课代表都会利用课间时间或午休时间将本学科的课堂评价表中的各项分数分别录入网络平台中，平台会自动累加各小组在一个月中所有课堂学习所得的评价分数的总和；各班的值周小组也会将每天小组在班级常规检查评价、班级活动评价的数据录入平台，形成小组活动总分；这样，每月底平台会自动累加两大类的总分和，并将各班所有小组排出名次，各班得分最高组就是月度最优小组。

**（四）为一日一小结、一周一例会提供了数据支持**

学校构建了基于网络平台的评价数据处理平台，为各班级的每日一小结、每周一反思提供了即时性的数据反馈。班主任或任课教师可以在每一天的任何时候进入平台，浏览每天或某一阶段的学生个人得分或小组得分或周规范班得分，并可通过投影仪展示给学生看，通过数据的变化进行有目的的日总结或周例会，以便能即时激励个人、小组、班级等，对于分数落后的学生个人、小组、班级等可以即时介入指导，进行帮助、引领等。

### (五)为教师研究学生课堂行为提供了数据支持

每节课中的课堂评价分数不仅仅只是数据,这些数据还隐含着学生的课堂行为。比如表 2 是 807 班某节数学课的课堂评价数据。

表 2 课堂评价数据表

单位:分

| 组名 | 预习 | 合作 | 展示 | 点评 | 检测 | 总分 |
|---|---|---|---|---|---|---|
| 进取之星 | 6+5 | 6 | 5 | 1+1+1 | 6 | 31 |
| 进取之境 | 6+4.5 | 6 | 4 | 2+1 | 4 | 27.5 |
| 进取之舞 | 6+5.5 | 6 | 5 | 1+2 | 4 | 29.5 |
| 进取之恒 | 6+5 | 6 | 6 | 0 | 4 | 27 |
| 进取之光 | 6+3 | 6 | 2 | 3+1 | 5 | 26 |

观察预习栏得分,发现进取之光组的预习成绩与别组差距比较大,这说明该组的预习存在问题,那么课后或课堂上就要求教师帮助该组解决问题;从展示栏数据发现也是进取之光组落后太远,一方面进一步论证了没有好的预习就不可能有高质量的展示,另一方面说明该组的小组交流也出现了问题,教师要关注该组的后续学习问题等。当然从点评栏中各点评分的分布情况、总分差距情况等都可以获得学生学习的行为特征,这为学科教师提供了教育上的数据依据。这只是一节课中的情况,那么依据平台的数据处理,教师可以得到一周、某一阶段或一个月甚至一个学期、一个学年的各小组各项目的分数分布情况,这里面的教育内涵何其深远,甚至于可以比较不同学科同一小组在各项目得分上的差别,为班级教育团队获得及时性的教育契机。

## 四、"立体式"的发布形式

### (一)评价发布的重要性

评价有两大作用:激励本人,感染周围人。所以有效评价除了构建完善的评价操作和评价制度外,还要有与之配套的评价发布展示体系。评价的结果只有通过规范、示范的展示发布才能起到真正的作用,形成教育合力。就像"感动中国十大人物评选",在评选的基础上,每年都会召开一次盛大的晚会，对当选的感动中国人物进行表彰。依笔者看，这就是评价的发布，只有通过“发布”才能起到评价的激励作用，才能让更多的学生感受到榜样的力量。

### （二）“立体式”评价的发布形式

1. 时间上的“立体”

我校的评价发布，既有每天的班级日碰头、周例会形式的即时发布，也有年级组层面的月度表彰形式的发布，还有以学期为周期的班组晋级发布，以及在晋级系统中以学生在校三年的“五行魅力学生”榜的发布形式，更有产生“五行魅力学生”之后举行的隆重的颁奖典礼形式的发布。所以，从时间上来说，我们的评价发布形式是“立体”的。

2. 空间上的“立体”

在我校每个班级的走廊上，有表彰每月优秀的个人、小组、班级名片；在每个年级组，有表彰一直以来追求上进的“五行魅力学生”榜；在宣传橱窗中，有以学期为周期的“班组晋级五行魅力榜”。所以，从空间上来说，我们的评价发布体系是“立体”的。

### （三）“立体式”评价发布的操作

1. 以走廊为平台的“三张名片”发布

学校把所有班级的“三张名片”统一展示在走廊的墙面上，并且展示一个月，形成月度走廊名片，成为我校一道亮丽的风景线；每月初同学们都会争相观看月度走廊“名片”，名片里的同学小组倍感自豪，月度走廊名片成为校园环境文化的组成部分，成为学生争先创优的载体，有力地激发了学生的荣誉感、自豪感，同时也成为区域内课改学校模仿的对象。

2. 以在校三年为周期的“五行魅力学生”榜的发布

月度走廊名片可以展示一个月，而获得更高级别的晋级卡的学生反而没有展示的平台。基于此，学校创建了“五行魅力学生”榜的评价发布方式，把获得宝石卡、钻石卡、五行魅力卡的学生的照片粘贴在学生榜上，宝石卡照片为 3 寸，钻石卡照片为 5 寸，五行魅力卡照片为 7 寸，每月升级一次，三年一个轮回。“五行魅力学生”榜的设立大大强化了晋级卡的评价价值，人人为能上榜单而自豪。

3. 以学期为周期的“班组晋级五行魅力榜”的发布

小组评价的展示是学校评价展示的重要环节。月度最优小组在走廊名片中已得到展示，但缺乏各个月度的汇总对比展示，不利于小组反思与目标定位。学校在食堂旁建设了各月度优秀小组汇总对比展示橱窗，将各年级各月度的最优小组汇总展示，通过次数的对比激发小组的自豪感与成就感，使小组为建设更加优秀的小组努力。

4.走红地毯颁“五行魅力卡”典礼发布

学生在不断地晋级之后，根据设计，大概到初三的第二个学期初，表现好的学生将达到最高的层级：获得五行魅力卡。学校就为获奖学生举行颁奖典礼。其程序和特点是：

(1)只要有一名学生率先晋级到五行魅力卡，那就专门为这名学生举行颁奖典礼，而不是等到多名学生达到后才举行；

(2)邀请其家长参加，学生和家长一起接受颁奖；

(3)为体现典礼的隆重性，学校专门准备了几十米长的红地毯，学生和家长从红地毯走向主席台；

(4)颁奖典礼学校全体师生一起参加，红地毯在主席台的正中央，师生分列两旁；

(5)学生和家长从走上红地毯开始到走到主席台为止，其间颁奖音乐不停，师生掌声不停；

(6)由学校正职校长进行颁奖。

颁奖典礼的设计基于以下原因。

第一，“五行魅力学生”称号来之不易，学生必须在初中的三年学习生活中一以贯之地有较好的表现，这是对学生的付出和所取得的成绩的一种肯定。

第二，我们认为，有效评价除了构建完善的评价操作和评价制度外，还要有与之配套的评价发布展示体系。评价的结果只有通过规范、示范的展示发布才能起到真正的作用，形成教育合力。

第三，我校是一所农村公办初中，绝大多数学生的家长的学历不高，经历不多，可能大多数的家长在人生经历中，没有走过红地毯，没有上千人为其鼓过掌，让家长感受到一种荣耀，而这种荣耀是因为他的孩子在学校有很好的表现才带来的，这其实是一种很好的家校互动，也能很好地促进家庭教育。

5.设立“五行魅力学生荣誉殿堂”

学校自开展课堂教学改革以来，共评选出了 38 位“五行魅力学生”，这些学生是我校优秀学生的代表。为这些学生在学校中设立一个永久的陈列的地方，也为起到更好的榜样教育作用，我们专门为这些学生建立了“五行魅力学生荣誉殿堂”，放大榜样的作用，也为能长期跟踪这些学生的成长与发展提供基础性的资料。

## 五、“个性化”的评价补充

在学校的整个评价体系的构建下，学生参与合作学习的热情持续高涨，学生、教师都取得了较好的成果。但教师们的创意是无限的，在不同的学科中，在班级中，有一些个性化的评价，对学校的整个评价体系的丰富起到了很好的补充作用。

### （一）构建三级学科特质的分层性评价

教学质量是学校发展的生命线，课改的最终目的也是提高学校的教学质量，提升学生的课堂生命质量。学校构建了三级学科的分层性评价方式，即学校层面、备课组层面、班级层面的学科分层式评价。

第一层：杭州市袁浦中学关于建立各学科单元过关分层式评价。

第二层：根据学校对各学科的分层评价的推进设想，各教研组也根据本学科的特点，并要求各备课组以本组学生情况为依据制定行之有效的学科分层式评价。

第三层：班级学科分层式评价。班级学科分层是各学科任课教师依据备课组的要求，结合本班及任课教师自身特点而形成的具有班级特色的学科分层式评价机制。

### （二）把美德教育与小组的团队行为捆绑的评价机制

没有评价的管理是低效松散的，而自发形成的组规是每一组员必定会严格遵守的行为准则。因此，在小组制度管理上，采用自主管理的发展性评价。我校“五行”校园文化中就包含“美行”，即“美言可以市尊，美行可以加人”。在班级的美行评价中引入了“日行一善”的做法，即组长带领组员去发现善行并引领大家做“善事”并将所做的善事展示在展板上，相应小组获得加分，并成为小组的月度优秀小组考评的数据。班级小组坚持每天一小结、每周一总结，在总结和反思过程中不断发现小组的得与失，这对每位组员都有一个心理暗示，对每个小组都是一种鞭策，在暗示和鞭策过程中小组的团队意识便植入心中了。

评价小结后，在必要时对小组进行捆绑式奖惩，比如组内由 2～3 人合作获得优异成绩，可以奖励全组；反之，如果组内有一个组员违反了班规，而他的行为其他组员是可以提醒或控制的，那么整组受罚。再如师徒互助模式中，如果徒弟进步那么师徒共同奖励；如果一方退步，那么师徒共受批评。

### （三）形成了“1 托 *N*”的同伴导师捆绑式评价方式

以小组合作为平台的导学课堂课改模式的基本流程中有一个环节是小展示环节，即以小组为单位进行组内的对学、群学的过程。这个环节的有效性直接决定着大展示的有效性，同时也决定着本组的学习质量。为了使小展示环节的学习质量更为突出，学校在各个课堂实施了“1 托 *N*”的导师捆绑式评价方式以及导师的晋级制方式。

所谓“1 托 *N*”导师制，通俗的定义就是一位学生导师带领 *N* 位学生形成微小组学习共同体进行帮学，学校的操作层面可定义为一位 A 层同学、一位 B 层同学和一位 C 层同学共同构成了一个微小组，这个微小组中 A 层同学是 B、C 层同学的导师，B 层同学是 C 层同学的导师，对 A 就是 1 托 2，对 B 就是 1 托 1。捆绑评价就是以导师互助共同体为单位共同评价导师和被导学生，捆绑式评价大大提高了导师的积极性和被导学生的主动性。例如，802 班为使导师捆绑更有意义，制定了师徒守则，并严格执行（见表 3）。

**表 3　师徒守则**

| 徒弟守则 | 师傅守则 |
|---|---|
| 1. 对自己有信心，不自卑，求上进。<br>2. 对自己严要求，上课多展示，作业认真做。<br>3. 听从师傅教导，先自学，再请教。<br>4. 服从师傅安排，虚心学，不顶撞。<br>5. 师徒同心，共同进步。 | 1. 为徒弟做表率，勤学习，严律己。<br>2. 对徒弟有信心，多鼓励，不放弃。<br>3. 教徒弟有耐心，善引导，认真教。<br>4. 奖罚有分寸，少生气，多宽容。<br>5. 师徒同心，共同进步。 |

## 六、发展性评价的实践成效

### （一）学生的激情再次点燃

我校基于“五行”文化下的学生发展性评价系统还处在构建和实施的初

期，从目前的初步建构及实行情况看，通过晋级式评价、多维的评价结构、发展性的评价激励、多层面的评价展示等，学生的激情再次被点燃，主体主动性再次被唤醒。课改是一项系统工程，也是一个不断建设完善和不断动态生成的过程，我们相信，基于教育价值引领的学生发展性评价，将有力地推动学校课堂教学改革，并为实现学生幸福、快乐地成长发挥重要的作用。

**(二)丰富了学校课改层次，完善了学校课改体系**

通过基于“五行”文化下的学生发展性评价系统的初步实践，发展性评价符合初中学生的心理需求，尊重差异，面向全体，既为每个学生创设了体验成功的机会，又为学生不断进取、超越设立了激励目标；多元的评价内容，涵盖学生校园学习、活动的全过程，关注学生的态度、品德、能力、方法、健康，有利于提高学生的综合素质，同时体现了学生健康成长的过程，是实现学校教育目标的重要方式；而且发展性评价的实践过程营造了进取向上的集体氛围，为学生成长树立了身边的榜样，推进了班集体建设和合作小组建设，符合学校课改推进的需求。

**(三)评价体系的构建成为我校课堂教学改革的亮点**

我校的发展性评价体系在促进教育教学改革的同时，也越来越引起教育同行的关注。继我校在 2015 年 11 月在温州平阳的浙江省评价改革研讨会上做典型经验介绍后，《钱江晚报》和《杭州日报》分别于 2016 年 3 月、4 月两次报道了我校的评价体系的做法和经验。学校的发展性评价体系同时也吸引了众多省内外的教育同行来我校考察学习，对我校的区域影响起到了很好的助推作用。

**参考文献**

[1] 马云鹏，刘学智. 发展性学生评价的理论与方法[M]. 长春：东北师范大学出版社，2006.

[2] 周卫勇. 走向发展性课程评价：谈新课程的评价改革[M]. 北京：北京大学出版社，2002.

[3] ORMROD J E. 教育心理学[M]. 北京：中国人民大学出版社，2011.

# 优化课堂评价　打造高效课堂

## ——小组合作模式下初中英语课堂评价的实践研究

杭州市上泗中学

何莺莺

**摘　要**：初涉课改小组合作模式的英语课堂变得活跃起来，在欣喜的同时，笔者在实践中却发现不完善的课堂评价制度带来了诸多弊端，并逐渐成为提升课堂效率的“拦路虎”。为了改变这一状况，笔者在本文中期望从完善制度、改进方法、丰富形式、研究内容和培育文化五方面来改进小组合作模式的英语课堂的评价体系，同时通过生生组间和组内评价及教师的小组评价和个人评价等多种形式进行尝试。希望课堂评价能在激发学生学习兴趣的同时，提高课堂效率，促进小组合作，真正成为高效、阳光的英语课堂有力的“助推器”。

**关键词**：小组合作学习　初中英语　课堂教学评价

## 一、研究背景和意义

### (一)课题研究的背景

2011年，我区开始大力推行基础教育课程改革，我校也从2011学年第二学期起在七年级全面开展课改试行，小组合作学习的模式被广泛应用于课堂教学中。不可否认，这种新的学习模式的应用的确带来了令人欣喜的变化，学生的课堂参与面广了，上课积极性提高了，以往在课堂上“沉默寡言"的群体开始活跃起来,特别是学生的合作交流意识和竞争意识得到了大幅度的提升。但在农村中学的实际英语课堂操作中,笔者发现了不少棘手的问题,比如学生在经过一段时间的新鲜期后开始疲倦,组内合作效率不高,课堂讨论和展示仅流于形式,优秀生占得讨论和表现的更多机会,而后进生则仍因性格内向、自卑、合作不顺利等原因无法把握甚至放弃表现机会,课上打分也不能起到理想的激励效果等。笔者认为其中的关键问题在于:课堂的评价体系有待改善。可从以下两个方面来分析。

1. 教师评价意识淡薄,未定统一标准

教师自身缺乏小组合作意识,个人对此的理解不同,无法达成共识,因此合作效果不佳。一些教师只注重英语教学重难点的落实和解决,而不注重对学生在小组合作学习中讨论阶段的指导和展示后的评价,或者只肯定一些优秀生的表现,而忽略其他学生,导致部分学生的参与积极性被无形打击,从而严重影响了学生组内的合作学习。部分教师在展开课堂活动前也没有给出统一的、得到大家认可的客观评价标准,导致评价随意性大,评价结果得不到学生们的认可,使得一些学生课后还私下议论,愤愤不平,甚至引发矛盾,这显然与教师最初预计的教学效果大相径庭。

2. 学生评价机会不均,不利于合作发展

由于教师的评价问题,学生的评价也无法到位。学生的组内和组间评价也较随意,达不到预期的理想效果。成绩较好、能力较强的学生总在讨论和展示中占得先机,时间久了他们也不愿把更多机会让给后进生,更不愿真心去帮助他们。在组内评价中,往往后进生会面临更多的压力和指责,自卑情绪加重。在组间评价中,学生也着眼于找别组展示的漏洞,而不是关注从他人身上学习优点。长此以往,这会导致组内组员的矛盾升级,打击小组整体的合作积极性,而且如此合作也容易养成学生对人对事的挑剔,学不会欣赏和倾听,这对培养学生形成健康、积极向上的性格都形成了极大的障碍。

**(二)课题研究的意义**

基于以上问题,笔者希望通过此课题研究摸索出一个小组合作模式下的更适合农村英语课堂教学的有效评价标准,使得师生评价和生生组内、组间评价等都有更科学、合理的依据,也希望其成为高效英语课堂的"助推器"。

1. 提高课堂效率,激发学习兴趣

英语课堂上对学生表现有公正、有效的评价,能在很大程度上起到积极的作用，从而促使小组合作更有效。组内人人都愿服从组长的分工安排，各尽其责，共同为成为优秀小组而努力，从而提高课堂效率。久而久之，学生学习英语的积极性被极大程度地激发出来，最终为全体学生的语言综合学习打好基础。

2. 提升专业素养，增强驾驭能力

一堂好课来源于师生的共同积极配合，所以课堂上教师对小组的整体表现及个人的点评也对整堂课起着关键的作用。有效的课堂评价也来自于教师的课前充分预设，对课堂预料之外的学生表现的快速反应，以及教师自身的幽默风趣的言谈。相信从这些方面去努力，教师的自身专业素养会不断得到提升，课堂驾驭能力也会不断增强，教师的英语课会上得一节比一节精彩。

3. 增进师生交流，融洽情感关系

良好的师生关系是高效课堂的最基本的保障。教师要有“弯下腰”的精神，放低姿态，学会倾听学生、观察学生，真正做到“以学定教”。长期良好的课堂评价互动带来的不仅是课堂效率的提高，也能逐渐形成学生对教师的喜爱、信任和尊重的氛围，从而形成良好的师生互动和高效的英语教学的双赢的良性循环。

本课题的实践研究期望达到理想的效果，建立有效的评价体系，那就能在较大程度上改善目前不尽如人意的小组合作学习状态，促使学生真正理解小组合作的含义，能在交流沟通中相互促进学习，在增强综合语言运用能力的道路上共同前进。

## 二、研究综述

早在公元一世纪，西方古罗马昆体学派就指出，学生们可以从互教中获益，其始终强调一个观点：“大家一起学习，可以互相激励，促进学习。”19 世纪初，合作学习的方式逐渐传入美国，并不断发展。20 世纪 70 年代，在美国有三个独立的研究小组开始了课堂情境中合作学习的开发与研究。他们从小组教学、能力分组教学等教学实践中得到启示，从社会心理学中寻找理论依据，初步形成了一些关于合作学习的策略。美国约翰斯·霍普金斯大学的斯莱文教授认为：“合作学习是知识学生在小组中从事学习活动，并依据他们整个小组的成绩获取奖励或认可的课堂教学技术。”

2001年,《国务院关于基础教育改革与发展的决定》中专门提及合作学习,并对合作学习给予了高度重视,指出“鼓励合作学习,促进学生之间的相互交流、共同发展,促进师生教学相长”。教育学者王红宇认为:“所谓合作学习,就是指课堂教学以小组学习为主要组织形式,根据一定的合作性程序和方法促进学生在异质小组中共同学习,从而利用合作性人际交往促成学生认知、情感的教学策略体系。”山东省教育研究员王坦认为:“合作学习是一种旨在促进学生在异质小组中互相合作,达成共同的学习目标,并以小组的总体成绩为奖励依据的教学策略体系。”

## 三、研究设计

### (一)研究目标

戴尔·卡耐基说:“人性最本质的愿望就是希望得到赞赏。”教师适时的激励性评价会给予学生信心,让他们品尝成功的喜悦,促使他们以更高的热情投入学习。我国英语课程新标准提出了新目标:学生能与他人合作,解决问题并报告结果,共同完成学习任务;能对自己的学习进行评价,总结学习方法。所以笔者希望通过本课题研究达成以下目标。

第一,学生在英语课堂上通过各种形式的科学、合理的评价,真正领悟小组合作的真谛,能密切进行小组合作,组间智慧碰撞,各抒己见,做到取长补短,在有限的课堂时间内实现高效学习。

第二,教师能在培养学生的过程中提升自身的素质,也把小组合作的优势运用到备课组、教研组的集体备课中,各展所长,以学定教,逐渐摸索出一套适合自己教学的有特色的课堂评价标准,不仅让学生乐于学,也要让教师乐于教。

第三,在不断磨合的教学过程中,融洽师生关系,在不断修正的评价中,让学生喜爱英语课堂,喜爱教师,也让教师享受充分给予学生展示机会的课堂,并喜爱不断涌现惊喜表现的学生们,争取实现双赢。

### (二)研究对象

本校重点实行课改的七、八年级学生。

### (三)研究方法

1. 文献研究法

通过英语课堂评价相关文献的研究,为此课题奠定理论基础;同时了解同类课题研究的现状,为本课题研究提供借鉴,为创新性研究奠定基础。对国内外的各种关于小组合作评价机制的研究进行深入、细致的了解。

2. 调查研究法

在课题研究初期,为获得原始、真实的资料,笔者计划对八年级分层抽取 A、B、C 等学生每班共 15 人进行调查。内容包括学生对自己的英语学习情况是否满意,对现阶段的小组合作学习是否满意,对组间和组内的课堂评价以及教师对学生的评价是否满意,有何要求和期望等。通过统计,笔者整理得出结论,并有针对性地进行改进。

3. 跟踪研究法

在班级中选定目前小组合作能力较弱的小组作为跟踪对象,记录他们的即时课堂表现,包括语言、肢体动作、沟通配合程度等。以月或周为周期,记录他们的课堂小组合作量化打分,并适时记录无法量化的课堂表现细节,对比研究,以观察他们的英语语言表达、合作互助等方面的能力是否有所提升。

### (四)理论依据

1. 加德纳多元智能理论

多元智能理论是由美国哈佛大学教育研究院的心理发展学家霍华德·加德纳(Howard Gardner)在 1983 年提出的。加德纳从研究脑部受创伤的病人中发现他们在学习能力上的差异,从而提出该理论。传统上,学校一直只强调学生在逻辑—数学和语文(主要是读和写)两方面的发展。但这并不是人类智能的全部,不同的人会有不同的智能组合。

2. 维果斯基最近发展区理论

苏联教育家维果斯基的“最近发展区理论”,认为学生的发展有两种水平:一种是学生的现有水平,指独立活动时所能达到的解决问题的水平;另一种是学生可能的发展水平,也就是通过教学所获得的潜力。两者之间的差异就是最近发展区。教学应着眼于学生的最近发展区,为学生提供带有难度的内容，调动学生的积极性，发挥其潜能，超越其最近发展区而达到下一发展阶段的水平，然后在此基础上进行下一个发展区发展。

3. 马斯洛需求层次理论

马斯洛需求层次理论也称“基本需求层次理论”，是行为科学的理论之一，由美国心理学家亚伯拉罕·马斯洛于1943年在《人类激励理论》论文中所提出。该理论将需求分为五种，像阶梯一样从低到高、按层次逐级递升，分别为：生理上的需求，安全上的需求，情感和归属的需求，尊重的需求，自我实现的需求。另外两种需要是求知需要和审美需要。这两种需要未被列入他的需求层次排列中，他认为这两者应居于尊重需求与自我实现需求之间。他还讨论了需要层次理论的价值与应用等。

4. 建构主义理论

它是认知心理学派中的一个分支。建构主义理论的一个重要概念是图式，图式是指个体对世界的知觉理解和思考的方式。也可以把它看作心理活动的框架或组织结构。图式是认知结构的起点和核心，或者说是人类认识事物的基础。因此图式的形成和变化是认知发展的实质，认知发展受三个过程的影响：同化、顺化和平衡。

### （五）概念界定

1. 小组合作学习

著名教育心理学家、以色列特拉维夫大学沙伦认为：“合作学习是组织和促进课堂教学的一系列方法的总称。学生之间在学习过程中的合作是所有这些方法的基本特征。在课堂上，同伴之间的合作是通过组织学生在小组活动中实现的，小组通常3～5人组成。小组充当社会组织单位，学生们在这里通过同伴间的相互作用和交流展开学习，同样也通过个人研究进行学习。”加拿大著名教育心理学家文泽认为：“合作学习是由教师将学生随机地或有计划地分配到异质团队或小组中，完成所布置的任务的一种教学方法。”我国学者肖川教授认为：“合作学习是指学生在小组或团队中为了完成共同的任务，有明确的责任分工的互助性学习。”

综合起来，笔者认为小组合作学习就是以合作小组为形式，通过讨论、争辩、互助等促使完成共同的学习任务，以团体作为评价标准，以期望达到共同进步的教学活动。

2. 课堂教学评价

我国学者张大均认为：“课堂教学评价是对教师的课堂教学所进行的评

价，主要是对教师课堂教学的行为及其效果所进行的价值判断。广义的课堂教学评价通常有过程和结果、教师和学生两个方面的维度。”

结合学者们的各种观点，笔者认为课堂教学评价是从新课程标准和课堂教学目的出发，根据一定的原则，对师生的课堂表现进行合理的判断。结合小组合作模式，这种课堂教学评价对教师的要求更高，需要教师在课堂上随时调整反馈并帮助生生评价。

## 四、实践操作

2012 年 9 月，笔者以课堂评价为主题对学校八年级学生分层抽取 A、B、C 等学生每班共 15 人做了一次问卷调查。内容包括学生对自己的英语学习情况是否满意，对现阶段的小组合作学习是否满意，对组间和组内的课堂评价以及教师对学生的评价是否满意，有何要求和期望等。问卷内容如表 1 所示。

**表 1　英语课堂教学问卷调查表**

| 项　目 | 得分 |
| --- | --- |
| 1. 我在课前能认真完成导学案预习部分，清楚了解本节新课需要掌握什么，导学案对我的学习帮助较大。 | 3.97 |
| 2. 我能在课堂的小组合作中跟着老师上课的节奏。 | 4.10 |
| 3. 我对新的小组合作模式的英语课中充满了兴趣。 | 3.91 |
| 4. 我在课堂中主动与组员合作，讨论研究问题，进行英语交流等。 | 3.56 |
| 5. 我能积极参与英语课堂中的各个环节，尤其是在小组合作活动中表现积极，勇于承担展示任务，为小组加分。 | 3.63 |
| 6. 老师能在课前就制定统一评分竞争的标准，大家都遵守，课堂公平有秩序。 | 4.41 |
| 7. 课堂上，老师能经常用不同的评价方法表扬和鼓励我们。 | 4.31 |
| 8. 老师在英语课堂中能以小组为单位组织各种活动和游戏，我很喜欢。 | 4.13 |
| 9. 老师能关注课上的不同水平的同学，课堂气氛民主、平等。哪怕是成绩落后的同学，老师也会及时表扬和鼓励。 | 4.33 |
| 10. 小组合作模式的英语课堂更有利于我们发表意见，相互交流，我很喜欢。 | 4.14 |
| 11. 对于同学课上提出的新方法、新思路，老师能很好地分析、接纳并共享。 | 4.40 |
| 12. 课上小组合作中，组内配合较好，组员能指出不足并改进。 | 4.11 |

续表

| 项　目 | 得分 |
| --- | --- |
| 13.课上小组合作中,组间点评做得比较好,大家能取长补短。 | 3.93 |
| 14.老师对小组的整体评价较好,能客观、公正点评小组的整体表现。 | 4.33 |
| 15.老师对小组内的个别组员表现评价较好,能以鼓励为主,也指出不足。 | 4.39 |
| 16.小组合作的英语当堂练习量适中,我认为较好。(量最少写 1,最多写 5) | 3.43 |
| 17.英语课上老师会用哪些方法来评价小组和个人的表现? | |
| 18.我希望老师在现在的英语课堂的评价中能做哪些改进? | |

问卷调查内容主要包含了小组合作模式的英语课堂中评价的操作及学生的真实感受和切身建议。调查表格最右边一栏是笔者根据调查结果统计的每栏平均分。总体来看,被评分的 16 项基本平均分在 3.5～4.5 分之间,表明课堂中相关项目整体完成程度中等偏上。主要总结有以下几方面。

第一,合作实效不高。

其中第 4 项"我在课堂中主动与组员合作,讨论研究问题,进行英语交流等"的平均分为 3.56 分和第 5 项"我能积极参与英语课堂中的各个环节,尤其是在小组合作活动中表现积极,勇于承担展示任务,为小组加分"的平均分为 3.63 分,相对最低。主要原因还是课堂小组合作的实效不高。而课堂的评价对于小组合作起着关键的引导作用,在引导的方向不够明确或引导动力不足的情况下,就会出现学生在课堂上还不能主动和组员合作交流,无法积极参与课堂环节,不能勇于承担展示任务等现象。

第二,形式联系评价。

第 7 项"课堂上,老师能经常用不同的评价方法表扬和鼓励我们"和第 8 项"老师在英语课堂中能以小组为单位组织各种活动和游戏,我很喜欢"的平均分分别为 4.31 分和 4.13 分,在调查整体情况比较来看,两者得分都较高。由此看到的是课堂评价和课堂活动的形式是密不可分的。以落实课堂教学目标为前提的各种活动和游戏形式都是值得推荐的,而课堂的评价也随着这些丰富的课堂活动形式而配合调整,对提高课堂实效起着推动作用。因此笔者认为两者是相辅相成的。

第三,透表象看本质。

另外,以下几项的平均分也都相对较高:第 6 项"老师能在课前就制定统一评分竞争的标准,大家都遵守,课堂公平有秩序",第 9 项"老师能关注课上的不同水平的同学,课堂气氛民主平等。哪怕是成绩落后的同学,老师也会及时表扬和鼓励”，第 10 项“小组合作模式的英语课堂更有利于我们发表意见，相互交流，我很喜欢”和第 11 项“对于同学课上提出的新方法，新思路，老师能很好地分析、接纳并共享”。它们的平均分分别为 4.41 分、4.33 分、4.14 分、4.40 分。表面上这是令人欣慰的，但仔细分析，这样的问卷调查是教师向学生发放问卷进行的。对于七或八年级的学生来说，他们已经能揣摩教师的调查意图，并且打分也碍于“情面”。笔者认为综合以上几个原因，学生会不太客观地打分，可能会比实际情况打分偏高，反映的情况就不够真实。所以笔者看到统计数据后也不是盲目乐观，而是反思我们的课堂实际并没有做得这么好，只能说这些是继续努力的方向和目标。

第四，引反思促提升。

最后的文字题调查部分，包括第 17 项“英语课上老师会用哪些方法来评价小组和个人的表现?”和第 18 项“我希望老师在现在的英语课堂的评价中能做哪些改进?”，学生大多数写的还是希望课堂上能有更加丰富的活动形式，在小组合作的过程中，教师能更多地关注后进生，多给机会，在课堂打分过程中，也要更加客观公正。笔者看到这些诚挚的建议，不禁反思我们课堂的种种行为。无论是以前大部分时间作为课堂的“观众”，还是现在作为课堂的“参与者”或是“主人”，教师都需告诫自己切记学生的眼睛是雪亮的，课堂中任何的细节，亮点也好，不足也罢，都会被精细地捕捉。因此我们要不断改进课堂评价，以更好地促进小组合作中的英语课堂效益的落实。

基于这样的现状，笔者认为小组合作模式下的英语课堂评价实践研究主要分制度建设、方法研究、形式研究、内容研究和文化建设五大块。

### (一)制度规范有保障——课堂评价的制度完善

制度的保障是优化课堂评价的首要任务。笔者认为可主要从三方面入手：制定统一标准，小组量化打分，模板引导评价。

1. 制定统一标准

任何游戏要想顺利操作，首先得有参与者公认的统一规则。我们的课堂也是如此。评价的标准要从一开始就通过师生讨论决定，比如小组参与人数，大展示时声音是否洪亮，表达是否到位，仪态是否大方得体，情感是否投入，书写是否工整无误，是否有金点子创意等。每一条可以进行量化，这样在课堂上更方便操作(见表 2)。

**表 2　英语课堂学生组内(组间)自评表**

| 项　目 | 分数(每栏满分 1 分) |
|---|---|
| 1.人人参与,面向观众 | |
| 2.仪态自然,得体大方 | |
| 3.在展示中声音响亮,表达到位 | |
| 4.组内合作默契 | |
| 5.书写工整无误 | |
| 6.有创意,吸眼球 | |
| 本次得分(满分 6 分) | |

表 2 可灵活使用,有时可对整节课表现进行评价,也可对一节课内的一个活动进行有针对性的评价(必要时调整分值)。在逐渐熟悉该模式之后,可慢慢减少纸质稿的评价形式,向直接口头评价过渡。通过一段时间的课堂评价训练,学生在熟悉流程的基础上,也明确了评价的要素,更有利于给出客观、公正的评价,并从中有所得,促进本组和个人的学习能力提升。

2.小组量化打分

小组进行大展示后,由其他组进行点评并打分,每次展示小组满分为 6 分,如发现口误或错误扣 1 分/人次,点评者为自己小组加 1 分/人次。学生通过手势打分,统计后,教师在黑板上的表格内给分,每次 20 人以上给 6 分的,小组判定为满分,其他则按分值酌情递减,班内达成共识即可。这样既能体现小组合作情况,也能体现公平公正,结果让学生信服,起到预期的激励效果。课堂上小组捆绑考核,主要通过表 3 中的五个方面来评价。

**表 3　课堂小组捆绑考核表**

| 组别 | 预习 | 合作 | 展示 | 点评 | 反馈 | 合计 |
|---|---|---|---|---|---|---|
| Group 1 | | | | | | |
| Group 2 | | | | | | |
| Group 3 | | | | | | |
| Group 4 | | | | | | |
| Group 5 | | | | | | |
| Group 6 | | | | | | |

为了鼓励学生积极参与课堂展示，增强小组竞争氛围，每次打分的分数不宜拉开过大(控制在4～6分)，因为这样容易让学生产生自满或者消极懈怠的情绪。对课堂表现的表扬和批评也要体现在分数中，让小组和个人间产生良性互动，用以提升个人在小组中的地位，或者让小组对个人产生压力和督促改进的作用。

通过课堂实践，笔者发现学生在两周的时间里，基本能操作这样的课堂评价模式，并能较客观、公正地给出评分，对小组最后的得分也很信服，课下也会饶有兴趣地谈论各组的得分和个别学生的课堂展示表现。相信这样的评价就如所期望的那样，对课堂产生了积极的促进作用。每节课后各小组都有一个课堂得分，然后与当天课外表现(背诵情况、听写情况、作业情况、测试情况等)得分相累加，得出一个当天小组总分，一周结算一次小组周总分，采用表4。

**表4 英语学科小组合作周评表**

| Days | Group 1 | Group 2 | Group 3 | Group 4 | Group 5 | Group6 |
|---|---|---|---|---|---|---|
| Monday | | | | | | |
| Tuesday | | | | | | |
| Wednesday | | | | | | |
| Thursday | | | | | | |
| Friday | | | | | | |
| 合计(Total) | | | | | | |
| 排名(No.) | | | | | | |

日得分最高的小组的组员可获得水印卡1张，组长表现出色，可获水印卡2张。获得的卡分四个级别，每累积到三张卡，可换得晋级卡一张，以此激励学生不断进步。

每周通过表格进行小组结分，公布排名，并评选每周“English Star”组，给予表扬肯定，树立榜样，并在下一周给予得到荣誉的小组奖励，比如听写减少、背诵优先、给予“点评特权”、当“指导小专家”等，用这些形式来调动学生的学习热情和积极性。

3.模板引导评价

由于英语学科的特点，学生用母语来评价他人或他组的表现并不能很好地锻炼语言应用能力。但对于七年级的学生来说，其词汇量和所学知识较少，要用英语来点评有较大难度。因此教师要做的就是在初期给出一些模板引导学生进行英语点评，以提供帮助，让他们模仿。

例如在七年级(下)Unit 11 What do you think of game shows? 的单元教学后，学生掌握了部分对事物评价的语言(love, like, don't mind, don't like, can't stand 等)，可加以充分运用。这样的评价模板适合七年级的学生使用：I love it because Peter said... /I don't like it because Mary made a mistake. She had better say... /I can't stand it. Han Feng didn't smile!

在该单元的第一课时 Section A 1b 的听力课堂教学中，对于听后校对练习之外的材料再利用，笔者设计了这样一个环节，把听力对话材料挖空呈现，让学生边听边补全对话。

Jack：What ______ you ______________ soap operas，Mark?

Mark：I don't __________ them.

Jack：What do you think of __________________?

Mark：I ________ them.

Jack：What do you think of sitcoms?

Mark：____________? Mmm，I _________________ them.

Jack：What do you think of ____________ shows?

Mark：I like them.

Jack：What do you think of __________ shows?

Mark：____________ shows?!! I _________________ them.

在对话补全之后，笔者要求学生流畅并生动地跟磁带朗读，之后就是自由朗读准备展示的时间。在各组派代表展示朗读成果前，请其他组学生认真听，然后用本节课现学的评价语言来给予概括评价。(提示使用本节课所学的评价语言：love，like，don't mind，don't like，can't stand 等。)

**(二)方法指导显技巧——课堂评价的方法研究**

在课堂评价制度优化的基础上，笔者再进行方法指导的探究，单一的评价方式必定是低效和枯燥的，因此要丰富课堂评价手段，借助表情、手势来参与评价，恰恰是易被忽略却生动有效的。评价过程也需及时调节，以顺利达成课堂目标，提高实效。

1. 丰富评价手段

任何时候，学生都不会喜欢一成不变的事物，包括我们的英语课堂。因此要使课堂灵动起来，就要通过多种课堂展示活动，带动学生积极准备，认真倾听，灵活评价形式。比如游戏竞赛，可采用量化打分、奖励机会的评价方式。“Role play”的课堂展示，可采用组间语言点评的方式，让学生说说表现的优缺点等。可在恰当的时机说几个简短的评价的词，如“Great!”“Smart!”“You are so creative!”“Excellent job!”“You are the kind helper!”“Don’t worry. You can do better next time!” 等。小组合作出小报等，可采用张贴成品，让师生一起投票的评价方式。

2.借助表情、手势

除了主要的语言评价形式外，表情和体态语也可以是合适的评价。当学生在展示中有突破时，一个微笑或惊喜的表情，一次握手，一次由衷祝贺的鼓掌都会带来意想不到的效果。总之评价要形式多样，灵活应变，其中也要鼓励和表扬学生的积极大胆创新。只要是学生喜爱的公平公正的评价形式，笔者认为都值得一试。

比如七年级(上)Unit 7 How much are these pants? (Period 4 Section B 3a-4) 这一课时的课堂教学中，让学生在学习篇章 Huaxing Clothes Store SALE! 之后，要有输出。因此笔者在最后提升环节设计了一个活动，让学生按小组进行设计，每组制作一张服装店的设计图。

对于这个活动，笔者先提了以下三个要求：

(1)有店名、店内服饰图、价格和广告(A3 纸大小)；

(2)设计版面美观、大方、有创新，能吸引顾客，布局合理；

(3)组长安排分工合作，人人出力。

在统一标准的情况下，各组都对自己组的服装店设计进行了大胆构思，精心布局，合理分工，最后形成的设计图可谓是精彩纷呈，各具特色。经过组间投票、教师投票和邀请其他班学生投票等，最终进行统计，分别评选出了一、二、三等奖，另外也增设了“最佳设计奖”“最佳版面奖”“最具创意奖”等个人奖项，以扩大获奖面，增强奖励力度，并颁奖表彰。

相信这样的活动形式充分调动了学生的积极性，在完成本组作品充满了成就感的同时，也乐于对他人的劳工成果进行肯定，并取长补短。在评价的过程中，也让学生充分体验了学习英语的乐趣，可谓一举多得。

3.应需调节评价

即使评价的方法再科学、合理，如把握不了恰当的节奏，则无法发挥其强有力的功效。比如课堂的某个环节的评价，经过实践，大部分的小组通过努力都完成不了理想的任务量和程度，这时教师就该应时应需地调节评价要求,如降低难度、减少任务量等,来帮助学生通过小组合作来顺利完成。只有大部分的学生能经过努力顺利达标,并得到客观、公正的评价,才能有效地促进教学目标的达成。

### (三)形式多样重兴趣——课堂评价的形式研究

笔者认为课堂评价应关注过程性评价多于终结性评价,而从形式上来看,语言评价是占主导地位的,主要可分以下几种形式来研究。

1. 生生组间评价,重欣赏

小组之间可在每次课堂的大展示后进行相互点评,主要可从参与度、合作度、语言表达、仪态等方面进行点评。长时间的训练,可以锻炼学生的判断能力和语言表达能力。刚开始学生总是喜欢模仿教师来点评,逐渐地可以引导他们有针对性地进行评价。要求学生在点评时,态度诚恳且友好,先学习他组的优点,再指出不足之处。点评时也要客观、公正,任何含有偏袒和包庇的点评都视为无效,这点要在一开始就对学生特别说明,引起重视。当他组指出本组表现不足时,也可鼓励学生做出回应,相互形成沟通互动的良好气氛。思维火花的碰撞,更容易产生新的智慧。

比如八年级(上)Unit 2 What's the matter? (Section A 3a)的课堂教学中,笔者要求学生首先根据课文所给图片补全对话。

A: What's the matter?

B: I'm not feeling well. I have a ________.

A: When did it start?

B: About __________ ago.

A: Oh, that's too bad. You should ________.

B: Yes, I think so.

A: I hope you feel better soon.

补全这个对话难度不大,在完成任务后,笔者鼓励学生分小组替换不同的得病情况,进行对话小表演,也是一个小型的2～3人的"role play"。这个对话中学生要扮演医生和得病的患者,情景和动作会较有趣,学生发挥的空间较大,表演兴致也高,最关键的是总结本环节的评价语言也可以丰富多彩,学生会有话说。在展示结束后,别组有学生这样点评:I love it! I think Tim is the best actor. He really looks like a patient. Haha! And Mary is a serious doctor! 虽然该生主要只说了对话中的表演部分的评价,有侧重点来说也很好,不需要每次都是评价的几个方面都说遍,面面俱到反而让人听不出重点。这时教师就稍加补充,说说其他方面的情况。

2. 生生组内评价,勤反思

组内的评价可在小展示中和小组大展示后听过他组的点评再进行,是对组内表现的一次反思和总结。可由组长简单组织,哪些是值得肯定的,哪些是在合作中出了问题的,对于他组点评提出的也进行分析。其中也应留有一定时间让组员对自我表现进行客观点评。在适当的时机,小组也可通过选出"Best Reporter""Great Leader""Excellent Helper"等活动形式增强组员之间的信任和尊重。在评价初期学生评价语言较贫乏或是组内评价需交流更深入具体时,也可用中文适当交流,必要时借助母语来促进交流。

比如八年级(下)Unit 6 How long have you been collecting shells? (Section B 1a Period 3)的课堂教学中,笔者以本班几位任课教师的收藏爱好介绍入手,引导学生分小组介绍自己的收藏品。因为考虑到不是每个学生都会有收藏品,所以先组内小展示,推选一位描述最好的或最有新意的收藏者的收藏品来介绍。因为联系到学生的生活实际,学生表现得很有兴趣。笔者观察了组内小展示阶段,不少学生边听边笑,觉得很有意思,还有人甚至用手比画起来。因本节课预习内容中有这样的提示,希望有收藏品的学生能带来和大家分享。所以有的学生就拿出了自己的收藏品,津津有味地谈论起来,组内其他成员也听得很认真。在大展示后,学生也听取了他组的部分点评,组内组员间的评价就更加全面。小组通过讨论评选出"Best Collector"。尽管一些学生没有参与大展示,但他们在准备的过程中出谋划策,给出自己的宝贵意见,这样的学生也有被评为"Best Helper"等。当然在组长的带领下,小组也听取了他组指出的不足,进行反思,改进提高。

3. 教师小组评价,看整体

教师对小组的整体评价可在每组大展示后、他组点评完再进行,切不可在学生展示中一出错就马上打断去纠正。这一方面表现出对点评组学生的尊重;另一方面,听取学生观察后的体会,教师的点评和总结会更理想、更到位。现在的课堂上学生的观察很敏锐,往往能看到当时被教师所忽略的细节。教师应该总体上谈论某一组的表现,以鼓励为主,不要过分夸大个别学生的功劳和过失;量化打分时也要充分考虑学生的意见,不能主观地一人定下得分,统一评价标准,否则效果适得其反。

比如八年级(下)Unit 4 He said I was hard-working (Section A 2a,2b)单元学习的是直接引语变间接引语的知识点,对学生而言本身难度较大,而且也缺乏趣味性。为了解决这两个问题，笔者在听力部分处理结束后，鼓励学生还原电视剧 *Young Lives* 中的几个角色(Ben, Lana and Marcia)对话表演。这样一来，一边让学生动脑筋转换直接引语和间接引语，一边让学生体验排练电视剧的感受。这样的表演结束之后，因评价有一定的难度，组间评价点到为止，教师来做主要的总结和点评。比如笔者这样评价某一小组的表演：Thanks for your interesting role play. First of all, all of you are in it. That's good! Marcia is a kind a girl. And Lana was really angry. Ben is quite kind. He wanted the two girls became good friends again. You have good spoken English. However, there is a mistake. Ben should say "Marcia is going to have a surprise party for you." But not "Marcia will going to ..." I believe you can do better! Let's clap!

4. 教师个体评价，树典范

在点评小组整体表现的基础上，可适当提出个别学生的精彩表现，提倡大家借鉴学习。对于个别学生的表现不足，也可告诉他下次怎么做，怎么改进能更好。这样能在组内树立一个学习的榜样，也能让表现不足的学生有较深刻的印象。相信只要是善意诚恳的语言，学生都乐于接受。

比如八年级(下)Unit 7 Would you mind turning down the music? (Section B 1a-2c Period 3)，本节课定位为听说课型，学生在课堂中通过真实情境的模拟、对话操练、模仿朗读、小组制作电影短片等形式，来复习有礼貌地表示建议的几种句型(Would you mind... ? /Could you please... ? /You'd better... )整节课全部环节结束后，进行课尾点评结分，最后看到 Group 4 得分最高。笔者在课尾做了这样的点评：Group 4 has done a good job, congratulations! You can all speak loudly and have different emotions. We really enjoy your group's performance. As for Leo, he is very active and funny. When he speaks, he is loud and brave. When he acts, he's a great actor. So "the Academy Award for Best Group" is for Group 4, and "the Academy Award for Best Actor" is for Leo!

根据本节课的设计，笔者为表现最佳的小组颁了"奥斯卡最佳小组奖"，也为其中表现最突出的学生 Leo 颁了"奥斯卡最佳演员奖"。从课堂过程到结果的评价，既让优秀的小组和个人体验了成功，也让其他组能明确方向，树立目标，积极跟着榜样走。

### (四)内容研究促提升——课堂评价的内容研究

笔者认为课堂评价的内容研究也至关重要，根据内容有针对性地评价，将最大限度地发挥课堂评价的功效。可从学习习惯、学习内容、学习方法、情感态度和合作学习等五大方面进行评价。

1.规范学习习惯

英语课堂的学习习惯包括多方面，常规习惯主要指朗读习惯、拼读习惯、发言习惯、背诵习惯、听并模仿的习惯等。小组合作的课堂更需关注的是讨论习惯和创新。

常规习惯养成的最佳时间是在学习初期，初中阶段宜在七年级入学时。教师应在课上、课下充分利用时间和机会，逐渐有计划地帮助学生养成各种良好习惯。要让他们心中非常清楚该如何去做才是符合要求的。

(1)听并模仿习惯的要求是指听听力内容时，关注语音语调多于语言内容，并揣摩说话者用此语气等的意图究竟是什么，这有助于理解语言内容。

(2)发言习惯的要求是先倾听后发言，先耐心等待他人发言完毕，听完再起立，给出自己的见解，语气应礼貌友善，当然当别人发言中有错误时也可大胆指出，供大家探讨。

(3)背诵习惯的要求是合上书本背诵内容，双眼自然看前方，发音准确，模仿语音语调，流利地背诵内容。

(4)朗读习惯的要求是上课预备铃响了之后在课代表的带领下大声齐读指定内容，身正腰直，双手握住书本边缘，边读边记忆。

(5)拼读习惯的要求是根据音标、音节来拼读，善于发现常见的固定字母组合、元音多种发音的选择、特殊音标的变音规律等。

(6)书写习惯的要求是字迹清晰端正，大小适中，语句和段落意识强。到了八、九年级，我们对学生的写作也逐渐提高要求，需要学生在原有基础上，分析语句成分结构，在写作时加强结构框架意识，多列提纲，表观点说理由，如能关注词汇的使用和语境的选择，就更是锦上添花了。

以上这些常规的学习习惯，在学期初期提给学生，他们是很愿意去努力做好的，但时间久了，前进的队伍中就只剩下毅力坚强的孩子了。这就需要评价机制来帮忙了。对于习惯方面表现出色的学生，要加以肯定树立榜样，而对于能力暂时欠缺、无法达到要求的学生，也要很明确告知其努力的方向，只要有进步，就及时鼓励。通过小组竞争的形式评选一些荣誉称号等。

小组合作模式的课堂，更关注讨论习惯和创新。笔者认为合作的灵魂在于组员讨论的实效。如果小组能在组长分工明确的前提下进行充分、热烈的讨论，不同层次水平的学生互助，产生合作的最大效率，这就是令人期待的。从教师观察的角度，讨论习惯的要求主要就是组内人人参与，也希望A等生能在讨论过程中积极、主动帮助B、C等生，而C等生也应主动提问，争取较多的展示机会，为小组荣誉而努力。后者的量化评价比较困难，笔者认为这样的评价交给小组自己完成较合适，自行总结反思当次讨论是否充分、是否有效，并客观打分，如有困难需帮助，可由组长课后向教师提出，以寻求解决办法。相信这样的方式比组间打分更不易引发矛盾，也有助于养成良好的讨论习惯。创新则是发散性思维的体现，在课堂的各环节中，鼓励学生用不同的语言形式来表达，当学生成功表达后，就该给予肯定和加分。也可适时地组织以创新为主题的课堂活动，比如用小组形式来写下描述某种动物的语言，让其他组成员来猜。这样的活动必定是生动而有趣的，学生会想方设法找有趣、幽默的语言来描述，与众不同就是有所创新，应该给予鼓励或令人惊喜的荣誉。

2. 落实学习内容

课堂的教与学的过程中，落实了学习内容，即高效地完成了本节课的教学目标。英语课堂的学习内容可概括成听、说、读、写四大方面，具体为本节课要落实的词汇、短语、重点句型、对话和短文、阅读策略等。无论是小组合作在其中哪一方面领先，都该得到及时表扬鼓励，引导其他组向该组看齐。个人在其中表现突出，也该以某同学代表某组的形式进行肯定。相信这样的表扬会带动整组产生集体荣誉感，从而带动更多的人积极表现。

3. 科学学习方法

学习方法和学习内容密不可分，主要指的也是英语听、说、读、写这四块内容学习上的方法。比如听力方面，听前的“抢看”、读题预测大意等非常重要；表达方面，不仅要发音准确，也要关注恰当使用语音语调和语气来表达自己；朗读方面，更需关注连读、弱读、吞音、重读等，不讲技巧的朗读犹如平淡无奇的白开水，但含一定技巧的朗读就会令人刮目相看，效果截然不同；书写方面，除了字体清晰、端正之外，更多地讲究书写语句语法正确与否，句间是否连贯，段落是否主题明确，短文是否层次分明。相信把这些方面作为课堂学习方法的评价标准，学生必定能明确努力的方向，在勤奋的同时要求自己掌握一定程度的科学的学习方法。

4. 培养情感态度

良好的情感态度为高效的课堂奠定基础，而真正有效的课堂也一定会关注情感态度的培养。学生在课堂中不仅要能接受、熟悉甚至掌握一定的知识技能，培养一定的能力，也要有更有意义的收获。情感态度的评价穿插于各种学习内容的评价之中。首先要学会倾听，耐心地听，学做一位出色的倾听者，能从听的过程中捕捉细节，揣摩意图，并做出恰当的反应。这也将非常适用于人际交往中，学会倾听也有助于学生成为受欢迎的人。其次，说的过程的评价要关注学生是否大胆发言，见解是否独到，语言和观点是否有创新等，相信这有助于培养学生的勇敢、果断的优秀品质以及发散性思维和创新的潜力。再次，朗读的过程看似简单，但齐声读和个人读也不同。齐声读需学生调整自己的朗读习惯和节奏，配合集体，潜在培养学生的集体合作意识；而个人读则要在发音准确的基础上读出自己的特色，读出新意，这又是对学生创新提出了新的要求。合作的小组也在行进的过程中帮助培养学生的合作、谦虚、耐心、谨慎、责任感等良好品质。

5. 紧密合作学习

小组合作模式下的英语课堂，合作学习贯穿始终。有人认为有效的课堂是该独学的时候独学，该讨论的时候讨论，笔者并不否认。但需要小组成员独立思考时，组员相互配合，给出各自足够的时间来静心独立思考，互不干扰，这是否也可看成是默契的合作呢？因此，合作学习的评价在关注组内讨论有效性、参与性、成效性的同时，也要关注独学的实效。只有在充分独学的基础上，才能进行高效的课堂小组合作学习。

### (五)阳光课堂育文化——课堂评价的文化培育

课堂评价的文化建设无声胜有声，笔者只是尝试在课堂评价中关注文化建设，选取了三个方面来探究。评价应能促进学生发散性思维的养成，培养创新意识，也能有机结合课堂渗透情感教育，最终营造阳光氛围。

1. 促进发散思维

从英语课堂的教学目标来看，我们的课堂主要是培养学生的学习兴趣，让他们在尽量真实的语境交际中体验语言交流的乐趣。课堂评价的导向，应明确要促进学生的发散性思维的养成，遇到问题应从多种角度找方法。在规范的基础上能尽量与众不同，有所创新。朝这方面努力的学生在课堂上就应得到鼓励和表扬，为其他学生树立榜样，促使其他学生向他们学习，甚至超越。

比如新目标教材七年级(下)Unit 2 Where's the post office? 这一单元学习中,课堂上模拟一个真实问路和指路的情境,让学生来表演对话,其中问路有多种方式,此时就可以引导学生,在听过他人对话后,要用不同的方式才能继续新对话的表演。小组此时就发挥作用,有人分工关注听他组的对话,一旦听到问路的句型,就提示自己的组员,在展示时要回避它,其过程也是锻炼听力的过程。可以有以下几种:

Excuse me,is there a post office near here?

Could you please tell me the way to the post office?

How can I get to the post office,please?

Excuse me,where's the post office?

Which is the way to the post office, please?

每当学生说出不同的句型,就得到教师和其他组学生的肯定,并在评价中获得较高的荣誉,那么他们将乐此不疲地对创新有更浓厚的兴趣。从长远来看,无论是英语还是其他学科的学习,发散性思维是必须关注的,学生只有具备创新的、与众不同的思维,才能在学习过程中有更深刻的理解,并脱颖而出。

2.渗透情感教育

经过七年级基础英语知识的学习和评价语言的初步接触,进入了八年级,学生可在逐渐操练的过程中,巩固已学知识,运用连词 and,but 等,鼓励他们从模仿教师的评价开始,不断丰富自己的评价语言,学做一个名副其实的“小小点评家”。但学生的评价有时很难做到客观、公正,总是过分关注一个点,或者总在挑别人的毛病。这时就需要教师及时介入,给予引导,帮助学生建立起积极、正确的评价观。多倾听,多欣赏,评价时学会先说他人的优点,再诚恳地指出不足,希望其改进。这样的方式更容易让自己和他人接受,逐渐培养良好的沟通能力,也为提高情商打基础。

比如八年级(下)Unit 7 Would you mind turning down the music?(Section B 1a-2c Period 3)的课时教学中,笔者在最后提升环节设计了这样的活动:

Role Play Time: Let's make a short movie!

Choose one of the problems in life, and try to find the good solution. Then make a short movie. Try to use the following sentences.

—Would you mind (not)... ?

—Could/Would you please (not)... ?

—You'd better (not)...

课堂中六个组有六个问题，以抽签决定，并当场排练后展示。

Problem 1：I enjoyed the 3D movie in the cinema. A man was talking loudly on the phone. A woman ...

Problem 2：We were reading books in the library. Two girls were eating and drinking. A boy was...

Problem 3：I was waiting in line to see a doctor in the hospital. But a woman cut in line. /...

Problem 4：We took a bus home after school while a man was smoking. Two boys...

Problem 5：I wanted to pay for things in a supermarket. But the waiter was having a long conversation on the phone. / ... (cut in line)...

Problem 6：I couldn't sleep well because my new neighbor Tony was playing his music too loudly at night. /...

这个环节意在巩固本节课所复习的表示建议的不同句型，因为用了抽签形式，又有当场的排练和表演，学生表现出极大的兴趣和积极性，排练阶段很投入，表演也很认真，对观看他组的表演也很有兴趣。这为最后的评价奠定了很好的基础。

在表演结束后的总结，以组内总结和组间评价的形式进行。有一位学生的组内总结评价如下：I like our short movie, because we are very hard-working. We can talk loudly, and we made few mistakes. So we are the best group!

这位学生的总结表现出对本组展示很满意，说的都是优点，相当自信。教师评价和引导如下：I'm sure your group made a great movie. Thanks a lot! Kate can really act like a doctor and most of you have good spoken English. However, I found that when a woman cut in line, you should be angry, but you just smiled, Jim, right? Next time, you can do better, OK?

教师的评价语言要尽量控制生词，在大部分学生都能听懂的情况下进行。这位学生评价本组表现时用的语言不错，内容也合适，但如果自满的情绪一直延续，将不利于他在语言学习上进步，因此教师也适当地指出这一组表现欠佳的方面，帮助他们找到问题，今后继续改进，希望做得更好。同时传递的情感教育是：学做一个既能看到自己优点，又能看到自己不足的人，勤奋加上谦虚，才能使人不断进步！

另有一位学生的组间评价如下：I can't stand Group 6's movie! I can't hear them! And they didn't have many actions. I don't know what happened. Are they angry or happy? I can't read from their faces!

显然这是一位A等生对他组的评价，总体来说不好，基本都是看到他人的不足。原本带着批判的眼光去看他组的表演，不是坏事，可以找出不足，对照自己起警示作用，说出来也能告知该组的成员，让他们改进。但他用了“I can't stand...!”这样的语言，比较极端，对他人这样的否定评价，消极作用大于积极作用。于是笔者接下去给予补充：First of all, I think all the students in Group 6 are very hard-working. Although they have made some mistakes, they showed the whole situation. Jane smiled happily. I love it! Thank you! Next time, you can make more progress!

看到他人的缺点容易，看到他人的优点就需要更细微的观察。很多时候我们都在用批判的眼光看待身边的人和事，所以在学生相互挑刺的时候，教师要做的不仅是指出不足，还要引导学生学会欣赏，没有什么是一无是处的。用包容的心态去学习他人的优点，这无论在学习还是生活中都是至关重要的。

3. 营造阳光氛围

有评价的地方，就一定会存在小组间的差距。如何正确地看待这样的差距很重要，是指责抱怨组员，还是借机分析原因并改进？心态是成败的关键因素之一，教师在其中的引导作用十分重要。阳光学子的特质之一就是“会感恩”，即使目前自己的小组在评比中暂时落后，也要先感谢组员的努力和付出，并善意地分析大家在努力的过程中忽略了什么，吸取了什么教训，只要是坦诚的交流，不相互埋怨，就不会产生矛盾。小组的劲头往一处使了，那么必将产生小组进步快、积极和谐的学习氛围。因此在课堂中某一环节后或整节课后，教师会给学生留有几分钟的时间，来表达本次合作中的谢意。在此基础上，再交流做一些改变，希望下次能做得更好，面对自身不足的勇气也由此而来。相信这样的课堂是阳光的，这样的师生更是阳光的。

## 五、实践成效

本次课堂评价改进的实践研究，探索了英语课堂中充分利用小组合作形式来促进课堂评价，以提高教学效果的问题。通过七、八两个年级的实践研究，课题取得了一定的成果。

### （一）学生课堂活跃高效，提高了主观能动性

经过本课题一年多时间的实践研究，笔者发现了自己的英语课堂上学生的变化非常明显，以往在组内小展示中不敢参与的学生，在小组评分的激励和组内成员的带动和帮助下，开始乐于参与对话表演、角色表演、点评等。组内互评能促进组内成员的良性互动，逐渐形成融洽的小组关系，促进小组建设。课堂效率就在学生智慧的碰撞中得到提高，各种课堂机会能更加平均、公平地分配，不同水平的学生都能得到机会展示，并被发现闪光点而得到肯定，自信心增强了，合作意识也提升了。学生占了课堂的主导地位，而教师成了课堂的引导者和参与者。

### （二）教师课堂灵活应变，关注了小组合作性

学生在课堂上表现更加积极、活跃，也对教师的课堂应变能力提出了新的挑战。要驾驭这样的课堂，教师就在无形中锻炼了自己的语言表达能力、处理问题的应变能力，善于发现学生的细节优点并鼓励。而且只有知识面更丰富、人格魅力更强、谈吐幽默诙谐的有吸引力的教师才能更好地站稳新形式的课堂讲台。这样的教师也会更加强小组合作意识，让这种新形式更好地服务于我们的英语课堂。

### （三）师生课堂情感交融，促进了双向发展性

无论是课堂中某个环节的评价，还是整堂课结尾的点评，语言的交流能促进相互了解。当学生过分看重他人的不足时，教师就引导学生寻找他人的闪光点；当学生过分自卑而不敢表现时，教师就及时鼓励，发动小组和全班的力量来帮助和肯定他，耐心等待他迈上不寻常的一个新台阶。这样的课堂无疑是朝着理想的方向发展，师生关系在课堂中得到和谐的发展；同时带来了学生的“乐学”和教师的“乐教”。

## 六、研究思考

### (一)教学还是评价？要看清

当品尝着评价的实践研究带来的成果时，勿忘评价最终只是一种工具，而不是目的。评价终究是为我们的课堂服务的。所以在设计各种评价活动的同时，还要注意不能影响教学，喧宾夺主。教学是主，评价是辅。只有正确处理两者的关系，才能最终如预期的那样提高我们的课堂教学效率，使学生体验更多的成功，增强自信心，从而促进他们的全面发展。

### (二)坚持还是调整？要掂量

当我们在实践中逐渐形成了一套较适合学生的行之有效的评价体系后，是坚持继续去实施，还是根据情况不断调整？一方面，学生在知识积累的过程中，也需要教师引导形成较稳定的评价模式，让学生在心中摆好这杆“秤”，来衡量和激励自己在英语学习和能力上的所得；但另一方面，任何事物都不会一成不变，学生状态的改变、社会的日益更新、课堂结构的变革都需要我们时刻保持一种警惕，不断去调整，不断去改进。没有最好，只有更好！但要处理好两者的关系，权衡把握，则还需要仔细考量。

### (三)学生评价教师？要挑战

除了生生组内评价、生生组间评价、教师小组评价、教师个人评价之外，教师是否能接受挑战，在课堂中让学生来评价自己的表现呢？在今天的课改课堂中，教师已全然不是掌控者，而是一名参与者和引导者。当人人都有机会评价或被评价时，教师为什么不可以勇敢尝试被学生评价呢？从一定意义上来说，当教师在朗读一个段落，参与小组的角色剧、绕口令，或者做一次描述时，如果能“弯下腰”来，听听学生们的评价，那么这对自身也是极大的促进。由于个人视角不同，也许教师觉得这次自己表现很出色，而学生们却能看到教师自己看不到的问题。当然这需要教师有足够的勇气，有谦虚的态度准备好接受各种评价，这也是一种心态的调整。学生的评价语言会比较直接、犀利，教师也要能从积极的角度去理解评价者想表达的意图，以宽容、谦逊的心态去反思，并改进自己在课堂中可能存在的不足。人无完人，存在问题的课堂并不可怕，而最可怕的就是发现有了问题但无改变的课堂。教师足够大胆时，就可用课堂上对学生的评价标准来客观评价自己，多听听学生的评价，多反思自己的教学行为，多尝试改变，这将会是最坚实的前进步伐。一旦教师能和学生在课堂上有良好互动，能相互评价，共同促进，那就是最理想的状态，师生关系融洽，共同进步。

新的小组合作模式给我们的课堂评价带来了新的改变，但无论评价的形式和方法如何改变，我们的目的始终是一致的，那就是追求学生的语言综合能力的发展和身心共同成长。当学生在课堂中不仅获取了知识，也得到了快乐和能力的锻炼，那么这样的阳光将撒向学生、教师和我们的课堂，我们将继续坚持走下去！

**参考文献**

[1] 李柄亭. 高效课堂理论与实践——我们的教育学[M]. 济南：山东文艺出版社，2012.

[2] 罗少茜. 英语课堂教学形成性评价研究[M]. 北京：外语教学与研究出版社，2003.

[3] 熊琼红. 初中英语教学中开展小组合作学习的探讨[M]. 武汉：华中师范大学出版社，2008.

[4] 褚军平. 初中英语教学中的合作学习组织研究[M]. 天津：天津师范大学出版社，2007.

# 三全四环：小学一年级学生习惯养成教育过程性评价策略的改进研究

杭州市九莲小学

赵凤娣　张小敏　任文岚　张羽　袁小霞

**摘　要**：离开幼儿园进入小学，是孩子人生道路上一个重要的转折点。通过对新入学一年级学生习惯养成现状的调查，我们发现一年级学生在习惯养成方面存在一定的问题。因此，我们迫切需要改变小学一年级学生的评价内容与方法。通过研究，我们构建了"三全"指向的小学一年级习惯养成教育的评价体系，通过"四环"途径推进评价的改进，以"冲关小莲娃"这种低年龄段学生喜闻乐见的冲关方式进行过程性评价，促使学生养成良好的习惯，更快、更好地适应小学生活，为今后的学习打下坚实的基础。

**关键词**：三全四环　一年级学生　习惯养成教育　过程性评价

## 一、课题研究的背景

### （一）现状审视

1. 一年级学生习惯养成现状分析

(1)离不了父母，心理难断乳

小学生活以"学"为重点，不仅科目内容增多了，生活节奏也会有许多骤变，许多孩子入学后会有各种不适应。缺乏自理能力、丢三落四的现象频频出现，甚至在校门口哭闹不愿上学的孩子也会多起来。这是急需解决的第一个问题：心理断乳期长，自理能力不足。

(2)管不住自己，行为难自控

一年级教师们常常发现，课堂上说了几遍把书翻到某一页，部分孩子仍然充耳不闻，目视窗外。还有学生不会控制自己，想玩就玩，想说就说，想走就走。所以一年级的孩子缺乏自控能力是普遍现象，这是我们要解决的第二个问题：学习常规不熟悉，注意力不持久。

(3)不听父母教，教师成盾牌

有些学生在校表现不错，但家长却反映：回家只知道看电视、看手机，爸爸妈妈怎么说都没用。甚至我们经常接到家长的“求救”电话。这种学生在家里和在校表现不一致的现象也是普遍存在的。

2.一年级学生习惯养成评价透视

《浙江省深化义务教育课程改革指导意见》提出建立九年一贯的学生综合素质评价制度，推广过程性评价和表现性评价。意见指出小学一年级不得进行期末书面考查，小学一、二年级期末考查推广“模块游考”等非纸笔考试形式。为什么教育部门会出台这样的文件呢？这从某种程度上说明我们当前的小学低年级评价普遍存在着问题。

(1)大事化小小化无——评价内容单一化

我们现行的评价理论、方法和制度，与素质教育的要求还是有一定距离的。评价指标过于单一，过于关注学业成绩的结果，过于关注学习层级，忽视对学生非学业性的评价。然而，在教学中，学业内容的学习和非学业内容的学习是密不可分的，是在同一个过程中完成的。

(2)捡了芝麻丢西瓜——评价方式形式化

过去的十多年来，课程评价的改革轰轰烈烈，但与新课程标准相互配合的、有利于促进每个学生全面发展和个性发展的评价体系却没有得到系统、全面的细化和构建。各种评价操作性不强，让教师、学生、家长疲于应付，负担过重，难以坚持。

(3)野渡无人舟自横——评价标准随意化

学生的评价方案多种多样，但是没有统一的通用方案。有的教师以奖惩性评价为主，有的教师以口头评价为主，没有充分发挥评价的导向和发展功能，不利于学生的发展。制定科学的、统一的学生评价，符合学生成长规律的评价体系是学生发展的必由之路。

### (二)研究意义

1. 转变评价方式,提升学生综合素质

在学校"漫德育"课程引领下,我们从学生的视角出发构建评价体系,以学生喜欢的方式进行评价,让学生成为评价的主人,合理地把体验"交"给学生。过程性评价体系促进了学生的全面发展和个性展示,为满足其终身教育的需要提供了持久的动力。学生认识自我,建立自信,提高学习兴趣,增强自主参与意识,彰显个性特长,提升核心素养。

2. 践行评价改革,提高学校教育质量

评价是管理的有效武器,是师生行动的方向与指南。摒弃传统的考试方式,建立顺应时代发展和改革需要的小学一年级综合教育评价体系势在必行。实施过程性低段学业评价,并且不断地完善,切实减轻学生负担,让小学起始阶段的学生感受学习成功的快乐,提高学校的教育质量。

3. 拓展评价空间,尊重、发展每一个

在推进评价改革的过程中,我们注重引导过程性评价和终结性评价相结合,双轨并进。对评价要有深入、具体的规划,让过程性评价更清晰化、科学化。注重过程评价,重视学习过程中的实际状况;采用过程性评价,让教师、学生、家长共同参与对学生的评价;注重激励性评价,尽可能看到学生在原有基础上的进步。

## 二、研究设计

### (一)概念界定

1. 习惯养成教育

习惯养成教育就是培养孩子养成良好习惯的教育。而所谓培养,就是"按照一定目的长期地教育和训练"。养成教育就是从行为训练入手,综合多种教育方法,全面提高孩子的素质,从而达到最终的目的——形成良好的习惯。

2. 过程性评价

评价不再仅仅是甄别和选拔学生,而是促进学生的发展,促进学生潜能、个性、创造性的发挥，使每一个学生具有自信心和持续发展的能力。其实施的关键是要求教师用发展的眼光看待每一个学生，核心是重视过程的总评价。多种形式结合的评价方式、评价手段，使评价的诊断和发展功能贯穿在整个学习过程中，既反映学生全程学习结果，又成为促进学生发展的有效手段。

### （二）理性认识

《浙江省关于做好“幼小衔接”教育的指导意见》明确提出，小学要开展“新生入学”主题活动，重视培养学生良好的学习习惯和独立生活的能力，放缓入学初始阶段的教学进度。可见，小学低段学生重在培养良好习惯，使学生在良好的学习环境中保持持续学习的动力。

1.要求要在统一的基础上互补

一年级学生良好习惯的养成需要学生、教师、家长三方协同。孩子的成长离不开家庭教育、学校教育和社会教育，只有三者互相协调，才能发挥最优作用。在进行一年级学生良好习惯养成教育中，我们应该坚持统一的态度，有着统一的要求。统一的要求和指导为学生自主学习习惯的最大合力形成奠定了基础。

2.细节要在落实的基础上坚持

我们以“于细微处见精神，在常规中显亮点”为德育指导思想，注重细节，落实常规，开展德育教育活动。德育处从常规入手，从细微抓起，做到“四坚”——坚持、坚决、坚定、坚硬，抓好学生的行为规范养成教育。

3.方式要在合理的基础上创新

养成习惯并不容易，一年级学生良好习惯的养成需要讲究方法、贵在创新，这需要教师有点看家本事。建章立制，明确要求；健全组织，落实到位。学生良好习惯的养成涉及多方面的内容，培养方法也是多种多样的，教师应该多思考、多实践、多探索，选择巧妙的方法和切入点，创设丰富的学习情境，引导得法就能训练得当。

### （三）研究目标

首先，通过实践，改革和完善学校现有的一年级学生习惯养成教育的评价方式，构建一整套适合我校一年级学生特点的过程性评价体系。

其次，通过实践，深入探索发展性学业评价的原则、方法和注意事项，形成一整套校本化的一年级学生习惯养成教育的过程性评价的实施策略。

再次,通过实践,使评价成为提升学生自尊、自信、自强,促进学生全面、健康而又富有个性发展的重要途径和方法。

### (四)研究框架

研究框架如图1所示。

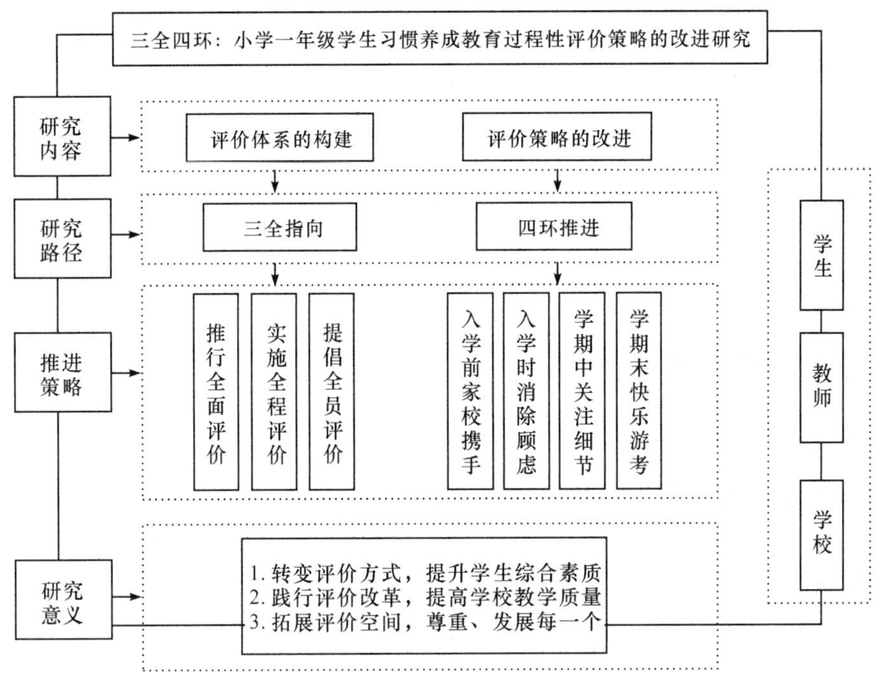


图1 研究框架

## 三、研究实践

### (一)"三全"指向:小学一年级习惯养成教育评价体系的构建

在构建评价体系的过程中,我们遵循"三全"原则,即全面评价、全程评价、全员评价。全面评价着眼于内容,回答了"评什么"的问题;全程评价着眼于过程,回答了"怎么评"的问题;全员评价着眼于评价主体,回答了"谁评价"的问题(见图2)。这三者是一个有机的统一整体,也是一个递进的过程。

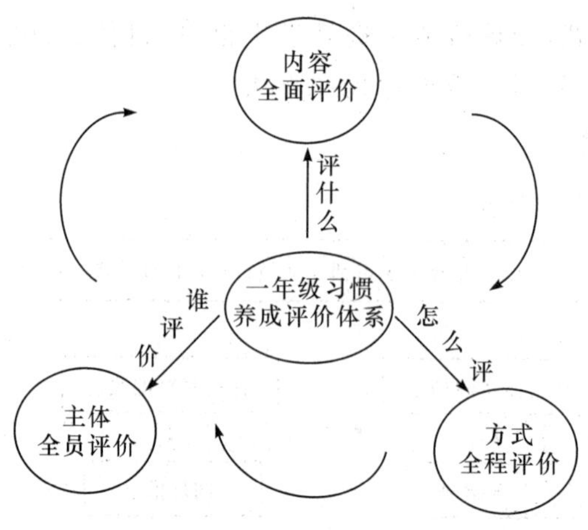


图 2 “三全”三维关系图

1. 细化评价内容,推行全面评价

每个人都各有所长,不能单独从一方面去评价学生技能的高低,而应综合各方面内容对学生进行评价。我们构建的评价内容体系(见表 1)将操作性较强的模式和可呈现的效果结合起来,将研究深入推进,并且创新性地从学习习惯和行为习惯系统研究一年级学生习惯评价的实践,关注过程、关注变化、关注成长,为学生小学阶段的后期发展奠定基础。

**表 1 一年级学生习惯养成教育在校常规要求**

| 一年级上学生常规要求 | 一年级下学生常规要求 |
| --- | --- |
| 1. 按时到校不迟到,学会问好不忘记。 | 1. 按时到校不迟到,学戴领巾会敬礼。 |
| 2. 进入教室即早读,传交作业静齐快。 | 2. 晨读自觉声音响,传交作业静齐快。 |
| 3. 课前准备早早做,人离座位桌凳齐。 | 3. 课前准备早早做,人离座位桌凳齐。 |
| 4. 课间活动要文明,不跑不叫靠右行。 | 4. 课间活动要文明,见到老师会问好。 |
| 5. 体锻前将领巾放,学做两操有效果。 | 5. 体锻前将领巾放,两操规范有效果。 |
| 6. 铅笔橡皮保管好,抽屉干净学整理。 | 6. 铅笔橡皮保管好,抽屉干净学值日。 |
| 7. 午餐安静排队盛,饭菜吃光不浪费。 | 7. 午餐安静排队盛,饭菜吃光不浪费。 |
| 8. 分清男女会如厕,讲究卫生勤洗手。 | 8. 课间如厕及时冲,勤剪指甲讲卫生。 |
| 9. 午休安静勤阅读,放学路队有秩序。 | 9. 午休安静勤阅读,放学路队有秩序。 |

2. 立足学生发展,实施全程评价

力求用发展的眼光去评价每一个学生的每一项素质。我们的过程性评价要围绕学生的发展,为学生的发展服务,增量学生主动发展的内部动力,形成奋发向上的精神力量。

我们在实施一年级学生习惯养成教育的评价中，始终贯彻全程评价，“四环”推进（见图 3）。

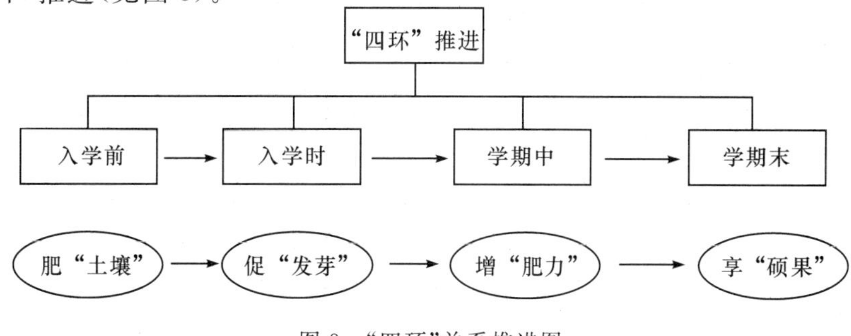


图 3 “四环”关系推进图

3. 确定主题意识，提倡全员评价

我们的过程性评价鼓励学生本人、同学、家长和教师共同参与到评价中，将评价变为多主体共同参与的活动。学生方面的参与有自评、互评；学习小组与同学合作，共同参与评价。教师在学生自评和互评的基础上再进行综合性评价。这样可以更有效地发挥学生的主动性，培养学生的交际能力、评价能力，完善学生的人格。家长参与评价，也有利于密切家校联系，使家长了解孩子的学习状况，配合教师给予鼓励或辅导，让家庭教育与学校教育形成有效的合力。

### (二)“四环”推进：小学一年级习惯养成教育评价的过程性研究

在学生习惯的养成教育上，我们肥土壤、促发芽、增肥力、享硕果，以“冲关小莲娃”为实施养成教育评价的载体，进行了入学前、入学时、学期中、学期末的以学生为主体的全程评价，让学生在这过程中养成习惯，充满自信而又快乐、轻松地收获成功（见图 4）。

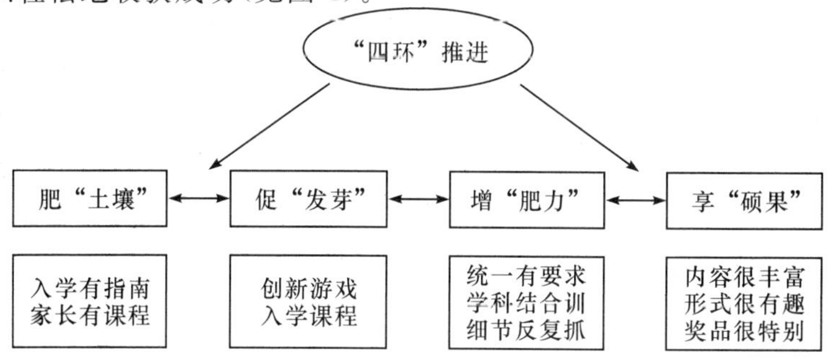


图 4 “四环”推进操作图

1.入学前:家校携手,评价先行肥“土壤”

(1)入学有指南,习惯提前养

对于即将上一年级的小学新生来说,入学准备是比较重要的。在新生领取入学通知书的时候,都会领到一份《新生入学指南》。它内容丰富,既有展现我校特色的板块,又有“新生必备六大好习惯”“学具准备小贴士”“和爸爸妈妈一起来读书”“和爸爸妈妈一起来锻炼”等板块。这些内容不是知识上的储备,而是习惯的培养和对环境变化的适应能力的培养。

《新生入学指南》中有一个板块特别提到要培养专注阅读的好习惯。假期里,小朋友和爸爸妈妈一起行动起来,每天坚持阅读半小时以上,并请家长做好评价。开学第一天就可以获得一张“冲关小莲娃”的奖励卡。我们通过对一年级新生的调查发现,超过80%的小朋友们在假期里积极阅读。家长的欣赏,让孩子对自身行为产生强化的作用,产生更积极的情感体验。

“评”触动心弦。还没有入学的孩子对小学生活是充满向往又有点小担忧的。《新生入学指南》中的习惯培养看似不经意,可是通过家长的积极引导和正面的评价,做个小小的约定,可以成功地触动孩子们的心弦,激发“我要养成好习惯”的兴趣,产生“我要让老师看到一个有好习惯的我”的愿望,从而促使自觉地规范自己的行为。

(2)家长有课程,亲子共成长

家庭教育和学校教育是教育系统中的重要组成部分,只有两者相互配合、和谐一致,构建良好的家校关系,才能加强整体教育的有效性。我们学校一直致力于开发“爸爸妈妈成长课程”,旨在提高家长的综合素质。其实,家长综合素质提高的同时,小朋友们的综合素质也在不断提高。

我们一年级的小朋友们在假期里就有可以和爸爸妈妈共同完成的课程“愉快的假期生活”,里面罗列了可以和爸爸妈妈一起做的许多事:一起去海洋公园、一起养护一种小动物、一起去银行办张储蓄卡……

“评”激荡心声。家长和孩子一起做的事,都是我们日常生活中发生的。如果能利用好这些小事,就能培养孩子良好的习惯。在课程中,家长对孩子进行评价,能看到孩子身上的闪光点。孩子从家长那儿得到肯定与鼓励。家长对孩子正确的评价,促使孩子养成好习惯,改正不良的习惯。这正是发挥了评价的激励功能、调节功能与改进功能。

2.入学时:消除顾虑,评价助力促“发芽”

(1)创新游戏,熟悉新校园

激励会改变孩子的一生,通过激励评价来培养孩子良好的习惯事半功倍。对于入学第一天的孩子来说,肯定有不安、紧张的情绪,带领孩子们熟悉校园、教学楼和各种专用教室,并组织孩子们在有趣的互动小游戏中彼此熟悉,相互了解,能够缓解孩子的紧张情绪,有效缩短新入学学生对小学生活的适应期。

自从湖南卫视综艺节目《爸爸去哪儿》热播以来,我校创造性地开设了"爸爸去哪儿"校园版一年级新生入学课程,受到了家长、社会的一致好评。

从进校门开始,小朋友们就领到一张神秘的任务卡。爸爸带着孩子,在规定的两个小时内根据任务单上的路线图开始游览我们的漫学园。任务单其实就是以闯关的方式让学生在熟悉校园的过程中了解小学学习生活的一些常规要求。孩子们兴趣盎然,完成各项任务,最后勇夺"入学常规"章,得到奖章的小朋友就可以在出口处领取神秘礼物一份。

"评"促心态调整。"爸爸去哪儿"漫学园活动不仅能让孩子和爸爸一起熟悉校园,拉近父子间的关系,更重要的是我们希望借助过关游戏提升孩子对新环境的适应能力,在孩子们熟悉校园的同时,培养爱校园、懂礼貌、讲卫生、爱公物、爱学习、爱科学、文明活动等良好的习惯。

(2)入学课程,习惯新课堂

为帮助新生尽快适应新的学习环境,成功开启小学学习生活,我校安排了为期四天的新生入学课程。我们以"漫德育"课程为核心,分成两大板块。第一板块依托漫德育课程,用吻合孩子年龄特征的诗歌童谣、有趣的绘本故事润泽他们的心灵,培养孩子爱学乐学、积极自信的良好心态。第二板块则是规则教育,如就餐、如厕、整理、列队、听课等,旨在结合课程,有目的地对孩子进行行为习惯的引导和训练,使孩子树立初步的规则意识,建立良好的秩序观念。

我们借助《大卫上学去》等绘本,通过教师讲解、学生猜读故事的方式,知道一些我们必须要养成的习惯,重点训练"正确坐姿、举手发言、做好课前准备"三项常规内容,让学生在有趣的环境中巩固常规训练。《大卫上学去》绘本非常形象地向学生展示了上课该干什么、不该干什么。通过阅读体验,学生一目了然。

"评"促心灵共鸣。绘本、诗歌的语言美、声音美、图画美让学生产生深刻的印象,更容易引起情感的共鸣,学生在轻松的氛围中就能把握住养成良好习惯的重要性。在教师恰如其分的评价中,学生真正"入情""入理",收获"润物细无声"的效果。通过反复的训练、及时的评价,学生更清晰习惯的要求、达到的程度以及与别人之间的差距，从而能够进行自我督促。

3.学期中：关注细节，评价贯穿增“肥力”

在长久的习惯养成教育中，我们采用“冲关小莲娃”的形式来激励孩子们养成习惯，采取自评、互评、师评和家长评的方式，让学生在过程中养成良好的习惯，体验进步的快乐与成功的喜悦。

(1)统一有要求，明确好习惯

“没有规矩，不成方圆。”教师应该明确常规要求，让学生清楚知道上课时究竟应该怎样做。因为一年级学生的自理、自律能力比较差，我们只有将要求提在前面，提得具体、细化，才能引导我们的孩子规范自己的行为。

我们根据一年级孩子的实际情况，统一制定了适合一年级孩子习惯养成的九大童规。为易于评比，我们一年级组统一制定“小莲娃你真棒”的一日常规评比本，以奖励“大拇指”，十个“大拇指”兑换一个“冲关小莲娃”为激励措施，集满二十个小莲娃可以进行抽奖活动。在评价方式上，虽然是一年级的孩子，我们也不局限于教师的评价，同学们轮流管理班级，对每一个孩子的表现进行评价，这样也会促进孩子习惯的自我养成。

“评”凸显儿童本位。评价的对象是孩子。因此，我们要关注儿童发展的生态，树立基于儿童本位的理念，先对一年级儿童进行“诊断”，明确每个儿童的不同基点，了解孩子的发展需求，制定合理的行为习惯要求，采取学生喜欢的方式进行评比，提供适时的帮助，学生当然就在无形中养成良好的习惯了。有了明确的培养策略，我们的评价也有理有据。

(2)学科结合训，促养好习惯

学生德育教育的主渠道是课堂。我们以兴趣激发为基础，各科教师齐抓共管。所有学科都统一要求，书本、铅笔盒的摆放，坐、立、看、听、说的要求，及时完成课堂作业的习惯等，以“大拇指”奖励卡来进行积极评价。每一张奖励卡上都标识不同的学科，以示区别。

“评”凸显相机而动。评价本身就是一个学习、诊断、改进和逐步完善的过程。其最终是通过改善教育现状而促进孩子发展。我们在实施评价的时候强调多元化，从评价的内容、主体、方法、标准等方面都体现了赋于评价方法之“个性”特色，作为教师，我们相机而动，展现评价之魅力。

(3)细节反复抓，形成好习惯

好习惯的培养在于在教学过程中抓细节，细节之处的培养是基础，习惯的培养就是从点滴开始的。比如读书时，就要教给学生怎样拿书，读书时站姿、坐姿以及写字的执笔姿势，方方面面的细节都需要教师进行培养、训练、检查。常规的训练是在反复练习中才能形成的，所以在这个漫长的过程中，教师一定要有耐心、有恒心地从细节入手，在反复训练中使知识渗入到学生的脑海中，从而自觉形成规范的行为。

“评”凸显长远飞跃。我们应该用发展的眼光看待儿童，所以要树立长远发展观，多维度、多标准来实施评价。依据不同的评价技巧，让孩子们在评价中得到质的飞跃，从而实现评价的切实有效性。让每个孩子在不同时期闪现不同光芒。

4. 学期末：快乐游考，评价激励享“硕果”

为了深化课程评价制度改革，为了全面地考察学生的综合素质，倡导将知识运用到生活实际中的理念，学校一改传统的纸质检测方式，开展充满童趣、富有挑战性的游考活动。

(1)内容很丰富，检测好习惯

我们为孩子们量身定制了一年级期末模块游考活动：“奔跑吧，莲娃”和“漫学园达人秀”。“奔跑吧，莲娃”游考分为六个场馆：语言屋、智慧村、涂鸦馆、唱唱台、动动吧、礼仪路。“漫学园达人秀”分设礼仪小达人、社交小达人、爱乐小达人、淘宝小达人、诵读小达人、剪纸小达人、运动小达人、自理小达人。从期末游考内容中看，我们不单单进行学科知识的考察，更加注重了兴趣、习惯等非学业因素的评价。所有的考察项目不是单一割裂开来的，而是相辅相成、互为补助的。

(2)形式很有趣，践行好习惯

期末游考活动形式更是有趣。它告别了传统的考试形式，改玩游戏，孩子们直呼“好玩”。比如在一年级下的时候我们创设了“到超市购物”这一情景，把教室布置成了一个个超市，摆上各种蔬菜。孩子们在进超市前必须对镜整衣冠、正确佩戴红领巾，不然没办法进去。孩子们还要运用恰当的礼貌用语问候教师并大方介绍自己，向教师提出进超市的请求，获取进门密码，遇到困难知道寻求帮助。在超市中，孩子们自己挑选物品，通过正确诵读拼音、计算价格，获得物品。在这丰富有趣的游戏中，孩子们不断地践行自己的好习惯。

(3)奖品很特别，强化好习惯

游考最后，我们把蔬菜、水果作为游考的奖品。这样的活动，既让孩子们体会丰收的喜悦、成功的乐趣，又将这份快乐从校内延伸至校外，传递给家人，和他们一起分享。回家后，孩子们拿着获得的奖品，和爸爸妈妈制作了一道道精美的菜肴，通过 QQ 群分享给大家。

“评”之乐趣。乐趣在于好玩、有意思。对于这样的游考活动，学生们表现出前所未有的兴奋，好像从来没有如此期待过考试的到来。他们拿上精美的“终极考核卡”，认认真真地来到教室外等待考核。在轻松、愉悦的氛围中，学生们就完成了游考活动。

“评”之意趣。意趣在于收获、分享。通过参加这样一种别开生面的游考活动，对孩子一个学期的学习情况进行了检验，让孩子在快乐中成长，在快乐中学习，真正体现了教育评价的改革，这样的活动能更好地全面、真实、客观地综合评定学生的综合能力，推进学生全面发展。

## 四、研究成效

经过一年多时间的研究，在课题组成员的共同努力下，我们对一年级学生习惯养成教育过程性评价策略有了自己的设计和思考，逐步构建了基于“三全”指向的评价体系，提炼出基于“四环”推进的一年级学生习惯养成教育的过程性评价策略的有效途径。在行动研究的过程中，教师的理念不断发生转变，教学理念的转变促进了教育行为的转变，教育行为的转变改变了学生的学习方式，带来了行为习惯的转变，评价体系彰显我校特色，学校发展在区域内受到认可。

### (一)学生在合力中养成习惯

1.持之以恒，好习惯初成

小学一年级学生良好习惯养成教育的过程性评价的实施不断地激励着孩子，孩子们的好习惯初步养成。我们发现学生的习惯转变了，自觉管理的能力强了，习惯的表现由以往的他律变成了自律。课题的实施促进了学生良好习惯的养成，学生的情感、态度和价值观也在引导中得以不断地感染和丰富。好习惯的养成让他们感受到了学习的快乐。

2.家校如一，好习惯巩固

一年级的孩子在家里的表现也发生了翻天覆地的变化。他们能够尊重长辈，听从家长的教导。“我们老师说”类似的话语越来越少了。他们能积极、主动做自己能做的事。以主动整理自己的学习用品为例，一年前入学时,孩子们的书包都是家长整理的。但是通过一年的训练,结合“自理达人”的评比,一年之后,大部分孩子都被评为了“自理小达人”。通过调查得知,有81.5%的孩子学会主动整理自己的书包和学习用品了。因此,我们坚持对孩子进行过程性评价,全程跟踪,全程评价,孩子自然而然地就能践行好习惯,做到家校统一。

3.成长奠基,好习惯相随

通过实施习惯养成教育的过程性评价,一年级学生更快、更好地养成了良好的习惯,激发学习的积极性和主动性;提高学习效率;培养了自主能力、创新精神和创造能力,使学生终身受益。它有利于为学生的后续学习打好基础,为孩子的发展打好基础,为学生未来成长奠定坚实基础。

### (二)教师在实践中转变观念

恰当的评价对儿童成长所起的促进作用是毋庸置疑的。有效运用评价,是教师需要掌握的一门艺术。通过课题实施,教师逐步转变观念,对评价的研究也日渐增多。教师能善于运用激励儿童的评价,能站在儿童的视角,基于儿童的需求,以合适的评价方法和手段激活儿童的学习内驱力,促进儿童主动发展。

1.变心:火种比蜡烛幸福

“给学生‘鱼’是错,给‘渔’也有不足,只有给‘欲’才是源头之水,才能实现教为不教的最高境界。”知识并不是靠教师传递的,而是学习者自身主动建构的,习惯的养成也是一样。所有一切教学的起源是学生的内心,学生要面对的是“我想要学的、要改变的”而不是“教师要我学的”。而教师只是一个旁观者、引导者。

2.变度:退一步海阔天空

这个“度”指的是角度,即能站在儿童视角了解儿童的诉求,来设置适合不同类型、不同层次的学生的奖项。基于我校学生生源参差不齐的现状,我们重新思考原有评价体系的合理性,在深入分析研究的基础上,初步构建了“九美莲娃”的综合评价体系,不仅关注儿童的学业成绩,而且关注儿童的学习过程与方法、情感态度与价值观、多方面潜能,以及他们日常学习生活中的品德和习惯等方面的评价,对不同层次、不同个性的儿童均有关注,让“九美莲娃,各美其美”。身为教育者,要努力去发现儿童的闪光点,看到进步,看到成长,然后引导、激励、促进,让儿童如向日葵一样,始终向阳生长。

3. 变形：阳光雨露齐疯狂

能基于儿童心理特点了解儿童的心声，创新评价的形式以触发儿童的心弦。让儿童始终有不竭的动力去努力，去追求更好，这是评价的意义所在。一切外在的手段和方式都必须通过内因才能起作用。基于儿童心理，我们创造性地改变了一些奖品以及奖励的方式，如蒋校长的“银行积分兑换”、园子老师的“情感拍卖会”，用儿童喜欢的形式来实施评价，更容易触动儿童柔软的心灵，运用棉花糖、书签、蔬菜、水果这些有趣的奖品，让他们有期待，有渴望，哪怕有遗憾与失落，也容易转化成儿童前行的新动力，激励他们继续努力。

**（三）学校在发展中受到认可**

1. 评价体系彰显学校特色

作为“漫德育”课程的一部分，一年级行为习惯养成教育系列课程之评价体系彰显我校校园特色，它成为我们适应新课程实施，有效开展拓展性课程，探索学校发展的有利途径。

(1)“三全”评价体系：释弥漫观念于德育

我们构建的“三全”指向的评价体系更整体、更动态，能够持续不断地刺激，达到最佳效果。不仅学校全员参与，全方位渗透，全过程跟踪，更是把活动实践扩展到家庭、社会，扩展到影响行为习惯形成的一切场所，形成全方位的强大势场，每一个角落都有良好行为习惯的感染、熏陶，产生如“入芝兰之室，久而自香”的潜移默化效应，刺激持久而高效，真正做到了弥漫，大大提高了一年级学生良好行为习惯养成的效果。

(2)“四环”评价策略：护烂漫天性于德育

纵观我们实施、推进的一年级习惯养成教育的评价体系的“四环”途径，其实都是以活动为载体的。喜爱丰富多彩的活动是儿童的天性，在群体中活动也会有很多交往合作的机会，寓教育于活动中，在“玩”中学，心情愉快，最有成效。这些丰富多彩、生动活泼的活动实践使学生在愉快中“玩”、“做”，受同辈群体感染，同伴示范，不知有“学”而获取成功，作为主线贯穿于好习惯形成的全过程。只有将习惯的养成融入各种丰富多彩的教育活动中，才能步步落实，全面开花。

2. 社会美誉度不断提升

实践漫教育，打造漫学园，维护儿童生命在场是全校师生共同的教育梦想。随着课题的实施，我们的一次次评价活动都引起了社会广泛的关注。

校园仿真版“爸爸去哪儿”开学第一课引起了社会广泛的关注。作为全国德育实验学校,我校每年都会接待很多来宾。多家报纸、媒体报道了我校的漫德育。

## 五、结论与展望

### (一)结论

当前的基础教育新课程改革正迈向纵深发展,新一轮课程改革的核心是评价,它倡导“立足过程,促进发展”的课程评价,强调促进学生全面发展,关注个体的进步和多方面的发展潜能。基于我校漫德育实施的背景,调查我校学生在习惯养成上的现状,提出优化评价的内容、创新评价的途径。

1.科学的评价体系,关注个体差异

建立科学的评价体系,关注个体差异,满足不同学生的需要,不论是习惯优等生、中等生,还是习惯特困生,都能根据自身的情况,在原有基础上得到充分的发展,从而认识自我、建立自信,真正实现漫德育的以生为本。

2.多维的评价途径,关注自主建构

我们构建了培养学生良好习惯养成教育的多维评价途径,通过内容丰富、选择灵活、形式多样的一系列体验课程,使学生在自主养成、小组合作、自我更新中,不断建构良好的习惯,激发学习的兴趣,促进核心素养的提升。

### (二)展望

1.进一步挖掘校园育人元素,完善校本化德育探究课程

我们的校园虽小,可是处处藏着育人元素。我们已经开发了“童漫节活动课程”“校园成长系列课程”“常规养成系列课程”“第二课堂实践课程”“家校童和课程”。如何进一步挖掘漫学园里的育人元素,完善校本化德育课程值得我们深思。

2.进一步建构综合评价体系,提升育人趣度、效度与深度

课题实施一年,我们在一年级学生行为习惯养成教育的研究和实践上取得了很好的成绩。基于此,我校又提出了“九美莲娃”的综合评价系统。我们将重点围绕“九美”展开实践研究,提升育人的趣度、效度和深度,形成漫学园特色评价体系。

## 参考文献

[1] 顾建军. 学习与评价[M]. 南昌:江苏教育出版社,2009.
[2] 孙云晓. 习惯决定孩子的一生[M]. 北京:北京师范大学出版社,2013.
[3] 张兆红. 好习惯成就好人生[M]. 北京:同心出版社,2010.

【教学范式】

# 基于微课的初中翻转课堂学习范式设计

杭州市十三中教育集团(总校)

屈强　汪建红　陈苍鹏　马锦绣　蓝庆青

**摘　要:**翻转课堂的重要载体是微课,我们学校重点就微课的开发与设计进行深入的研究,微课程由微课视频、微进阶练习、微任务单、微教案、微课知识地图组成。把微课植入我们的课内外教学中,是我们实践的一个亮点。我们建立的学习范式,一是课前翻转——任务翻转自主探究,主要有微导航、微资源、微测试、微反思;二是课堂翻转——角色翻转展示碰撞,主要通过情景激活、开放课堂、教师点拨、激励评价等环节开展自主合作学习;三是课外翻转——主要有作业批阅、错题纠错、微课提升。

**关键词:**翻转课堂　微课　学习范式

## 一、研究缘起

### (一)现状调查:无自主重负担学习当配角

1. 学习权利

学生没有自主选择的权利。学生上课主动性差,忽视个性发展,学生潜力得不到发掘。

2. 学习方式

学生全盘接收或全盘模仿。学生学习兴趣低下，没有自主选择，全盘接收或全盘模仿。

3. 课堂核心

教师教材资料为课堂至尊。教师只凭单一的个人经验和教学资料来给学生授课。

4. 辅导助学

家教辅导学费高昂难推广。学生请假缺课，教师没有补课，只能靠家教，家庭负担重。

**(二)研究意义**

1. 有助于实现“有教无类”

在新的历史条件下，我们应该重视孔子的“有教无类”教育观，赋予其新的内涵和意义，努力办好人民满意的教育，让人民满意。面向全体学生，面向每一位学生，既要追求大面积提高教育质量，也要追求人人有发展，这是义务教育的基本要求，也是素质教育的重要要求。

2. 有助于落实“因材施教”

满足不同层次的学生的需求，区别对待，让学生体验到成功的喜悦。要实现这一目标，可以建立一个平台，使每个学生能够在空间和时间上得到平等的教育，根据学龄特点、学业水平、接受能力以及个性差异，进行适度分层教学，满足不同层次的学生心理、生理、智力的需求，激发学生的内驱力，切实做到因材施教，区别对待，让不同层次的学生在学习中体验到成功的喜悦。

3. 有助于建立“高效课堂”

尽可能用少的时间获得最大的效益的教学活动，充分发挥45分钟的时间效能，尽可能不浪费每一分钟，把学生从“时间＋汗水”和大量机械重复的题海训练中解脱出来，把时间还给学生，按照课堂目标，让学生主动学习、反复演练、巩固拓展、触类旁通，真正使学生身心愉悦地感受课堂、享受课堂、收获课堂。

## 二、研究设计

### (一)概念界定

1. 翻转课堂

翻转课堂是一种把传统学习方式和网络学习(e-learning)优势相结合的教学方法,既要发挥教师启发、引导、监控教学过程的主导作用,又要充分体现学生作为学习过程主体的积极性、主动性与创造性,通过对所有的教学要素进行优化选择和组合,以达到教学目标的课堂教学范式。

2. 微课

微课是指以视频为主要载体,记录教师在教育教学过程中围绕某个知识点或教学环节而开展的精彩教与学活动的全过程。

### (二)研究目标

1. 形成学为中心的课堂以实现因材施教

落实学生在学习中的主体地位,满足每个学生发展的基本需求。改变学科本位的观念,提高学生的学习兴趣,建立正确的自我概念。因此在“智慧微课堂”的教学设计中要使各种活动和形式相互配合。

2. 凸显学生的主体地位以促进独立学习

落实学生“知识、技能”的提高,关注学生“情感、态度"的转变。新课程标准将自主探究加入其中,旨在加强对学生素质的培养和情感、态度、价值观的实现。

3. 实现自主学习和合作学习有机整合

发展个性是素质教育的核心,但现在的师资力量不可能达到永远的一对一教学,而且学生也需要集体生活和学习来培养团队合作能力。因此,将课堂学习和在线学习有机结合起来是必然的选择。

4. 提高学生信息素养以促进终身学习

当今社会是信息社会,信息能力的高低直接影响人们在社会中生存的质量。开展网络学习,可以提高学生的信息素养,而通过信息技术获得的科技新进展和思想,可以帮助学生逐步树立科学的世界观。如今全球倡导终身学习，这是不断发展变化的客观世界对人们提出的要求。本研究考虑了学生的学习习惯和学习文化的培育。

### （三）研究框架

研究框架如图1所示。

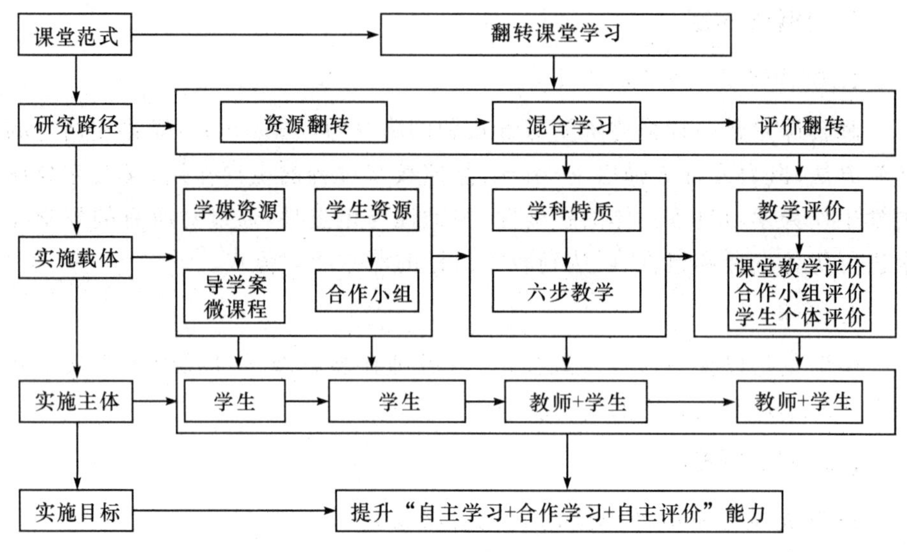


图1　研究框架

### （四）理性思考

1.翻转课堂拓宽自主学习的时空

把知识传授放在课外，学生选择最适合自己的方式接受新知识，而把知识内化过程放在课内，以便师生、生生之间有更多的沟通。

2.翻转课堂拓宽合作学习的时空

把解决问题和师生之间以及生生之间的协作互动主要放在了课堂上，在培养学生自主学习能力的同时，也强化了学习的互动性。

3.翻转课堂拓宽家校合作的时空

微课进入学校，家长有机会参与更多活动，根据自己孩子的学力，挑选适合的微课在家里进行自学，并且可以留言互动，弱者可以补差，强者可以变强。

## 三、实践研究

### (一)翻转资源:微课程资源的开发

1.微课程资源的开发原则

(1)微课资源设计的针对性

帮助学生理解某知识点或技能,促进其吸收消化。课堂教学视频设计科学性中还要保证信息量的科学性。在课堂教学中,学生对信息量的接受在一定时间内是很有限的,因此视频的设计要有足够的明确性和针对性,如果视频呈现的信息量过大,学生只能走马观花,来不及分析和理解,就会对知识内容吸收消化不彻底。

(2)微课资源设计的逼真性

要使学生看清、看懂、舒心,关注学习效果及其连续性。自然属性上的逼真性,反映了视频的再现与真实的世界有多接近。当设计一个视频内容时,其逼真性则主要依赖于课程的性质,设计者必须要考虑课堂教学中所要教的内容、目标,以及学生原有的知识经验。

(3)微课资源设计的简洁性

画面呈现简洁有效,内容务实,形式直观、生动、简洁、朴素。为了使教学视频资源在呈现教学信息中获得更好的效果,画面内容和形式既要直观、生动又要简洁、朴素。

(4)微课资源设计的艺术性

课堂教学视频设计的艺术性,一方面体现在视频呈现内容的选择上,如视频中融入一些和教学内容相关或相近的影像画面元素,留给学生思考和想象的空间等;另一方面体现在教学视频画面中光线、色彩、构图和运动等的运用上,也要做到舒适美观、清晰简洁、赏心悦目,使学生在接受知识的同时获得美的享受。

2.微课程的开发与设计

(1)微课视频

一般在3~5分钟以内,用于解释核心概念或内容、方法、应用等。微课类型可分为概念诠释、难点释疑、巩固强化、知识拓展、错题归档等。

(2)微进阶练习

与微课视频配套，采用在线测试方式，用于检测学生对知识点的掌握程度，是一种基于课程标准的查缺补漏学习过程，是类似游戏通关的在线检测系统。

(3)微任务单

微任务单强调任务驱动和问题导向，在问题解决过程中达成学习目标。让每个学生按照自己的步骤学习，取得自主学习实效。

(4)微教案

微教案，也称微教学计划、微教学设计、微导学案等。由于学科和教材的性质、教学目的等的不同，微教案没有固定的形式。

(5)微课知识地图

这是一种知识导航系统，显示不同的知识存储之间重要的动态联系。

### (二)翻转课堂：智慧微课堂学习范式的构建

学校经过两年的实践，建立了翻转课堂学习范式，突出学生通过自我建构来学习知识，突出学生是学习活动的主体，突出资源的开发和利用，建立互惠共赢的合作学习方式，摒弃教师为主的教学方法，课堂上师生合作、生生合作、教师引导与共进成为新特点。翻转课堂学习范式如图 2 所示。

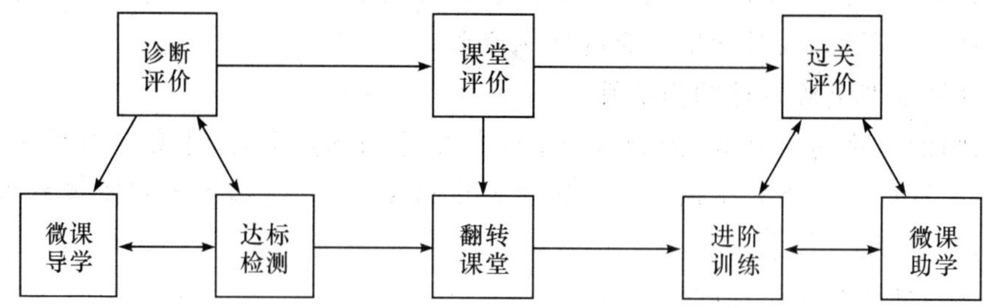


图 2 翻转课堂学习范式

1. 课前翻转：任务翻转自主探究

(1)微导航——自主导学

学生自主学习体现为阅读导学案、自主探究、观看微课、质疑答疑、理出学习思路；教师主导体现为编写学案进行引导、录制微课揭示重点和难点、答疑、评价给分等。

(2)微资源——自主选择

微资源指在教学系统和学习系统所创建的学习环境中，学习者在学习过程中可以利用的一切显现的或潜隐的条件。可用于学习的一切资源包括信息、人员、资料、设备和技术等。

(3)微测试——过关检测

指学习一定内容后进行的小测试,有课时、单元、阶段等测试,呈螺旋上升式。

2.课堂翻转:角色翻转混合学习

(1)合作学习——引发自主学习的内部需要

教师提供适当任务,同学之间相互交流与智慧碰撞,提高对关键概念的掌握和理解程度。它既强调学生独立解决问题,也强调教师指导,或者让更有能力的同伴共同探讨。学生们通过合作学习解决认知冲突、阐明不充分的推理而最终达到对知识的理解。

(2)自由课堂——创设自主学习的外部条件

自由课堂是翻转课堂的一个主要特征,有两种做法:一是让学生当小老师,形成师徒结对式激发求知欲,激发其情感体验,课堂进入全方位的交流,达到一对一式的"微交流",从而使学生深入地"认知冲突",达到对教学内容具体而深刻的理解;二是知者加速,针对那些已经搞懂的学生,增加学习内容和学习难度,开发知者的能力,教师适度加以引导。

(3)教师引导——提升自主学习的学习效率

教学中的交流汇报,能够培养学生的思维能力、语言表达能力,教师必须高度重视,课前精心设计,教学中因势利导,保证这些教学环节的落实,从而保证教学的顺利进行,达成学科的教学目标。

3.课外翻转:学思融合多重刺激内省

(1)作业批阅——学教问题反思

这是检查学生学习情况,也是教师对课堂教学效果的反馈,教师及时掌握存在的问题和做错的根源,并及时把错误的情况反馈给学生,让学生及时加以理解和巩固。

(2)错题纠错——变式反思跟进

作业讲评后,要求学生将作业订正好,而且要求订正正确、清楚。此时,仍然有一部分学生一知半解。因此,需要加强作业订正后的反思,让学生知道错误的原因,理顺解题思路,积累经验,提高思维能力,达到事半功倍的效果。

(3)微课提升——重方法重归纳

在课后的微课中,注重解题思路与方法,培养学生联想、转化、推理、归纳、探索的思维能力。比如多题一解,适当变式,凸显解题的思维过程,开拓解题思路，形成知识的内在联系，培养学生思维的探索性和深刻性。

## (三)激励评价：建构自主学习的调控机制

翻转课堂倡导“自主、合作、探究”的教学理念，促进学生开展有效的自主学习和合作学习，学生是教学过程的中心，教师要充分发挥其支架作用，评价指导、引领学生。

### 1. 评价工具

我们建立了自主合作学习评价量表(见表1)。让学生掌握高质量的学习标准，使学生明确学习的要求和目标；可以清楚地显示学习方式和学习目标，让学生明白“如何做”才能达标；评价标准公开化，评价更客观、公正；促使学生自我判断学习的效果，减少盲目性；体现多元评价，激发学生对评价的积极性，有利于“他人意识”的形成。

**表1 自主合作学习评价量表**

| 姓名 | 自主预学 | 课堂自主学习 | 小组活动开展 | 小组交流 | 倾听 | 表达 | 评价能力 | 自主提升 | 总分 |
|---|---|---|---|---|---|---|---|---|---|
| | | | | | | | | | |
| | | | | | | | | | |

### 2. 评价管理

由班长一天一次小结。一周一次总结，与学生之星评价结合起来，高于8.5分的予以表扬和鼓励；对得分不及格的，尤其是违纪的同学，由班主任和任课教师与其谈话；严重者与家长沟通，协助管理引导。

### 3. 评价特点

(1)教师“引导式”评价——激发学习热情

教师积极创设民主和谐的评价氛围，让学生积极发言，敢于质疑，树立学习信心。

(2)自我“诊断式”评价——形成学习内力

学习评价的过程是学生自我认同、自我建立的过程，既要学生认真审视自己，又要教师反思自己的教学及其评价等。

(3)小组“促进式”评价——实现合作共进

小组评价同伴，人人都是评价者也是被评价者，这是一个心理调适和平衡的过程。学生既要学会静心倾听他人评价，也要学会客观评价他人。

## 四、实践效果

### (一)形成翻转课堂的教育理念

1.形成了学为中心的教学理念

学生是学习的主体,教师是学习的帮助者、促进者,两者是和谐存在的,共同建构精彩的课堂。通过"转变学生学习方式""转变学教主体关系""以促进有效学习为目标"形成有效课堂。

2.形成了自主发展的路径和载体

尊重一切学生的个人特质、成长规律、兴趣特长、人生取向,并以此为出发点和最终归宿。教师为学生选择学什么、怎么学创设条件,把学校当成是自助餐大食堂,让学生进来随便挑选自己喜欢吃的食物,并能够自主选择怎么吃,找到一条融合自然性、生态性、人文性、发展性的协调途径,为学生自主发展创设诸多的路径和载体。

### (二)诠释了生命活力课堂的内涵

实行自主合作学习,从认知方面来说就是要善于激发学生兴趣,启迪学生智慧,掌握学习方法,形成学习习惯。

1.有效提升自主学习能力

我们对"自主学习计划""自主预习的基本方式""上课时的自主意识""上课时的思维活动情况"等做了调查,这几项指标都明显地得到改善,如表2所示。

表2 自主学习意识调查统计表

| 学习计划 | 前测 | 后测 | 预习方式 | 前测 | 后测 | 上课自主意识 | 前测 | 后测 | 上课思维 | 前测 | 后测 |
|---|---|---|---|---|---|---|---|---|---|---|---|
| 一直有 | 20% | 20% | 主要看课本 | 45% | 32% | 听老师安排 | 62% | 36% | 跟着老师 | 58% | 30% |
| 偶尔有 | 65% | 18% | 借导学案看书 | 15% | 50% | 边听边质疑 | 20% | 56% | 不断反思 | 15% | 61% |
| 今后都有 | 10% | 62% | 只做导学案 | 20% | 18% | 注意力不集中 | 13% | 8% | 跟不上 | 15% | 5% |
| 没有 | 5% | 0 | 不预习 | 20% | 0 | 不听 | 5% | 0 | 无思考 | 12% | 4% |

2.有效提升合作学习能力

图5显示了"学生发言次数"的前测与后测结果,图6显示了"对于争议

性问题的表达”的前测与后测结果。分析以上调查数据，我们不难发现，学生的合作意识已经大大地得到提升。

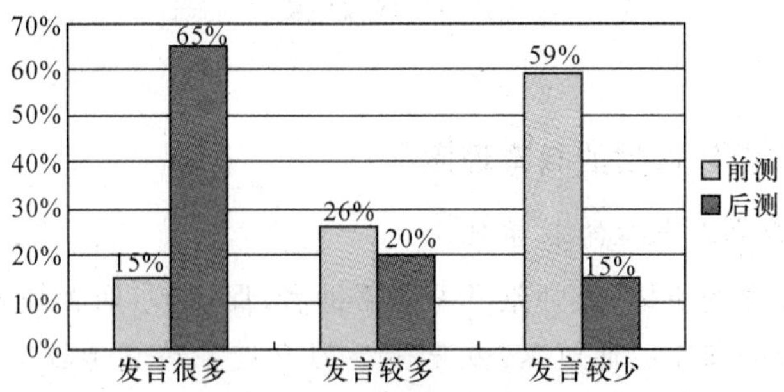


图 5 “学生发言次数”的前测与后测

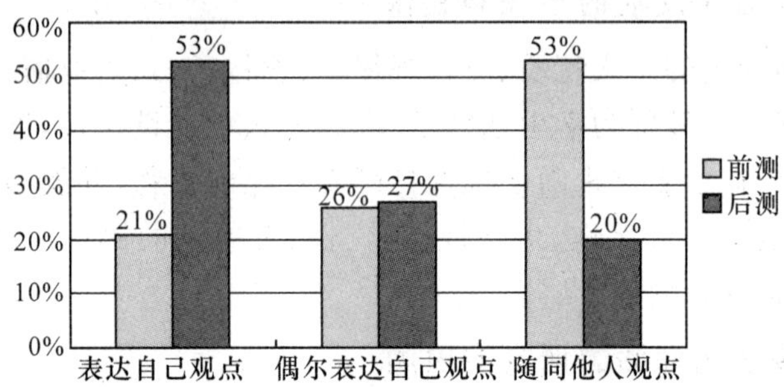


图 6 “对于争议性问题的表达”的前测与后测

一个人合作能力有多个维度，图 7 显示了“学生倾听情况”的前测与后测结果，总之从这两个问题的调查分析发现，学生的合作能力在发生可喜的变化。这一切都说明了我们的学生掌握了初步的合作技能和交流分享技能。

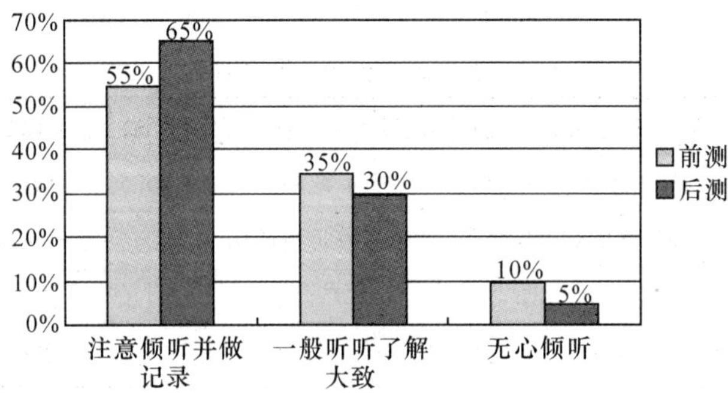


图 7 “学生倾听情况”的前测与后测

### (三)翻转课堂:切实做到减负提质

1. 主动学习——提升学习品质

我们调查发现,在2年前,独立解决占85%,请教老师占8%,小组合作解决占7%,这说明学生主要依靠自己的能力来解决学习问题,充分体现了艰苦奋斗、自力更生的精神。但是现在我们调查的结果是独立解决占41%,还是占多数,但是请教老师上升到25%,小组合作解决上升到34%。解决问题的途径更加多元,更体现合作的态势。如图8所示。

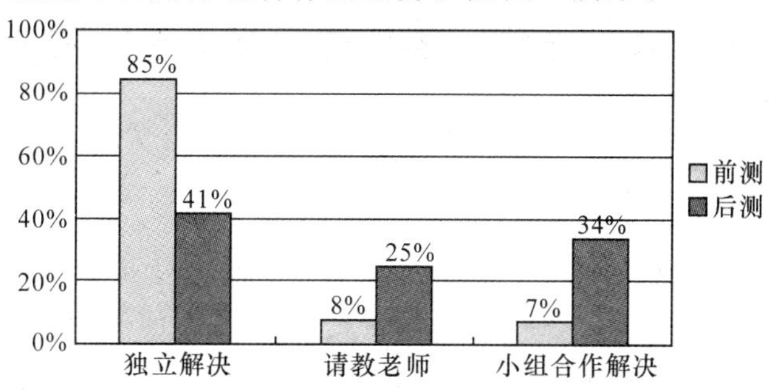


图8 “学生解决问题途径”的前测与后测

2. 微课补习——促进人人发展

教师精心设计微课、微练习,有梯度、多类型,可供学生自主选择,把培优工作贯穿课堂内外,注重培养学生的创新精神。如让优生设计微课,进行方法归纳和解题技巧的归纳,学习有困难的学生也制作微课,把自己学习的困惑说出来,让优生给予回答,这样可以促使他们深入研究,灵活运用所学知识解决实际问题。

### 参考文献

[1] 曹良亮.在线学习中的交互设计——以交互结构为核心的交互设计方法[J].中国远程教育,2010(1):38-43.

[2] 黄燕青.翻转课堂中微课程教学设计模式研究[J].软件导刊,2013(6):157-159.

[3] 刘名卓,祝智庭.微课程的设计分析与模型构建[J].中国电化教育,2013(12):323.

[4] 张金磊.“翻转课堂”教学模式的关键因素探析[J].中国远程教育,2013(19):59-64.

# 导学探疑：一种生本课堂的教学范式的构建和实践研究

杭州市第十五中教育集团浙大附初

计国勇　许棣　李胜建　廖忠祥　周昕

**摘　要**：新一轮关注学生内需、追寻教育本源的课改风潮突起，我校提出"导学探疑"生本课堂的教学范式的构建和实践研究正当其时。"导学探疑"基于学生的自主预习，教师在课堂上更多关注促进学生思维发展的"导学"；基于师生、生生之间的合作学习，更为有效激发学生学习的内驱力的"探疑"。基于以上实践与思考，我们廓清"导学探疑"课堂教学范式，探索构建"预学生疑、合作探疑、交流解疑、反馈拓疑"的"四疑"环节。通过"导学探疑"课堂教学改革，学生实现美丽转变，学习品质提升，学习能力增强；教师实现靓丽转身，教学能力提升，科研能力提高；学校管理实现华丽转型，构建管理体系，完善考核评价；名校品牌更为闪亮，轻负高质卓有成效，社会美誉度日隆。

**关键词**：导学探疑　课堂实践　教学范式

## 一、缘起："导学探疑"生本课堂的追寻和改革传统的沿革

教育的革新即是文明的进步，我国自现代教育启蒙以来对教育的改革追寻从未停止。进入 21 世纪以来，从新课程改革到新课改反思，课堂教学的改革走入纵深阶段。2011 年，全区试水"学案导学"课堂，我校结合本校实际，提出构建"导学探疑"课堂的课改主旨。

## （一）课改大环境与我校课改传统

课改的目标在于育人，核心是人的发展，和我校“对每个学生负责，对学生的终身发展负责”的办学理念相吻合。教育本身就是一个传承文化和价值观的过程，教师本身是其载体。正是基于十年课改经验和现阶段学生成长规律需要，我校提出“导学探疑”课堂教学范式这一全新的课堂教学改革方向。

我校在 2000 年新课改之初提出学校的教学理念是“学以自主探究为本，教以科学创新为先”；2005 年提出了坚持教学为主、质量为本，以新课程实施为抓手，着力课堂教学改革；2006 年提出了着力教学过程管理，在日常教学管理中真正落实新课程下的“教学五认真”要求；2007 年开始打造高效、自主的课堂教学品牌；2008 年进一步提出“聚焦课堂教学，注重轻负高效”的教学管理目标；2010 年进行“减负提质”和校本课程建设工程；2011 年提出“十八字”教改策略，即“有思想、有规范、多起点、多实践、重建构、重实效”；2012 年提出了深化课改、着力高效、以学定教的“导学探疑”课堂教学范式。

## （二）目前的课堂教学范式弊病

在一系列举措的推进下，我校的课堂教学风貌有了很大改观，教学绩效有了较大提高，但是一些固有的教学范式弊病仍一直盘踞于课堂。

### 1. 填鸭之讲授式

讲授式的课堂追求量的达成，教学流程走完即可视为教学任务完成。教学范式以教师讲授、学生听记为主，学生在学习过程中被动接受知识，很少有自我消化的时间和自主生成的机会。教师关注知识容量的形成，忽视学生思维认知建构的过程，甚至代替了学生主动建构知识的过程。

### 2. 放羊之练习式

新课改后一些教师走向另一个极端，认为学生的自主学习能力可以替代教师讲授，于是放心将课堂完全交予学生，自己甩手成为旁观者，美其名曰“培养学生的自主学习能力”。教师多关注合作探究的程序达成，忽视学生合作学习中的生成性，更逃避引导、点拨的教师责任。

### 3. 揠苗之跃进式

在应试的高压下，针对考点是教师备课时习惯性的思考。但是，我们多关注思维强度的张力的最大化，忽视学生思维发展的阶段性，思维上揠苗助长会导致学生分化严重。

此外，对于成绩优秀的学生，我们利用自习课，组织了培优班，因为“天外有天，练无止境”，学生原有的成功感立即被挫败感替代。成绩中下的学生在课堂中得不到重视和肯定，自习课中被组织到补差班，反复做似曾相识的题目，却不究其原因，“夹生饭”集体加热，学生学习积极性极弱，教师只能用一些高压政策管学生。基于以上背景与思考，我们认为在新的一轮课改中必须解决这些课堂教学的弊病，落实课程改革的核心价值，践行我校“对每个学生负责，对学生的终身发展负责”的办学理念。开展“导学探疑”的课堂范式构建，能够创设教改氛围，促进教师从理念和行为上发生改变，重构课堂管理机制和评价体系，这是我校课改的不二法门。

## 二、架构：“导学探疑”课堂教学的研究设计和实施框架

### （一）“导学探疑”课堂教学含义

“导学探疑”课堂范式是基于学生的自主预习，教师在课堂上更多关注对学生思维发展的“导学”；是基于师生、生生之间的合作学习，更为有效引导学生“探疑”，从而激发学生学习的内驱力，培养学生探疑、质疑的思维品质。

导：引起，诱导。教师在课上想方设法引导、激发学生的学习欲望。“导”除了诱导、循循善诱以外还融入了“导学”“学案教学”的元素。

学：自主、互助学习。以学生的学习为中心来组织教学，是我们课堂教学改革的方向所在。

探：探究、钻研。学生注重自身良好学习思维品质的养成，培养与他人合作探究的习惯和意识。

疑：问题、质疑。学源于思，思源于疑。小疑则小进，大疑则大进。

### （二）“导学探疑”课堂范式研究的目标

1. 构筑课堂框架，构建操作体系

立足本课题，形成“导学探疑”课堂之框架结构，建立相应的教学范式与操作策略体系，从而进一步深化学校课堂文化建设研究成果，切实提高课堂效率。

2. 促进学生转变，丰富课堂内涵

通过研究，力求从改变教师的“教”入手，继而加强对学生学习活动、学

习能力、学习状态的关注与思考，力求在学习时空、学习内容、学习方式以及学习自我评价几个方面，给予学生更多的自主性，让课堂学习不仅停留于知识积累层面，更孕育着学力提升、生命成长的精彩历程，从而丰富学生的课堂生命内涵，让学生获得更大程度的自主成长与全面发展。

3. 促进教师转变，提升教育水平

促进教师教学行为的转变，提升教师专业能力和水平，提高教师的课堂幸福指数。立足本课题，努力提升教师对教材、学情的研究深度以及对课堂的驾驭与调控能力，借教师专业能力的发展促教师教学行为的切实改变，焕发教师的课堂生命活力，进而有效提升课堂教学质量。

4. 探寻管理机制，加大品牌影响

通过研究，积极探索学校课堂教学管理的新思路，促进"导学探疑"课堂设计与实施研究的推进，进而形成"导学探疑"课堂管理运行机制和制度，保证课堂教学改革的良性发展，从而提升学校教育品牌的影响力。

## 三、操作："导学探疑"课堂教学设计的教学实践

### （一）预学生疑——预学案的设计方法与使用策略

所谓"预学生疑"，是在课堂学习之前提出针对知识点的疑惑，这就要借助预学案这一载体。预学案是基于学习目标，克服教与学的分离而由教师根据课时或课题教学内容，通过教师集体或者个人研究设计并由学生参与，促进学生自主、合作、探究性学习的师生互动"教学合一"的设计方案，是蕴含师生交流新理念的科学化文本。

1. 预学案的设计方法

（1）复习法——先温故而知新

在新课学习中，学生会遇到很多概念、规则。这些知识似乎是新的，但它们却跟学生的经验（来自于生活的以往的学习）却有着各种各样的联系。

（2）实验法——先观察和体验

对于像科学一样的理科学习，预习更多侧重的是实验。这看似简单的不同教学方式折射了科学教学的价值取向。

（3）实践法——先寻找生活实例

实践和实验的不同之处在于,实践更多的可以从生活中寻找事例。

(4)基础法——先落实基础

对于像语文一样的文科学习,理清生字难词可能是进一步学习的先决条件。在这个预学案中教师要求学生全面落实字词等基础,还加入了文学常识的要求。

(5)思辨法——先合作探究后质疑问难

此处的思辨法也应包括一般的辩论和思考,比如思政课的预习往往需要准备好时政辩题,以备课堂上的辩论和争鸣。

2.预学案的使用策略

(1)预学在先,强化检查

学生在使用“预学案”时坚持三原则:自觉性原则、主动性原则、独立性原则。教师在课前一定要进行检查:①有代表性地直接检查若干位学生(如优、良、差各2～3位)课前预学情况;②可通过问题设计或者让学生板书或演示课前实验进行检查;③可指定若干位学科组长或者小组长在课间或者课内对学生的预学情况进行检查,再汇报。

(2)加强指导,落到实处

教师布置预学作业必须明确告诉学生预学的时间、内容、方法、要求(哪些要检查)。教师要对一些课前实验适当地进行指导。教师在课堂教学过程中一定要体现预学案的使用,可以通过“四步”即预习导学、情景引入、合作展示、检测评估设计教学环节,通过“四疑”即设疑、寻疑、解疑、质疑设置教学过程,通过“四悟”即自悟、领悟、感悟、觉悟引导学生。

(3)加强评价,落到实处

预学作业的评价以自我评价、小组评价、教师评价为一体,力求通过不同的评价方式,激发个人、小组、整个班级的学习的积极性。

### (二)合作探疑——多层次合作和思维体操

新课程标准中指出,学生是学习和发展的主体,我们要积极倡导自主、合作、探究的学习方式。合作探疑建立在正确的交往观上,将教学过程视为多层次合作的最佳模板,通过合作探究达到思维体操的目的。

1.多层次合作

“导学探疑”课堂教学中的合作从合作对象上看有师生合作和生生合作,从合作形式上看有小组合作和全员合作,从合作内容上看有课堂合作和作业合作,可以说合作层次的多样性、全面性是我校合作学习的特点。

（1）多层次合作策略

①角色扮演

在合作探究学习策略中，每个学生不只是独立地为活动的一部分负责，他们承担角色任务后，由不同任务构成一个认识活动的整体。

②群体依赖

小组确定每个成员的任务和责任，进行明确的分工，这就形成了小组内相互补充和相互支持的依赖型角色系统。小组成员完成同一个学习目标，目标相互依赖；为了实现共同的学习目标，必须交流信息和分享有关资料，资源相互依赖；目标达成后，全体成员得到针对小组成果的评价或奖励，奖励相互依赖。在这些相互依赖关系的作用下，学生之间由原来的竞争转化为合作，呈现出生生互动、团结协作的新局面。

③自我责任人

小组分工时要兼顾每个学生的个性、特点和能力，激发他们的创造潜能，使每个学生都成为“负责人”，成为某个主题的“专家”，以带动其他同学一起进行更深层次的探讨和创新。

（2）多层次合作目标

①追求全员参与，力求分层领会

多层次合作的目标是激发学生全员参与的热情，从而体现教育的公平性。但是既然有不同层次，也要求能力有差异的学生能找到适合自己的参与面。无论学生在角色扮演中承担怎样的角色，都应该有基于个人层面对问题的理解。

②教师适时介入、引导和调控，促进教学按计划、有秩序、高效率地完成

在合作学习的课堂中，学生会卡壳、迷途、钻牛角尖，需要教师介入引导和点拨，引导学生学会负责、尊重、谦让、倾听、分享、协作，学会欣赏他人和表现自己，从而促进教学按计划、有秩序、高效率地完成。

③避免单纯的集体评价，实行双重评价

虽然一个小组的成绩是全组成员智慧的结晶，但评价也要注意优秀学生的表现，适时表扬以鼓励。如果只关注集体评价，“大锅饭”的状态则容易使某一些成员成为旁观者，滋长了他们的依赖心理和惰性，造成两极分化。建议给学生基础分，追求增量，再以提高幅度评价个体的贡献，以团体总分论小组的胜负。

2. 思维体操

思维起源于问题，在有问题的情境中学习会激发思维火花。问题设计

是思维体操的依托点。思维体操从“疑”入手,通过新材料、新情境、新视角设计问题,引导学生在宽松的思维时空中思索、辨析,从不同角度、不同层面加深对知识的理解,实现认知的重组和思维的创新。

(1)思维体操设计方略

①设计“问题链”,突出“主问题”效应

问题设计要紧扣教学内容,教师可以组织一连串问题,构成一个指向明确、思路清晰、具有内在逻辑的“问题链”;也可以设置“主问题”,形成“牵一发动全身”的问题“多米诺骨牌”。

②设计发散式问题,培养灵活思维能力

我们发现学习能力强的学生可以从同一道试题的信息源产生不同的假想,然后就每一种假想进行合理的思维推理,一旦思维受阻,能立即转换思维方式。为此,在教学中必须适时、合理、经常地设计发散式问题,引导学生多角度、多方面思考问题。

③设计相近或互逆问题,提高类比和逆向思维能力

皮亚杰认为智力发展是把新知识同化和顺应到已有的认识结构中去的一个过程,要使新知识与原有认识结构同化和顺应,应加强学生的类比思维能力培养。当然,事物的发展总是相互制约、相互转化的,也应该提倡逆向思维发展。

(2)思维体操操作策略

①围绕内容,设计知识为核心目标的问题

可以试着变换角度问问题,或者由浅入深问问题。问题设计要围绕知识性的内容,同时要符合学生的认知规律。

②把握方法,设计情感为指向目标的问题

在设计问题时要留下“艺术的空白”,善于采用曲径通幽的方式把直的问题以曲问的方式提出,要求学生在思维上“跳一跳”才能回答。曲题也可直问,以迅速切入主题,把握学生思维要点。

③提升能力,设计探究性为目标的问题

控制问题设计的密度,掌握问题设计的难易度,注意问题设计的梯度。把握好“三度”,使思维启迪具有指导性。

当然,在课堂上也应该引导学生自我设计问题,强化学生问题思维意识,使思维拓展突出层递性,强化学生问题思维的内需性,重视问题发现过程中学生的学习自主性的提高。

### (三)交流解疑——情境创设和多维度交流

情境创设为学生的学习提供认知停靠点,又激发学生的学习心向。这两大功能是促进学生多维度交流的两个条件。

1. 情景创设

教学情境所提供的是学生认识过程中的形象与抽象、实际与理论、感性与理性以及旧知与新知的融合环境。

(1)情景创设的资源

①学生课程资源

学生是课堂情境教学的主要对象,但也是课程资源的一部分。这里的学生课程资源包括学生课程的经验资源、情感资源和学生信息资源。

②生活资源

生活中处处有知识,应该创设具有一定真实性和现实意义的教学情境,以帮助学生在解决问题的过程中活化知识,变事实性知识为解决问题的工具。

③教师资源

教师是重要的课程资源,是课堂情境教学的设计者、组织者和促进者,更是课程的开发者和研究者。教师的知识储备、技能技巧、理论素养以及人格魅力等对于学生和学校来说本身就是一种资源。

(2)情景创设的策略

①充分开发和利用课程资源进行情境创设

课程资源是课程设计、实施和评价等整个课程编制过程中可利用的一切人力、物力以及自然资源的总和。课程资源既是知识、信息和经验的载体,也是课程实施的媒介。在情境教学中,离不开课程资源。

②激发教师的教学设计能力进行情境创设

教师要根据学生实际、教材的不同内容等具体情况和条件,创造出适合学生而富有感情的教学情境,使学生在情景交融之中愉快地探索、深刻地理解、牢固地掌握科学知识。

③立足教师的课堂驾驭和调控能力进行情境创设

由于课堂情境教学具有自主性、开放性等特点,教师应在课堂里营造学生主动参与的学习环境,形成互动的学习氛围。教师要对师生之间的信息交流起到引导调控和组织保证作用,使教学情境融洽。

2. 多维度交流

学生在课堂上的交流既是展示过程，又是重新内化和吸收的过程。“导学探疑”课堂充分利用学生的交流过程，提升思维层次，培养学习能力。

(1)多维度交流的形式

①书面交流

书面交流基于学生的阅读能力，带问题去探索，从中发现问题。在特定环境下以下四种交流也都可以书面的形式开展。

②师生交流

师生交流是最为常见的课堂交流方式，教师通过交流感知学生的学习程度，学生通过交流得到困惑解答。除了知识交流，师生之间可以有情感和心理等的交流。

③组内交流

合作学习倡导学生自主合作探究，小组内成员分角色探究后交流会有不同的侧重点，互通有无的过程就是整体提高的过程。

④小组交流

小组之间的交流呈现小组整体水平和学习成果，带有组织荣誉感，交流过程有竞争意味。小组的交流形式可以有汇报、演讲、表演等。

⑤团体交流

团体交流往往以示范形式展开，优秀团体作为模范在公共平台进行示范展示。

(2)多维度交流的策略

①学生认真探究总结，确保交流成果有效性

有些小组讨论松散、低效，交流内容空泛、无效。这就要求小组建设首先要到位，小组必须要有强有力的领导能够组织有效的交流。

②教师耐心细致，给予学生交流充分的时间和空间

教师应根据课堂生成设计教学流程，而不是以本为本。要给予学生足够多的交流时间和空间，同时在交流过程中起到提炼点拨、去粗取精的作用。

③个别不能替代全体，保证交流面的广度

在交流过程中有些学生选择性聆听，对于自己感兴趣的内容偶然听听，不感兴趣的内容则充耳不闻，游离于交流之外。有时个别优秀学生的交流会让别的学生不敢发言，遮盖其他学生的困惑，因此教师要确保交流的广度。

### (四)反馈拓疑——练习跟进和评价反馈

课堂练习与评价反馈是课堂教学的有机组成部分,课堂练习与评价反馈作为一个教学环节,一般安排在课堂教学结束前;作为一种教学活动和要素,可以穿插在课堂教学的全过程。

1.多元练习跟进

“导学探疑”课程理念下,根据学生的实际情况、知识水平的差异,设计多样性、实践性、趣味性的多元练习,暂列为引课练、当堂练、课后练。

(1)多元练习类型

①引课练

引课练即课前训练,用时不多,形式多样,内容灵活,各学科都可以结合学科特点进行内容丰富、形式多样的课前训练。

②当堂练

当堂练即课堂练习,以其及时反馈和呈现深受师生推崇。题型可以有口算练习、笔算练习、应用练习、选择练习、判断练习、综合练习、操作练习、竞赛练习、游戏练习等,能提升学生对学科内各知识点之间的综合运用。

③课后练

课后练不求多、杂,而力求精、细,要求学生能按质按量地完成,对于没有很好掌握的学生及时辅导,找出不足与疏漏,及时补救。注意布置分层作业,针对不同的学生布置难易不同的作业。

(2)多元练习使用策略

引课练通过预学案和课前检测来完成。当堂练通过小组合作和检测在课堂中完成,注重效率和普遍参与。课后练的布置要因地制宜、因人而异,并且练习需要及时反馈。

2.适时评价反馈

“导学探疑”课堂中评价主体多元化,从单向转为多向,在学习过程中完成动态评价,注重质性评价与量化评价的结合运用,一些新的评价手段如电子档案袋、量规、概念图、学习契约、范例展示等在教学评价中得到广泛应用。

(1)适时评价反馈策略

①重视以学论教,以学生为主体

提倡以学论教,主要可以从学生的情绪状态、注意状态、参与状态、交往状态、思维状态、生成状态等方面进行评价。

②注重评价过程,关注学生发展

就教学本质而言,学生基础性目标和形成性、发展性目标应该统一,因此评价过程较之评价结果更为重要。

③立足双向评价,促进教师成长

课堂教学评价应沿着促进教师成长的方向发展,不在于鉴定教师的课堂教学效果,而在于诊断教师的课堂教学问题,制定教师的个人发展目标,满足教师个人发展的需要。

④考量综合能力,建立多元、开放的评价观

多元化的教育评价观就要相信每一个学生都是独立的、优秀的,尊重是发展性教学评价的前提,应建立适合每个学生潜能发展的个性化评价标准。

(2)适时评价反馈流程

"导学探疑"课堂评价体系有一系列操作流程,当然每一个学科根据自己的学科特色也有自己的评价特色。

## 四、成效:"导学探疑"课堂教学改革的教学实践成果

基于目标、质量和评价三个维度的"导学探疑"课堂体系构建,使教学质量得到提高,学生情感的培养得到加强,教学评价多元化改变了学生,成就了教师。建设"学为中心、以生定教"的生本课堂,彰显了我校特色的课改品牌。

### (一)学生的美丽转变

通过"导学探疑"课堂教学实践,学生的思维认知逐渐成熟;通过放手发动学生自主学习,搭建学生主体主动学习机制和平台,学生整体和谐进步。

1.兴趣提高,满意增加

"导学探疑"创造导练结合、智慧生成的教育环境,通过生生、师生互动,给学生充分自由表达意见的机会,从而激发学生的创造性思维和创新精神。

2.品质提升,动机加强

"导学探疑"课堂关注学情,简化繁文缛节,直指课程本身。文科教师在教学过程中注重提升学生对文本的研读能力,理科教师注重培养学生的做题习惯和科研思维,艺术教师注重提升学生的艺术品行……

### （二）教师的靓丽转身

1.教研组教学导向更为明确

我校教研组通过课题立项、论坛研讨、观课议课等环环相扣的课堂改革活动，探索如何通过“导学探疑”课堂管理提升课堂的教学效率，提升师生课堂的生命之质，在此过程中我们也形成了一系列学科特色。

2.教师主动发展的内驱力得到激发

在我校挂职学习的重庆涪陵天台乡中学的汪召兰教师是这样评价的：“我感受到浓郁的校园文化气息，目睹了学校教师敬业乐业的风采，体验了学校和谐的校园氛围，这都给我极大的震撼……”构建“导学探疑”课堂教学范式的改革重构管理和评价，激励着教师职业层次向专业化发展。

根据对教师对课改的认可度的调查，87.6％的教师认为构建“导学探疑”课堂的管理体系增加了教职工的凝聚力，促进了学校发展；86.4％的教师认为“导学探疑”课堂的实践活动是教师发展的本源，能够促进教师个人的专业化成长，优化教师整体的发展。

### （三）学校管理的华丽转型

1.实施目标管理，构筑发展目标

目标管理是以目标为导向，以人为中心，以成果为标准，而使组织和个人取得最佳业绩的现代管理方法。我们在学校里实施的课堂目标管理则是指自上而下地确定工作目标，并在工作中实行“自我控制”，自下而上地保证目标实现的一种管理办法。

2.督查课堂质量，构建管理体系

目标体系建立之后，需要通过一系列组织精细、严谨、扎实的督查质量过程的管理活动，引导教师将目标落到实处，保证课堂质量，进而促进构建“导学探疑”课堂目标的达成。

3.转换评价视角，完善考核体系

建立学校质量管理体系能有效解决质量的过程管理，从过程上保障质量，但没能有效地解决管理中第一要素“人”的科学管理、评价与激励，这是学校管理中的重中之重和难点所在。基于“导学探疑”课堂特质，“导学探疑”课堂教学目标考核体系包含了质量管理过程中的课堂评价和对教师个人的成长过程的评价，能进一步激发教师的工作激情与动力。

## (四)名校品牌战略的绚丽转轨

1.轻负高质更加卓有成效

教育教学质量是学校的生命线,我们课改的标准是"轻负高质"。我们以本课题为引领,从备课、实施、评价中加以规范,理念与实践、设计与实施完全融合。实行走班制度,更好地促进学生对学习的正确认识。在各级课堂教学评比中,教师们获奖多、奖次高;在区级各科教学质量检测中,在区艺术节、科技节、田径运动会等反映学校整体实力的竞技类比赛中,我校都处于区第一梯队学校行列。无论是教育行政、业务主管部门还是家长,都对学校教学质量的均衡优质发展给予了很高的评价,学校赢得了非常好的社会声誉。

2.家长满意度更见提高

随着课题研究的深入,学校把虚心采纳学生与家长的意见、办人民满意的学校作为检验学校管理工作成效的重要标准,长期坚持,狠抓落实。学校每学期都向集团下属学校家长发放《家长对学校满意度情况调查》,征求家长对学校各方面的意见。针对家长提出的意见,学校组织相关部门进行跟进调查,积极予以整改。

"对每个学生负责,对学生的终身发展负责"不再只是一句挂在教育行政领导嘴上的空话,或是家长们心中的愿景,而是实实在在的成绩。

3.社会关注度更为广泛

随着课改的深入,我校的媒体关注度不断提高,同行交流更加频繁。集团总校长做客新浪浙江,分享我校的办学特色,着重围绕"导学探疑""学生的个性化成长"等方面介绍了学校在"双负责"办学理念下着力学生健康人格教育的实践与探索。我校数学教研组组长李老师登上《杭州日报》名师专栏。宾客同行纷至沓来,苏州教育考察团、我校姊妹学校香港风采中学领导来校交流学习,我校友好学校美国峡谷中学副校长等同行专家领导也都莅临我校交流指导。

## 参考文献

[1] 布鲁斯坦. 双赢课堂——积极课堂管理新视点[M]. 俎媛媛，译. 北京：中国轻工业出版社，2011.
[2] 教育部基础教育课程教材专家工作委员会. 义务教育数学课程标准(2011年版)[M]. 北京：北京师范大学出版集团，2012.
[3] 史密斯. 破解优质教学的课堂管理之谜[M]. 郑丹丹，译. 北京：中国轻工业出版社，2010.

# “三三联动”:PISA背景下小学语文不同文体语用课型的创建与实践研究

杭州市西湖小学教育集团文新小学

郑雪琴

**摘　要**:本文重点阐释在PISA阅读评价背景下记叙类、说明类、议论类三种不同文体的语用课型的基本特征,从文本特征、教学流程、阅读策略、实施要点四个方面具体剖析了实践成果,从文本特征分析了注重叙事性、情景性、象征性的记叙类文体,注重知识性、客观性、严谨性的说明类文体,注重倾向性、典型性、概括性的议论类文体。从教学策略上采取不同路径,记叙型侧重于整体推进、抓住情节主线,凸显形象、理清人物关系,聚焦语言、内化表达能力;说明型侧重聚焦核心知识、获取信息,比较关键要素、解释信息,迁移不同方法、运用信息;议论型侧重理清层次,研究关联,类推迁移。突出不同课型的特点和要点,加强课题的操作性、实践性、研究性,对于一线教师将有比较大的借鉴和指导价值。

**关键词**:PISA背景　语用课型

本课题立足于近五六年来备受关注的国际学生评价项目PISA的动态,实践新课程标准的要求,历时三年侧重于“语用课型”的创建和探索,尝试在教学实践过程中根据不同文体特点形成不同风格的课型范式。

## 一、问题提出

### (一)浮光掠影的泛化现象

人教版小学语文教材以人文专题组构单元,要整体把握小学全套教材中同一专题的目标增长点,寻找不同年段的语用适合点,不然就变成同一题材反复出现、重复教学。

### (二)隔靴搔痒的弱化现象

在实践语用课堂过程中要避免仅仅只看到形式但却没有看清楚内涵的"僵化主义"。表面上看,研究了文本,也寻找到了语用的训练点,但只是简单的嫁接。

### (三)舍本求末的异化现象

一篇课文是一个"曲谱",要根据不同的节奏、韵律、风格来设计、推动、组织教学,不然就容易让人产生没有踩住拍点,甚至完全不符合节奏的感觉,造成课堂低效。

## 二、研究设计

PISA是一种国际性的科学评价方法,可强化对考生知识面、综合分析、创新素养方面的考查。语用课型是以培养阅读素养为目标,指向语言实践、应用、积累的语文课,在语言学习过程中,师生共同探索语言的形式、表达、内涵等的特点和规律,内化以及迁移语言能力和语文素养的一种新的阅读课型。本课题的设计框架包括以下三个方面。

### (一)一个核心圆:基于对话

本课题研究认为课堂是一个师生以及文本共同创新和建构的圆体结构,课堂教学的过程是多元对话的互动过程,就像一个同心圆,把课堂变一个师生共同成长和发现的交际场。

**(二)两条腿走路:从个体研究走向团队研究,从研究怎么教走向研究怎么学**

课题推进采取以常态听课结合、以专题亮课结合、以区域赛课结合,实现"时时、处处、人人"的动态化研究过程;此外,为更好地实现教学即对话的宗旨,研究的视角更多地聚焦于"怎么学"。

**(三)"三三联动"路径:建立三本意识、构建三类课型、运用三元策略**

三本意识指的是以文本意识为基础,以教本意识为发展,以学本意识为目标,教师完成从研究教材、研究教法到研究学生的螺旋递进与提升。建构三类课型指的是以小学最常见的三种表达方式为基础,形成记叙课型、说明课型、议论课型的三种基本课堂范式。运用三元策略借鉴 PISA 测评认知方面的能力主要是访问和检索、整合和解释、反思和评价这三项,以有效培养学生的阅读能力。

## 三、实践探索

**(一)记叙课型**

1. 文本特征

(1)叙事性

故事的主体是"事",不论这个事是神奇的、荒诞的还是启人深思、让人身临其境的,总之要把事情说清楚、说明白,就好像一个"讲述者"正在你面前娓娓道来,这就是这一类文本的第一个共性。

(2)情景性

假如没有一定的情景,所有事情的发生和发展就会显得突兀,甚至给人以虚假的感觉。但是设置一定的情景,就不知不觉带着读者走入当时的故事背景当中去,被故事中"出人意料却是情理之中"的魅力所吸引和打动。

(3)象征性

典型故事的典型人物,经历了时间的磨砺,又都有特殊的象征含义。在看似简单的"叙事"的背后,或表达了人们征服自然、战胜灾害的美好愿望,或寄托了人们惩恶扬善、追求理想的可贵精神。

2.教学流程

(1)整体推进,抓住情节主线

有的故事情节比较简单,事情的发生、发展、结果就是顺势而去、一目了然的;有的故事情节相对比较复杂,尤其是在经过部分又有一波三折、扣人心弦之处。教师要通过灵活多变的教学设计,引导学生在初步感知文章内容的基础上,提取出线索的相关标识,发现内在的奥妙。

(2)凸显形象,理清人物关系

事不离人、人不离事,故事虽然说的是"事",但是其实写的是"人",正是人物的活动推动了情节的发展,也正是情节的深化才凸显了人物的形象,所以在故事中既要看到事也要看到人,当然通过人和事再来领悟其中蕴含的道理,这几者是密不可分的。

(3)聚焦语言,内化表达能力

如果把文本的语言比作原始资本,那么语言的应用就是为了使语言"增值"。当故事中的情节推进的特点、人物表达的特点都已经有了整体把握的基础了,那么接下来引导学生发现并挖掘隐藏在文本中的语言增值点,设计基于"特点"的练习点,能使学生使语言资本得到最大化的"增值"。

3.阅读策略

(1)读出韵味儿

语文的学习,是学生以原有的认知经验和人生体验为基础,对文本主动加工并重新建构的过程。因此,语文课的朗读必然要非常重视学生的语言感悟能力。

(2)讲出趣味儿

好故事不厌千遍讲,把静止不动的故事绘声绘色地说出来,也是一种语文素养的积淀。在三、四年级,既然有复述课文、试说故事的要求,不妨让学生把书面语言变成口头语言,让学生表达出来。

(3)写出余味儿

"教是为了不教",文本无非是一个例子,课堂也仅仅只有四十分钟,如果读完、说完以后什么都没有留下,学生终究还是没有真正学会。所以必要的时候,要换一种形式来内化。

## (二)说明课型

1. 文本特征

(1)知识性

文本的内容必须是科学的,经过实践论证的一种事实存在,这是此类文本的一个最核心要素。

(2)客观性

客观相对于主观而言,更尊重事物的本质,而非传递个人的感受,原来是什么就是什么,都要如实写来,不能任意改变。

(3)严谨性

说明文的说明态度、说明顺序、说明方法都是严谨的,精确之处往往用数字加以辅证。

2. 教学流程

(1)聚焦核心知识,获取信息

说明文往往通过对实体事物科学的解说,对客观事物做出说明或对抽象事理做出阐释,使人们对事物或事理能有科学的认识,从而获得有关的知识。

(2)比较关键要素,解释信息

“比较”是一种“比较好”的方法,比较有两种不同的方向:比较相同点、寻找不同点。可以引导学生对说明文的顺序、说明文的方法、说明文的结构等有一个准确和全面的认识。

(3)迁移不同方法,运用信息

说明文在布局、结构、语言上都有一些自己独到的特点。而这一种独有的语言现象,就是教师需要在课堂上紧抓不放、可以停留、不断放大,避免把每节说明课都上成一个样。

3. 阅读策略

(1)速读法

这是一种将被阅读的文字以组或行、块为单位进行大小不一的整体阅读,而“组”或“块”内所包含的往往可能是词组、半行、一行、多行甚至整页内容,能够从文字材料中迅速接收信息的阅读法。

(2)摘记法

涉及一些专业知识,不容易懂,通过画找能够找到核心知识点、关键词句,以便于强化印象、加深理解;并把"知识散片"变成"知识模块",为进一步深入的学习奠定基础。

(3)归纳法

说明文具有比较强的逻辑性,所以说明文也是培养学生逻辑思维能力的一个非常好的载体。通过抓主要信息、寻内在联系等学习过程,能有效地培养学生的思维清晰度和严密性。

### (三)议论课型

1.文本特征

(1)倾向性

议论文是声声鼓点,有一种响彻星云的震撼力,它的立场、主张、观点都是清晰的、明确的、不可置疑的。

(2)典型性

假如议论文的灵魂是"理",那么支撑"理"的躯干就是"例"。在小学阶段,最常用的议论方法是举例论证。

(3)概括性

采用"夹叙夹议、叙议结合"的方法。叙述是血肉,议论是灵魂;叙述是外在的言说,议论是内在的精髓,两者相得益彰,不偏废。

2.教学流程

(1)理清层次

议论文一般都有自己独特的结构特点,即提出问题—分析问题—解决问题,也就是人们常说的引论、本论、结论。教师可以引导学生找寻文章的结构特点。

(2)研究关联

一般来说,议论文是以理为内核,言之有序是基础、言之有据是关键、言之有理是核心,在教学过程当中就可以按照有序、有据、有理这样的三个阶梯,让学生由浅入深地把握这一种文体的内在关系,从而准确地把握"理"的内涵,深入地体会"理"的铺陈,辩证地分析"理"的合理性。

(3)类推迁移

因为议论文在小学阶段不多见,所以更有必要好好利用这样的文本资源,对学生进行逻辑思维品质的训练,提高学生的思辨力。用引用、关联词、举例等来充分印证自己的观点,在学校的演讲比赛、就职演说等场合充分展示自己论说的能力,能具备条理性,而且还能努力实现严密性。

3.阅读策略

(1)正向梳“理”

拿到一篇文章,先去找“中心句”,画一画、读一读、抄一抄。不是一“篇”这样做,而是这一“类”都这样做,形成一种习惯,变成一种技能,找到论点、理解论点。

(2)反向辩“理”

难道作者说的一定对吗?可以换一个角度找找漏洞,即便作者说的是对的,难道学生的理解一定准确吗?可以出几个题目考验一下。如此一个“辩论”的过程,不仅让理越辩越明,更重要的是,让学生学会了发出另一种声音,思辨地看待问题。

(3)多维证“理”

思维体操的第三个动作是有一定个性化的,就是“换个办法做”,需要从多个角度、多个层面、多维论证地做。在课堂中,学生也需要从多个角度去深入地、辩证地、全面地悟理。

## 四、研究成效

### (一)追根溯源:建立了寻“一类”的意识

1.梳理了不同文体结构图

打破以往教师把内容当阅读教的定式,开始有意识地在教材之外补充新鲜的文本内容,为国际阅读评测和生活阅读需要奠定基础。

2.理清了不同年段目标体

在对所有篇目进行文体分类之后,课题组又对同类文章在不同年段的分布情况进行目标导航和教学定位,共整理出3—6年级四个年级的8份知识点清单。

3.建立了同类文体序列表

课题组还根据同类文体在不同年段的分布情况,聚焦目标,明细知识轨迹,设计同类文体学习的具体路径。

### (二)顺藤摸瓜:强化了找“一个”的能力

1. 强化文本解读能力

通过大量的文本解读训练,课题组成员快速、准确、有效进行教学设计的能力得到了提升,在区域案例评比、说课比赛中屡获好成绩。

2. 强化目标定位能力

课题组成员在边实践边探索的过程中慢慢明晰,有些课堂看似精彩,但是不分年段地“无穷追问”反而后患无穷,大家在课堂教学实践中更加务实,也更加客观。

3. 强化课堂把握能力

有了航标,就能定好航向。为期两年的课堂实践,课题组成员总共研读文本共计33篇,推出研究课45节(次),承担区域主题研讨活动8次,获得较大影响。

### (三)铺路搭桥:提升了顺“学情”的本领

1. 遵循以“心理发展”为阶梯

站在儿童的立场和视野去寻找和落实语用,才是语用的真正回家之路。在课堂实践过程中教师着力处理好了三对矛盾关系:“需”不是“要”、“懂”不是“会”、“此”不是“彼”。

2. 实现以“阅读素养”为内核

课题组成员在实施课题研究的过程中,常用课前调查、课中观察、课后监测等手段,从“好玩、好用、好懂“几个维度进行跟踪、跟进,有效提高学生阅读的速度,提升学生的阅读能力。

3. 追求以“生活应用”为拓展

根据国际PISA对阅读能力的全新界定,课题组还尝试把语文课堂纳入生活现场,提高了语文课和生活的密合度,也使学生提高了对语文的兴趣,拓展了语文能力。

### (四)循序渐进:收获了促“增量”的发展

1. 研究团队的专业化发展

近两年,课题组成员围绕语用课题研究,在全国阅读教学评比获奖1名,全省获奖2名,承担市级以上研究课4次,相关人员评上省教坛新秀1

名，市教坛新秀3名，区教坛新秀12名。

2.课题项目的层级化推进

课题组成员积极撰写课堂教学实录、案例分析、专题论文，其中省级获奖3篇，市级获奖5篇，区级获奖20篇，共开发和积累素材达到50余万字。除了记叙类、说明类、议论类这三大基本项目之外，更细化到童话类文体教学、名著类文体教学等，走向深入，形成系列。

3.学科质量的同步化提升

在课题和课堂的同步推进下，本课题也迎来教学质量的大丰收。在大量减少无效作业的同时，教学质量反而得到了大幅度的提升。在2015年区域语文教学评比中，集团下属三个学校均排入前八名，获得历史最佳成绩。

## 五、研究展望

中国学生在近几年的PISA阅读测试中屡屡出现好成绩，有人盲目乐观，也有人妄自菲薄。且不管测试结果如何，我们都必须看到一个事实：在知识教育的成功之外，义务教育阶段的学生在个性养成、人格塑造、创新能力、批判精神、独立思考、发散思维的教育上，还远远落后于许多西方国家。所以，作为一线小学高段语文教师，我们要做的不是评论，而是更多地思考PISA阅读测试理念给目前小学语文阅读语用课型带来的启发与思考，我们相信，PISA的经验借鉴将会使得小学语文语用课型的实践和研究呈立体发展。

### （一）建立“以学为本“的素材库

建立并且完善和能力相关联的阅读素材库应当是首要的，将语言实践理念的具体实施从阅读材料入手，形成包罗万象且适合小学高段学生阅读和学习、感悟和理解、锻炼和迁移的阅读材料库，将“教材”变成“学材”，使学生真正从阅读素材中汲取养分，有所收获，就一定会对具有特质的语用课型的进一步深入和展开产生巨大的影响。

### （二）完善“以教定学“的发展链

阅读测试本身不是目的，其目的是要检查、反馈和改进阅读教学，实现促进学生的阅读能力发展的最终目标。所以，今后的课堂教学改革将关联学生发展的多方面因素,不再是机械的、单一的、固定的内容反复,只注重教师的"教",而是灵活的、多维的、发展的能力锻炼,更关注学生的"学",使学生外化的习得与内化收获相连接,将学生面向未来、可持续的兴趣和能力提升到重要位置。

### (三)建构"学用结合"的课堂观

阅读命题理念一旦发生巨变,相应的日常教学也将发生巨变,将不仅仅只关注课堂,还会更加关注阅读者在理解和应用阅读能力时的积极性和主动性,关注阅读能力给学生今后的社会学习生活及终身学习带来的益处,关注整个课程体系给学生带来的在学习和生活上的变化。学习和生活终将融为一体,学习即生活的语文观也将得以提升和完善。

总之,他山之石可以攻玉,借鉴PISA阅读素养测试先进理念及做法,憧憬小学语文阅读语用课能回归本真、承前继后,真正促进学生的全面发展、教师的素养提升和课堂的良好改革。

## 参考文献

[1] 蒋军晶.从课堂到课程[M].长春:长春出版社,2013.
[2] 刘芹.语用学视野下小学说明文教学的"突围之路"[J].小学教学研究,2014(9):14-16.
[3] 施茂枝.语文教学的反思与建构[M].长春:长春出版社,2013.
[4] 谢维和.深化中小学课程改革的路径选择[J].人民教育,2015(5):38-41.
[5] 郑桂华.语文教学的反思与建构[M].北京:商务印书馆,2012.
[6] 朱洁如,等.小学语文课型范式与实施策略[M].南昌:江苏教育出版社,2012.

# 三阶段·三类型·三策略

## ——“任务驱动型”小学数学课堂教学新范式的实践研究

杭州市求是教育集团

马　珏

**摘　要：**新课程改革要改变传统课堂教学的弊端，倡导“学为中心”的教学理念。“学为中心”的教学理念急需一种新的课堂教学范式来落实。在任务驱动教学模式的理论支撑下，通过行动研究，我们对任务驱动教学模式在小学数学教学的实践应用中有了自己的设计和思考，逐步提炼出包括“范式框架搭建”“范式应用丰富”“范式要点提炼”的“任务驱动型”小学数学课堂教学新范式。在课题研究的过程中，教师的教学理念在不断地转变，教学理念的转变促进了教学行为的转变，教学行为的转变又改变了学生的学习方式，促进学习行为的转变。在自变量和应变量的互相作用下，教师的研究能力、学生的学习能力都有了质的提升。

**关键词：**任务驱动　数学　课堂教学范式

## 一、研究缘起

新课程改革要改变传统课堂教学的弊端，倡导“学为中心”的教学理念。我们发现，理念的认同不等同于行为的改变，“传统教学的烙印”在课堂教学中依然清晰可见。第一，“学为中心”教学理念“以促进有意义的思维为教学活动的目的”，而现实课堂的教学目标却是“重知识获得，轻思维提升”。第二，“学为中心”教学理念“以任务为学习活动的基本组成单元”，而现实课堂的教学方式却是“重被动接受，轻主动建构”。第三，“学为中心”教学理念“以学情分析为教学的依据”，而现实课堂的教学内容却是“重照本宣科，轻关注差异”。综上所述，“学为中心”教学理念急需一种新的课堂教学范式来落实。由此，我们提出“任务驱动型”小学数学课堂教学新范式的实践研究，通过研究，改变教学中仅仅从教师教的角度出发，过于依赖教材内容，过于追求高效传递的课堂传统教学方式，探寻从学生学的角度出发，优化整合教材，促使形成学生主动探究、自主建构、全面提升的数学课堂教学新型范式，从而真正提升教师的研究力、学生的学习力。

## 二、研究设计

### （一）研究目标

课题研究的最终目标是形成“任务驱动型”小学数学课堂教学新范式，找到落实“学为中心”教学理念的抓手，从而促进教师教学行为转变，带动学生学习方式改变。

### （二）概念界定

本课题研究的“任务驱动型”小学数学课堂教学新范式，是以小学数学课堂教学为载体，研究任务驱动教学模式在应用中的教学流程、教学特点和教学核心，从中提炼出的一种关注数学学习中的个体差异，促进学生自主构建数学知识、发展数学思维能力的新课堂教学范式。

### （三）操作框架

多维整体架构，从范式框架、范式应用和范式要点三个维度开展研究；多元要素重组，对教学系统中的各个要素（教材、教师、学生）进行重组，获取最优化整合；多样特色凸显，提炼出数学学科特色的范式教学流程的具体阶段、范式教学特点的具体类型，以及范式教学核心的具体策略。课题路径设计操作框架如图 1 所示。

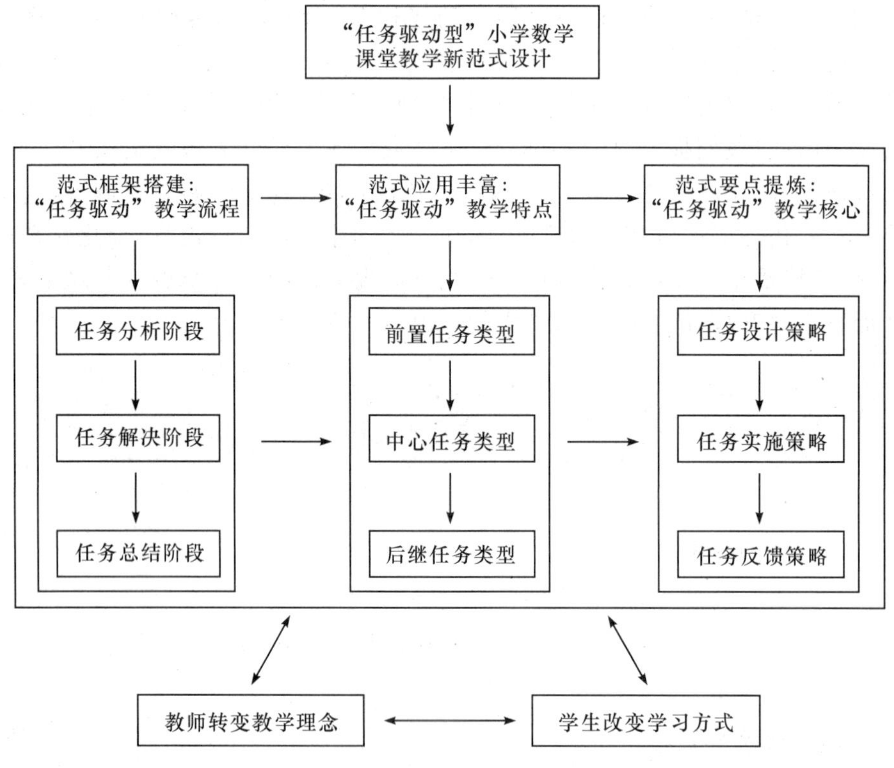


图1　课题路径设计操作框架

## 三、研究实践

### (一)范式框架搭建:教学流程"三阶段·六步骤"

体现任务驱动教学模式的特点,遵循学生数学学习的过程,"任务驱动"课堂教学新范式的框架设计以"任务为主线,学生为主体"(见图2)。"任务为主线",教学流程分为递进的"三阶段":任务分析阶段,任务解决阶段,任务总结阶段。具体形成操作"六步骤":情境进入,目标确定,协作完成,互动交流,归纳梳理,巩固强化。"学生为主体",这一过程中,学生的新知从知识激活到建构到拓展,能力从激发到发展到提升。

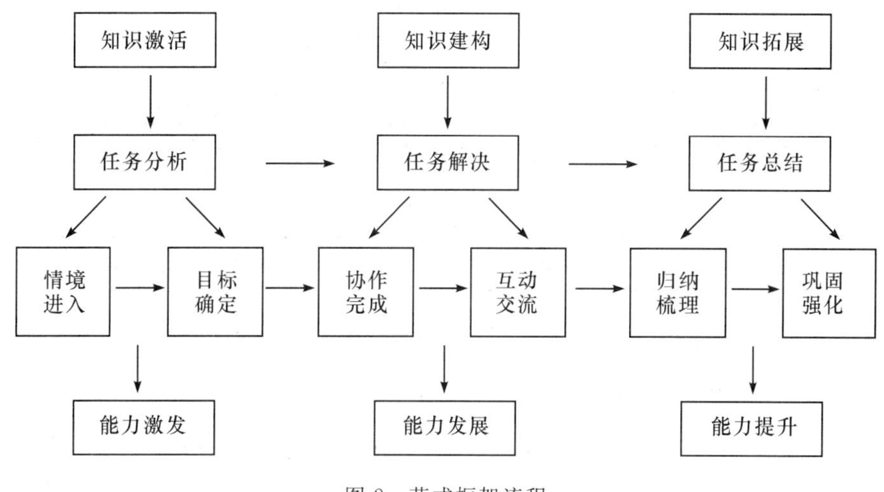


图2 范式框架流程

1. 任务分析阶段

任务呈现后不急于开始，要给学生一定时间进入情境：一方面理解任务内容，激活原有知识，对任务产生挑战的兴趣；另一方面对任务有准确认识，激发自身潜在能力，确定任务目标，为接下来的任务解决奠定基础。

2. 任务解决阶段

给学生充分的自主探索空间，寻求不同角度、不同层次的任务解决方法，遇到问题时，可以同伴协作，互相启发，共同完成任务；面对丰富的生成资源，通过全班交流进行整理，在比较中逐步进行知识的意义建构。

3. 任务总结阶段

回顾任务解决过程，将新知进行多角度的梳理，适度拓展延伸，获得知识和技能的整体框架；根据学生学习情况及时设计强化任务，巩固知识和技能目标的同时，在方法与思维层面得到提升，并获得积极的情感体验。

**(二)范式应用丰富：教学特点“三类型·六典例”**

范式基本流程在教学实际应用中，根据学生学习特点、教学特点不同，教学流程中的“六步骤”根据需要合理地安排在课前、课中和课后进行，可以分为前置任务类型、中心任务类型和后继任务类型(见图3)。根据任务目标不同，包括六种典型示例。前置任务类型有两种典型示例：知识预热和探索准备。中心任务类型有两种典型示例：意义建构和思维拓展。后继任务类型也有两种典型示例：解释应用和实践体验。

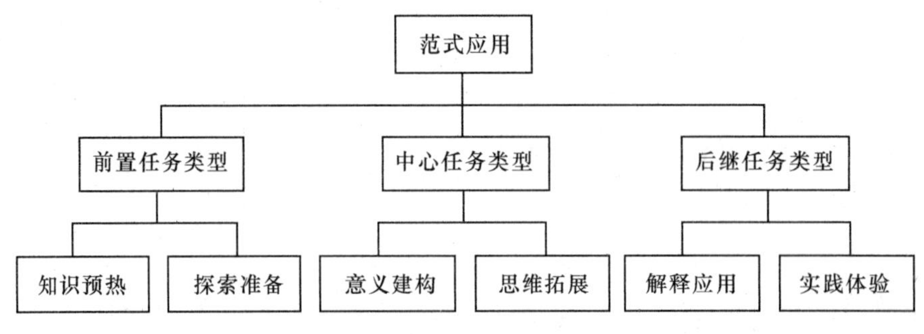


图 3　范式应用流程

1. 前置任务类型:课前“三步骤”＋课内“三步骤”

任务提前呈现,将教学流程“六步骤”中的前三个步骤放在课前进行是重心,后三个步骤在课内接着进行。这类任务要提供给学生清晰易懂的任务单,学生一看就明白要干什么(进入情境);任务单上也有清晰的完成步骤(目标确定);学生可以独立或合作完成任务单(协作完成),有时还可以借助微视频帮助学生理解任务内容。前置任务类型有知识预热和探索准备两种典例。

(1)知识预热

当教学内容中有很多习得性知识和技能,学生完全能独立进行任务;或当教学内容和生活联系紧密,需要学生提前收集学习材料时运用。

(2)探索准备

当教学内容中探索比重较大,学生在课内探索时间不够;或教学内容中的探索需要有一些方法基础,学生又不具备时运用。

2. 中心任务类型:课内连续“六步骤”

任务课内呈现,将教学流程的“六步骤”全放在课内完成。需要凸显完成的任务解决过程,体现教师的引导作用时运用。中心任务类型有意义建构和思维拓展两种典例。

(1)意义建构

当教学内容中新知的知识结构较复杂,学生需要经历一个连续的任务解决过程才能掌握新知时运用。

(2)思维拓展

当教学内容是较复杂的思维训练内容,学生独立完成有困难,要在教师的引导下完成任务时运用。

3.后继任务类型:课内“二步骤”+课后“四步骤”

任务延伸到课后,将教学流程的前“二步骤”放在课内进行,后“四步骤”放到课外继续完成;后“四步骤”是重心。当教学内容有更大的拓展空间,学生需要更多时间去完成,且完成过程中能体现不同的思维水平,获得积极的情感体验时运用。学生完成这类任务后,以一份小报告的形式呈现,例如研究报告、设计报告、调查报告等,便于后“四步骤”的进行。后继任务类型有解释应用和实践体验两种典例。

(1)解释应用

需要从数学的角度解释生活中的现象,增进对数学知识的理解,发现数学在生活中的作用时运用。

(2)实践体验

需要进入生活,开展实践,自主选择、运用所学数学知识解决实际问题,感受生活中处处有数学时运用。

**(三)范式要点提炼:教学核心“三策略·六改变”**

在教学实际应用中,从基本教学流程衍生出特点不同的具体教学类型,如何在范式形式的“变”中把握范式不变的“本质”?如图4所示,提炼出任务设计策略、任务实施策略、任务反馈策略,关注范式“六大改变”,无论对哪一种教学类型的实施都有指导意义,这才是范式教学核心所在。任务设计策略:打破教材格局,变照搬为整合;读懂学生需求,变被动为挑战。任务实施策略:放大挑战空间,变铺垫为直面;体现思维层次,变唯一为开放。任务反馈策略:凸显重点内容,变随机为精选;兼顾过程结果,变判断为促进。

1.任务设计策略

任务设计要从两个维度去思考问题:一个维度是教材,一个维度是学生。

(1)打破教材格局,变照搬为整合

任务不等同于教学内容,整体思考,梳理知识发生发展的脉络体系;融汇贯通,打破教材格局,对相关内容进行合理加工;让任务真正有利于学生对新知的意义建构。

(2)读懂学生需求,变被动为挑战

任务不等同于练习,有针对性的同时还要有趣味性,激发学生的参与热情;有层次性的同时还要有挑战性,关注学生的个体差异;让任务有利于提升学生的数学思维和方法。

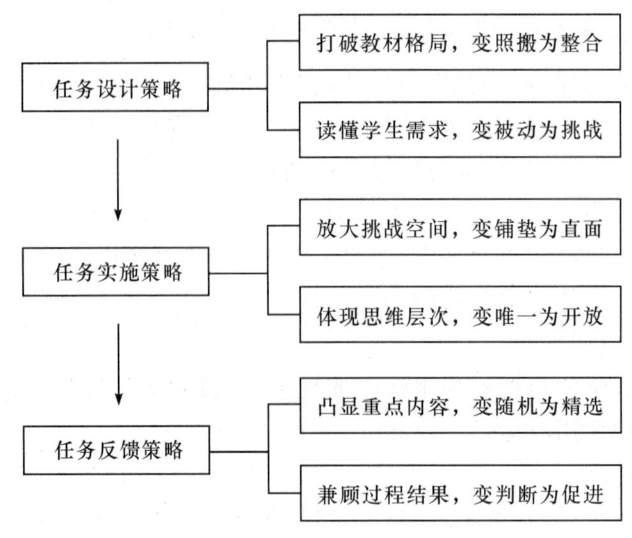


图4　范式要点流程

2.任务实施策略

任务实施也从两个维度去思考问题：一个是广度，一个是深度。

(1)放大挑战空间，变铺垫为直面

在任务的实施过程中，教师大胆放手，直接呈现任务，没有任何提示，鼓励学生合情猜想和推测，在一次次验证中，不断"试误"，不断"纠正"，最终探寻出一条正确的途径，有更深刻的活动体验，加深学生对知识本质的理解。

(2)体现思维层次，变唯一为开放

在任务实施中，开放条件，学生可以确定不同的任务主题进行研究；开放方法，学生可以选择不同的策略解决任务；开放结论，学生可以在完成任务后得到个性化的结论，体现不同的思维层次，获得积极的情感体验。

3.任务反馈策略

任务反馈可以从两个维度去思考问题：一个是反馈的路径，一个是反馈的内容。

(1)凸显重点内容，变随机为精选

学习材料不能随心所欲，要进行精心选择，具有典型性。学习材料可以来自于学生，根据生成选择，凸显不同思维层次；也可以由教师提供，侧重查漏补缺，凸显不同知识重点。反馈时可以按不同主线"板块式"切入，也可以是核心问题的"递进式"切入。

(2)兼顾过程结果,变判断为促进

评价的目的不是判断好坏,而是为了促进,在全面反馈的基础上,促进知识结构进一步完善,促进解决问题方法策略的总结,促进活动情感体验的自我反思。可以设计一些评价量表来进行评价。

## 四、研究成效

### (一)行动:形成课堂新范式

范式的研究通过三个途径进行,即范式框架搭建、范式应用丰富和范式教学特点,体现了从一般(基本教学流程)到特殊(具体教学特点)又回到一般(本质教学要点)的递进过程。经过一年多时间的研究,在课题组成员的共同努力下,课题组逐步提炼出“任务驱动型”小学数学课堂教学新范式:教学流程以“任务为主线,学生为主体”,通过研究形成“三个阶段,六个步骤”;教学特点依据“教学内容”和“学习起点”,通过研究形成“三大类型,六大典例”;教学核心是范式实施中的本质特点,通过研究形成“三种策略,六种改变”。

### (二)驱动:提升学生学习力

在课堂教学中运用“任务驱动型”小学数学课堂教学新范式:富有挑战性的任务内容激发学生学习兴趣,促进学生主动探究新知;提倡独立思考,小组合作的任务解决过程,改变了学生的学习方式,促进学生对知识的意义建构;开放、多样的任务结果,激活学生学习思维,促进学生数学能力提升;在这一过程中,学生的学习能力得到了全面的提升。

### (三)调动:激发教师研究力

通过课题的实施,我们欣喜地看到教师们对任务驱动教学有了新的认识,对课堂教学新范式的应用从一开始的摸索到后来的逐渐把握,教学理念积极转变,教学行为不断跟进,教学成果逐渐积累,不断获得专业提升的喜悦。

## 五、成果创新

“任务驱动型”小学数学课堂教学新范式与传统的教学方式相比,在教学目标、教学内容和教学方式上有了本质的改变,从遵循“教为中心”的课堂真正走向了“学为中心”的课堂。

### (一)教学目标转换为“任务目标”,关注思维提升

将传统教学中凸显“结论性”的教学目标,转换为任务驱动新范式中凸显“过程性”的任务目标。目标更加全面,不再仅仅局限于教师希望的知识点的落实,而是更为关注学生在任务解决过程中数学思维的提升、问题解决能力的培养。

### (二)教学内容整合为“任务内容”,关注个体差异

将传统教学中凸显“逻辑性”的教学内容,整合为任务驱动新范式中凸显“挑战性”的任务内容。全体学生不用跟随教师的脚步亦步亦趋,不论优等生、中等生、学困生,都是一刀切;而是依据学情,提供满足不同层次学生需求的有弹性的分层任务。

### (三)教学方式改变为“任务解决”,关注自主建构

将传统教学中凸显“被动性”的教学方式,整合为任务驱动新范式中凸显“主动性”的任务解决。在教学过程中,教师不再扮演权威的角色,而是学生解决任务过程中的“顾问”;学生在任务完成过程中进行意义建构,自主搭建知识和技能的框架。

### 参考文献

[1] 毕春苗.“任务驱动”教学模式的应用探究[J].山西大同大学学报(自然科学版),2008,24(6):84-86.

[2] 王建良.明晰基本流程　掌握交流策略——关于挑战性学习任务教学的方法思考[J].教学月刊,2014(12):16-19.

[3] 袁立新.基于任务驱动的探究性学习的实施策略[J].扬州教育学院学报,2005,23(1):69-72.

[4] 张爱国.用任务驱动法培养学生解决问题的能力[J].乌鲁木齐成人教育学院学报,2005,13(3):99-100.

[5] 朱国荣.例谈挑战性学习任务的设计策略[J].教学月刊,2014(12):12-15.

【高效阅读】

# “四课型·五结构”区域推进语文阅读学习范式的实践研究

杭州市西湖区教师进修学校

王斌　王曜君　王伟　倪宗红　郑淑红

**摘　要**:针对长期以来语文教学存在着严重的少、慢、差、费的问题和学生不喜欢看课外书、阅读量不足的现状,我们进行了高效阅读“四课型·五结构”阅读学习范式的研究。经过四年的实践研究,我们构建了高效记忆课、高效速读课、高效复述课、高效精读课四种高效阅读学习范式,打破和颠覆了以往阅读学习的内容与范式,重新构建和创新了阅读学习内容、学习流程、学习策略、学习评价。四种课型常态结构基本相同:阅读学习场景创设、阅读学习技术训练、阅读学习文本对话、阅读学习效率表达、阅读学习课堂自评等五个结构的阅读学习。学生通过规律化、计量化、系统化的阅读学习,提高阅读速度和效率,激发阅读兴趣与持久动力,形成良好的阅读习惯,提升语文素养。

**关键词**:四课型　五结构　学习范式　语文素养

## 一、问题提出:创建“四课型·五结构”阅读学习范式之缘起

我们都知道,中小学语文教学花的课时最多,有 3000 多个课时(阅读课时最多 2000 多个),但收效堪忧,不少学生到了中学毕业,语文还不过关,甚至不如第二语言英语。长期以来,语文教学存在着严重的少、慢、差、费的问

题，教师、学生、家长怨声载道：语文教师抱怨，语文真难教，语文教学烦琐无规律，最头痛的是学生不爱看书，教师使再大劲也无用；我们孩子埋怨，语文真难学，最讨厌语文了，记的东西那么多，被教师、爸妈催着看课外书，哪有时间看书？语文真难学！

### （一）调查审视：我们中小学生阅读之现状

从上述教师、学生、家长的抱怨可看出，孩子语文学得不理想的主要原因是不爱看书。语文课程标准明确要求九年课外阅读总量应在400万字以上，其中小学不少于145万字，初中不少于260万字。现在中小学生阅读状况怎样呢？我们在中小学中分别抽取600名学生（发展中学生、中等生、优等生200人，城乡各占一半）对每学期阅读课外书量进行问卷调查，同时对不爱看书的原因进行调查。调查显示，中小学各学段调查对象的课外阅读实际情况不容乐观，学生每学期看书本数基本集中在3～4本，读书量远远达不到语文课程标准的要求。学生不读书的原因有以下几点。

1.“没时间”不看

现在中小学没有主副科，每门科目都要检测评估。教师课堂教学效率不理想，都想通过课外作业来弥补，差不多每门学科都有作业，学生课业相当重，完成了学校的作业，还得完成家长布置的作业，更得参加各种补习班，确实没有时间看书。

2.“看得慢”不看

每个学校虽然对每个年级都有必读书目和选读书目推荐，但是“怎么读”“读得怎么样”，很多教师对学生缺乏指导和检测，尤其是缺乏提高阅读速度的专门训练，没有科学的阅读方法和阅读策略，致使学生看书速度慢，没有成就感而不愿意看。

3.“记不住”不看

语文要记的东西实在太多了，如作者篇名、字词句篇、古诗美文等。我们的课堂教学不注重学生理解力的培养，没有重视学生记忆力的训练，学生错过了最佳提高记忆力的时期，学生感觉课外书看了记不住、说不出，看了也是白看，于是乎不如不看。

### （二）深度思考：我们阅读课堂教学之分析

1.阅读课型单一，没有专项突破

我们阅读课堂教学，往往是“复习导入—初度课文—整体感知—品读课文—总结拓展—巩固训练"，课型单一，结构烦琐，这节课这样，那节课也如此。每节课学讲的内容都是字、词、句、段、篇，听、说、读、议、写，胡子眉毛一把抓，没有专项课型，没有侧重学习。

2.阅读内容随意，缺乏方法指导

阅读的文本材料决定着学生阅读的效率，而我们教师容易就课本而教，或者随意挑选几篇文本进行阅读训练，在选取文本时没有目的，没有考虑阅读的目的与训练重点，信手拈来，缺乏对文本的开发意识，没有运用心理学、生理学、语言学、思维学、脑科学等原理进行有效阅读方法的指导。

3.阅读评价乏味，缺少针对检测

我们阅读课堂中听到"你读得真好！""你说得真棒！"等乏味的评价，没有针对性地激励孩子发自内心对阅读产生兴趣。教师让学生自由读文本，很多学生看到其他同学已经停止，碍于面子也不再继续，教师以为学生全都读完，又没有检测，其实滥竽充数者不少，造成学生阅读两级分化。

**（三）必然选择："四课型"阅读学习范式之价值**

1.争先恐后：激发学生的阅读欲望

探寻激发求知欲对于培养学生自主学习、自主探究能力，培养学生实践能力和创新精神，具有重要的实践意义。在高效记忆、高效速读、高效复述、高效精读"四课型"的学习过程中，通过计时、竞赛等形式，在"争先恐后"的氛围中，大大激发学生的阅读欲望，培养学生广泛的阅读兴趣。

2.过目不忘：增强学生的记忆能力

有好的记忆力，不仅能让学生的学习变得轻松，体会到快乐，更能为未来的发展打下坚实的基础。通过高效记忆课的训练，以规范的学习程序、个性化的形式、科学的方法，让学生学会记忆，掌握记忆的方法，因材施教、循序渐进，培养学生"过目不忘"的能力。

3.与时俱进：提高学生的速读能力

现代科学技术的迅猛发展使得科学知识在短时间内急骤增长起来，这对我们提出了更新、更高的要求，要求我们在有限的时间内，读尽可能多的书，获得尽可能多的信息。快速阅读课能有效渗透效率意识，培养学生的效能观念，形成良好的阅读习惯和阅读方法，扩大阅读面，增加阅读量，使学生远远超额完成新课标中关于学生课外阅读总量的指标，顺应社会快速发展的需要。

4. 厚积薄发：丰富学生的文学底蕴

在高效记忆、高效速读、高效复述、高效精读“四课型”的学习过程中，通过记忆好词佳句，阅读课内外文本，复述美文篇章，精读经典文章，通过语言数量的积累形成娴熟而正确的运用语言能力。这样学生有了必要的语文知识、丰富的语言积累、熟练的语言技能、良好的学习习惯、深厚的文化素养、高雅的言谈举止等语文素养，丰富了文学底蕴，为幸福人生打下坚实的基础。

## 二、理论架构：“四课型·五结构”阅读学习范式之内涵

### （一）操作定义

1.“四课型”

综合运用教育学、心理学、生理学、语言学、思维学、脑科学等有关原理，借鉴国内外优秀的阅读法，结合我区学生的阅读实际设计而成一套阅读学习范式，即高效记忆课、高效速读课、高效复述课、高效精读课。四种课型各有学习核心目标指向，相互联系，相辅相成。高效记忆课——提高记忆力、想象力，丰富语言积累；高效速读课——提高速读力、理解力，熟练语言技能；高效复述课——提高表达力，夯实语文知识；高效精读课——提高感悟力、应用力，深厚文化素养。有了好的记忆力和快速阅读的基础，学生复述表达、语言积累、品读运用就有了保障，同时促进了良好的学习习惯、深厚的文化素养、高雅的言谈举止等语文素养的提升。

2.“五结构”

四种阅读学习课型——高效记忆课、高效速读课、高效复述课、高效精读课的主要学习环节是五个基本环节，就是阅读学习场景创设、阅读学习技术训练、阅读学习文本对话、阅读学习效率表达、阅读学习课堂自评等五个结构的阅读学习，这样便于学生阅读学习和教师组织引导。同时，根据阅读文本内容的不同和学生的实际情况，灵活机动、因材而学增减学习环节，提高阅读课堂学习效率，让课堂焕发生命活力。

### (二)理性认识

1. 强调阅读"主体建构"

在四课型阅读学习中,我们强调学生是阅读主体,学生通过阅读文本,与作者展开积极的对话,产生对文本建设性的体验,创造性地建构文本的意义。这样的文本解读才能真正发挥"人文化成"的教育功能,才能提升学生的语文修养、人生品位和生活情趣,塑造健全的人格。

2. 强调阅读"思维参与"

在四课型阅读学习中,我们以语言为核心,在引导学生品析语言、积累语言、表达语言、应用语言的同时,将学生的思维引入课堂。在强化落实学生主体地位的过程中,实现学生思维的"着落"。只有思维参与其中,学生的主体地位才能凸显,阅读效率才能提高。

3. 强调阅读"情知交融"

在四课型阅读学习中,我们强调情知交融,用知启情,以情促知。认识是情感的基础,只有对事物有了一定的认识之后,才能对它产生情感。情感是认识的动力,积极的情感能激发脑细胞的活动力,激发出多种多样新意联想,形成对知识的强烈追求,积极思考,主动阅读。

4. 强调阅读"个性表达"

在四课型阅读学习中,我们强调个性化阅读、个性化表达,珍惜学生独特的感受、体验和理解,提倡多角度、有创意的阅读,利用阅读期待、阅读反思和批判等环节,让学生积极、主动地在阅读材料中质疑、解疑,通过多角度思考,独特地感受语言,提高理解语言、运用语言的能力。

### (三)设计理念

1. 寻规律"轻负高质"

规律化是四课型阅读的基本途径。我们的知识结构,越是有规律、有条理,就越好学,越容易理解,其适用性就越普遍,就越能闻一而二、举一而反三。有了规律化,若再加系统训练乃至强化训练,使学生形成技巧。高效阅读就是遵循阅读规律,让学生阅读轻松、高效,大大提高阅读效率。

2. 练技能"熟能生巧"

量化是四课型阅读的有效手段。在四课型阅读中要有量化的统计,一则可以通过反馈数据,激发学生的阅读积极性;二则可以进行比较和选择,根据需要和可能，定量地确定最优目标，更好地控制训练过程，在训练中调整整体和部分的关系，练技能熟能生巧，以达到总体的最佳训练效果。

3. 习方法“事半功倍”

教给学生阅读的方法，包括浏览法、跳读法、猜读法、想象法、联想法、品析法等。除了大量阅读，还需要精研细读，学生才能深入理解，才能将所学知识变成自己的知识与能力。古人云：授人以鱼，不如授人以渔。得法课内，得益课外。通过课内外迁移阅读，大大提高学生的文化、思想素养，事半功倍。

4. 成系统“水到渠成”

系统化是四课型阅读的根本保证。阅读包括哪些方面的能力？快速阅读能力、提要概括能力、准确理解能力、记忆积累能力、评价鉴赏能力、迁移应用能力等。阅读读什么？怎么读？快速记忆、快速阅读、高效复述、高效精读等从选材、范式、策略、检测、平台等系统研究，成效水到渠成。

## 三、研究设计：“四课型·五结构”阅读学习范式研究之构想

### （一）研究目标

1. 创建“四课型·五结构”阅读学习范式

构建高效记忆课、高效速读课、高效复述课、高效精读课四种高效阅读课型的内容构建、操作流程、操作策略、评价指标体系以及四种课型的一般模式和衍生变式。

2. 培养学生阅读习惯与提高能力素养

通过四课型阅读，扩大学生的阅读量，丰富学生的词汇，提高学生对文章的感悟理解力；促进学生注意力、记忆力、理解力、思维敏捷性、学习习惯、学习方法等智力因素和非智力因素的发展。

3. 提升广大教师的专业水平与课程实践能力

通过本课题的研究，提高教师的学习研究意识，使其掌握新的语文教学规律，提高教师的教育教学效率，提升教师开发课程和实施课程的能力，打造我区语文教学的特色品牌。

## (二)研究进程

(1)现状调查方案设计(2012 年 3 月—2012 年 4 月):在我区中小学分别抽取 600 名学生(上、中、下学生各 200 人,城乡各占一半)对每学期阅读课外书量进行问卷调查分析,设计课题研究方案。

(2)取样试点,培训跟进(2012 年 3 月—2012 年 6 月):自主申报实验学校,教育局考核审批,出台《××区区域推进高效阅读实验工作的实施意见》,对不同层面的实验教师进行培训。

(3)构建模式,实践探索(2012 年 9 月—2014 年 6 月):专家入校培训,实验学校在规范中探索,在破解问题中前行,一月一总结专项研讨,专项课题申报和成果评比。

(4)创新模式,形成特色(2014 年 9 月—2015 年 6 月):各校根据自身特点和凸显问题,寻求对策,就三年实验工作作总结汇报,提炼研究成果,形成各校特色。

(5)区域推广,打响品牌(2015 年 9 月—2016 年 6 月):实验学校在省、市、区教学研讨活动上评优、展示、推广,接受多批来访学习者,并受邀到省内外各县市开展讲座培训、示范观摩,产生巨大辐射作用。

## (三)操作框架

“四课型·五结构”课题研究操作框架如图 1 所示。

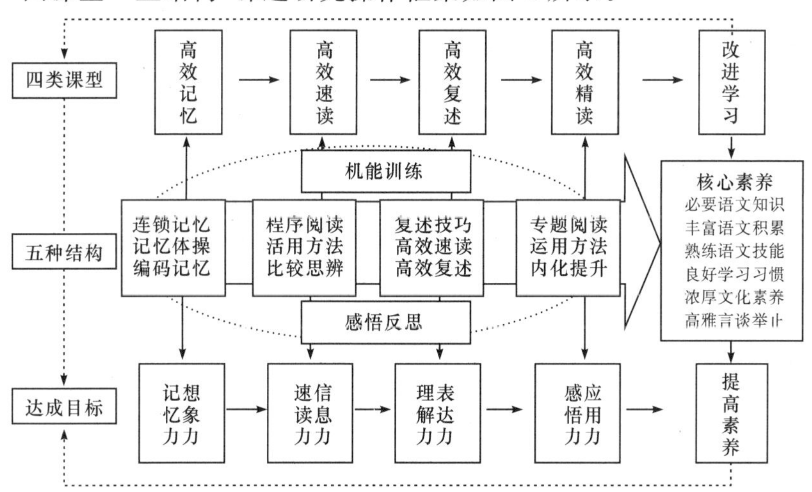


图 1 “四课型·五结构”课题研究操作框架

## 四、操作思路:“四课型·五结构”阅读学习范式区域推进

“四课型·五结构”阅读学习范式区域推进为“123456”模型,即一个基本准则、两条基本路径、三大价值取向、四段区域助推、五级层推渠道、六项保障机制,分别指向高效阅读的基本宗旨、实施途径、实施目标、实施内容、实施平台与实施保障,为我们的高效阅读改革实践提供较为清晰的思路。

### (一)一个基本准则

构建“高效阅读”遵循一个基本原则:尊重儿童的阅读视角。高效阅读要以儿童的心理成长、精神发育与语言发展为一个逻辑起点来选择阅读材料、构建阅读课型、巧用阅读方法、科学阅读评价,让学生快乐、高效地阅读。因此,该准则是本课题研究的出发点,也是归宿。

### (二)两条基本路径

1.实验学校“试点先行”

根据自主申报、实地考察、方案答辩、组织研究,2012年5月确定了16所高效阅读实验学校(中小学各8所),教育局每年拨给实验学校10万元高效阅读实验经费。通过四轮十二次有序的外出和入校培训,从“入模—出模”到“建模—创模”,从“守正”到“创新”,走出具有西湖特色的高效阅读新路子。

2.成果交流“全区推行”

高效阅读成为我区近三年来语文课程改革突破口,实验学校边研究、边总结,及时提炼成果,区主题教研活动梳理成形,名师工作室课题深化,市教研工作大会分享研讨,省课改项目展示课型,在区首届学术节上进行了“高效阅读”专场展示活动。同时每次阶段性高效阅读交流成果,全区中小学管理教学副校长、教导主任、语文教研组组长都参加,高效阅读理念和范式在全区推行。

### (三)三大价值取向

阅读能力是学生的首要能力,努力使学生具备良好的阅读能力,是语文教学的首要目标。构建“高效阅读”的价值取向主要体现在以下三个方面。

1. 兴趣为根

学生有了阅读兴趣，才能从内心深处对课外阅读产生主动需要。学生一旦对阅读产生了兴趣，就会把阅读当作一种休闲活动去享受，在阅读过程中就会处于高度自觉状态，会以惊人的毅力去阅读，快乐地在浩瀚的书海中遨游。

2. 方法为本

正确的读书方法是读书的捷径，只有拥有好的读书方法的人，才能在书山之中捷足先登，在捧起书本时，便会进入一种非常美妙的境界。方法是成功之路。知识能力虽然很重要，但更重要的却是获得学习知识的方法，赠人千金，不如授人一技。

3. 素养为旨

语文学习的最终目的是要全面提高语文素养，包括精神的充实、情感的完善与人格的提升，具有比较稳定的适应时代发展要求的听、说、读、写能力以及在语文方面表现出来的文学、文章等学识修养和文风、情趣等人格修养。

### （四）四段区域助推

1. 第一阶段助推——研究在期待中稳健起步

2012 年 3 月—2012 年 6 月，行政助推、制度设计、培训跟进。出台《××区区域推进高效阅读实验工作的实施意见》，设立实验工作辅导员制，确立 16 所实验学校，对不同层面的教师进行培训，对操作程序进行梳理，做好了 9 月份实施的准备工作。

2. 第二阶段助推——研究在实践中规范探索

2012 年 9 月—2014 年 6 月，专业助推、扎实践行、创意探索。每年 3 次专家入校培训。各实验学校在规范中探索，在破解问题中前行，局领导多次来到现场指导。一月一总结专项研讨，专项课题申报和成果评比，在区首届学术节上进行专场展示活动。

3. 第三阶段助推——研究在破解中求得创新

2014 年 9 月—2015 年 6 月，问题凸显、寻求对策、提炼成果。“高效精读”入校培训 4 次，在教育局领导亲自指导下组织召开阅读项目推进会，16 所“高效阅读”实验学校分管校长和语文教研组组长分别就三年实验工作作总结汇报，提炼研究成果。

4. 第四阶段助推——实验在推广中打响品牌

2015 年 9 月—2016 年 6 月，形成特色、成果推广、打响品牌。实验学校形成区域特色，提炼研究成果，包括读本、学案、课型案例、学习策略、检测题集、评价手册等。成果不仅在区内各校全面推广，还推广到区外各县市，打响品牌。

**(五)五级层推渠道**

1. 校本教研

各实验学校利用校本研修活动重点研讨“高效记忆”“高效速读”“高效复述”“高效精读”的内容探寻、课型探讨、策略探索和评价探求，守正创新。

2. 片本教研

高效阅读实验学校自愿、自发组成的协作组进行联片活动，以教学观摩、实验交流为主，让教师在实验中践行新理念，运用好方法，收获新成长。

3. 主题研讨

中小学 5 名语文教研员利用两周一次的教研活动，进行主题研讨，上示范课，针对问题及时研讨，扎实、有序推进“高效记忆”“高效速读”“高效复述”“高效精读”实验进程。

4. 专题研讨

区中小学 6 名语文特级教师和 14 名语文首席教师，利用名师工作室活动开展专题研讨，盘活阅读教学，助推高效阅读深入研究，打造富有生命力的课堂。

5. 巡查诊断

高效阅读实验工作辅导员和高效阅读专家定期到实验学校进行巡查，并与实验学校领导和教师座谈，解决实验教师遇到的问题和困惑，保证实验扎实、高效。

**(六)六项保障机制**

1. 行政制度顶层设计

2012 年 5 月 18 日，教育局出台《××区区域推进高效阅读实验工作的实施意见》，给予高效阅读实验研究人力、物力、财力上的保障，并成立了高效阅读实验组织机构，教育局局长为组长，进修学校校长为副组长，实验学校校长为组员。教育局局长定期到学校指导工作。

2. 专业培训有序有法

委托北京中育培训机构高效阅读课题组先后对16所高效阅读实验学校的12次入校培训，有集中培训也有入校巡视。专家共走访调研了中小学48所，近100位教师的展示课接受专家指导，4000多人次教师参与了培训。

3. 专项课题申报研究

区教育科学研究规划办每年为高效阅读实验设立专项课题研究申报，包括规划课题和教师小课题，并提供调查访谈得来的各类高效阅读课题研究申报指南目录。

4. 实验工作辅导员制

教师进修学校中小学5名语文教研员和6名语文特级教师被聘请为高效阅读实验学校工作辅导员，每人负责3～4所实验学校高效阅读实验研究工作，定期开展专题研讨活动引领指导工作，并联系落实各项高效阅读实验工作。

5. 一月一总结专项研讨

教师进修学校课程指导中心每月组织高效阅读专题研讨活动，所有实验学校的实验教师和其他学校教学管理者参加，每月专题研究比较好的学校进行成果交流，并对前一个月研究工作进行及时总结，提供下一个月的研究任务与思路。

6. 优秀实验工作评审制

每年开展优秀高效阅读实验学校、实验教师和实验典型案例的评审，程序严格，首先自主申报，其次课堂教学初复赛评审，再次到校实地考核，最后综评委讨论通过。教育局给予表彰奖励，树立榜样，交流成果，分享经验。

## 五、研究探索：“四课型·五结构”阅读学习范式之实践

### (一)高效记忆：提高记忆力，丰富想象力

1. 课型特征

高效记忆课，通过眼脑机能训练等特定的教学程序和连锁记忆、编码记

忆等多种记忆方法，限时记忆词语训练，以提高学生的记忆力为主要目标，同时，培养学生丰富的想象力，提高学生流利的口头表达能力，扩大丰富学生词汇积累。

(1)基础性：高效记忆课以提高孩子的记忆力为主要目标，记忆是学习的基础，高效记忆课中词语记忆是学习语文的基础。

(2)趣味化：高效记忆课中采用的连锁记忆、编码记忆等记忆方法，都是通过联想、编说奇特有趣的故事来激发孩子记忆兴趣，提高记忆力。

(3)重积累：高效记忆课中大量的课内外好词的积累，侧重达成语文核心素养中的语言积累。

2.内容构建

我们高效记忆的内容与教材阅读、学生生活、单元习作紧密联系，不仅能迅速提高学生的记忆力、想象力，还能丰富词语、深化阅读、提高写作水平。

(1)收集教材中好词——按“单元主题”整理

翻看人教版教材，细心的教师能够发现几乎每个单元都有与单元主题或知识点相匹配的好词，但往往教师们只是让学生读读，就一带而过了，错失了积累文本语言的良好契机。我们将教材每个单元的好词，根据主题内容进行有序的梳理，并进行合理的分类，这样找到了一条明晰的好词积累线索，从根本上解决了学生好词积累的问题。

(2)收集习作中好词——按“习作需求”整理

我们结合各单元的习作题目和习作要求，有意识地收集有关这方面的好词，以便在习作中“肚中有货”，解决“无米之炊”的困窘。如人教版三年级第二单元习作要求是写熟悉的人做的一件事，我们收集符合三年级学生接受水平的，有关描写人物的外貌、语言、表情、动作、心理、性格、品质的好词，让学生成为词语富翁，笔下泉涌，学有所用。

(3)收寻生活中好词——按“时间周次”整理

根据各年段学生的年龄特点和兴趣，在生活中分类搜索出学生接受能力范围内的好词进行扩展记忆。我们梳理出适合各年段学生积累运用的课外成语序列，如小学三上前三周积累十二生肖成语。这样，不仅让学生记忆本单元应该掌握的词语，同时也扩大了学生的生活词汇量，提高了学生的阅读理解能力。

3. 操作流程

高效记忆课操作流程如图 2 所示。

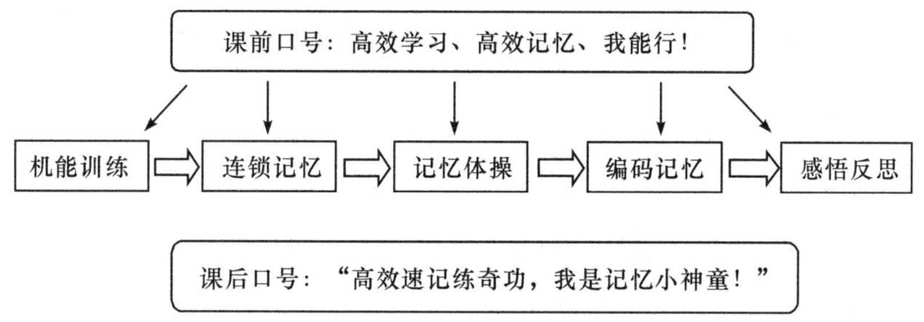


图 2 高效记忆课操作流程

课前口号：阅读前营造氛围，学生齐声喊出“高效学习、高效记忆、我能行！”让学生在群情激昂的氛围中马上集中注意力进入学习。

机能训练：是眼脑机能的训练，充分开发学生扩大视觉感知能力和左右脑协调快速处理视觉信息巨大潜能，有定点凝视、视点左右移动、视点上下移动、视点蛇形移动、视野扩大训练等。

连锁记忆：把有些毫无关系的词语，采用联想，通过编说有趣奇特的故事快速记忆，就像一条记忆链锁一环扣着一环容易记忆，强化记忆效果。

记忆体操：采用喜闻乐见的拍手歌的方式，让学生运动放松，同时在愉悦玩乐中复习记忆方法，以便更好地学习。

编码记忆：把记忆仓库中熟悉的事物定位编码，当记忆一系列词语等材料时，按顺序把这些材料与定位词联系起来，对号入座，这样记忆就不会乱套了，又快又正确。

感悟反思：让记得又快又多的学生谈体会说方法，让记得不多的学生分析原因，在分享中促进，在反思中成长。师生多维评价获得信息与方向。

课后口号：“高效速记练奇功，我是记忆小神童！”响亮的口号催人向上，激发学生信心百倍向着更高的目标继续努力，奋勇向前，高效速记。

## 案例一

课前口号:"高效学习、高效速记、我能行!"

第一板块:机能训练

定点凝视、视点左右移动、视点上下移动、视点蛇形移动、视野扩大训练等(放视频)。如图3所示。

定点凝视训练

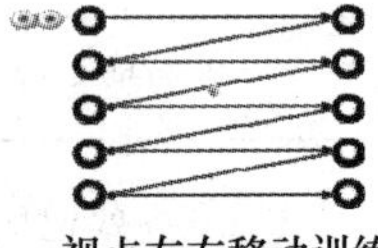

视点左右移动训练

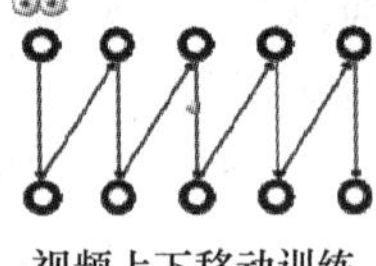

视频上下移动训练

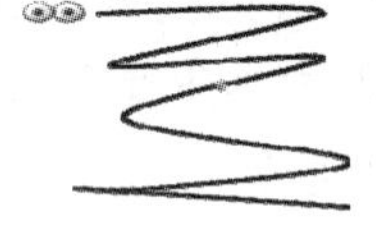

视点蛇形扫视训练

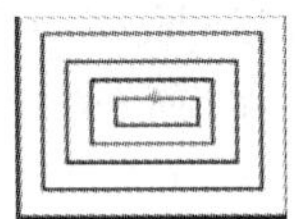

扩大视野训练

图3 眼脑机能训练

第二板块:连锁记忆

1. 连锁记忆法秘诀是:不出声,大胆想,编故事。

2. 第一组成语训练(5个好词):教师计时,学生记忆,学生汇报,总结记忆方法。

| 绚丽多彩 | 一本正经 | 引人注目 | 白发苍苍 | 满载而归 |
|---|---|---|---|---|

3. 第二组成语训练(8个好词):教师计时,学生记忆、计时写词,同桌互批、汇报,谈方法。

| 红叶缤纷 | 黄叶飘零 | 丹枫迎秋 | 玉露生寒 |
|---|---|---|---|
| 秋高气爽 | 秋菊傲霜 | 一叶知秋 | 秋风习习 |

第三板块:记忆体操

你拍一,我拍一,连锁记忆真神奇;你拍二,我拍二,词语编成故事记;

你拍三,我拍三,一个词语一个环;你拍四,我拍四,环环相扣好记忆。

你拍五,我拍五,编码记忆真奇妙;你拍六,我拍六,词语定位用编码。

你拍七,我拍七,编码故事真好记;你拍八,我拍八,我是记忆小神童。

第四板块:编码记忆

1.编码记忆法秘诀是:定位词,用编码,编故事。

2.复习10个定位词:1是衣服,2是耳朵,3是山脉,4是寺庙,5是屋子,6是流水,7是器官,8是爸爸,9是酒店,10是石头。

3.出示成语:用编码记忆法2分钟,写在记忆卡片上,反馈记忆正确率,随机采访怎么记忆。

| | | | | |
|---|---|---|---|---|
| 1 面面俱到 | 2 头头是道 | 3 源源不断 | 4 彬彬有礼 | 5 息息相关 |
| 6 蒸蒸日上 | 7 滔滔不绝 | 8 栩栩如生 | 9 历历在目 | 10 济济一堂 |

第五板块:感悟反思

通过这堂课高效记忆课学习,你们有什么收获感想?(生反思,师总结)。各自描绘曲线图。

课后口号:"高效速记练奇功,我是记忆小神童!"

4.操作策略

(1)策略一:目标导向,高效激励

现在学生的突出问题是注意力不集中。上课伊始全班高喊口号"高效学习、高效速记、我能行!",呐喊声汇成声浪在教室回响,身在其中的每个学生都会受到强烈感染,马上集中注意力投入学习。课尾声"高效速记练奇功,我是记忆小神童!",激励学生练就好记忆力,为终身学习奠定坚实基础。

(2)策略二:动静结合,调节气氛

在课堂中,运用动静结合的教学手段,严格要求学生保持科学坐姿,在课堂上进行军事化训练。同时也在课中适当地放一些舒缓的音乐,让学生闭上眼睛,轻轻呼吸,放松心情,让学生做记忆体操,这些活动都能起到调节课堂气氛的作用,能消除学生的疲劳感,增加课堂的趣味性。

(3)策略三:掌握方法,厚积薄发

科学的记忆方法训练,不只在训练学生记忆数量多少,更重要的是引导学生掌握科学记忆方法,让学生喜欢记忆。我们先教会学生连锁记忆和编码记忆,通过编一个个有趣故事,不仅深刻记住词语,而且提高记忆兴趣和想象能力,然后鼓励学生创新适合自己的记忆方法,厚积薄发,练就记忆小神童。

5. 检测评价

建立系统的检测记忆评价体系,帮助学生树立信心,不断获得前进的动力,让学生乐于记忆,也能让教师及时掌握教学反馈信息,及时总结经验,改进教学方式。

(1)当堂描绘曲线图——“积分型”评价

每个学生备有一本“我是记忆小神童”记录本,把每次在规定时间内记忆的词语数量记录下来,在坐标轴上(横轴是记忆次第,纵轴是记词数量)描绘出曲线图,让学生看到自己记忆词语的情况。同时进行各次记忆词语累计得分,每记忆一个词语得 1 分。学生沿着记忆的轨迹不断前行。

(2)展示公布得喜报——“优秀型”评价

“我是记忆小神童”记录本,每个月统计一次,给记忆词语总数名列全班前 1/3 的学生发喜报,激励他们继续努力,让其他孩子们看到前进的目标,感受到榜样的力量。同时,将优秀学生的喜报拍照公布在家校通上,分享成功喜悦,激励、督促学生练就好记忆力。

(3)星星闪亮竖拇指——“进步型”评价

有些学生因天资和基础等问题,可能永远进不了全班前 1/3,得不到喜报,这对他们的积极性有很大挫伤。他们也需要鼓励,所以我们设立了“进步奖”。“我是记忆小神童”记录本每个月统计出来,比上个月提高 10 分以上的学生获得“大拇指进步奖”,将“大拇指”贴在记录本子的最前面。

## (二)高效速读:提高阅读速度,增强信息能力

1. 课型特征

高效速读课,通过眼脑机能训练等特定的教学程序和计时速读法、固定程序法、浏览法、扫读法、跳读法、比较法等多种阅读方法,充分开发阅读者扩大视觉感知能力和左右脑协调快速处理视觉信息的巨大潜能,以眼脑直映的信息全新处理,达到眼看脑记、眼脑同步的快速阅读,提高阅读速度和阅读效率。

(1)科学性:在速读课中采用多种方法以眼脑直映的信息全新处理方式取代传统阅读中大脑的视觉中枢、语言中枢、听觉中枢对文字信息处理的环节,阅读更加科学。

(2)计量化:在速读训练中量化统计,包括读(计时阅读)、答(回答测试题)、盘(根据主流价值判定分数)、算(计算阅读速度、正确率、效率)。

(3)重理解:在速读中学生及时知道自己每次阅读的速读、正确率、效率的有关数据,也可见阅读理解力,并在激励中不断提高。

2. 内容构建

快速阅读的成功与否,在很大程度上取决于教师把怎样的文章引进课堂,让学生阅读。为了为学生提供合适的阅读材料,教师要在课外选用多种文类的文本作为资源,编写速读文本。

(1)"主题多元式"选材

人教版教材中选编了许多体现人文精神和生命价值的主题文章,如生命、亲情、感恩、博爱、睿智、和谐、宽容、自然等。快速阅读训练要求学生运用所学方法自读自悟,体会作者表达的思想感情。因此,在快速阅读选材上可以对相同主题的文章进行拓展阅读,增加这一主题的深刻性。

①统整"生命篇"——感悟生命奇迹

语文教材中有许多关于真爱生命的文章,它们告诉人们,生命是宝贵的,要珍爱生命;同时,生命的意义在于付出,让生命活得更有光彩。如四年级下第四单元课文是关于生命的,有课文《触摸春天》《生命生命》等,可以速读方式再补充《敬畏生命》《石缝间的生命》等有关生命主题的文章,让学生深刻领悟要热爱生命,哪怕是一棵小草,也要增添一分绿意。

②统整"亲情篇"——品味真挚情感

以亲情为主题的课文在每个年段都有,有关爱他人的,有乐于奉献的,有大公无私的,有同学友情的等。如三年级第五单元的《金色花》《纸船》等是歌颂母爱的,通过速读《那愁就是爱》《母爱是船也是岸》等,让学生认识到:母爱是眼泪,病床前为你心疼;母爱是欢笑,荣誉前为你骄傲;母爱是叮咛,临行前为你祈祷。

③统整"求知篇"——探索科学奥秘

科学求知类文章往往都是说明文,在中高年段较多。如四年级下第八单元的《飞向蓝天的恐龙》《太空中的特殊乘客》等几篇文章都是与科学密切相关的,可让学生速读《恐龙是怎样灭绝的》《太空蔬菜》等,激发、鼓励学生去探索科学的奥秘。

此外，还有爱国篇、惜时篇、幸福篇、环保篇等主题，但无论哪一种主题的文章，都应采用由课内扩展到课外，这样的速读课程资源得以开发和利用，扩大了阅读面，增大了阅读量。

(2)“体裁多样式”选材

人教版语文教材中，根据不同年级学生阅读能力的实际，编入了各种体裁的课文，其目的是引导学生学习丰富的语言，使学生逐渐接触各种文体。快速阅读材料的选择也要充分考虑文章体裁的同一性，尽量丰富相同体裁文章的阅读量，使学生更好地感受不同体裁的表达特点。

①走进童话，感受奇特乐趣

童话是儿童文学的一种体裁，是通过丰富的想象、幻想和夸张等编写的适合于儿童欣赏的故事。教师借用这把金钥匙，在快速阅读训练时让学生尽情地享受童话带来的美妙感觉。例如，人教版第七册第三单元是童话主题单元，教学了这组四篇童话故事后，选取《格林童话》《安徒生童话》等其中几篇进行快速阅读，让学生更加深入感受童话的想象性和趣味性。

②触摸散文，丰富人生体会

散文的语言大多沉静优美，蕴含了作者丰富的思想感情。对于小学生来说，在快速阅读课上阅读几篇散文无疑是对他们精神世界的一次洗礼，感作者所感，思作者所思，丰富人生体会。例如，人教版语文第九册第二单元是散文主题单元，学习了这组课文后，可以选择课外散文《故都的秋》和《月是故乡明》让学生进行快速阅读，感受作者的思乡之情。

③亲近诗歌，体会作者感情

诗歌寥寥几言，款款数语，就能把人带进一个美的境界。小学语文课文中编入了一些适合儿童阅读的诗歌，在快速阅读训练时，教师就可以相应选择同类型诗歌让学生来阅读。例如，第十一册第二单元《爱祖国》这首诗歌，可选取课外诗歌《我骄傲，我是中国人》和《祖国，我爱你》作为快速阅读训练材料，让学生感受诗歌短小精悍但深刻地表达中华儿女爱国之情。

(3)“作者专题式”选材

真正的阅读，是读者与文本作者心灵的对话与沟通。读者通过对文本的解读走进作者所构想的精神世界，发现那个独特的形象生命。学生在阅读过程中借作者的思想来锻炼自己的思想，借作者的情感丰富自己的情感。快速阅读选择优秀的作者作品让学生阅读，以提升学生的阅读品位。

①同作者作品“延伸读”

有些作家无论是文学性还是思想性都值得品味探究，其作品丰富而深沉，教材虽有选编，但仅仅只依靠几篇文章，学生很难深入地了解作家。快速阅读在选文时注重将同一作者的其他文章引入课堂让学生延伸阅读。例如，第九册第四单元学习了冯骥才的《珍珠鸟》后，让学生快速阅读他的《挑山工》《捅马蜂窝》等，了解作家集内容哲理、知识、激情于一炉的写作风格。

②同题不同作者"对比读"

相同主题的文章由于作者不同会有各自独放异彩的地方，通过将这类文章比较阅读，有利于学生在掌握和理解内容的同时，感受不同作家的表达特色。例如，教师进行人教版语文第七册第四单元略读课文《白公鹅》的快速阅读时引入丰子恺的《白鹅》进行比较阅读，让学生感受不同作家在描写同一个内容时的别具一格的写作风格。

③同生代作家"拓宽读"

"同生代"是指与一名篇作者同时成长起来的或能与其齐名的其他有名作者，这些作者的文章也可以是快速阅读的选文。阅读这一系列同时代的文学作品，能促进学生更好地了解时代背景，从而更好地理解作品。例如，第七册第一单元快速阅读课文《火烧云》了解了作家萧红后，向学生介绍与萧红同时代的著名作家冰心、朱自清及其作品。

3. 操作流程

高效速读课操作流程如图 4 所示。

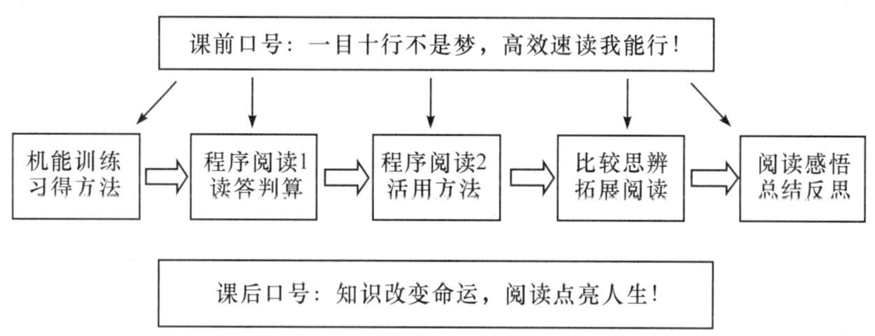


图 4 高效速读课操作流程

课前口号，齐声高喊：增强专注度，鼓动信心，集中思想，投入学习。

机能训练，习得方法：眼脑手同步，扩大视域，明确目的，思考问题。

程序阅读 1，读答判算：运用方法，快速阅读，当场检测，及时反馈。

程序阅读 2，活用方法：活用方法，快速阅读，当场检测，及时评价。

比较思辨，拓展阅读：比较写法，深入思考，个性表达，创新阅读。

阅读感悟，总结反思：各抒己见，分享成功，取长补短，共同进步。

课后口号，催人向上：增强动力，向着目标，勇往直前，坚持不懈。

## 案例二

课前口号："一目十行不是梦，高效速读我能行！"

第一板块：机能训练，习得方法

1. 机能训练：定点凝视、视点左右移动、视点上下移动、视点蛇形移动、视野扩大训练等（放视频）。

2. 程序阅读法训练：快速说出阅读文章七个基本点，即①题目；②作者；③出处；④基本内容；⑤重要事实；⑥写作特点；⑦新思想及读后启示。（根据文体及课型的不同，内容要点有所不同）

3. 阅读过程注意事项：不出声、不摆头、不指读、不回视。

第二板块：程序阅读 1，读答判算

1. 运用阅读程序法，进行《一位母亲与家长会》训练，字数为 1020 字。

2. 保持科学的坐姿，5—身正、4—腰直、3—肩平、2—足安，1—目视前方。

3. 读：计时读文章，完成后举手示意，记下自己每分钟读的字数。答：3 分钟限时答题，计时答题。判：小组交、全班交流，判定得分并订正。算：根据阅读速读和答题得分情况，算出阅读正确率和理解率。

4. 学生汇报阅读速度、理解率，让阅读速度快、理解率高的学生谈谈方法。

第三板块：程序阅读 2，活用方法

1. 运用好的方法阅读第二篇阅读材料训练《一诺千金》，字数为 1224 字。

2. 其他要求与第二板块相同。

第四板块：比较思辨，拓展阅读

1.《一位母亲与家长会》和《一诺千金》两篇文章都十分催人泪下，说说感动的地方在哪里？它们在表达方法上有什么不同？

2. 比较阅读《父亲》等。

第五板块:阅读感悟,总结反思

1. 本节课的训练即将结束,请同学们用简要的语言谈一谈本节课训练体会。

2. 师小结,有人说,得阅读者得天下!让我们高速度、高效率地读起来吧!读课本、读名著、读辞典、读百科全书……

课后口号:"知识改变命运,阅读点亮人生!"

4. 操作策略

(1)策略一:"举一反三"是出发,"举三返一"是归程

叶圣陶先生曾经指出:"语文教材无非是个例子,凭这个例子要使学生能够举一反三。"这是指课内阅读具有示范性,通过课内阅读的示范,向课外阅读辐射,在自主实践过程中尝试"举一反三",而后交流"反三"收获,使小学生得法于课内,得益于课外。教师要抓住二者之间的关系,利用快速阅读课程加强对小学生课外阅读方法的指导。

(2)策略二:"科学提速"有办法,"读思结合"有焦点

要提高学生的阅度速度,使学生掌握科学的阅读方法尤为重要,我们有计划、有步骤教会学生多种快速阅读的方法:浏览法、扫读法、跳读法、猜读法、比较法等。边读边思,"读了有思,思了有读"才能入情入境。在快速阅读的过程中,教师设计的问题应有目的、有层次,教给学生基本的思维原则和主要的思维方法,同时培养学生自己发现问题的能力。

(3)策略三:"阅读程序"来固定,"不同文体"变要素

阅读教学是有规律可循的,我们根据阅读规律构建了一套固定的阅读程序。不同文体有不同特点,构成的阅读要素有所不同。如记叙文体中,写人记事文——知人明事,洞察懂理,确定了七个固定程序,即题目、作者、出处、事件、情感、启示、表达等,让学生在固定与变化中掌握阅读技巧,提高阅读速度与能力。不同文体固定程序阅读要素如表1所示。

**表1 不同文体固定程序阅读要素表**

| 记叙文 | 说明文 | 议论文 | 小说 |
|---|---|---|---|
| 1. 题目 | 1. 文章题目 | 1. 题目 | 1. 题目 |
| 2. 作者 | 2. 事物特征 | 2. 作者 | 2. 作者 |
| 3. 出处 | 3. 说明顺序 | 3. 出处 | 3. 出处 |

续表

| 记叙文 | 说明文 | 议论文 | 小说 |
|---|---|---|---|
| 4.六要素 | 4.说明方法 | 4.中心论点 | 4.故事情节 |
| 5.主要情节 | 5.说明中心 | 5.主要论据 | 5.人物形象 |
| 6.写作特点 | 6.语言的准确性 | 6.论证结构 | 6.表现手法 |
| 7.中心思想 | | | 7.环境描写及作用 |

5.操作评价

我们根据教学实际，构建了以阅读速度、阅读理解率和阅读效率三个参数来评价快速阅读能力的参照体系，不仅要关注阅读速度，同时要关注阅读理解率和阅读效率。

(1)快速阅读评价计算公式

阅读速度(字/分钟)＝材料总字÷所用时间(分钟)

阅读理解率(%)＝所得分÷总分

阅读效率(字/分钟)＝阅读速度(字/分钟)×阅读理解率(%)

(2)快速阅读评价参照数据

快速阅读评价参照数据如表2所示。

**表2　快速阅读评价参照数据表**

| 等级 | 阅读速度 | | 阅读理解率 | | 阅读效率 | |
|---|---|---|---|---|---|---|
| | 小学 | 初中 | 小学 | 初中 | 小学 | 初中 |
| 初级 | 500字/分 | 700字/分 | 80% | 80% | 400字/分 | 560字/分 |
| 中级 | 700字/分 | 1000字/分 | 80% | 80% | 560字/分 | 800字/分 |
| 高级 | 1000字/分 | 1500字/分 | 85% | 85% | 850字/分 | 1275字/分 |
| 超高级 | 1500字/分 | 2000字/分 | 85% | 85% | 1275字/分 | 1700字/分 |

(3)快速阅读评价成长记录册

小学生的思维发展以具体形象思维为主，情感的内容不断丰富，更富有稳定性，自我意识有了进一步的发展，逐渐学会独立评价自己的言行。学生根据《高效阅读成长记录表》上呈现的数据折线图走向进行自我评价，分析自己的优势与不足，不断提高阅读速度和效率。

### (三)高效复述:提高表达能力,夯实语文知识

1.课型特征

高效复述课,通过眼脑机能训练等特定的教学程序和程序复述、原文复述、梗概复述、创新复述等多种复述方法,将视觉速读的材料内容和形式,通过口头语言表达出来,加深对所读材料的理解和感受,提高理解力和表达能力,积累典型材料和发展思维能力。

(1)综合性:高效复述在高效记忆、高效速读的基础上,对所读材料,用自己喜欢的方法通过口头语言表达出来,具有综合性。

(2)规律化:各种复述方法以及各种文体结构和语言表达形式都有自成的规律,要按规律、抓特点复述,掌握技巧,熟练技能。

(3)重表达:根据学生不同层次采用难易不同的复述方法,仪态自然、语句通顺、声情并茂地表达,再复述侧重达成扎实的语文知识这方面的核心素养。

2.内容构建

复述文本选择从多个角度去开发复述资源,注意学生的“前在经验”“潜在可能”“个体差异”,选择情节有趣、逻辑清晰、语言优美、文本留白的内容,激发复述的兴趣,掌握复述的方法,积累语言。

(1)情节有趣,复述乐无边

情节生动的故事最能吸引学生的阅读兴趣,在乐读的基础上学生才愿意将故事说给大家听,同时在复述过程中再度感受精彩情节带来的快乐体验。对如今“乱花渐欲迷人眼”的各类文章要进行严格筛选:主题积极向上;内容生动精彩;故事耐人寻味。

(2)逻辑清晰,复述法可循

逻辑清晰的文章非常容易读懂,也更容易记忆。对于这样的文章,不论采用哪种复述方式,学生更容易梳理出文章结构,归纳要点,列出复述提纲,抓住重要情节与关键词句,复述起来更加容易。通过这类文章的训练,学生也更能把握某一类文章的复述方法与技巧。

(3)语言优美,复述利积累

语文学习重在积累,有了一定量的积累才能形成良好的语感。复述是视觉、听觉、思维活动的结合。选择文质兼美的复述材料,熟记大量的词汇、各种句式和修辞格式、表达方法,可以在学生头脑中建立和储存感性语言的各种模型,从而提高语言表达能力,培养语感。

(4)文本留白,复述激创意

文本"留白"是教师与学生对文本解读对话过程必须关注的内容,把这些"留白点"变成神奇的"魔法棒",借用文本补白,激发学生的创造性思维,引导学生展开合理想象与联想,丰富文章的情节或细节,进行有创意的复述与表达,加深学生对文本的理解。

3. 操作流程

高效复述课操作流程如图5所示。

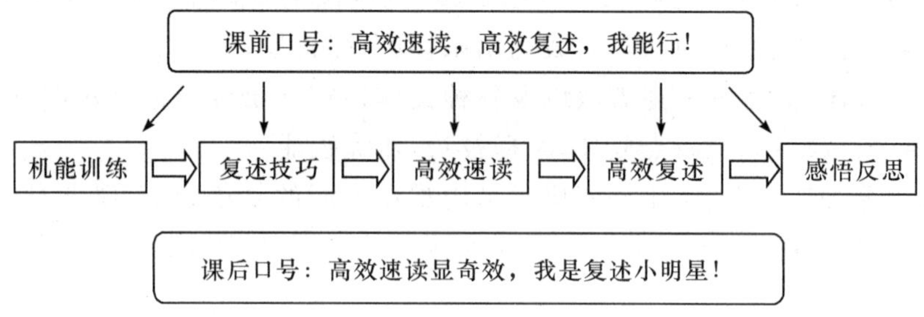


图5 高效复述课操作流程

课前口号:"高效速读,高效复述,我能行!"

机能训练:眼脑手同步,扩大视域,明确目的,思考问题。

复述技巧:理清关系,抓关键词句,语句通顺,声情并茂。

高效速读:活用方法,快速阅读,当场检测,及时评价。

高效复述:程序复述,梗概复述,原文复述,创新复述。

感悟反思:各抒己见,分享成功,取长补短,共同进步。

课后口号:"高效速读显奇效,我是复述小明星!"

## 案例三

课前口号:"高效速读,高效复述,我能行!"

第一板块:机能训练

定点凝视、视点左右移动、视点上下移动、视点蛇形移动、视野扩大训练等(放视频)。

第二板块:复述技巧

1. 复习程序阅读法:①题目;②作者;③出处;④六要素;⑤主要情节;⑥写作特点;⑦中心思想。

2. 回顾复述方法:梗概复述、程序复述、原文复述、创新复述。

3. 复述时的注意事项有:①尊重原文,不能离开材料;②复述不啰唆,语言通顺流畅,声情并茂;③记忆关键词句,按各部分联系复述;④复述后谈感悟,如文章精彩处、我的启示、我的联想等。

第三板块:高效速读

1. 计时快速阅读《请把我的爱情邮给我》一文。

2. 读答判算阅读检测(检测题指向复述方法、要点)。

第四板块:高效复述

1. 选择自己喜欢的方法复述。

2. 同桌复述、小组复述、全班复述。

第五板块:感悟反思

1. 通过这堂课高效复述课学习,你们有什么收获感想?(生反思,师总结)

课后口号:“高效速读显奇效,我是复述小明星!”

4. 操作策略

复述在语文教学中指学生把读物的内容用自己的话说出来。复述文本的过程不仅是语言内化过程,还是学生的听、读、思、记能力训练过程,教师要加强指导,让学生有效复述。

(1)先易后难,阶段复述

在复述的起始阶段,教师要多给学生示范引导,从第一阶段原文复述、详细复述开始,把握基本的复述法后,第二阶段程序复述、梗概复述,逐步到第三阶段创新复述,先易后难,逐步推进,渗透复述的方法,构建无缝衔接训练,逐步培养学生的复述能力,形成技能。

(2)因人而异,分层复述

根据阅读文本的不同体裁、内容和特点及学生的认知层次、学习水平来确定复述的形式。C层发展学生——在原文复述中夯实基础和提高理解力,中等学生——在程序复述或梗概复述中提升能力,优秀学生——在创新复述中发展个性。同时发挥小组优势,使学生在合作中共同提高。

(3)践习复述,持续发展

给学生搭建更多的平台践习复述:一是解说员,在博物馆、科技馆、图书馆等进行参观时,变工作人员讲解为学生讲解;二是小导游,让学生扮演学校各特色活动的“小导游”;三是新闻播报员,利用课前3分钟进行30秒新闻播报,开阔学生的视野,做个胸怀天下的现代学生。

5.操作评价

(1)引导型评价

很多时候,评价并不单纯是对前面复述者情况的总结反馈,评价也能给后面的复述者一个引导或提醒。如:“刚才那位同学复述的时候……非常好!”“你在复述过程中用上了首先、接着、然后、最后等表示先后顺序的词语来进行连接,听起来更有条理了!”

(2)便签型评价

每个人在听完别人复述之后,或多或少会有自己的感受,能做出一定的评价,但课堂毕竟只有40分钟,因此,只有少部分人能够在第一时间进行表达。所以在课堂上,允许学生利用规定的课堂速记便签,进行快速的书面简单评价,课后可以提供给复述者,作为其之后改进、提高的依据。这类评价主要是学生之间互相进行。

(3)实战型评价

课前2分钟新闻发布,按学号顺序轮流,轮到者前一天晚上要从当天报纸中选择一则具有价值的国内外新闻进行内容的删减并简单评价,要求在1分钟内播报完毕。每月一评,评出10名“小灵通”发喜报鼓励,并在家校通上公布。

### (四)高效精读:提高语言感悟力、语言应用力

1.课型特征

高效精读课:通过眼脑机能训练等特定的教学程序和单项训练精读、合作个性品读、基于单元整体精读等多种精读方式,利用阅读规律,训练实现量化,构成阅读系统化,掌握阅读方法和技巧,情知交融,个性化阅读、个性化表达,提高运用语言的能力,全面提升学生语文知识技能和综合素养,形成良好的阅读习惯。

(1)系统性:精读能力分解为若干种具体能力点,包括理解句子含义、归纳段意训练、辨析思路、提炼中心思想、鉴赏艺术特色等,先分项后综合系统精读。

(2)个性化:精读强调个性化阅读,珍惜学生独特的感受、体验和理解,让学生积极、主动地在阅读材料中质疑、解疑,进行批判性阅读。

(3)重应用:在精读课上,学生进行了深度阅读,对文章结构、表达方式、

语言风格等有深刻领悟，并能学以致用，进行读写结合，个性化表达、生活化应用。

2. 内容构建

现行教材大多以人文主题线索安排，语文的语用工具性相对比较薄弱。我们通过高效精读内容的构建，来弥补现行教材的不足。为此我们将“主题内涵”“表达方式”“语言风格”“文章结构”等作为高效精读议题确立与材料组合的基本线索。

(1)基于“主题内涵挖掘”的内容构建

教材中选编了许多体现人文精神和生命价值的主题文章，如感恩、博爱、睿智、和谐、宽容、生命等。这些主题的文章里蕴含着不少含义深刻的句子，通过理解文中句子的专项训练，不仅掌握理解含义深刻句子的方法技巧，而且文章的主题内涵得到深刻的挖掘。例如第七册第六单元主题是“人间真情”，通过对这组课文中含义深刻句子的训练学习，使学生感受人与人之间纯真的感情；同时选取“人间真情”一组课外文章句子含义的专项训练，进一步加深学生对人间真善美的感悟。

(2)基于“表达方式品悟”的内容构建

文章的表现手法是作者在行文措辞和表达思想感情时所用的特殊语段组织方式。学生对相同表现手法的文章集中进行专题阅读训练，就能更深入地理解和把握这种表现手法的正确运用，掌握分析文章的写作特点技法。例如五年级下册第一单元《白杨》这篇课文的主要表现手法是托物言志，教师在进行高效阅读训练时选取《白杨礼赞》《心田上的百合花》等，使学生更加明白托物言志是通过描写客观事物寄托、传达作者的某种感情、抱负和志趣，深刻领悟托物言志文章的写作特点。

(3)基于“文章结构分型”的内容构建

文无定法，内容思路千变万化，但基本结构形式简单，常见的结构类型不过四种：一是“总—分—结”型，二是“总—分”型，三是“分—结”型，四是“分—分”型。如：“总—分—结”型，记叙文“总叙—分叙—结叙”型，议论文“总论—分论—结论”型，说明文“总说—分说—结说”型。按照“四型”文章结构，构建高效精读内容，引导学生快速辨析文章思路，从相同文本结构中学习模仿构思，从不同文本结构的文章比较阅读中学习创意构思。

(4)基于“语言风格品位”的内容构建

每个作者在语言运用上形成一定的语言风格，文如其人。作者常常运用一些自己喜爱的描写手法来体现自己的语言风格，形成自己的文风。如：老舍在语言运用上有着自己的一贯追求，通俗明白、幽默诙谐，他的《北京的春节》一文有比较突出的语言风格，如何帮助学生对语言风格有更清晰、感性的体验与品味，有意撷取运用夸张、比拟、讽喻、反语、谐音等修辞手法的老舍其他作品供学生阅读，使学生深入地感受老舍作品幽默诙谐的语言风格。

3. 操作流程

高效精读课操作流程如图6所示。

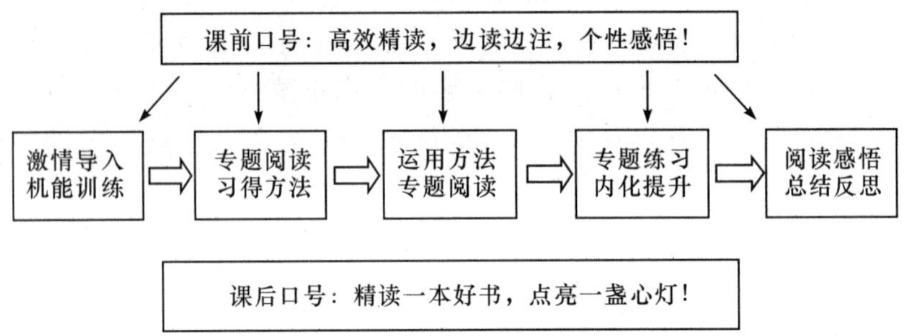


图6 高效精读课操作流程

课前口号："高效精读，边读边注，个性感悟！"

激情导入，机能训练：眼脑同步，扩大视域，情知交融，走近文本。

专题阅读，习得方法：边读边注，个性感悟，习得方法，及时交流。

运用方法，专题阅读：学以致用，再读再注，评析交谈，及时评价。

专题练习，内化提升：当场检测，活学活用，个性表达，内化语用。

阅读感悟，总结反思：个性感悟，分享成功，取长补短，共同进步。

课后口号："精读一本好书，点亮一盏心灯！"

## 案例四

课前口号："高效精读，边读边注，个性感悟！"

第一板块：激情导入，训练机能

1. 激情导入

2. 机能训练

第二板块：专题阅读，习得方法

1.复习常见的修辞方法有哪些?(比喻、拟人、排比等)

2.品读课文《桂林山水》,用浪线画出,并批注:课文运用了怎样的修辞方法?好在哪里?

3.交流反馈:比喻、拟人、排比各选择一个典型句子进行句子品析的方法指导。

4.提炼评析修辞句的几个要点:运用(　)的手法,写出了(　)的特点,表达了(　)的情感。

第三板块:运用方法,专题阅读

1.阅读《七月的天山》《湖》《傣家晨曲》,画出运用了修辞手法的语句,对其评析并在边上做批注。

2.运用评析修辞句的几个要点,小组交流、全班交流,反馈评价。

第四板块:专题练习,内化提升

1.写出下列各句运用的修辞手法,并品析。

2.“学以致用”试一试。

第五板块:阅读感悟,总结反思

1.通过这节课学习,你有什么收获?

2.课后独立阅读《我爱漓江》《美丽的住宅区》或自选文章,品析手法语句。

课后口号:“精读一本好书,点亮一盏心灯!”

4.操作策略

(1)精读专题与单元主题结合,“工具性和人文性”相生

现行教材大多以人文主题线索安排,语文的语用工具性相对比较薄弱。我们通过高效精读内容的构建,进行阅读知识与能力的专题训练,有效弥补现行教材的不足。精读课文的训练目标也要力求体现“丰满”而不单一。为此,在初读整体感知的基础上,聚焦阅读能力专题目标,进行有梯度的精读训练,而后让学生重新回归整体,进行文本情感等的分享和交流,让工具性与人文性相生。

(2)精读品析与程序阅读结合,“个别化和大众化”相融

我们不但重视学生阅读面上的提升,尤其在课堂中关注学生个体的个别化教学行为,关注阅读满足不同孩子的发展需求,重视孩子阅读个性化感悟,让孩子根据精读专题寻找自己喜欢的语句、片段充分自主阅读,尽情表

达感悟，让每一个孩子都获得不同的成长；使精读品析与程序阅读有机结合，让孩子个别化阅读与大众阅读面上的变化相融。

(3)高效精读与高效导读结合，“过程化和效率化性”相重

我们将程式化的技能训练与高效导读结合，通过学生自主学习发现规律方法，将知识的发现过程展开，让学生速读阅读材料，质疑难点困惑，精读相关段落，讨论交流问题，温习训练巩固，进行内化形成技能。构建以“学习为本”的课堂，发现并探求阅读技能规律，并有机进行迁移训练，在反复的阅读实践过程中形成阅读能力。

5.检测评价

高效阅读的程序化课堂时间久了，难免会让学生觉得单调乏味，为了提高学生的阅读兴趣，发挥他们的主动性，培养良好的阅读习惯，在实践中，我们开展了各种竞赛，家校互动，激励学生喜欢阅读，享受阅读。

(1)“阅读等级”，你追我赶

为了让学生阅读有目标，为了更细化学生的阅读效率，我们进行阅读等级考核法，把阅读分为初级、中级、高级、超高级四个等级，阅读等级标准的制定极大地调动了学生的学习积极性。它像一面旗帜，让学生学习有方向、有动力，每上一个等级给予相应的证书，不同的等级满足了不同层次学生的需求，让学生体验成功。

(2)“阅读红人”，你赞我赏

学生将自己的阅读感悟、阅读方法、阅读体会、好书推荐等，发布在阅读微信群里，让学生、教师、家长分享阅读，给阅读优秀发布者点赞。虽然没有排名表彰，但是获点赞多者，自然成为阅读红人，名声大振，极大激发学生阅读的内驱力，互相感染，互相促进。

(3)阅读银行，勇攀高“分”

为了让学生坚持阅读，我们在课题实施中运用了阅读银行“存款”的形式，要求学生在家每天看课外书30分钟，在阅读银行记录卡上记下所看页数，一周上交一次，银行记录分数超过200分的，发一张“阅读之星卡”，让阅读成为一种发自内心的需要。

## 四、成效分析

### (一)区域因阅读而有特色,打响了阅读学教品牌

1. 掀起热潮:形成了区域阅读改革的范式

自课题研究以来,我们开展了 12 次入校培训,4000 多人次教师参与,300 多次各类别的区级"高效阅读"主题研讨活动,524 节区级"高效阅读"展示课,掀起了课程改革热潮,形成了区域阅读改革的范式:构建模式—取样试点—调整拓展—面上推广—形成区域模式—实现区域教学的高效。

2. 亮丽风景:涌现了一批具有阅读特色的学校

八仙过海,各显神通。D 中学:自编高效阅读训练题,按主题整体实施高效阅读,在"支架式层级式"复述方面有了新的探索,"高效阅读助推高效导学"成效明显。H 小学:与课堂观察相结合、与创建"书香校园"相结合等。在校园的课间,到处都可以看到学生醉读的身影,沉浸在书海中的惬意。

3. 好评如潮:产生了相当大的社会影响

"四课型·五结构"阅读学习范式得到中国教育学会专家的高度赞赏,我区成为全国阅读先锋示范区。示范课向全省教研员开放,得到了高度好评,有 12 人次在全国、省、市语文优质课评比中获奖,如洪老师在全国阅读教学比赛中获得特等奖,并去香港上观摩课。温州、衢州、舟山、宁波、丽水、绍兴等地教师来我区学习,新昌、江山、龙游等五个县市邀请我们为他们培训。阅读学习范式获得了家长的充分肯定。

### (二)孩子因阅读而自主,体验学习的快乐过程

1. 从"望而生畏"到"爱不释手",培养了学生的阅读习惯

我们丰富了课型,激活了思维,点亮了思想,学生体验着学习的快乐。科学的读书方法让学生改掉了摆头、指读、复读、回视等影响阅读速度的不良习惯。在掌握了记忆方法的基础上,学生既读得快,又能理解,还记得深,甚至能表达出来,喜欢语文课,爱看课外书,阅读成为一种生活方式。

2. 从"远远不足"到"大大超过",扩大了学生的阅读视野

我们抽样 600 名学生进行跟踪调查,研究前学生每学期阅读书集中在

3～4本，研究后结果令人惊叹：学生每学期阅读书集中在20～29本，不少在30本以上。中小学生年阅读书目平均分别达29本、24本，最多者分别为87本、84本，学生读书量已远超课标总量。

3. 从“一枝独秀”到“争奇斗艳”，提高了学生的语文素养

学生上课100%全身心投入，拥有100%的专注率和100%的学习参与率，全区实现700字/分以上（小学）和900字/分以上（初中）平均阅读速度，学生通过阅读大量的阅读材料，积聚了丰富知识素材、好词佳句以及优秀文章结构，有效提升了阅读能力和综合能力。

**（三）教师因阅读而智慧，享受美善中展现魅力**

1. 从“阅读难教”到“阅读易教”，提高教师的职业幸福感

“四课型·五结构”阅读学习范式，节省教师备课时间，缩减教学环节，节约批改作业时间，而学生语文能力素养快速提高，教师真正体会到语文教师的幸福快乐。研究成就了一批优秀教师，2批共67位实验优秀教师展示风采。

2. 从“教材奴隶”到“课程将军”，提升教师的课程执行力

以前教师认为一个学期能教完课本就不错了，现在教师能用研究的眼光对课文进行再解读，编写适合自己学生阅读的文本，形成各有特色的16个校本阅读课程，培养有潜力、有品位、有人文素养的学生。

3. 从“教书匠子”到“教研专家”，提升教师的研究能力

我区为实验学校开设了专项的课题申报，四年来，115项区级及以上“高效阅读”研究课题中，71项成果获奖，让教师走近教育科研，成长为研究型教师。某实验学校论文获奖率、课题立项率、成果获奖率在实验前居全区后位，实验后直线上升，居全区前茅。

阅读的路很长，很期待，很有价值，很让人享受……我们会一直坚实走下去，让“西湖阅读”在创新中越走越广阔！

**参考文献**

[1] 程汉杰. 程汉杰语文高效阅读教学法[M]. 北京：中国林业出版社，2010.

[2] 董培菲. 从PIRLS测验卷样本看国际阅读能力评估[J]. 小学语文，2010(3)：63-64.

[3] 郭丽敏. 快速记忆词语方法[J]. 黑龙江教育，2012(11)：42.

[4] 蒋军晶. 关于单篇到“群文”的新思考[J]. 人民教育，2012(12)：30-33.

# 高效阅读之速读在初中语文教学中的实践研究

杭州市十三中教育集团(总校)
沈　炜

**摘　要:**随着社会的快速发展,知识迅猛增加,漫天铺地的信息冲击着我们,头脑风暴正向我们席卷而来。在有限的时间内最大限度地阅读逐渐被社会关注,改进阅读方式、提高阅读速度势在必行。笔者立足校本、实地调研,从高效阅读在国内外的发展和我国中学生阅读现状论述了“高效阅读之速读在初中语文教学中的实践研究”这一课题的必要性。

**关键词:**高效阅读　课型　阅读能力　语文素养

## 一、课题的提出

### (一)研究背景

1. 高效阅读在国外的发展

高效阅读首先起源于美国,最初叫快速阅读。第二次世界大战后,随着美国经济、科技、文化的进一步发展,快速阅读开始进入推广阶段。最初是举世闻名的哈佛大学开办了第一期快速阅读训练班。在其带动下,这一新学科很快茁壮成长起来。目前,美国 80%以上的高等院校都开设有高效阅读课程,俄罗斯、英国、法国、韩国、日本的许多中小学校也都把高效阅读列入教学计划,使学生尽早掌握这种高效率的学习方法和工作方法。

2.高效阅读在国内的发展

东汉时期的天文学家张衡、哲学家王充、诗人王粲和宋代刘克庄就有“一览便知”的本领并对其深有研究。中国对高效阅读的研究与国外相比，起步较晚，但进入20世纪80年代后，高效阅读在我国受到了极大重视，进入快速发展期，研究、推广的成果越来越显著，这一新兴学科正在被越来越多的人所接受和喜爱。

3.我国及我校中学生阅读现状

语文新课程标准对中学阶段语文课外阅读做了具体明确的规定：“课外阅读总量不少于260万字，每学年阅读两三部名著。”笔者对本年级学生进行了关于初中生阅读状况的问卷调查，发现每年近70%的初中生仅读过1～2本名著，如果每本平均字数在20万字左右，一年最多只能读40万字，三年只能读120万字，与新课标要求的260万字相去甚远。更多的学生每天课外阅读的时间还不到半个小时。以学生现有平均阅读速度300字/分钟计算：260万字就需要约8667分钟，约144个小时，即使是每天坚持阅读的孩子，260万字的阅读总量也要每天保证一小时的阅读时间才能完成。这对学业负担较重的孩子来说，有点困难，因为孩子的学习不仅是阅读，还包括其他科目的作业、各类活动、培训班等。

为了让孩子适应时代的快速发展，更具竞争力，我们有责任培养学生快速获取信息的速读能力，最大限度地提高阅读的效率，高效阅读势在必行。

**(二)研究意义**

许多初中生的阅读还存在着少、慢、差、费的现象，即读的量少、读得慢、效果差、时间浪费等不理想的状况。具体说来，这是因为阅读中还存在以下几个误区。

1.误区一：快餐式阅读

阅读只为看热闹，消磨时间，满足好奇心，逮到什么读什么，毫不选择，随波逐流，率性而读，完全没有自己的主见，没有阅读目的，漫无目的地看过了也就忘了，根本谈不上阅读。

2.误区二：过场式阅读

许多学生阅读只求读懂，不求感悟，不求致用，不会从文章的布局谋篇和中心去思考，更谈不上把作者的人生经验化作自己的心灵体会。这样的阅读就不能完成从有字书向无字书的转换。

3. 误区三：功利式阅读

由于应试教育影响，许多家长和学生存在功利思想，只阅读与考试有关的书籍，而与考试无关的书籍则被拒之门外，故而学生对文学名著很少问津。

所以我们的实践研究就是想突破原有旧思想，建立正确的高效阅读意识。

一是适应课改的需要。

新课标特别强调语文学习的"积累与整合"，要求学生"学会运用多种阅读方法"，"养成默读习惯，有一定的速度，阅读一般现代文每分钟不少于 500 字"，"能熟练地运用略读和浏览的方法，扩大阅读范围，拓展自己的视野"。"课外阅读总量不少于 260 万字，每学年阅读两三部名著。"高效阅读法则可以让学生经过训练后有效地提高阅读的速度和效率，增加阅读量，完成新课标规定的目标总量。

二是变革课堂模式的需要。

高效阅读课堂一改往日课堂的沉闷，给学生们带来震撼人心的生机和活力，它使我们的语文教学进入自动化、程序化的轨道。在高效阅读课堂中，学生们熟练地运用程序进行自学自练，通过"读、答、判、算"快速提高阅读速度，快速提高理解率，快速把握文章内容，快速积累大量素材，快速提高自己的语言表达能力，快速掌握语文知识要点，自主、高效地完成学习任务，实现语文课堂的高效。

三是提高学生综合素养的需要。

良好的习惯使人终身受益，通过高效阅读训练，学生改掉了如摇头、指读、眼睛随着文字反复转、心里读等影响阅读速度的不良习惯；通过快速传递材料，保持科学坐姿，有序摆放材料，双手背后、抬头挺胸的科学站姿等持续不断的军事化、规范化、系统化的训练，逐步让学生养成了雷厉风行、动作利落等良好的学习行为习惯。高效阅读采用的是计时阅读，既要求阅读速度，又要求理解率，因此有利于培养学生高度集中注意力。

提高学生综合能力正是高效阅读责任重于泰山之处。

## 二、研究的设计

### (一)研究目标

1.探求提高学生阅读速度的途径

通过研究,培养学生快速获取信息的速读能力,阅读时,注意力更集中,思维更敏捷。经过一年训练,初中生阅读速度每分钟能达到1200字以上。

2.探索学生快速阅读不同文体材料的方法技巧

通过研究,学生掌握各种文体的阅读方法和规律,大幅度提高阅读速度和阅读效率。

3.探寻锻炼学生阅读能力的教学策略

通过研究探索出提高课堂教学效益的有效方法,积累丰富的有效课堂教学的策略,从而开发学生智力,提高记忆力,培养注意力,发展学生的思维能力。

### (二)概念界定

高效阅读指从以文字符号为信息载体的读物中迅速提取有价值信息的阅读方法。它是从激发学生的阅读积极性入手,以规律化和量化训练为主要手段,达到迅速提高阅读速度和阅读效率的目的。它有两个特点:第一,能够迅速阅读文章;第二,能从阅读材料中找到重要信息。

### (三)研究依据

1.初中阅读教学的任务

最新颁布的《九年义务教育初中语文教学大纲》和《普通初中语文新课程标准》明确阐述了初中语文阅读教学的任务,因此,这两者是我们构建科学的初中高效阅读训练的重要依据。

2.初中生的心智特点

在进行高效阅读训练时,必须考虑训练主体——初中生的心智年龄特点。此阶段的学生情绪和情感内容十分丰富,好奇好胜,勇于探索,富于进取,开始有了自己的主张和见解。而高效阅读追求速度和理解率,正好给了学生一个挑战自我、展示自我的平台,激发他们内在的潜能,迸发强大的活力。

## 三、研究探索:高效速读在初中语文阅读教学中的探寻

高效速读是整个高效阅读环节的起始阶段,它要借助学生的强烈的求知欲和探索精神,充分调动学生的阅读兴趣,达到提高阅读速度和理解率的目的。高效速读主要就是对不同文体的文章进行速读训练。最初,我们把阅读过程固定为几项内容,称之为通用阅读固定程序。具体程序包括题目、作者、出处、基本内容、重要事实、写作特点与有争议之处、新思想和读后启示。每次阅读完一篇文章,我们要求学生记录下自己的阅读速度和理解率,绘制曲线图表。教师每次都要统计班级的平均阅读速度、理解率,以反映班级的总体水平,分析薄弱环节。

通用阅读固定程序适用于对各种文体都比较熟悉的学生,对刚接触高效阅读并且对各种文体不熟悉的初一学生而言,要先进行分体固定阅读训练。根据初中语文教材上常见的文体,我们设计了不同文体的阅读固定程序,包括记叙文阅读固定程序、说明文阅读固定程序、议论文阅读固定程序、小说阅读固定程序,其大大加快了学生的阅读速度,提高了学生的理解率,如表1所示。

**表1 通用阅读固定程序**

| 记叙文 | 说明文 | 议论文 | 小说 |
|---|---|---|---|
| 1.题目 | 1.文章题目 | 1.题目 | 1.题目 |
| 2.作者 | 2.事物特征 | 2.作者 | 2.作者 |
| 3.出处 | 3.说明顺序 | 3.出处 | 3.出处 |
| 4.六要素 | 4.说明方法 | 4.中心论点 | 4.故事情节 |
| 5.主要情节 | 5.说明中心 | 5.主要论据 | 5.人物形象 |
| 6.写作特点 | 6.语言的准确性 | 6.论证结构 | 6.表现手法 |
| 7.中心思想 | | | 7.环境描写及作用 |

不同的作者,不同的篇章,形成的思路可以说是千差万别。为了训练学生的思维模式,提高课堂效率,增加学生的课外阅读量,笔者进行了如下的课程安排。

### (一)高效速读和教材相结合

在课堂教学中，将初中语文教材和高效速读训练结合起来，培养学生的综合阅读能力。

比如按高效阅读程序速读完《走一步，再走一步》，根据内容笔者出了以下几道题。

**案例一**

1. 本文的题目是________
2. 文章的作者是________
3. 本文的出处是________
4. 故事发生的时间是________
5. 故事发生的地点是________；人物有________
6. 事情的起因是什么？
________
7. 事件的经过是怎样的？
________
8. 事件的结果如何？
________
9. 本文的主题是什么？
________
10. 读完此文后，你有什么感想？
________

为了让学生加深对课文的印象，同时能从中汲取新的思想和新的启示，笔者对课文进行了分类，将同一主题的文章归纳在一起，在进行完课文的高效速读之后，再补充几篇课外的文章。比如七年级上有两篇是关于生命的文章《生命生命》《行道树》，在学生速读完课文对生命有了一定的认识后，笔者马上补充课外关于生命的文章，比如《石缝间的生命》《敬畏生命》等，再让学生谈感悟，这样一来，学生对生命的理解马上得到了升华。

此外，笔者又将记叙文分为理想、爱国、亲情、幸福、惜时等主题，说明文分为历史、地理、物理、化学、动物、植物、科学卫生、语言文艺等主题。无论哪一主题的文章，都可以从课内扩展到课外，阅读完后，都及时让学生谈自己的理解和认识，鼓励学生自由表达，多角度感悟。长此以往，学生的阅读能力、口头表达能力、写作能力不断提高，情感得到熏陶，思想获得启迪，真正做到了新课标提出的“珍视学生独特的体验、感受和理解”。

经过一段时间的训练，学生每读完一篇文章就能把它归到相应的主题下，扩大了阅读面，增加了阅读量，阅读速度和理解率大大提高。由此可见，把教材按主题归类，利用高效速读补充课外知识能起到事半功倍的效果。

### (二)高效速读和名著相结合

阅读名著，如同与大师共携手，可以增长见识，启迪智慧，提高语文能力和人文素养。笔者在自己任教的班级试行高效阅读名著法，每周两个中午抽半小时阅读，十分钟检测，效果显著。每次检测题，笔者都让班里学生自己出，每人轮流一次，这样更激发了学生阅读的热情。和一般高效速读课堂一样，上课伊始，先进行眼脑机能训练，然后让学生快速回忆小说阅读固定程序，接下来按章节进行快速阅读，学生记下自己的阅读速度，随后进行检测，检测完成后，学生交流读后感和启示。每天这样反复练习、阅读，学生努力抓住关键词和主要信息，注意力、耐力、学习品质都得到了很好的锻炼。比如学生速读了《海底两万里》的前三章内容，班里一位学生出了以下几道题。

#### 案例二

1. 本小说题目：________________________
2. 作者：__________
3. 作者国籍：__________
4. 小说第一、二、三章节的题目分别是：________________
5. 于是，在学术团体里和科学报刊中产生了相信者和怀疑者，这两派人无休止地争论着。“怪物问题”激动着人们。这个“怪物问题”是指什么？
6. 我收到一封信，信的内容如下：“递交纽约第五号路旅馆，巴黎自然科学博物馆教授(　　　)先生。先生：如果您同意加入(　　　)远征队，合众国政府很愿意看到这次远征有您代表法国参加。法拉古司令官已留下船上一个舱房供您使用。海军部长何伯逊敬启。”

7. 康塞尔是我的仆人。他一向陪我出去旅行。这诚实的青年是佛兰蒙人，我很喜欢他，他对我也很好。他是一个＿＿＿＿＿＿＿＿的人。

8. “煤火添起来了，机轮更急地搅动水波，大船沿长岛低低的黄色海岸行驶，在晚间八点的时候，西北方不见了火岛的灯光，船便开足马力，在大西洋黑沉沉的波涛上奔驰了。”这是第三章的最后一段的最后一句话，这样写有何作用？

一学期下来，通过教师推荐，同学介绍，学生速读了《草房子》《西游记》《骆驼祥子》《朝花夕拾》《窗边的小豆豆》《城南旧事》等适合不同年龄段学生阅读的优秀作品。每次阅读完一部作品，我们都会让学生以小组为单位制作读书摘记卡进行评比，学生参与的热情很高，极大了调动阅读的积极性。

**（三）高效速读和写作相结合**

俗话说：“熟读唐诗三百首，不会作诗也会吟。”这句古语形象地道出了阅读与写作的紧密联系。对中学生来说，阅读更是获取知识的一条主要途径，毋庸置疑也是提升写作的必由之路。

高效阅读可为作文训练提供可资借鉴的技法和范例。在高效速读的训练中，可以先引导学生去自由地阅读，特别是读经典一流名著，和“大师”直接“对话”，因为在名著阅读中，有千万个接触点是与课堂所学的教材相通的。我们可以顺势引导学生借鉴学习，初一年级可以引导学生模仿优美片段进行仿写，初二年级可以让学生针对文章精彩处写读后感，初三年级可以让学生进行比较阅读，分析文章写作特色，写写评论。比如快速阅读完《芦花荡》这篇文章后，可以让学生揣摩二菱的心理活动，给老爷爷写一段话。

通过高效阅读，学生获得了综合性的知识，不仅有自然知识，更有大量的社会知识。与书深交，书缘常续，阅读得越多，越有利于将课内知识巩固、加深、改造和系统化，从而积累大量的作文材料和语言材料。积累的语言材料越多，底气充盈，写起文章来自然得心应手，其好处是终身受用不尽的。

读的目的是为了写，可如果没有写的过程，读的效度将大打折扣。因此，读和写是一脉相承的两个事物，不能分开，只要坚持下去，一定会有大的收获。

**（四）高效速读和复述感悟相结合**

高效阅读需要快速，但并不是唯速度。在训练中，我们发现有的学生盲目追求速度，忽视了理解率，有的学生一味追求理解率而放慢了阅读速度，这些都是不可取的，需要两者并驾齐驱。于是，我们尝试用复述感悟的方法检验学生的阅读效率。高效复述感悟，就是速读完文章后，将原文通过口头语言再现出来。

通过复述，还可以加深对所读材料的理解和感受，可以为演讲、思维、写作和研究等积累材料，提供典型，还可以锻炼人的记忆力和口头表达能力。复述的重点既可以与材料所写的重点相一致，也可以与阅读者自己确定的重点相一致，因此复述方法可以分为梗概复述、程序复述、原文复述、创新复述。但在初中语文教学中我们着重训练原文复述和创新复述，原文复述就是在识记、理解所读文本内容，了解写作顺序和写作方法的基础上，对文章内容进行详细复述，努力做到“尊重原文”，力争达到“过目成诵”。创新复述就是在理解原文的基础上，根据文章内容，通过改变“文章要素”，合理运用想象和联想，进行复述并表达文章的主题思想。复述时要注意：尊重原文，不能离开材料；复述不啰唆，语言通顺流畅，声情并茂；记忆关键词句，按各部分联系复述；复述后要讲感悟，如文章精彩处、我的启示、我的联想等。

笔者在进行复述感悟训练时，按主题进行训练。以“母爱”主题为例，笔者选择了《8元5角钱的震撼》《稻子熟了，妈妈我想您了》《石头里的春暖花开》等文章，在速读完文章之后，我们融入了小组合作学习模式，先前后两位同学面对面进行复述，然后小组中选出优秀的学生上台复述，复述完后讲讲自己的感悟，同学再点评。我班有位学生在感悟环节讲到了自己的母亲时，动情之处流下了眼泪，引起全班学生的共鸣。

实验证明，通过大量的复述训练，学生的口头表达能力日益增强：一个平日里“一篇日记写不了两三行，回答问题时说不了几句完整的话”的学生，训练几个月后，能即兴演讲，三分钟内口述五六百字，相当于一篇口头作文，而且能做到连贯得体，声情并茂。通过不断复述训练，我们找到了一把学生可以自己检验个人阅读效率的金钥匙。

## 三、教学的成效

### （一）灵动语文课堂

实行“高效阅读”后的课堂发生了明显变化。高效阅读以学生自主阅读为主，教师只是学习的组织者和引导者，语文课堂从传授知识的“满堂灌”转变到“以学生为主体”的形式。

1.语文课堂“高效”了

高效阅读对教师的语言做了要求，教师的语言简洁明了，没有一句废话，使每一句教学语言都发挥效用。越是简洁的教学语言，越有利于保持学生听课的兴趣，课堂效率也相应较高。在高效速读训练课中，学生可以在一节课里阅读3篇1500字左右的文章并且高效率地完成3篇检测，真正实现了高效课堂。

2.语文课堂“活”了

高效阅读课堂创造性地运用教材，灵活地运用教材，依靠教材而不拘泥于教材，课外阅读文章的选取紧密结合生活实际，选取与学生生活密切相关的素材进行阅读；有的文章和教材进行对比或补充，更便于学生理解和接受。这样的语文课堂，教师“独唱”少了，学生表现机会多了，课堂节奏加快，学生参与面广、层次多，课堂变成了学生尽情阅读的世界。

3.语文课堂“宽”了

高效阅读在教好原有教材的基础上，延伸扩展，由一篇带多篇，带领学生走进前人创造的一篇篇经典的文章、一部部经典的书籍，让学生在书中与历史对话，与高尚交流，与智慧撞击，从而养成沉实、厚重的文学素养、人文素养。

4.语文课堂“实”了

高效阅读课在上课伊始构建了和谐互动的课堂教学氛围，其次通过回顾阅读的固定程序法，巩固了基础知识，然后引导学生进行目标明确的阅读教学，放手让学生静心阅读、潜心阅读，主动探索新知识，充分利用学生的原动力，只要学生能自己完成的，教师绝不包办代替。简简单单教语文，扎扎实实求发展，在语文教学中尽量排除了一些形式化的、不必要的东西，真正实现了教学的扎实而高效。

### (二)激发学生潜能

1.提高学生阅读能力

为检测“高效阅读训练”的效果，笔者选择了记叙文、说明文、议论文三种文体对学生进行了为期一年的跟踪训练检测，发现经过系统的固定程序阅读法训练后，学生的阅读速度大幅度提高；文体不同，学生的阅读速度与阅读效率也不同，只要有固定时间且每周按时训练，学生的阅读效率就能很快提高。

2. 增强学生学习意志

优秀的文学作品蕴含着丰富的人文内涵，可以启迪人生，净化心灵。在阅读课中，我们选择《钢铁是怎样炼成的》《名人传》这些介绍英雄人物的书籍作为学生高效阅读读本，让学生了解英雄人物在肉体上和精神上经历种种磨难却创造不朽事迹的经历，培养学生不畏艰难险阻、勇攀科学高峰的精神。这些都是内在地让学生在潜移默化中得到情感和人格的陶冶。高效阅读课中的一项固定任务是整节课都要保持科学坐姿：头正、肩平、腰直、足安、目视前方。虽然这是学生应该做到的基本规范，但要整节课坚持下来，确实不那么容易。笔者鼓励学生，学习意志的培养和锻炼不是一朝一夕的事，需要长期坚持不懈的努力，没有坚持到底的恒心，难以到达成功的彼岸。经过一段时间的训练，学生不仅在高效阅读课堂中随时保持科学坐姿，在其他课堂中也能如此。

3. 开阔学生视野

新课标的"教学建议"中提出："培养学生广泛的阅读兴趣，扩大阅读面，增加阅读量，提倡少做题，多读书，好读书，读好书，读整本的书。"高效阅读大量的读书训练完全符合此建议。大量的课外阅读不仅让学生加深了对课文的理解，巩固了所学知识，而且开阔了学生的视野，让他们接触到了更多优秀的文学作品。一年下来，通过高效阅读训练，我们在课堂上已经阅读完30本书，有《城南旧事》《目送》《狼图腾》《居里夫人传》《假如给我三天光明》《哭泣的骆驼》《青铜葵花》等，学生常常被那独特鲜活的作品人物、简洁流畅的叙事、纯净唯美的文字、真挚深沉的情感打动，这些对苦难、对真情、对美好人性的细腻描写和咏叹宛如一股温暖清澈的春水，湿润和纯净着每一个学生的眼睛、心灵，牵引着大家对生命中真善美永恒追寻。

4. 提高学生写作水平

叶圣陶先生说："阅读时吸收，写作是倾吐，倾吐是否完全合于法度，显然与吸收有密切关系。"高效阅读就是让学生在最短的时间内大量阅读优秀作品，只有吸收了营养，才有能力向外表达。有些学生怕写作文，困难之一就是没有材料，无话可说，因此要帮助学生提高写作能力，首先要帮助他们积累各种材料，其中一个重要的途径就是多读课外书，而高效阅读中的速读训练就帮学生积累了大量的词汇，为学生的写作积累语言；高效精读训练又帮助学生领悟了作者的思想和道理，了解了作者的表达方法，让学生逐步学会在作文中表达自己的观点和立意，学会谋篇布局。笔者在高效精读训练中的复述感悟课中，常常按主题进行训练，比如阅读完关于“亲情”主题的文章，学生在课堂中讲了自己的感悟，当天的回家作业就是摘抄关于“亲情”的名言，然后将口头感悟转化为文字，写在高效阅读专用积累本上，这些都成了学生写作的素材。

### （三）提高教师教育教学素养

经过近一年的课题研究与实践，我们教师的教学理念在改变，体现在以下几个方面。

1.赋予了教师新的教学理念

在高效阅读课堂上，每个学生都要进入高效阅读状态，每个学生都有发言的机会，教师已不再是文化知识传播的中介，而是学生学习方法的指导者，充分调动学生阅读的兴趣，提高他们获取信息的能力、快速高效解决问题的能力。

2.提高了教师的教学技艺

在一次次的磨练中，实验教师课堂教学效率意识显著增强，其规律化、程序化操作改变了语文教师的惯性思维，语文教学渐渐告别“少、慢、差、费”的状态，教师由最初的被动接受到现在的主动研讨，开启了教师的阅读教学的另一扇窗户，提升了教师的教育教学水平和专业知识。

## 四、结论思考

### （一）研究结论

在课题的研究过程中，我们始终将课题的研究与学生教学紧密联系起来，并在实际教学中进行教学实践，并对实践结果进行分析。虽然实践内容没有涵盖初中生高效阅读训练的所有结构模块，但已有的教学实践已经表明：对初中生进行高效阅读训练，使学生掌握了不同文体的阅读程序，能大幅度地提高学生的阅读速度和阅读效率。特别是在应试教育仍占初中教育主流的事实情况下，高效阅读训练的相关测试题的完成可以锻炼学生的解题能力。

### （二）研究反思与展望

结合教学实践，展望以后的训练，笔者认为要注意以下几点。

第一，速读训练应以理解的速度来调节阅读的速度，我们对理解率的最低要求是70%，若阅读速度快，理解率达不到这个要求，则可以降低阅读速度，最终目的是要达到两者并驾齐驱。

第二，高效阅读训练可以有选择地与日常的课堂教学紧密结合起来，根据学生的年龄和智力特点选择适当的教材进行训练。这样既符合正常的语文教学秩序，又可以为高效阅读训练增加训练课时，保证高效阅读训练的连贯性。

第三，高效阅读过程中的技能训练，如科学坐姿、眼脑机能训练、固定程序训练应该贯穿训练的始终，不能因为学生熟练掌握了就减免训练，这是提高阅读速度的必备技能，可以达到事半功倍的效果。

第四，每个学生都是独立的个体，他们之间存在很大的差异，在选择阅读文章时如何关注学生的个体差异，使阅读结果达到最优化是值得我们深入探讨、研究、实践的。

虽然高效阅读在我国仍处于探索阶段，但我们有理由乐观地相信高效阅读在初中语文教学中的实践研究一定会不断优化，满足时代发展的需求。只要我们坚持大胆探索，努力探求，相信高效阅读的春天一定会到来！

## 参考文献

[1] 程汉杰. 高效速读锦囊[M]. 济南：山东文艺出版社，2004.
[2] 潘意敏. 快速读书法[M]. 上海：复旦大学出版社，1997.
[3] 沈德立. 学生汉语阅读过程的眼动研究[M]. 北京：教育科学出版社，2001.

# 群文共赏兮，矫矫不群

## ——小学中高段高效群文阅读教学研究

杭州市省府路小学

金晓霞

**摘　要**：高效阅读实验背景下开展的群文阅读教学研究，指向课堂教学效率与学生阅读效率的同步提升。该项研究是以眼脑直映的信息全新处理方式为依托，以固定阅读程序为支持，学生在掌握快速阅读法的基础上开展的有目标、有策略、有意义的群文阅读，是一种有法可循的、具体的、有生命力的课堂教学形态，为群文阅读的有效开展提供了借鉴。本课题从有目的地萃取，让群文聚合有度；有规律地组合，让阅读徐疾有致；有策略地运用速读，让效率提升有基三个维度进行研究，积极探索了“举一反三式”归类阅读悟方法、“同步对照式”比较阅读学赏评、“分组递进式”渐进阅读引深思、“矛盾聚焦式”思辨阅读启智慧、“自由组合式”个性阅读显风采五种阅读策略，有效促进学生阅读力、思考力、研究力的发展。

**关键词**：群文阅读　高效阅读　教学效率

当前的基础教育新课程改革正迈向纵深发展，如何适应新课程改革发展的需要，不断丰富和完善课堂教学方式，提高课堂教学效率，促进学生自主发展与精神成长，是新课程改革的重要使命。群文阅读打破以单篇独进、深探细究为主要特征的精读教学一统天下的状况，以一定议题为依托，以粗读略读为主法，以分享感悟为核心，最大限度地解放与培养儿童的阅读能力。在语文教育领域，这是一种具体的、有生命力的教学形态。

高效阅读实验背景下开展的群文阅读教学研究，指向课堂教学效率与学生阅读效率的同步提升。它是以眼脑直映的信息全新处理方式为依托，以固定阅读程序为支持,学生在掌握快速阅读法的基础上开展的有目标、有策略、有意义的群文阅读,从而促进学生阅读力、思考力、研究力的发展,引领学生的阅读生活。高效群文阅读教学,架起课内阅读与课外阅读之桥,可以搭建儿童阅读与终身阅读的梯,使每一位学生在感受读书之美的同时,保持高品位的阅读,促进他们的自主发展与终身发展。

## 一、靶向准:有目的地萃取,让群文聚合有度

语言的丰富性和多样化,恰是儿童得以语言滋养与情感升华的沃土。群文阅读教学,首先是要选好文章,围绕一个主题把多篇文章聚在一起。基于课外阅读、略读课文等群文阅读教学,需要教师从文章内容、人文内涵、表达方式等多角度确定主题,围绕主题精选文章。

### (一)遵循一个法则

群文阅读的文本来源跳出了教材之窠臼,它既可以在教材基础上进行整合补充,也可完全出于教者的精心选择。而尊重儿童的阅读视角,应该成为群文组合最为重要的法则。选择的文本呈现在儿童面前时,他们有往下读的浓厚欲望;当合上文本时,他们又有与人交流的强烈需要。也就是说,高效群文阅读要以儿童的心理成长、精神发育与语言发展作为一个逻辑起点来撷取群文阅读材料。

### (二)打通两条基本路径

群文萃取一般可以从教材出发由内而外突围,也可以从生活出发由外而内突破,这是教师选择有意义材料的两条基本思考路径。

1.基于教材,由内而外寻突围

(1)强化教材重难点,取拓展性文本

人教版小学语文教材中叙事性作品占72.6%,是新课程标准下需要小学生重点掌握的文体,相关阅读方法与能力的培养也自然是阅读教学的重点目标。因此,在群文阅读选文过程中,需要根据学生课内阅读能力情况进行筛选、引入,可以是教材单元主题下主旨解读类文本拓展,可以是学生能力欠缺的结构赏析类、表达方式类文本拓展,也可以是学生兴趣浓厚的语言品味类文本拓展。

(2)填补教材空白点,择综合性文本

“非连续性文本”的特点是直观、简明，概括性强，易于比较，在现代社会被广泛运用。教师可以结合综合性学习、校园活动等主题有机地引入数据表格、图表和曲线图、图解文字、使用说明书、广告、地图、清单、时刻表等形式的非连续性文本引导学生阅读，从而极大地丰富学生的阅读视界，帮助学生更好地适应生活，促进立体思维、信息处理能力等多元智能的全面发展。

2. 源于生活，由外而内求突破

“生活教育是给生活以教育，用生活来教育，为生活的向前向上需要而教育。”陶行知先生认为“教育必须是生活的。一切教学必须通过生活才有效。”因此，群文阅读文本应不只是基于教材与学生能力加以拓展，更应放眼生活大视界，从生活的源泉中去寻找学生感兴趣的话题，从生活多元信息中去认识挑战，学习了解，学习共同生活……我们该如何筛选有价值的阅读材料，让孩子开展有意义的阅读呢？笔者以为可从以下三方面进行筛选。

(1)把脉阅读兴趣点

“兴趣是探索事物发展的动力。”从学生兴趣点入手选择阅读与交流话题必然能激发学生的表达欲。教师要善于以朋友的姿态与学生交流，准确把脉学生的兴趣点。如小学生对童话故事、科幻故事、校园生活故事感兴趣，教师可结合课内文本特点阶段性地引入相关联的文本材料，组织学生开展群文阅读。学生在感兴趣的阅读中学会理解感悟，在比较中发现表达的不同角度与不同写法，从而提高文章评价能力。

(2)聚焦新闻争议点

富有争议的话题适合学生比较阅读后展开讨论或辩论，从而学会独立的价值判断。如关于“四川老太诬陷儿童被拘7日”新闻连续报道，报纸、网络掀起一轮“跌倒老人该不该扶”的讨论。教师可及时组织学生阅读从不同角度描述的多篇新闻进行对比阅读，并以“老人跌倒我们该不该扶？”为话题开展辩论。学生在阅读、比较、讨论中不仅提高了阅读能力，同时提升了道德认知能力及运用法律进行自我保护的意识。

(3)关注民众热议点

与小学生生活紧密相关又高于学生原有认知的热议话题是适宜组织学生阅读的材料。如近来全国许多城市陷入雾霾围城之困，预警信号频频发布，“雾霾”成了全民热议的核心话题。教师可引导学生阅读一系列关于雾霾的文章，通过图片、文字、视频等多媒体综合文本的穿插阅读，使学生了解雾霾防护常识，引发对雾霾背后深层次原因的思考，培育保护环境人人有责的公民意识，实现思维训练、语言训练、社会道德认知等多维目标有机融合。学生与教师、文本、课程、自然、社会、自我以及过去、未来互动与交往、创造与生成，充分体现“教育即生活！教育即生长！”的理念。

### （三）实现多个维度融合

群文阅读文本构成的一个重要特征：在群文阅读的语境中，阅读文本以一定的逻辑关联组合在一起，这种逻辑的关联可以外现为一定的“主题”，可以内隐为一个多元的“议题”，甚至也可以是一组相互对立的矛盾体。一般来说，“体裁”“主题”“结构”“表达形式”等均是群文阅读议题确立与材料组合的基本线索。笔者以为，从群文阅读的目标指向来思考群文萃取的角度似乎更有价值和意义。群文材料的萃取角度与教学目标指向可以相同也可以不同，是互为相关又相互交叉的复杂关系，下文分点作具体阐述。

1. 基于主题内涵挖掘的需要

由于小学生生活经验的相对匮乏和阅读视野的相对狭窄，小学生对教材中安排的部分文本的内涵往往不能准确理解与把握，为了突破难点，教师可以根据实际需要补充相关主题的群文阅读，以达到宽视野、丰体验、促感悟的教学效果。

如，人教版四年级下册五单元“感悟生命，热爱生命”，能力目标为“学习本组课文中含义深刻的句子，培养理解语言的能力”，情感目标为“引导学生体会生命的价值和意义，培养学生乐观坚强的人生态度，懂得热爱生命、尊重生命、珍惜生命。”本单元文质兼优，但生命话题过于深奥，学生对主题内涵的感悟并不深刻。基于学生的阅读兴趣点及理解疑难点，教师由此进一步拓展，开展“尊重生命”“生命的价值”等系列主题的群文阅读，学生在大量鲜活的记载着生命印迹的故事里感受生命的尊严与顽强，在大量镌刻着作家生命体验的文字里感悟着生命的高贵与美丽，取得了单篇阅读教学所不能达到的教学效果。

然而，如“人与动物”“师生之情”等以爱的教育为主题的群文阅读，“从不同角度看同一事物”等以学会思考为主题的群文阅读，“难忘的童年生活”等以成长教育为主题的群文阅读等，由于主题内涵清晰，学生易于理解把握。此类群文虽以主题为依托串联成群，但阅读的目标显然不应是主题内涵的挖掘，可以围绕“文章结构的比较”“作者选材的精妙”“情感表达的真挚”等进行表达方式的讨论、交流与争论等。

2.基于表达方式品悟的需要

学生在课内文本的阅读中,对于文本内涵的理解与把握没有太大问题,而对表达方式的精妙与迁移仿写却有着较大困难。因此,教师在开展群文阅读过程中,更应聚焦文本的表达特点来撷取材料,通过结构化组织教学,以达到提升学生阅读能力的目的。如,可以结合课内教学的疑难点聚焦相同写法来展开群文阅读,“反复结构的童话故事”“有特色的人物外貌描写”“出人意料的结尾”等有着相同写作特色的文本都是引导学生定向阅读、比较异同、学习表达、提升思辨力的有意义的材料,对于阅读目标的达成能起到事半功倍的作用。另外,如“演讲稿”“儿童诗”“西湖民间故事”等相同体裁的群文组合,可以指导学生掌握基本固定阅读程序,从而提高同类文本阅读的效度。

3.基于语言风格品味的需要

老舍在语言运用上有着自己的一贯追求,通俗明白、幽默诙谐是《北京的春节》一文比较突出的语言风格,如何帮助学生对语言风格有更清晰、感性的体验与品味,单篇文本教学很难达到理想的效果。因此,笔者从体味语言风格的目标定位出发,寻找了不同类别的文本进行拓展性阅读和比较性阅读。

(1)同作者同风格作品拓展阅读

老舍小说经常运用夸张、比拟、讽喻、反语、谐音等修辞手法来构建幽默的情境,他的幽默才华闪现在作品字里行间,把“想得深”的思想内容,用“说得俏”的语言表达出来,含蓄隽永,充满浓郁的幽默色彩。教师可有意撷取运用夸张、比拟、讽喻、反语、谐音等修辞手法的老舍其他作品的多个片段供学生拓展阅读。学生从同类修辞方法妙用的寻找与体悟中,全面深入地感受了老舍作品幽默诙谐的语言风格。

(2)不同作家不同风格作品比较阅读

“我不论写什么,我总希望能够信赖大白话;即使是说明比较高深一点的道理,我也不接二连三地用术语与名词。”《北京的春节》一文,朴素自然,不事雕琢,流畅通达,明白如话,没有难懂的字,没有拗口的句子,没有文雅的辞藻,也没有欧化句式。读起来,我们犹如在听一位长者拉家常、讲故事一样亲切有味。如此不事雕琢、朴实无华的语言风格是小学生很难体会的,而作品所体现出来的语言之精练含蓄、耐人寻味又是非常值得小学生欣赏、品悟的。于是,笔者引入了小学生喜爱的《笑猫日记》系列小说、《淘气包马小跳》系列小说的部分章节，开展比较阅读。学生通过反复诵读比较，体验语言节奏差异，通过故事情节叙述，人物、环境描写的比较等，进一步体会通俗浅易而又精练含蓄的语言风格。曹禺说得好："他作品中的语言更有特色，没有一句华丽的辞藻，但是感动人心，其深厚美妙，常常是不可言谈的。"

其他如基于文本结构赏析需要的群文萃取也同样如此，可以是从相同文本结构的群文阅读中学习模仿构思，可以从不同文本结构的群文比较阅读中学习创意构思。总之，群文阅读目标指向不同，选文萃取角度与组合方式就不同，只有指向目标的选文才是有价值、有意义、高效率的。

## 二、形式活：有规律地组合，让阅读徐疾有致

任何事物都是由多个要素按照一定的结构组合而成的有机整体，优化要素的结构就能提高整体的功能。在群文阅读教学中，不能一篇一篇孤立地呈现文章，也不能把多篇文章无序地全部呈现，最好有一定的结构，这样才能取得群文阅读教学的整体效应。我们可以根据文章主题、特点以及教学目标，合理选择举一反三式、同步对照式、分组递进式、矛盾聚焦式、自由组合式等群文阅读教学结构，提高群文阅读效率。

群文阅读教学时，我们要把多篇文章看成一个阅读整体，设计比较性、迁移性、冲突性等问题，将多篇文章横向联合起来，培养学生重整、伸展、评鉴、创意等高层次阅读能力。

### （一）举一反三式——归类阅读悟方法

即先读一篇文章，再读一组文章。一般从课内精读、略读课文引出，再拓展阅读同类文本，强化认知与理解。这种教学结构，以一篇带多篇，教师容易教，学生容易学，可操作性强，能很好地提高教学目标的达成度。"举一反三式"群文阅读流程如图1所示。

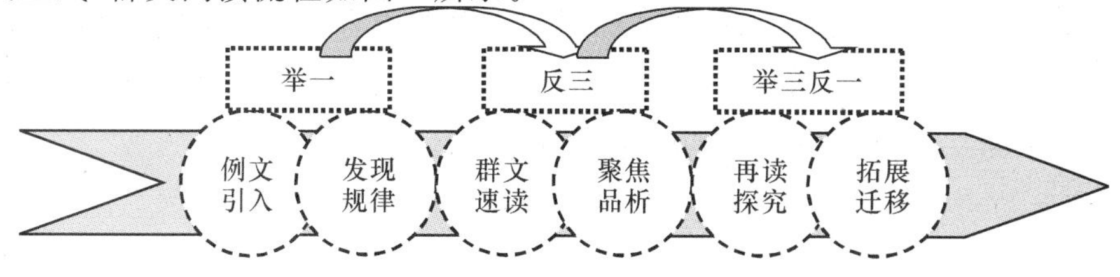


图1 "举一反三式"群文阅读流程

1.“举一反三”是出发，“举三反一”是归程

从课内单篇文本阅读发现的知识点、能力点出发，作为例子回顾品析总结规律，而后引出群文阅读的核心议题。然后学生运用总结的学法开展群文阅读，在自主实践过程中尝试“举一反三”，而后交流“反三”收获，教师随机点拨。通过群文阅读练习，学生对训练的能力点有了更深入的体验，而后再进一步启发学生从教师帮助下的“三”真正走向完全独立的“一”的实践。

2.速读浏览讲效率，整体感知提信息

在总结规律的基础上，教师引导学生运用规律快速阅读群文，学习迅速把握关键信息。我们可设计一些迁移性问题，引导学生把一篇文章的阅读所得运用到其他文章的阅读之中，让学生在迁移中巩固知识、形成能力。即便学生未掌握方法，未能实现“反三”的目的，但带着问题快速阅读捕捉信息的言语实践是学生必然要经历的，只有在“游泳”过程中，学生才可能真正掌握“游泳本领”。在速读检测反馈后，可以再给学生二次阅读与修正的机会。

3.再读探究要适度，发现启思是中心

由于群文阅读选择的议题往往是学生的疑难问题，因此要让学生迅速掌握能力点学会“反三”是相当困难的，因此，在让学生运用学法进行语言实践后，教师需要引领学生交流学习收获并根据中心议题深入探究、品悟，只有在“一而再，再而三”的言语实践中，学生的阅读力、思考力、表达力才可能得到锻炼，获得发展。由于时间制约，在问题探究过程中，问题要聚焦，自主探究时间要相对充分，教师绝不能抢了话语权。

**(二)同步对照式——比较阅读学赏评**

有比较才有鉴别，比较是群文阅读教学的重要方法，即多篇文章同时阅读，借助表格式、问题式、填空式、图文对比式等学习单，引导学生聚焦中心议题进行比较式学习思考，使之加深对文章思想内容、人物形象、结构层次、写作技巧和语言特色等某方面或几方面的理解，提升语言鉴赏评价能力。“同步对照式”群文阅读流程如图 2 所示。

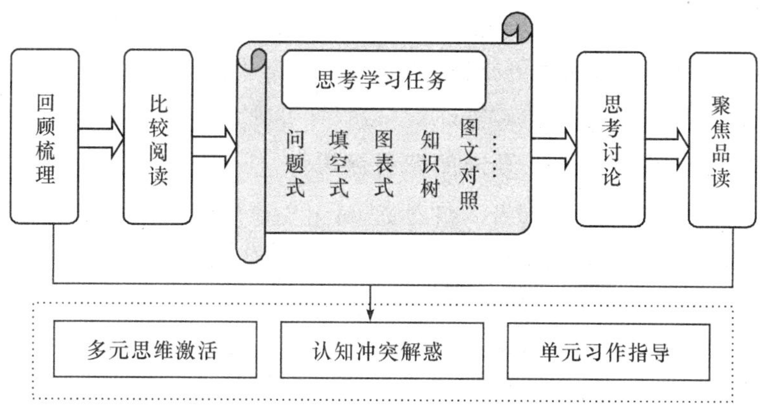


图2 “同步对照式”群文阅读流程

1. 基于目标选择恰当的比较方式

群文比较的方式多元，常用的有内容比较、形式比较、相同点比较、不同点比较、粗略比较、精细比较等，在具体运用过程中，教师要根据教学目标定位来有效选择。如体会某一种写作技巧的精妙，可以通过不同主题文章的相同写法比较来加深学生对这一写作方法的印象；如让学生体会结构层次的丰富性，可以采用相同主题群文阅读比较不同结构，以粗略比较为主要方式；如要加深学生对人物形象和语言特色等某方面或几方面的理解，则需要以精细比较为主，从一词、一句、一细节的比较来揣摩……教师需要灵活、准确地运用恰当的比较方式，以提高教学效度。

2. 基于目标设计合适的学习任务单

为进一步提高群文阅读的效率，促进学生思维的发展，教师需要设计合适的学习任务单来促进学生有目的地阅读和有深度地思考。传统课堂学习任务单往往讲究循序渐进有梯度，能让学生在学习支架导引下学习，同时会考虑差异设计分层式学习单等，而群文阅读学习单的任务需相对集中，任务议题则更为开放，需要引发学生有深度地思考，让学生有更多个性表达的空间。学习任务单的形式则不拘一格，一般表格式、问题式、填空式、图文对比式等让学生一目了然，可以迅速捕捉思考主题的都比较适宜，应避免花哨复杂的形式而转移学生的注意力，降低学习效率。

3. 教师“让学”，保证学生充分交流

群文阅读的关键是要学生读出问题，聚焦讨论，虚心倾听来自学生的意见和智慧，然后通过不同意见之间的对比分析取得对知识的理解认同，亦或是进一步的思考质疑。为了充分体现学生的主体地位，除了学习任务的精简、教学目标的集中，教师更要退出“舞台”，让学生能充分地读与思，让学生能激烈地答与辩，扫除学生思维的盲点，实现思维力的扩容。

### (三)分组递进式——渐进阅读引深思

即先读一组文章，再读另一组文章，每组文章之间的内容是遵循学生认知规律、渐进深入的。从激疑导入到思疑认知，从追问再读到质疑解疑，学生的思维在思疑、解疑的过程中得到锻炼与提升，有利于提高学生的综合分析能力与思辨能力。“分组递进式”群文阅读流程如图 3 所示。

图 3 “分组递进式”群文阅读流程

1. 文本呈现要遵循规律

分组递进式阅读文本的呈现要符合学生认知规律，体现由浅入深、由易到难的过程。同时，文本呈现考虑学生心理特点，一篇、多篇根据教学需要随机出现，可将纯文字文本、图表、视频等多媒体信息文本综合穿插呈现，消除学习疲劳，使学生保持专注的学习状态。

2. 问题导引要激发思辨

渐进式阅读重点在于在教师有目的、有组织的教学活动中，自然地把学生的思维引向纵深。无论是问题的预设还是学生现场生成的问题梳理追问，都要有助于激发学生的思维活力，在学生畅所欲言的同时，促进思维的发展。因此，问题预设需要体现层次性，现场理答则需要教师的即时反馈能力与教学机智。

3. 学生主体要充分尊重

由于文本呈现是有规律的，属于线性教学设计，有那么一点步步为营、环环相扣之感，避免学生的主体地位被无意剥夺，教师要有积极的让学理念，问题少而精，让学生有充分的时间思考、讨论、交流，甚至争辩。

### (四)矛盾聚焦式——思辨阅读增智慧

群文阅读强调思辨，强调想象力、创造力与逻辑推理能力在阅读空间的演练与自由飞翔。通过具有争议的、观点矛盾的一些文章的阅读，可以有效引发学生思考与辩论的意识。教师可以通过设计有价值的辩题让学生展开辩论，并在不断的冲突与协调中，达成“分享阅读感悟，提升文化底蕴，完善人格品质”的阅读目标。“矛盾聚焦式”群文阅读流程如图4所示。

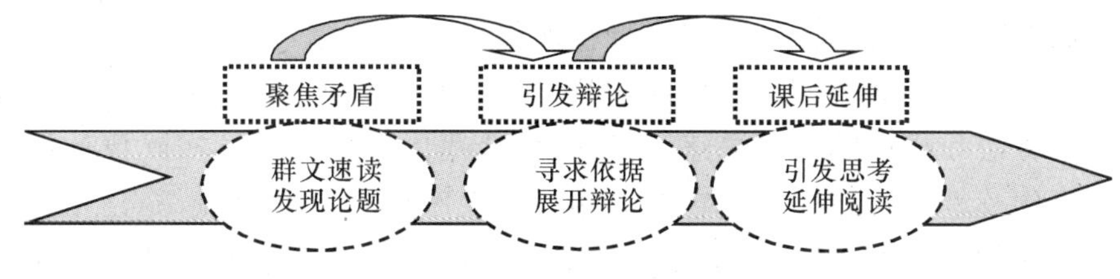


图4 “矛盾聚焦式”群文阅读流程

1. 巧选群文，聚焦矛盾定辩题

群文阅读以“解放”为前提来张扬学生的阅读感悟，以期“知无不言”，以“对话”为载体来展开思维的交流和碰撞，以期“言无不尽”。在新闻报道、作家文章中会存在一些观点不同的文章，这些文章极易引起学生的认知冲突，激起学生的思维碰撞。教师可以将这些文章聚在一起供学生阅读，并抛出冲突性话题，让学生展开讨论甚至辩论，引导学生从不同的角度看问题，辩证地思考问题。

2. 课前预热，课中运用，课后延读

有效设置的课内群文阅读辩题既可以促进学生课前带着好奇开展探究性阅读，也可以使学生在认知与情感获得高峰体验后，进行更深入的延展阅读。因此，群文阅读是课内精读与课外自主阅读间的一座桥梁，它既是阅读方法的黏合剂，也是阅读兴趣的升温器，更是阅读习惯养成的催化器。

### （五）自由组合式——个性阅读显风采

以上只是笔者在实践过程中总结出来的、符合新课程理念的、易操作、有实效的四种常用的群文阅读教学模式，然而“教学有法，教无定法”，多元、个性、容纳与接受是群文阅读的核心价值观，如何有机呈现阅读文本，如何有效实施群文阅读，还有很大的拓展空间，需要教师在教学过程中不断探索，不断总结。群文呈现的方式可根据需要自由组合，只有给学生充分阅读时间与个性表达的空间，才能有助于学生个性的张扬、心灵的舒张和语言的发展。让我们以一种“放”的胸怀，为孩子提供广阔的语言解读空间、温暖的人文关怀空间以及宽厚的个性发展空间吧。

## 三、程序化：有策略地运用速读，让效率提升有基

高效阅读是我国著名语文特级教师程汉杰等人综合运用教育学、心理学、生理学、语言学、思维学、脑科学等学科的有关原理，借鉴国内传统的优秀读书方法和国外盛行的快速阅读法，结合我国学生的阅读实际设计而成的一套阅读教学训练体系。它充分相信学生阅读与记忆潜力，充分相信美文和书籍的吸引力，营造浓厚的高效阅读氛围，让学生享受到阅读和写作的乐趣，解决学习效率等问题。

高效阅读速读法的基本操作模式如下：

(1)保持科学坐姿——提高学习注意力；

(2)眼脑机能训练——开发右脑潜能；

(3)固定阅读程序——提升阅读效率。

### (一)坚持眼脑机能训练

1981 年，诺贝尔生理学或医学奖得主罗杰·斯佩里教授将左、右脑的功能差异归类整理如下。左脑(意识脑)：知性、知识、理解、思考、判断、推理、语言、抑制。右脑(本能脑潜意识脑)：图像化机能(企划力、创造力、想象力)；与宇宙共振共鸣机能(第六感、念力、透视力、直觉力、灵感、梦境等)；超高速自动演算机能(心算、数学)；超高速大量记忆(速读、记忆力)。美国心理学家发现：当人们左、右脑中较弱的一方受到激励而与较强的一方合作时，会使大脑的能力和总效应增加 5～10 倍。

眼脑机能训练就是基于脑科学原理开发的某种大脑开发方式，经无数实验证明，它的确能激活右脑，有效提升大脑的记忆力与速读能力。我校学生在经过两个月训练后，平均阅读速度迅速从 450 字/分钟左右提升到 1000 字/分钟左右，最高的竟达 8000 字/分钟左右，而阅读理解率仍保持在 70％以上。因此，群文阅读前 2 分钟时间要坚持进行眼脑机能训练，通过持续的训练，提升眼机能的灵敏度与视野的开阔度，不断开发学生的右脑潜能，左、右脑协调合作提升大脑总效应。

### (二)掌握不同文体的基本阅读程序

人的大脑有一种特性：在接收信息时具有明显的选择性，在处理信息时能够遵守严格的程序。实践证明，长期运用固定程序阅读法，可以形成一种

新的阅读习惯，而这种阅读习惯不仅会使学习、阅读事半功倍，而且会提高分析能力。

基于小学第三学段重点需要把握的四类文体，笔者在总结高效阅读法经验的基础上进行类推，开展了记叙文、说明文、诗歌、非连续性文本这四种常用文体的固定阅读程序教学，有利于学生在自主阅读时进行目的明确、方法明确的高效率阅读。

### （三）掌握高效阅读的常用速读方式

群文阅读以培养学生的默读、速读能力为主，教师首先必须保证学生经历在课堂静静默读与速读的完整过程。学生需要掌握浏览法、跳读法、猜读法等速读方法，并知道在什么时候运用什么阅读方法或手段，让学生从多篇文章的阅读中获取丰富的信息。

1. 抓主题句段，学用浏览法

浏览法关注阅读的第一感受，关注文本的整体风貌，从总体上粗略掌握文章大概内容，不为谋一局部而放弃全局。一般来说，浏览法主要从标题、出处、文章首尾的主题句及文中的过渡句去捕捉关键信息。

怎样运用浏览法？首先，标题是文章大意的浓缩和精华，应该抓要素把握。其次，要善于抓主题句。通常，主题句多为文章的第一句；有时主题句也出现在文章的最后，这时它既是概括性的结论，同时也是主题思想的再现。因此，首、尾句通常是我们浏览的重点。有时，整段文字都在陈述事实，而没有概括性的语句。这时，我们只能通过快速浏览整段文章中的相关文字，抓住要害。

2. 放次要信息，巧用跳读法

跳读是在阅读中，有取有舍，跳跃前进，是有意识地跳过一些无关紧要的句段或篇章而抓住读物的关键性材料的速读方法。跳读的意义在于对读物的大幅度跳跃，舍弃非本质的东西，捕捉本质信息，加快大脑对关键部分文字的反应速度，形成新的思维流程。跳读不仅可以提高阅读速度，还可使读者更深刻地理解内容，提高阅读效率。那该怎样运用跳读法呢？

一是抓小标题跳读。许多书都列有章节标题，有的书在文章前后用方框框出要点，这些都是作者要求读者留心的地方。先用跳读法只读这部分，然后再决定是否精读其中章节。

二是抓关键词语跳读。只读自己所需要的与特定主题有关的词语，而略去其他段、句、词。关键词跳读法可用于查找文献资料，也可以把精读材料分门别类进行梳理。

三是抓首尾句跳读。只读每个自然段的第一句或最末一句。一般说来，以说明、议论为主的科学性著作，每小段的首句往往是提纲挈领的一句话，末句是承上启下的一句话，中间则是补充、推理、例子之类。运用这种方法，可以迅速抓住全文的中心。

3.聚焦核心问题，善用猜读法

猜读法，又叫悬测读书法，就是阅读一本书、一篇文章之前，先做预想猜测，然后将阅读内容与猜想内容做比较的一种阅读方法。怎样运用猜读法呢？

首先，确定猜想的起始点。猜想要从阅读材料出发，最有效的是从题目出发提出问题，猜测文章内容而后阅读，当然，边读边猜想、借助某条注释猜想等也是有效的猜读手段。

其次，对照阅读。即快速阅读后，寻找跟自己猜想有紧密关系的部分，重点阅读。将原文的内容与猜想的内容做比较。

运用猜读法进行阅读，学生大脑处于积极的思维状态，心理上有急于了解下文内容是否与猜想的内容一致的意向。有时只需扫视几个词、几个句子就能从整体上把握文章的主要内容。猜读法既有助于理解，又可以提高阅读的速度。

4.定位阅读需求，适用寻读法

寻读是确定阅读后迅速摄取自己所需要的资料的一种速读方法。读者是有目的地阅读，从阅读材料中吸取自己迫切需要的知识。寻读时，两眼扫过书页，以最快的速度从文章中披沙取金，发现和寻找自己期待得到的某些问题的细节。

如，为掌握一本书的总观点，应注意书的标题和副标题、作者和出版社及其说明、阅读导言、序言和目录，选择一两个包含主要论题的中心章节，阅读开始的一两段和结束段。又如，为寻找自己所需要的有关信息等，把寻找的问题记在心中，尽快转动眼睛扫视阅读材料，并且注意运用标题、不同字体的标示等，以帮助自己搜寻所需的资料。

### （四）速读方式在群文阅读教学中的有效运用

“高效群文阅读”在选好文章基础上，需要选择合理的速读方式，通过有步骤、有程序的阅读教学，提高阅读效率，促进学生阅读能力、思维品质的逐步形成。

1. 先猜读式阅读,后比较式阅读

陶渊明说得好:“好读书,不求甚解,每有会意,便欣然忘食。”高效群文阅读忠实于学生的默读与速读经历,首先强调的是读书的整体观,关注阅读的第一感受,关注文本的整体风貌;同时,又尊重学生阅读感受的分享与交流,重视学生深度思维的开发与拓展。

例如,笔者在执教《秦兵马俑》一组高效群文阅读时,先按速读常规让学生明确速读要求,然后请学生根据题目猜测文本可能提供了哪些方面的信息?哪一年确立?是文化遗产还是自然遗产?主要景观有哪些?主要特色是什么?学生带着问题快速阅读,而后进行检测。完成四篇文章的快速阅读训练与现场检测后,在交流感受环节进行比较式阅读,学生根据教师设计的表格独立思考,分组交流,集中评议。猜读式阅读是为了引导学生整体把握文章主要信息,而比较式阅读是对核心内容的品悟,不同方式培养的是不一样的学习能力。表格式检测题设计使比较的内容在表格中集中反映,有利于学生提取关键信息,也有助于学生聚焦思考,从而逐步提高比较分析的能力。

2. 先浏览式阅读,后寻找式阅读

《三国志》曾用“观其大略”来描述诸葛亮的读书方法,就是说诸葛亮读书一目十行,观其大略。观其大略是指读书要善于掌握其精髓,善于抓住要害,观其大略的人,往往知识更广泛,了解问题更全面。在高效群文阅读中,浏览式阅读与寻找式阅读运用较多,它们可以交叉运用,相互弥补。结构化群文传达给孩子一种明确的信息:不能只关注零碎知识,而是要看到事物之间的关联。寻找式阅读引导学生学会整合,从看似散乱无序的信息中去发现、提取系统化的知识,帮助身处“碎片化”时代中的孩子应对阅读的挑战。

3. 先体验式阅读,后思辨式阅读

体验式阅读是学生在群文阅读阶段认知的基础、情感的基调,也是思维的起点。深度的体验是起跑,是学生逐步进入高级思维活动的预热。只有充分的情感、思维的预热,深度阅读与思考才能更为充分、高效。教师在学生体验式阅读之后,根据阅读材料,设计有思维的诱力、合适的思维强度的互动思考题,引导学生根据阅读材料的立场、观点及论证,合乎逻辑地推断出某些结论或可能性,从而展开交流、讨论甚至辩论,有利于学生逻辑思维能力、辩证思维能力、批判能力的提升。

群文阅读扩展了儿童的阅读空间,深度激活了儿童的阅读思维,它不仅给当前语文教学带来新的变革、新的生机，也为儿童阅读开启了新的智慧之窗。高效阅读实验背景下开展的群文阅读则更具生命力，因为它解决了多数教师在实施群文阅读时的困惑。有了高效速读教学法的支持，学生可以在一节课里轻松地完成多篇文章的阅读，留有更多的时间表达感悟、分享体验，使思考辨析、创造力与逻辑推理能力等在更为充盈的阅读空间里得到演练，使儿童的精神发育与语言发展协调同步。当然，教师在实际教学中要掌握群文阅读的特征，善于比较，注重联结，联系生活，灵活运用，使高效群文阅读教学逐渐迈向卓越课堂。

**参考文献**

[1] 程汉杰.高效阅读教学法的理论与实践[J].人民教育，2011(15)：8-13.

[2] 蒋军晶.语文课上更重要的事——关于单篇到“群文”的新思考[J].人民教育，2012(12)：30-33.

[3] 汪潮.小学语文课程与教学论[M].上海：华东师范大学出版社，2010.

[4] 于泽元，王雁玲，黄利梅.群文阅读：从形式变化到理念变革[J].中国教育学刊，2013(6)：62-66.

[5] 钟启泉.为了中华民族的复兴，为了每个学生的发展[M].上海：华东师范大学出版社，2001.

# “优配、优创、优促、优评”，高效速读风景独好

杭州市行知小学

王亚芳　王永青　杨颖　俞徐萍　周辉

**摘　要：**自2012年9月起，我校正式被确立为区9所高效阅读实验学校之一。两年来我校确立了高效阅读实验“以略读课文为窗口，以群文阅读为方式，以广泛积累、快速阅读为实施策略，以书香校园为建设蓝图”的总思路，以课题方法引领实验，全面开展高效阅读实验。实验中，我们以“高效”为目标，以“四优”为行动指南，即“优配——整合，创生，优化高效速读课程内容的合理配置”“优创——守正，创新，丰富高效速读的课型开发”“优促——生本，自主，优化高效速读的促进策略”“优评——多元，激励，建构高效速读的评价体系”等积极开展实验和研究。实验近两年来，开拓了新型的语文阅读教学模式，建构了学生的“阅读生活”新概念，优化了不同文体文本的精读策略，提升了学生阅读策略的灵活应用能力，促进了学生和教师的全方位成长，同时也推进了校园文化的蓬勃发展。

**关键词：**高效　速读　优配　优创　优促　优评

高效速读，是高效阅读的一个重要组成部分，即一种以快速为主要特征，以高效为追求目标，在科学方法指导下所进行的阅读活动。高效速读是快速、高效获取信息、处理信息的一种手段，是在注意力高度集中的状态下，从文字读物中迅速提取有用信息的高效读书方法。

基于高效阅读理念，将高效阅读的课程与常态阅读课程进行巧妙对接和融合，且与常态教材实现自然而有效的整合，使两者充分发挥“相辅相成，相得益彰”的作用，从而实现阅读水平的综合发展。建构“以略读课文为载

体”开展的快速阅读，指在快速阅读略读课文后，结合相应的主题，拓展课外读物并进行思考和积累的快速阅读。

## 一、优配：整合，创生，优化高效速读课程内容的合理配置

优配，即“合理融入，优化配置”，建立“以略读课文为载体”的高效速读体系，形成群芳吐艳放光彩的“多维多元”的配置模式。

### （一）主题多元式选材

略读课文在人教版第二、三学段的语文教材中占有较大的比重，在不同的主题单元中，略读课文可以说是单元主题的一次有效的拓展，但因为主题的不同，它所拓展的侧重面也相应地发生变化。快速阅读的选文以主题的多元性为线索收集相关阅读材料，为学生存入了主题多元式阅读基金。

### （二）体裁多样式选材

人教版语文教材中，根据不同年级学生的实际，编入了各种体裁的课文，其目的是引导学生学习丰富的语言，使学生逐渐接触各种文体。快速阅读的选文也充分考虑文章体裁的同一性，尽量丰富同体裁文章的阅读量，使学生更好地感受不同体裁的表达特点，如“走进童话世界，感受奇特乐趣”“聆听散文气息，丰富人生体会”“亲近诗歌韵味，体会作者感情”等。

### （三）作者专题式选材

真正的阅读，是读者与文本作者心灵的对话与沟通。读者通过对文本的解读走进作者所构想的精神世界，发现一个个独特的形象生命，从而体会作者的生命情绪。学生在阅读的过程中借作者的思想来锻炼自己的思想，借作者的情感来丰富自己的情感。快速阅读在选文时充分考虑选择优秀的作者作品让学生阅读，以提升学生的阅读品位，如“同作者作品延伸读”，听心灵独好；“同题不同作者对比读”，赏匠心独运；“同生代作家拓宽读”，看风景独到。

## 二、优创：守正，创新，丰富高效速读的课型开发

优创，即根据高效阅读不同教学目标，开创不同的高效阅读课型，以期

丰富高效阅读学习的方式，激活学生学习的兴趣，并使各种阅读方式、阅读策略在不同课型中得以熟练运用。

### （一）常态高效速读课型以“速读提要”为目标建构

高效速读课主要是以训练学生速读后提炼要点为主要能力目标的课。此类课型高效的关键在于“各类文章速读提炼要点”，即“固定程序要素”的明确定位、不同文本情境下的反复训练以及校对反馈后的指导提升。

这类课型推进的一般常模如图1所示。

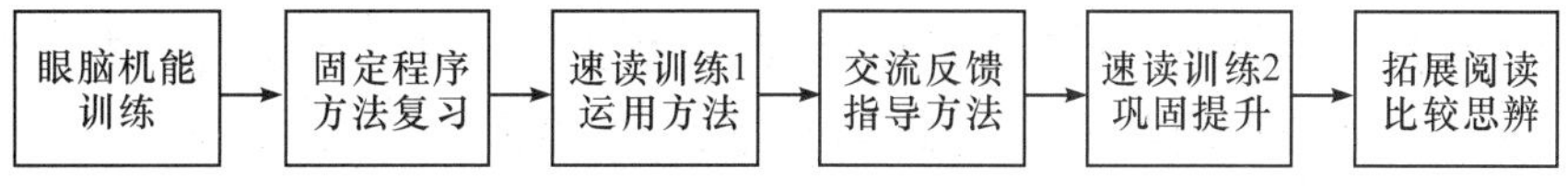


图1　常态高效速读课型

### （二）专项速读课型以“专项能力提升”为目标建构

1. 专项提升课

专项提升课，是围绕一个阅读能力目标，进行集中专项训练的高效精读课。通过这样的专项提升，实现目标集中，教以法、练于境、巧于导的精读目标。如围绕阅读能力“概括段意”或“学习说明文”而设计的课型。

专项提升课的一般常模如图2所示。

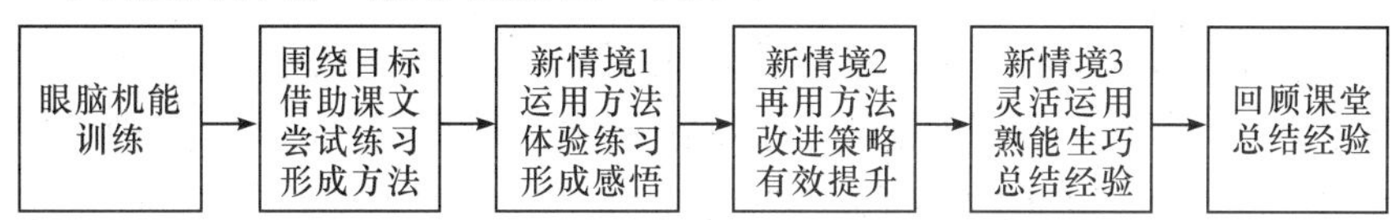


图2　高效速读专项提升课型

2. 主题拓展课

主题拓展课，是围绕一个主题，一般以教材的单元人文主题为明线，以文本阅读训练的能力目标要求为暗线举步推行的精读课型。这类课主要以明确的人文主题引领同主题下的群文阅读，并以不同的阅读方式深化对主题的认知和理解，激活阅读的情感，同时在阅读推进的过程中突出一项或几项阅读能力目标的训练和提升。如围绕单元主题“走进毛泽东”或者“走进西部——景”“走进西部——人”等而设计的速读课型。

主题拓展课的一般常模如图3所示。

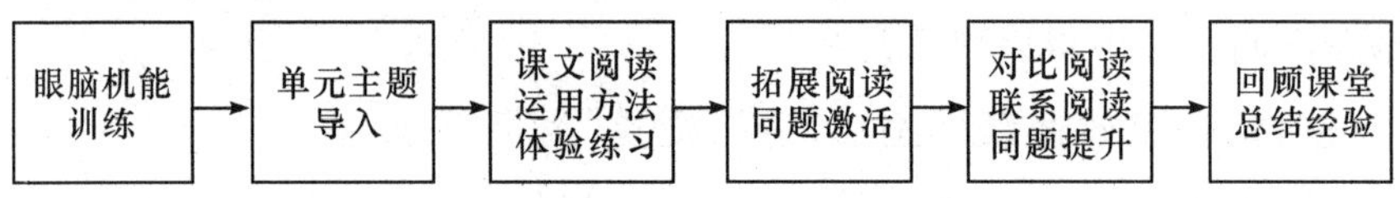


图3 高效速读主题拓展课型

3.品读积累课

品读积累课，是以品味欣赏和语言积累为主要目标的一种课型。此类课以高效速读为基础，回读精彩片段，并联系相关拓展文本进行同题积累，以谋求学生语言的厚积薄发。如学习"排比"的修辞手法，感受表达密妙，速读后对比体会排比的佳妙后拓展阅读《井岗翠竹》，体会并积累文中多处出现的排比密妙；再引导学生课外阅读，进行排比句的专题积累。

品读积累课的一般常模如图4所示。

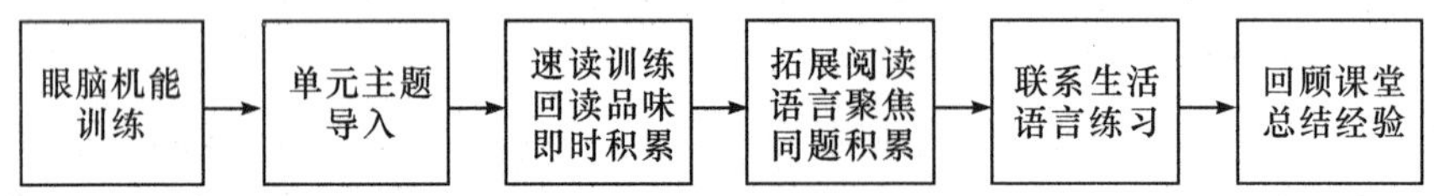


图4 高效速读品读积累课型

4.对比思辨课

对比思辨课，即在同主题或者同能力目标的前提下，运用不同的文本进行对比阅读，从而产生新的思辨，进而在对比中形成新的发现，建构完整的知识体系。对比思辨的群文阅读课型有利于培养学生对比阅读的习惯，形成阅读中比较鉴赏的思维方式，同时促进学生阅读理解深层化的发展，促进完整的知识体系的形成。如"走进作家笔下的小动物"主题的精读，让学生将几篇文章对比阅读，说说："同一个作家写动物有什么不同的方法？""不同的作家写同一种动物方法上有什么相同和不同？""联系这些文章，你觉得可以怎样写我们喜欢的一种小动物？"

对比思辨课的一般常模如图5所示。

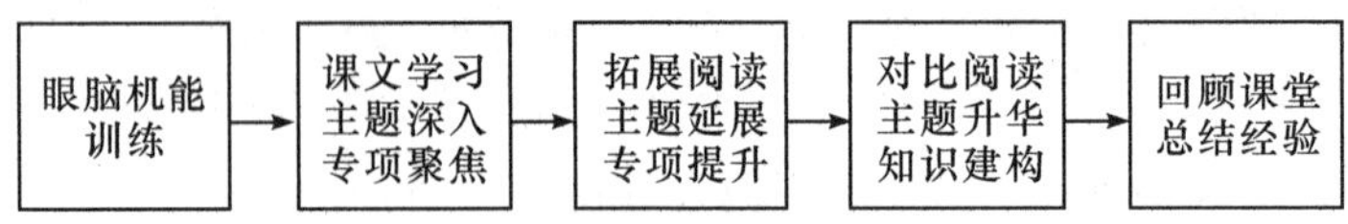


图5 高效速读对比思辨课型

5.自主阅读课

自主阅读课,即让学生自己围绕主题或者能力专项目标进行自主阅读。它体现的是阅读数量上的显著提升、学生阅读方法的自主运用,以及学生自我感悟的个性化。自主阅读课要与自主阅读后的有效反馈结合起来,充分展开"聊书"的过程,自主之花才得以更为娇艳地绽放。

自主阅读课的一般常模如图6所示。

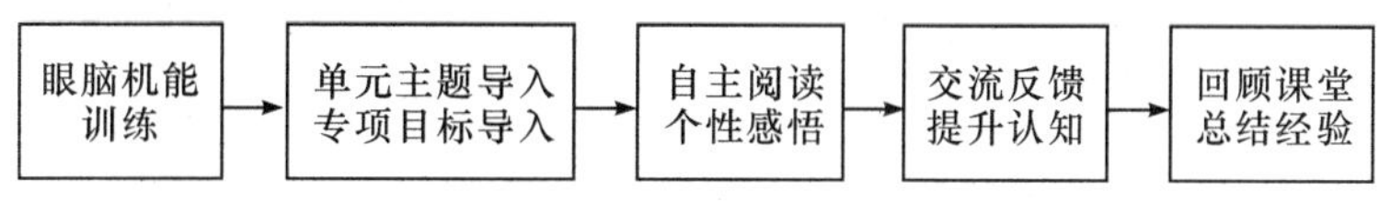


图6 高效速读自主阅读课型

## 三、优促:生本,自主,优化高效速读的促进策略

优促,即根据阅读目标的指引,巧妙地创生和选择高效阅读的促进策略,使阅读能基于相应的策略真正走向高效。

### (一)策略一:勤学苦练大比拼——科学提速有办法

1.落实课堂常规,营造阅读氛围

快速阅读的一个重要条件就是学生的注意力必须保持高度集中,而对于中高段小学生而言,注意力的集中时间大多只能维持30分钟左右。于是,在快速阅读时,教师通过落实一系列常规来营造激情饱满、积极竞争的学习氛围。保持科学坐姿,并齐声回忆科学坐姿的要领,即头正、肩平、腰直、足安、目视前方,帮助学生提高注意力的集中程度,同时激情呼喊口号,学生保持好科学坐姿后由小干部带领全班同学充满激情地呼喊口号:"用心看,专心记,快速阅读我能行!"让学生在群情激昂的氛围中进入阅读学习。

2.借力现代技术,提供训练保障

眼脑机能训练是加强学生眼脑机能的训练。学生在训练前保持科学的坐姿,在此基础上进行定点凝视训练、视点左右移动训练等。眼脑机能训练后,学生在阅读过程中是以快速眼跳运动的方式进行的。眼睛主要通过眼跳中的注视停顿来获取信息。这样,减少一行乃至一页文字中的注视点,也就相应使得视觉幅度扩大,每次眼停获得的信息增多,从而可以节省阅读时间，提高阅读效率。

计时快速阅读是一种运用科学的“评价和训练系统”实现计算阅读速度(每分钟阅读的字数)、阅读理解率与阅读效率(阅读速度×阅读理解率=阅读效率)的一种方法。计时阅读前，教师按学生的实际水平选好阅读文章，根据文章内容设计好测试题目。先简单，后循序加大难度，指令学生阅读，教师在黑板上记下开始阅读的时间。学生在快速读完文章后，逐个记录所用时间和阅读理解率。最后，学生不看原文，凭记忆回答测试题。这种训练能使学生形成一种紧迫感，增强时间观念。尤其是参加者都有一种竞争心理，这种心理又促使其思想高度集中，思维积极活跃。

3. 指导速读方法，提高阅读速度

要提高学生的阅读速度，除了需要创造必要的外力条件外，还必须实现内在能力的提升。快速阅读有许多方法，经过课题组教师的多次交流和研讨，最终确定在课堂上教会学生四种快速阅读的主要方法，包括浏览法、扫读法、跳读法、猜读法，帮助他们提高阅读速度，以形成速读的基本策略，提高速读效率。

### (二)策略二：好学深究知其义——读思结合有焦点

1. 明晰速读提要，快速获取信息

根据不同的文章，经过反复实践和研讨，课题组确定了不同类文章的不同速读提炼要点，以便学生在速读时围绕“固定程序”，培养快速阅读时的“定向提炼”的意识和能力(见图7)。

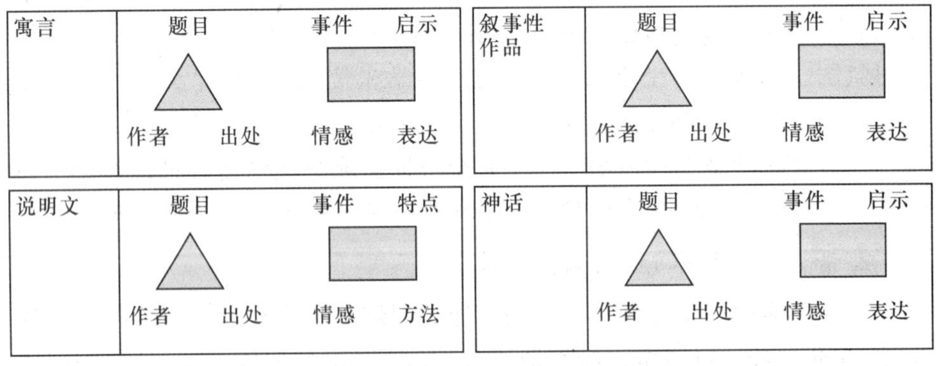


图7 高效速读各类文章速读要点固定程序图

2.建构精读策略,有效促进速读思辨

3.优化速读方式,推进精深思考

快速阅读课堂教学是以学生为主的课堂教学,质疑、思考、讨论等形式是课堂教学的主要方式,并以此推进深入的阅读思考。

(1)比较阅读,发现异同

“比较”是快速阅读用得最多的策略,它能较好地解决知识的横向联系问题,有利于分清歧义、巩固知识,使学生触类旁通、举一反三。比较阅读中大致采用以下两种方法。

①细致入微品内容:世界上没有完全相同的两片叶子,快速阅读在选文时注重将同一内容的阅读材料组块进行阅读,尽管内容相同,但因为不同的作者有着不同的体会和感悟,所写的文章内容也会有所侧重。引导学生对这类文章进行细致入微的比较阅读,同时开阔他们的阅读视野,提高鉴赏能力。

②火眼金睛辨表达:表达是一个人具有个性的行为,作者的社会背景、生活经历、个性特点等因素会影响作者的写作表达方式。在快速阅读这类文章时,就要引导学生发现文章中特有的表达方式,能够让他们取众人之所长,汲众人之精华,提高自己的表达能力。

(2)重点阅读,突破难点

快速阅读中教师要根据学习需要或学生的知识水平,适时地对学生测试中错误较多的知识进行引导,让学生有选择地阅读文中的重点和难点,从而更加准确地捕捉陌生知识点。

**(三)策略三:小“题”大作优命题——践行高效有突破点**

1.围绕要素:高效速读检测命题之关键

我们在学习保留内蒙古宁城程序阅读法优点的基础上,结合新课标和PISA的测试方法,对不同的文体进行了阅读七要素的提炼,而命题之设计必结合文本阅读七要素进行。这无疑给了学生的速读以明确的方向,大大提高了速读的效率。

2.题型优化:高效阅读检测命题之策略

(1)选择题——小“选”多变

选择题属于客观题,在以读写为主的传统语文阅读试卷中应用较少。但它的优势是不容忽视的,如评分客观、公正,能多角度、多层次地检测学生识记、理解、辨析、比较、归纳、推理、赏析等能力。所以选择题的命题目的要明确，题干表述清晰；选择题的选项要精心设计，正确答案必须严密、准确。选择题的种类要多样化。选择题有许多类型，一般有单项选择题、多项选择题、不定项选择题等。

(2)填空题——小“空”大填

为了更有效地在高效速读的练习时提高效率，填空题必须要“突出基础，考察信息捕捉、提取、识记能力”；要“突显整体，体现概括大意、整合信息的能力”。

(3)简答题——小“答”巧问

对于阅读测试来说，主观性试题对考查学生的阅读素养往往是不可缺少的，因为它可以考查学生对文章的理解感悟等较高层次的心智活动，并且能够给予学生自由表达个人阅读感受的机会。在高效阅读中，虽然以选择题为主，但也不可缺必要的简答题。一般从三方面把握：一是“文本解释型简答题”，即直接回答文本中“为什么”或“怎么办”的问题；二是“判别分析型简答题”，即先进行“是”或“不是”、“能”或“不能”的回答，继而进行分析；三是“信息迁移型简答题”，依据文本信息进行逻辑上的理解，并进行迁移运用。

3.科学创新：高效阅读检测命题质量的发展力

命题质量的好坏直接影响和制约着考试效果。增强命题的有效性，就是要通过有针对性、实效性的命题，增强学生阅读的主动性、自信心，从而准确反映学生课堂内外阅读能力的状况。

(1)文本选“新”

无法否认，语文教材中的文本偏“旧”，时代感不强。因此我们鼓励学生从生活中发现新颖的具有时代感的文本，并推荐给教师，教师在选出的优秀、新颖的文本中进行命题。

(2)题型求“新”

高效阅读检测命题要求简单易操作，虽然基本题型为选择、填空和简答，但是每一题型的设计却可以多种多样。如，选择题可根据知识点设为单选、双选或多选。设计新题型时，应从兼顾不同领域知识点的考查、兼顾考生的能力特长等角度进行多方面考虑。

(3)组合创“新”

在高效阅读课中，一节课至少2份小试卷，一个月下来多达10余份小试卷。若题型模式总是一样，学生难免产生厌倦心理，因此在题型创新的基础上，要对多种题型的数量和排列进行组合。多变才能让学生有新鲜感，激发答题的兴趣。

## 四、优评：多元，激励，建构高效速读的评价体系

### （一）量表——一步一个脚印的成长见证

1. 评价反馈：高效阅读检测命题之提升

一般一份检测试卷是按照 0.7～0.8 的难度系数进行命题。从记录表来看，一般实际难度系数要偏低于预设难度系数。什么原因呢？题目设计太难？学生高效阅读的方法没有掌握？通过预设、反思，不断改进自己的命题能力。

2. 细化评分标准，课堂及时评价

高效阅读课堂最大的课堂就是快速阅读，及时检测，并快速计算达成率进行汇报。整个过程体现一个“快”字，同桌交换批改或者自行批改的速度都要快。这就要求命题答案设计科学、标准，尽量不要出现疑义。否则，课堂批改就会乱成一片，消耗大量的时间。

3. 设计评价量表，课后记录反思

新课标提出“要重视对学生多角度、有创意阅读的评价”，这与世界各地的新课程都十分强调高层级思维能力培养的走向一致。我国研究者在《新课程小学生阅读素养评价内容框架》的基础上，借鉴 PISA 测量各项内容的具体评价框架，也建构了《新课程小学生阅读素养评价标准》，用于测评命题、测评后的分析反馈和给教学的建议。我们根据学生的实际回答，寻找答案背后蕴藏的思维结构的不同水平，根据思维结构的不同划分出不同层次的答案，从而使主观性试题的评分有了标准，减轻评分者的主观效应，能更多地评价学生思维的广度和深度，保证让学生自由发挥和表达。

### （二）标兵（荣誉）——情感态度发展的综合标杆

学习的过程，是增长知识和能力的过程，更是情感态度发展的过程。邀情感、态度加盟，能大大激活学习的原动力，激发学习的乐趣，培养学习的优秀品质。

### (三)星级——高效阅读滋养一生的幸福动力

我们的理念:让阅读成为一种习惯,在“自省”促进中潜移默化。

开放式阅读,不再纯粹是阅读知识的获得,不再纯粹是阅读数量的考量,也不再纯粹是所交阅读作业的优劣。为此,开放式阅读的评价也呈现一种全新的机制——一种在阅读过程中逐渐丰满的自省式评价。我们的阅读,只需要向自己交代,对自己负责。

评价中,学生根据自己的阅读状态,对做到的指标选择笑脸,并结合自己的情况给自己来年的读书寄语。简单的评价活动,没有知识和能力的考量,更多的是倾向于对于读书的情感,因此,在评价的主体上也完全倾向于学生的自主化、个体化。

学校对 8 星级以上的学生授予“快乐小书虫”的荣誉称号。这个称号是对热爱读书、享受阅读的心灵的嘉许,或许在更大的意义上,是对学生阅读激情的一种唤醒。

### 参考文献

[1] 经济合作与发展组织.面向明日世界的学习:国际学生评估项目报告[M].上海教育科学研究院,国际学生评估项目上海研究中心,译.上海:上海教育出版社,2008.

[2] 王晞,黄慧娟,许明.PISA:阅读素养的界定与测评[J].上海教育科研,2003(9):37-41.

# 后　记

经过杭州市西湖区中小学教师6年的实践探索与研究，“高效导学”课堂教学改革实践修成正果：其课改实践与理论研究成果——《课改智慧背囊》出版了。

杭州市西湖区名校众多，优质教育资源充裕，如何在高位发展中继续保持区域教育优势是该区“十三五”教育发展规划的重中之重。2015年3月，浙江省教育厅下发《关于深化义务教育课程改革的指导意见》，“课程”“课堂”“评价”是下一轮课程改革的关键词。事实上，围绕这3个关键词，早在2011年，西湖区就从“改变课堂教与学的方式”入手开展了“高效导学”课堂教学改革实验。2012年年初，西湖区加入浙江省中小学教学改革试点项目。经过6年实践，西湖区中小学从第一批8所课改实验学校到第二批7所课改实验学校和16所“高效阅读”实验学校，各所课改实验学校逐步呈现出具有区域特色的课堂教学方式变革的面貌——以区域推进为统筹，以学为中心为指导，以高效阅读为特色，以多课型研究为载体，以学科教研员全线介入助推为支撑，以发展性评价为旨归。如今，“高效导学”课堂教学改革实验探索在全区各校开展得如火如荼。

少一些传统意义上的“课堂学习”，多一些“蕴含学习意义的经历”，让每一个课堂“活”起来，让每一所学校都不再有陪读者，人人都是学习的主人，人人都是有尊严的学习者。这才是课程改革真正的价值所在，也是西湖区推进“高效导学”课堂教学改革的初衷和出发点。行走在课程建设的道路上，西湖区在顶层设计上对推进课堂教学改革的实施路径做了一个简要的勾勒：首先，借鉴北京、南京等地的先行经验，推进全区“以学为中心”的课堂教学改革，也就是“全模”阶段；其次，通过要素整理、结构重组、多课型研究，形成各所学校课堂教学改革特色，也就是“点模”阶段；最后，走向以高效阅读、发展性评价、学科知识整合、课内外主题整合和跨学科专题整合的“西湖课堂特色”，也就是“创模”阶段。在“全模”“点模”“创模”3 个发展阶段，为了破解“怎么让学习真实地发生在学生身上”这一核心命题，每一个阶段都有各自的特点及疑难点，需要学校逐个击破，更需要依托共同的价值定位实现课堂教学改革的模式与变式的有机呈现与架构。在这一过程中，为引领全区学校、教师全面、深入地开展课堂改革实验，并寻找有效的推进机制，西湖区逐步建立起以“行动研究”理论为支撑的课改局面。在导学案路径的探寻过程中，为突显学科特质，探寻适切的路径，我们实现了三大突破：实现“课堂转型”，以“导”为驱动；实现“一科多模”，以“学”为核心；实现“高效导学”，以“案”为主轴，促使学生走向具有学科特质的学习。

经过几年的实践研究，初中语文、数学、科学、英语、思想品德、历史与社会等学科，立足学科特质和学生学情，日益形成了适合不同学科的学习课型。语文学科，以追求“兴趣为本、能力为主、课型为先、提升学生语文素养”为目标，构建起“三四五”思路的学科模态。数学学科以“四五”课型结构为特质，设置了新授课、练习课、复习课、实践课四种课型及五个环节。英语学科创设了五种课型，分别是听说课、语法课、阅读课、写作课、复习课。思想品德、历史与社会学科依据学科内容构建学科课型，学科内容以模块呈现，主要包括思想品德学科的心理健康教育、德育、法律、国情教育模块，历史与社会学科的地理、历史模块。为更好地总结西湖区课改的成功经验和做法，以科研促进教师水平和教学质量的提高，推动区域教育的均衡发展，我们成立了以周华松同志为主任的课改研究成果选集编委会，在编委们的仔细遴选下，研究成果集共收录了 32 篇论文，约 50 万字。入选论文内容涉及课程建设、小组合作、学案导学、教学策略、作业设计、学生评价、教学范式、高效阅读等八个方面，由此编订成《课改智慧背囊》。它是我们在教育教学研究领域辛勤耕耘的结果，是我们积极探索课程改革、不断总结梳理经验的结果，是区域强化科研促发展的结果，亦是社会关注与支持的结果，更是我们扬帆起航的动力。

从论文遴选到编印，编委会得到了全区教师的积极响应与支持。区教师进修学校周华送校长始终全程关注；各位撰稿教师，从论文提送到论文修改，再到校对，始终认真对待。正是由于全区教师的努力，《课改智慧背囊》才得以顺利、圆满完成。在这里，一并表示最诚挚的感谢。

最后感谢浙江大学出版社的鲁东明社长、吴伟伟责任编辑。他们以高度负责的精神使本书以最快的速度与读者见面。感谢西湖区各中小学教师给我们提供宝贵资料，也感谢全体同仁给我们的全力支持。

由于写作水平所限，本书一定还存在着很多纰漏和不足，敬请读者朋友们谅解、指正。愿本书能为学校管理者、教师以及其他教育工作者提供可借鉴的经验和实践资讯。

教育是一种信仰，课改更是一种信仰，选择课改就意味着选择了责任和创新。只要行动，就有收获；只要坚持，就有奇迹。面对课改路上的得与失，我们一直在思考，一直在摸索，一直在前行。